Heinz Kiemann

Neue Reitschule

BLV

Klassische
Grundausbildung
bis zur
Turnierreife

Heinz Kiemann

NEUE REITSCHULE

Die Deutsche Bibliothek – CIP-Einheitsaufnahme

Kiemann, Heinz:
Neue Reitschule: klassische Grundausbildung
bis zur Turnierreife / Heinz Kiemann. – 2. Aufl. –
München; Wien; Zürich: BLV, 1993
ISBN 3-405-12968-0

Bildnachweis
Archiv Eschenbach-Optik S. 261 (o.)
D. Birkner S. 239
G. Deubzer S. 240 (u.)
W. Ernst S. 117, 118, 120, 233, 234, 235, 236, 237, 238
Horstmüller S. 79, 225
J. Kemmler S. 11, 14, 41, 59, 62, 85, 119, 240 (o.), 275, 283
W. Menzendorf S. 2/3, 65, 66, 67, 68, 174/175
Umschlagfotos: Werner Ernst

Grafik
Alle Grafiken von Ulrik Schramm
außer:
U. Blüml S. 16
H. Hoffmann S. 261 (u.)

Umschlaggestaltung:
F & H Werbeagentur GmbH, München

BLV Verlagsgesellschaft mbH
München Wien Zürich
8000 München 40

Zweite Auflage

Druck und Bindung: Ludwig Auer GmbH, Donauwörth
Druck der Bildtafeln: Appl, Wemding

Printed in Germany · ISBN 3-405-12968-0

Inhaltsverzeichnis

Teil 2
Das Schulreiten (Dressurreiten)

Vorwort

Es gibt gute und sehr gute Bücher, die der Reiterin und dem Reiter – beide kurz Reiter genannt – alle notwendigen Grundkenntnisse des Reitens vermitteln. Um diese einigermaßen zu verstehen, benötigen die meisten Reiter, ob jünger oder älter, drei bis vier dieser Bücher, weil sie die Grundkenntnisse für den Reitanfänger als bekannt voraussetzen. Das trifft jedoch nur selten zu.

Diese Feststellungen der letzten Jahre überzeugten mich, meine Erfahrungen als ehemaliger Reitlehrer der Kavallerie, unter Beachtung neuerer Erkenntnisse, in *einem* Buch zusammenfassend zu erläutern.

Unser talentierter und begeisterter Reiternachwuchs ist teils durch jugendlichen Überschwang, teils durch falsche Vorbilder auf dem Wege unreiterlicher Praxis. Die Selbstausbildung im Reiten und die Ausbildung des Pferdes gehen mangels reiterlicher Sachkenntnisse in eine falsche Richtung. Woran liegt das?

Ich meine, dem ehrlichen Wollen fehlt die Lehre der korrekten Ausbildung von Pferd und Reiter als Grundlage. Zwei der Altmeister der Deutschen Reiterei – Gustav Rau (1880–1954) und Otto Lörke (1879–1957) – sagten schon vor Jahrzehnten:

»Lernt Theorie oder ihr bleibt praktische Stümper!«

Doch bereits lange vor ihnen prägte der Reitmeister seiner Zeit – Gustav Steinbrecht (1808–1885) – die weise Voraussetzung:

»Zu jedem Können gehört zunächst viel Wissen!«

An dieses Wissen als Fundament möchte ich die Interessierten heranführen. Jeder Freund des Pferdes und des Reitens, ob als Freizeit- oder Leistungsreiter, findet nachfolgend die für ihn unumgänglichen Grundkenntnisse seines Wunschtraumes – Reiten. Das Buch erfaßt, als »alte, ewig junge Reitlehre«, im

Teil 1 – **Wissenswertes für den Reitsport**
Themen, die jeder Reiter schon ein wenig kennen sollte, bevor er sich auf das Pferd setzt.

Teil 2 – **Das Schulreiten (Dressurreiten)**
Die Anfänge des Reitenlernens und die mühevolle Kleinarbeit für Fortgeschrittene.

Teil 3 – **Das Springen – Das Geländereiten – Die Reitjagd**
Alles Wichtige und Wissenswerte bis zur Turnierreife und Turnierteilnahme.

Diese Anleitungen erheben nicht den Anspruch auf Vollständigkeit und sind auch nicht »der Weisheit letzter Schluß«. Sie können aber manchem helfen, die Bedeutung reiterlicher Begriffe zu erfahren. Ich war bemüht, Erklärungen so kurz wie möglich, aber auch so ausführlich wie nötig zu geben. Vom Körperbau des Pferdes bis zur gehobenen leichten Dressur soll das Wissen zum Erkennen und Können des Reitens, nach den klassischen Grundregeln, führen: *Zum Reiten mit Verstand!* Verstand ist ein zweischneidig Schwert – aus hartem Stahl und blankem Schliff! *Charakter* ist daran der Griff – und ohne Griff ist's ohne Wert!

Heinz Kiemann

Einleitung

In der Reitbahn oder auf dem Reitplatz beginnt das Erlernen der Grundlagen für die sichere Führung des Pferdes im Gelände.
Das Reiten erfordert gute, ständige Einwirkung des Reiters auf sein Pferd und vom Pferde selbst Gehorsam, Gewandtheit und Ausdauer. Aufgrund der Eigenarten von Pferd und Reiter kann dieses Ziel nur durch gründliche, gute Ausbildung Wirklichkeit werden.
Das Reiten in der Abteilung ist aus erzieherischen Gründen hauptsächlich für das Pferd, aber auch für den Reiter nicht entbehrlich.
Die Ausbildung von Pferd und Reiter muß Hand in Hand gehen. Reitfertigkeit und reiterliches Verständnis zu fördern ist eine wichtige Aufgabe des Reitlehrers – manchmal auch undankbar. Jeder Reitlehrer ist so gut oder so schlecht, wie ihn seine Reitschüler sein lassen. Dauerndes Üben, objektive Selbstkritik und das Bemühen, sein Pferd »kennenzulernen«, können Auge und Gefühl des Reiters so schulen, daß er die wirklichen Ursachen auftretender Fehler erkennen und durch richtige Korrekturen beseitigen kann.
Pflege und Schonung des Pferdes sind selbstverständlich. Neben dem Reitunterricht sollten auch die Reitanfänger so früh wie möglich unter Aufsicht ins Gelände reiten. Alle sollten kameradschaftlichen Ehrgeiz und Selbstvertrauen mit Lust und Liebe zum Pferd für das Reiten wecken und fördern, um den Geist wachzuhalten, der den Erfolg im späteren Wettkampf verbürgt.
Hauptaufgabe der Ausbildung ist der richtige *Sitz*. Angewöhnte Sitzfehler lassen sich später schwer beseitigen. Um reiterliches Geschick und Können zu erhöhen, ist hin und wieder ein Pferdewechsel empfehlenswert. Nach gefestigtem Sitz des Reiters ist ein wöchentlicher Geländeritt der beste Lehrmeister. Zweck dieser Übung ist, eigenes Selbstvertrauen zu gewinnen.
Zur täglichen Reitstunde bedarf es zweckmäßiger Arbeitseinteilung. Je mehr Zeit dafür zur Verfügung steht, um so gründlicher kann die Einzelausbildung sein. *Praktisches Reiten* muß durch *theoretischen Unterricht* ergänzt werden. Neue Lektionen oder solche fortgeschrittener Dressur sind vorher zu besprechen. Besser noch, wenn der Reitlehrer die Lektionen vorreitet, dabei auch die möglichen Fehler und deren Korrektur zeigt. Zu erhöhter Aufmerksamkeit werden die Reiter veranlaßt, wenn überraschende Aufgaben, die der Reiter mit Sicherheit kann, gestellt werden. Die Unterhaltung zwischen Lehrer und Reitschüler während der Stunde fördert Aufmerksamkeit, Selbständigkeit, Entschlußkraft und reiterliche Einwirkung des einzelnen. Gute Fortschritte unter Schonung des Pferdes liegen im Interesse aller. Ein williges, seinem Reiter treues, frisches Pferd ist dann der Erfolg. Ein Könner ersten Ranges, Richard Wätjen (1891–1966), sagte seinen Reitschülern immer wieder:

»Nicht derjenige, der ständig für die eigenen Fehler Ausreden findet, sondern derjenige, der unbeirrt der wirklichen Leistung gegenübersteht und mit echter Passion und Liebe zum Pferd durchhält, kann nach langer mühevoller Arbeit dem angestrebten Ideal nahekommen.«

Noch ein Wort zur Ausrüstung: Reitanfänger sollten im Reitanzug und ohne Sporen reiten. Unbequeme Reitjacken machen den Reiter steif, nicht passende Reithosen führen zum Durchreiten. Pferde für Reitanfänger sind auszubinden, weil der »junge Reiter« noch nicht fähig ist, sein Pferd in »Stellung und Haltung« zu reiten. Der Reiter bekommt durch die Ausbindezügel ein besseres Gefühl für das richtige Gehen des Pferdes. Die Ausbinder werden erst abgenommen, wenn der Reiter unabhängig sitzen kann.

Teil 1
Wissenswertes für den Reitsport

Der Körperbau des Pferdes

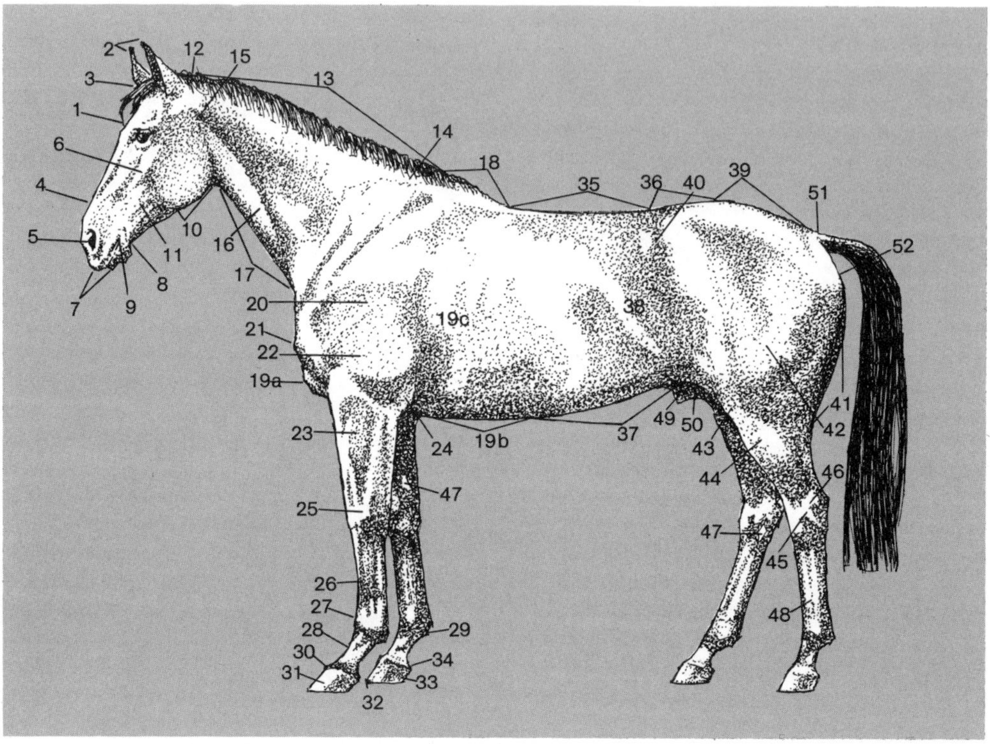

1. Die äußeren Körperteile (*Extérieur*)

1 Stirn
2 Ohren
3 Scheitel
4 Nasenrücken
5 Nüstern
6 Jochleiste
7 Ober- u. Unterlippe
8 Kinngrube
9 Maulwinkel (Lefzen)
10 Ganasche
11 Backe
12 Genick
13 Mähnenrand des Halses
14 Halskerbe (»Axthieb«)
15 Ohrdrüsengegend
16 Drosselrinne
17 Kehlrand des Halses
18 Widerrist
19a Vorderbrust
19b Unterbrust
19c Brustwand
20 Schulter
21 Bugspitze
22 Oberarm
23 Unterarm (Vorarm)
24 Ellenbogenhöcker
25 Vorderfußwurzel
26 Vordermittelfuß (Vorderröhre)
27 Fesselkopf
28 Fessel (Köte)
29 Kötenzopf
30 Hufkrone
31 Huf (Seitenwand)
32 Huf (Zehenwand)
33 Huf (Trachtenwand)
34 Ballen
35 Rücken
36 Lende
37 Bauch
38 Flanken
39 Kruppe
40 Hüfte
41 Hinterbacke
42 Oberschenkel
43 Knie
44 Unterschenkel
45 Sprunggelenk
46 Fersenhöcker
47 Kastanie
48 Hintermittelfuß (Hinterröhre)
49 Schlauch
50 Hodensack
51 Schweifansatz
52 Sitzbeinhöcker

Über *Abzeichen und Farben bei Pferden* kann in ausführlicher, guter Literatur nachgelesen werden. In Kurzform sei folgendes erwähnt: *Die Farbe des Pferdes* wird nach der Körperfarbe bestimmt: Rappen (Schwarze), Braune, Füchse, Schimmel, Falben, Schecken. Zur besseren Identifikation des Pferdes kann jede Grundfarbe im Abstammungsnachweis ergänzt werden, z. B. Rappen – Glanzrappen; Braune – Hell- oder Dunkelbraune; Füchse – Gold-, Hell-, Dunkelfüchse; Schimmel – Grau-, Rot-, Apfel-, Fliegenschimmel; Falben – Gelb-, Goldfalben; Schecken in vielfältigen Abwandlungen. Sind solche in den »Papieren« genannt, müssen sie deutlich erkennbar sein, z. B. bei den Paint- und Pinto-Pferden. Der Unterschied zwischen einem Braunen und einem Fuchs ist in der *Farbe des Langhaares* begründet, darunter versteht man die Farbe von Mähne und Schweif. Bei einem Braunen ist das Langhaar stets schwarz. Beim Fuchs ist das Langhaar der Körperfarbe gleich, aber etwas dunkler oder heller als diese, jedoch niemals schwarz. Vor allem in Amerika haben die Züchter von Farbabweichungen Gebrauch gemacht, z. B. bei den Schecken. Es gibt Bunt-, Braun- und Schwarzschecken. Auffallend abgewandelt sind die *Appaloosa*, die neben großen Farbflecken auch stets verschieden geformte Tupfer und Spritzer aufweisen. Als unübersehbares Charakteristikum der Fellzeichnung wird unterschieden nach: Schneeflocken-, Panther-, Schabracken- und Bunt- oder Marmorscheck.

Die jüngsten Verbände gescheckter Pferderassen sind die amerikanischen *Paint- und Pinto-Pferde*. Im Jahre 1962 (!) wurde die American Paint-Stock-Horse-Association gegründet. Bei der späteren Umbenennung wurde nur das Wort »Stock« gestrichen. Erst seit 1964 (!) besteht die Pinto-Horse-Association of America mit Sitz in Ellington, Connecticut (NO-Amerika). Streng unterschieden wird beim *Pinto* nach Tobiano- und Overo-Typ. Der *Tobiano-Typ* hat einen einfarbigen Kopf, d. h. ohne Abzeichen, mit Stern oder auch Blesse. Die Beine jedoch sind immer weiß, bis gut über die Vorderfußwurzel oder das Sprunggelenk hinaus. An Hals und Rumpf sind große ausgeglichene Fleckenzeichnungen, deren Weiß über die Rückenlinie verläuft. Mähne und Schweif sind meistens zweifarbig. Der *Overo-Typ* hat eine sehr breite Blesse, oft eine Laterne, und fast weiße Köpfe sind nicht selten. Die weißen Flecke gehen von den Flanken bzw. vom Bauch aus und kreuzen nicht die Rückenlinie des Pferdes. Schweif und Mähne sind im allgemeinen einfarbig.

In der Bundesrepublik Deutschland führt das Pferdestammbuch Schleswig-Holstein ein Pinto-Stutbuch mit den Typenklassen Amerikas. Dort unterscheiden die Züchter folgende Typen: Pinto-Pony, Pinto-Stock, Pinto-Saddle, Pinto-Pleasure und Pinto-Hunter. Das deutsche Pinto-Stutbuch hat nichts mit der D.P.P.A. – Deutsche Paint- und Pinto-Association – zu tun. Das ist eine private Vereinigung, die (noch) nicht anerkannt ist.

Die Abzeichen am Kopf des Pferdes bezeichnet man als Flocke, Stern, Keilstern, Strich, Blesse, Schnippe und Laterne. Die *Flocke* ist auf der Stirn des Pferdes als kleiner, der *Stern* als etwas größerer weißer Fleck zu erkennen. Der *Keilstern* läuft, daher der Name, nach unten spitz aus. Der *Strich* verläuft als weiße Fläche auf dem Nasenbein. Er kann auch unterbrochen oder nach unten auslaufend sein. Die *Schnippe* ist eine weiße Fläche zwischen den Nüstern oberhalb oder auf der Oberlippe. Eine *Blesse* ist breitlaufend entlang der Jochleisten bis zum Innenrand der Nüstern. Als *Laterne* wird die große weiße Fläche bezeichnet, von der Stirn über die breite Vorderseite des Pferdekopfes einschließlich der unteren Hälfte der Ganaschen. Auch die fleischfarbenen Stellen der Ober- oder Unterlippe müssen in den Abstammungspapieren stehen.

Die Abzeichen der Gliedmaßen werden mit einfachen, zutreffenden Worten je nach Sitz und Form genau beschrieben. Die häufigsten Formen sind Flecke, Ränder und Flächen. Es kann z. B. heißen:

- Linkes Vorderbein weißer Kronenrand, innerer Ballen weiß;
- rechtes Vorderbein halbweiße Fessel, helle Hufwand außen;
- beide Hinterbeine weiße Fesseln bis Fesselkopf einschließlich (höhengleich).

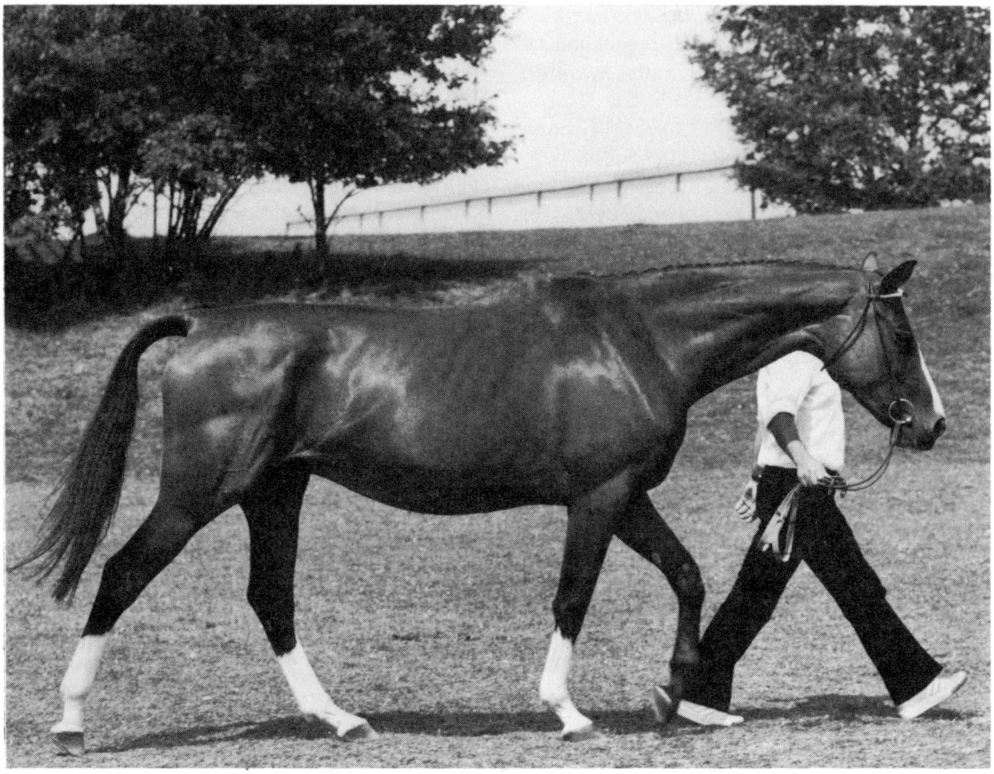

Warmblutpferd mit drei weiß gestiefelten Beinen

Da die Verschiedenartigkeiten zahlreich sind, ist genaue Angabe geboten. Oftmals sind die Bezeichnungen unvollständig.
Sehr genau und konsequent sind diese Angaben innerhalb der Vollblutzucht. Ab Jahrgang 1966 gibt es für die Vollblut-Jährlinge ein *Diagramm*, das sogenannte *Signalement*. Ohne diesen Pferde-Paß ist ein Pferd kein Vollblüter! Das ist kein Bürokratentick, sondern eine internationale Sicherheitsmaßnahme der Rennvereine. Zwar sind Jährlinge noch mitten im Wachstum, aber ihre Farbe und Abzeichen ändern sie nicht mehr. Auf dem Signalement werden *alle* Merkmale genauestens erfaßt, so z. B. auch Haarwirbel an verschiedenen Körperstellen des Pferdes, oder *wie* die Blesse gezeichnet ist, welcher Huf Farbabweichungen aufweist u. ä.
Dieser Paß, den der Trainer wie seinen Augapfel hütet, begleitet das Pferd auf allen Wegen und muß bei Auslandsreisen dem Zoll und auch dem Tierarzt vorgelegt werden.

2. Das Knochengerüst und die Gelenkwinkel

Die Leistungsfähigkeit eines Pferdes ist in hohem Maße von der Beschaffenheit seines Körpers abhängig.
<u>*Beim Knochengerüst*</u> unterscheiden wir zwischen den Knochen des Kopfes, des Rumpfes und der Gliedmaßen. Die Bezeichnungen sind in der untenstehenden Grafik ersichtlich. Die Knochen sind miteinander verbunden, und zwar unbeweglich am Kopf und Becken, wenig beweglich an Wirbeln und völlig beweglich durch die Gelenke, z. B. der Gliedmaßen. Gelenkkapseln und -bänder umschließen die Gelenke und festigen sie. Die inneren Gelenkflächen sondern die Gelenkschmiere ab.

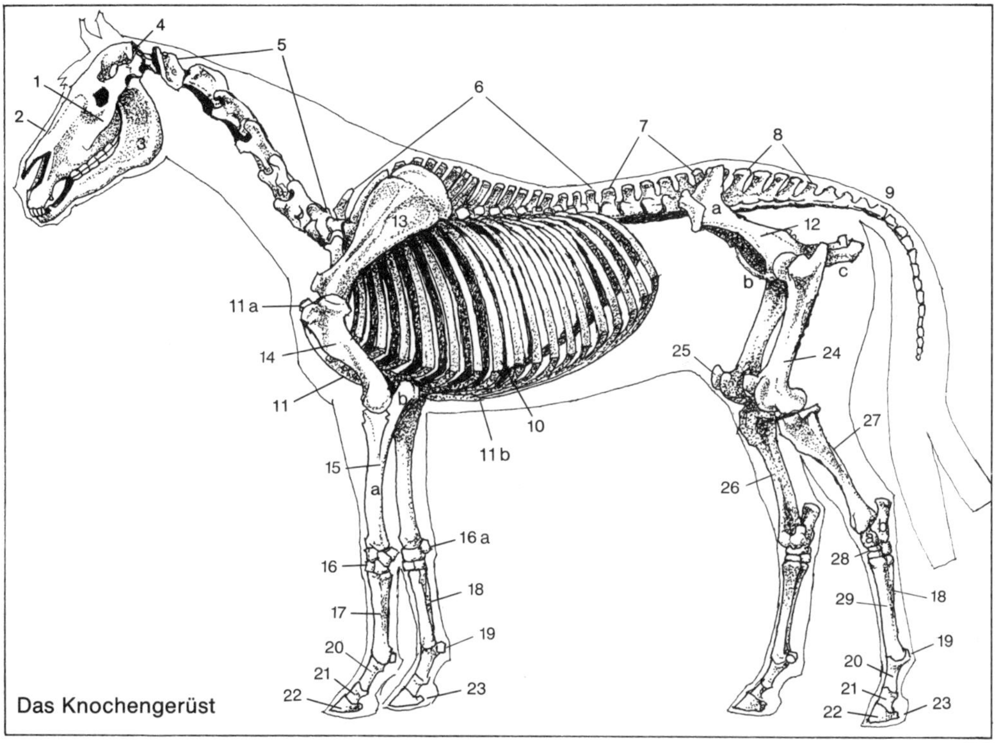

Das Knochengerüst

1 Jochbein
2 Nasenbein
3 Unterkieferbein
4 Hinterhauptsbein
5 Halswirbel (7)
6 Rückenwirbel (18)
7 Lendenwirbel (6)
8 Kreuzwirbel (5)
9 Schweifwirbel (18–21)
10 Rippen (8 echte, 10 falsche)
11 Brustbein
11a Habichtsknorpel
11b Schaufelknorpel
12 Beckenknochen
12a Hüftbein
12b Schambein
12c Sitzbein mit Sitzbeinhöcker
13 Schulterblatt
14 Oberarmbein
15 Unterarmbein
15a Speiche
15b Ellenbogenbein mit Ellenbogenhöcker
16 Vorderfußwurzelknochen
16a Erbsenbein
17 Vordermittelfuß (Vorderröhre)
18 Griffelbein
19 Gleichbein
20 Fesselbein
21 Kronbein
22 Hufbein
23 Strahlbein
24 Oberschenkelbein
25 Kniescheibe
26 Schienbein
27 Wadenbein
28 Sprunggelenkknochen
28a Rollbein
28b Sprungbeinhöcker
29 Hintermittelfußknochen (Hinterröhre)

Knochen und Gelenkwinkel der Vorhand

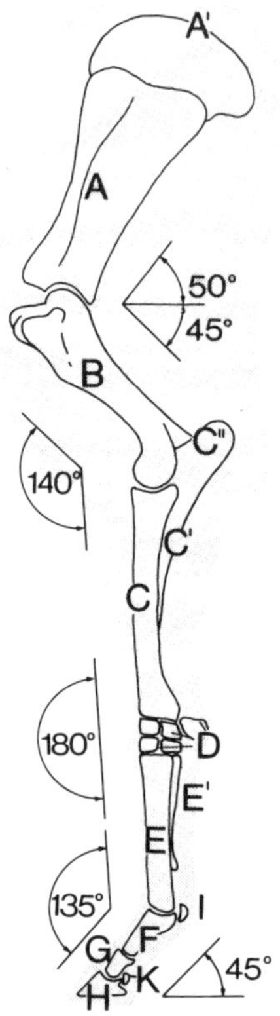

A Schulterblatt
A' Schulterblattknorpel
B Oberarmbein
C Speiche
C' Elle
C'' Ellenbogenhöcker
D Knochen der Vorderfußwurzel
E Röhrbein
E' äußeres Griffelbein
F Fesselbein
G Kronbein
H Hufbein
I äußeres Gleichbein
K Strahlbein

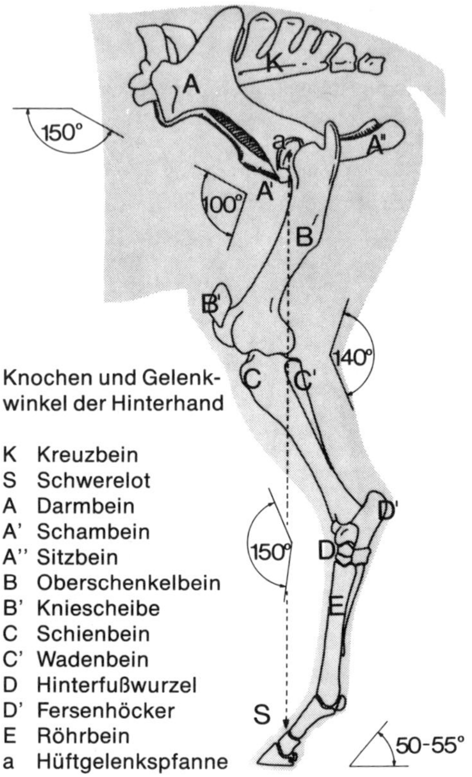

Knochen und Gelenkwinkel der Hinterhand

K Kreuzbein
S Schwerelot
A Darmbein
A' Schambein
A'' Sitzbein
B Oberschenkelbein
B' Kniescheibe
C Schienbein
C' Wadenbein
D Hinterfußwurzel
D' Fersenhöcker
E Röhrbein
a Hüftgelenkspfanne

Die *Wirbelsäule,* als wichtigster Teil des Knochengerüstes, zeigt die Halswirbelsäule und die Schweifwirbel als beweglichste Teile. Alle übrigen Wirbel sind durch Zwischenknorpelscheiben verbunden und deshalb nur wenig beweglich. Bei richtiger Kopf- und Halshaltung des Pferdes bilden – vom Kopf aus betrachtet – die drei letzten Halswirbel einen nach oben und hinten geöffneten Bogen, die drei ersten Halswirbel einen nach unten und vorn geöffneten. An allen Rücken-, Lenden- und Kreuzwirbeln finden wir ungleich lange Dornfortsätze. Sie sind durch den Rücken-Lenden-Teil des elastischen Nackenbandes und durch Gelenkbänder verbunden.

Rücken- und Lendenwirbel bilden eine nach hinten ansteigende, fast gerade Linie, die sogenannte *Wirbelbrücke.* Über diese Wirbelbrücke führen die Bewegungen der Hintergliedmaßen. Sie trägt hauptsächlich das Gewicht der Eingeweide und des Reiters. Die Brücke ist um so tragfähiger, je kürzer sie ist. Als Gelenkwinkel bezeichnen wir die Winkel an den Knochen der Gliedmaßen. Eine gute Winkelung ist für die Leistung des Pferdes von entscheidender Bedeutung. Sie ist auch wichtig für die Gesunderhaltung der Bewegungswerkzeuge und beeinflußt in erheblichem Maße die Elastizität des Ganges. Die Erschütterung von Knochen zu Knochen wird um so mehr in den Gelenken gebrochen, je weniger steil die Knochen zueinander stehen. Je stumpfer also der Gelenkwinkel ist, um so kräftiger wirkt die Erschütterung. Besonders bei Dressurpferden sollte man darauf achten, daß die Hinterbeine im Sprunggelenk normal oder leicht gewinkelt sind. Pferde mit geraden Hinterbeinen lassen sich schwer in der Hinterhand biegen. Derartige *Sprunggelenke* werden als *steilgestellt oder offen* bezeichnet.

3. Art und Funktion der Muskulatur in Verbindung mit den Sehnen

Die sehr umfangreiche Bemuskelung der Ohrmuscheln umfaßt: je zwei Dreher, zwei Auswärtszieher, drei Schildspanner, die Gehörgangsmuskeln, vier Einwärtszieher, drei Heber und einen Niederzieher. Die wichtige Rückenmuskulatur ist eine Gruppe von *Streckmuskeln*. Sie verläuft vom Hinterhauptsbein entlang beiderseits der Wirbelsäule, über das Becken, die Kruppe bis zum Sprunggelenk.

1 Gemeinschaftlicher Kopf-, Hals- und Armmuskel
2 Langer Beuger des Unterarms (von 1 verdeckt)
3 Grätenmuskeln
4 Strecker des Unterarms
5 Breiter Rückenmuskel
6 Kronbeinbeuger der Vordergliedmaße
7 Hufbeinbeuger der Vordergliedmaße
8 Fesselbeinbeuger der Vordergliedmaße
9 Gemeinschaftlicher Strecker des Fessel-, Kron- und Hufbeins (Zehenstrecker)
10 Rückenteil des Kappenmuskels
11 Halsteil des Kappenmuskels
12 Langer Rückenmuskel
13 Tiefere Halsmuskeln
14 Brustmuskeln
15 Kruppenmuskeln
16, 17 Aus- und Einwärtszieher der Hintergliedmaße
18 Streckmuskeln des Sprunggelenks (Achillessehne)
19 Kronbeinbeuger der Hintergliedmaße
20 Hufbeinbeuger der Hintergliedmaße
21 Fesselbeinbeuger der Hintergliedmaße (Oberes Gleichbeinband)
22 Unteres Gleichbeinband
23 Gerader Bauchmuskel
24 Gemeinschaftlicher Strecker des Fessel-, Kron- und Hufbeins (Zehenstrecker)
25 Spanner der breiten Schenkelbinde

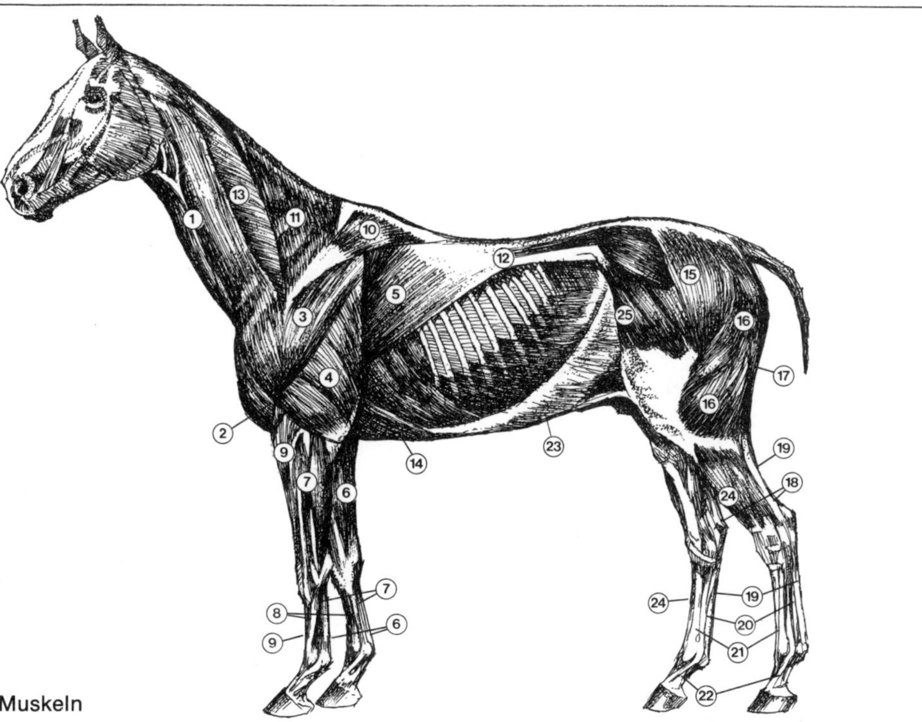

Die Muskeln

Eine weitere Gruppe sind, nach ihrer Funktion, die *Beugemuskeln*. Sie verlaufen vom unteren Ansatz des Hinterkopfes, über Unterhals, Vorder- und Unterbrust beiderseits des Unterbauches zum Becken (S. 104).
Die Muskeln stehen als aktive Bewegungswerkzeuge den passiven Knochen gegenüber. Je nach Art und Wirkung werden die Muskeln als Beuge-, Streck- oder Drehmuskeln bezeichnet. Ihre Wirkung kommt durch Kontraktion, d. h. Zusammenziehen und Entspannen zustande. Jeder Muskel hat einen festen Ursprungs- und einen beweglichen Anheftungspunkt.

1 Gemeinschaftlicher Kopf-, Hals- und Armmuskel
2 Beugemuskel des Unter-(Vor-)arms
3 Vorderer Grätenmuskel
4 Streckmuskel des Unterarms
5 Beugemuskel des Oberarms
6 Kronbeinbeuger
7 Hufbeinbeuger
8 Fesselbeinbeuger
9 Gemeinschaftlicher Strecker des Fessel-, Kron- und Hufbeins
10 Rückenteil des Kappenmuskels
11 Halsteil des Kappenmuskels
12 Beugemuskeln des Halses
13 Langer Rückenmuskel und Streckmuskel des Halses
14 Bauchmuskeln
15 Kruppenmuskeln
16 } Aus- und Einwärtszieher
17 } der Hintergliedmaße
18 Streckmuskeln des Sprunggelenks (Achillessehne)
19 Kronbeinbeuger
20 Hufbeinbeuger
21 Fesselbeinbeuger (oberes Gleichbeinband)
22 Unteres Gleichbeinband
23 Beugemuskeln des Sprunggelenks
24 Gemeinschaftlicher Strecker des Fessel-, Kron- und Hufbeins
25 Spanner der breiten Schenkelbinde
26 Lendenmuskeln
27 Nackenband

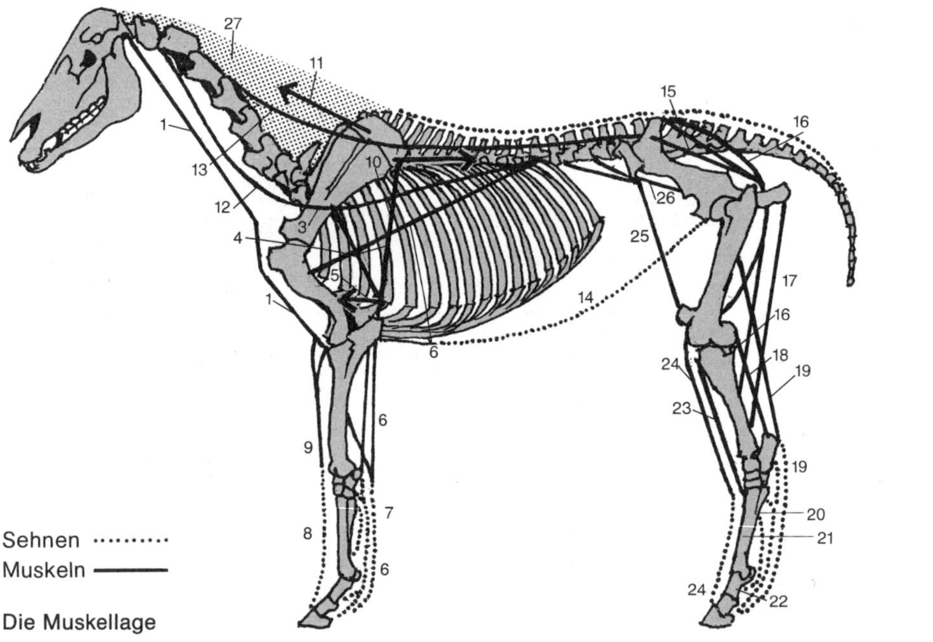

Die Muskellage

<u>*Die Sehnen*</u> sind band- oder strangartige Gebilde, die die Muskeln mit den Knochen verbinden. Fessel-, Kronen- und Hufbein haben lange, mit kaum nachgebenden Zugsträngen vergleichbare Sehnen.
Sehnenscheiden sind dünnhäutige, längliche Säcke, deren Innenfläche eine der Gelenkschmiere ähnliche Flüssigkeit absondert. Die Sehnenscheiden befinden sich an Stellen, die zeitweise einem starken Druck ausgesetzt sind oder an denen die Sehnen neben den Knochen entlanggleiten, z. B. an den hinteren Flächen des Fesselgelenkes.
Bei starker Anstrengung ermüden die Muskeln, aber nicht die Sehnen. Umgekehrt ermöglicht die besondere Lagerung und Anheftung der Sehnen den Pferden langes Stehen und Ausruhen im Stehen, ohne wesentliche Ermüdung der Muskeln. Das erklärt sich folgendermaßen:
Das Kniegelenk (untenstehende Abb.) zwischen dem Ober- und Unterschenkelbein besteht aus dem Kniekehl- und Kniescheibengelenk mit den Faserknorpelringen zwischen den Gelenkflächen. Das Pferd ist nun in der Lage, aufgrund des gleitenden *Kniescheibengelenkes*, dieses bei einer bestimmten Winkelstellung durch Bänder festzulegen. Dadurch kann das Pferd, ohne zu ermüden, in der bekannten Beugestellung ohne Muskelanstrengung stehen.

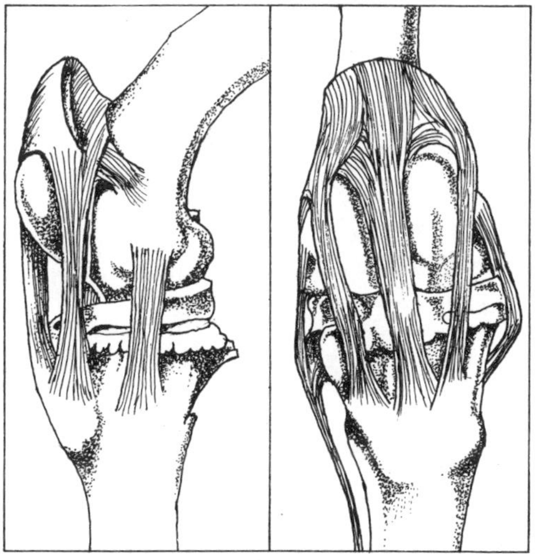

Das Kniegelenk in gespannter Stellung; links von der Seite und rechts von vorn gesehen

Auch die Vorhand des Pferdes besitzt eine Einrichtung zum gleichen Zweck. Hier bewirkt die Sehnen-Muskel-Verbindung mit dem mittleren Rollhöcker des Schultergelenkes, daß dieses Gelenk festgestellt werden kann. Aus diesem Grunde kann das Pferd im Stehen schlafen.
Die Muskeltätigkeit zur Vorwärtsbewegung der Vordergliedmaße wird zunächst durch die Beugesehnen ausgelöst. Sie bringen die Gelenke in leichte Beugestellung. Dann treten Kopf-, Hals- und Oberarmmuskel mit den Rumpf-Schenkel-Muskeln und Beugemuskeln des Unterarmes in Tätigkeit. Durch gleichzeitige Vorwärtsbewegung des unteren Schulterblattendes, Strecken des Buggelenkes und Beugen des Ellenbogengelenkes schwingt die Vordergliedmaße nach vorn. Ist die Gliedmaße bis zur Höhe der anderen vorgeschwungen, werden alle Gelenke durch die Streckmuskeln des Unterarmes und der unteren Knochen gestreckt. So erreicht der Huf den Boden und nimmt die ihm von der Hinterhand zugeschobene Last auf.
Bei der Bewegung der Hintergliedmaße treten zunächst auch die Beugesehnen in Aktion. Das Vorschwingen geschieht nun hauptsächlich durch die Lendenmuskeln, unter gleichzeitigem Beugen der Gelenke. Hat die Gliedmaße etwa die Höhe der anderen erreicht, strecken sich vom Kniegelenk beginnend abwärts alle anderen Gelenke. Hierbei treten die auf dem Oberschenkelbein gelegenen Kniescheibenmuskeln und die an der Vorderfläche des Unterschenkels gelegenen Streckmuskeln in Tätigkeit. Nachdem die Gliedmaße den Boden erreicht hat und erneut belastet ist, bewegen die kräftigen Aus- und Einwärtszieher mit den Kruppen- und Rückenmuskeln den Rumpf des Pferdes nach vorn.

4. Beurteilung des Körperbaus

Die Beurteilung des Pferdes soll *nach seinem Verwendungszweck* geschehen. Vor der Beurteilung werden die Angaben im Fohlenschein mit denen des vorgeführten Pferdes verglichen. Der Fohlenschein gibt wertvolle Aufklärung über Leistung und Zuchtwert des Tieres. Erbgesundheit, Blut, Nerv, Temperament und Energie sind für die Leistung des Pferdes entscheidender als kleine fehlerhafte Körperpartien, sogenannte Schönheitsfehler. Frei von Voreingenommenheiten und unbeeindruckt von Bemerkungen schlauer »Fehlergucker« sollte die Beurteilung nach dem persönlichen Eindruck, dem Technischen (die Rittigkeit) und erst dann nach den Details wie folgt vorgenommen werden:

- *Der persönliche Eindruck:* Gefällt mir das Pferd, sagt es mir zu nach Allgemeinzustand, Rasse, Größe, Farbe und Abzeichen.
- *Das Technische (Rittigkeit):* Trägt sich das Pferd im Gleichgewicht und in natürlicher Haltung, bewegt es sich leichtfüßig, sicher, schwungvoll, elastisch und raumgreifend.
- *Die Details:* Nach dem Merksatz *Achtgebe* (aufpassen), d. h. Abstammung, Charakter, Temperament, Gebäude (nachfolgend S. 21), Bewegung (tappend oder übereilt, S. 123, stechend oder strampelnd, S. 206).

Wir wollen keine Fehler-, sondern Pferdekenner sein. Nur Leistungspferde, nicht Durchschnittsprodukte oder langweilige Globetrotter, können einen ehrlichen Reiter überzeugen. Die im nachfolgenden Text genannten »Wertkriterien« hinsichtlich der näheren Beurteilung des Pferdes sind Anhaltspunkte. Stets muß das Pferd in seiner harmonischen Ganzheit gesehen werden, die man am besten auf einer Führbahn, wie anschließend beschrieben, übersehen und erkennen kann. Es ist also schon ein wenig »Auge« dafür notwendig und man sollte darüber hinaus auch etwas Sachkenntnis besitzen, um z. B. eine bärentatzige von der normalen Fesselstellung (S. 40) unterscheiden zu können. Mancher kleine »Fehler« kann durch harmonischen Ausgleich, z. B. eine *etwas* steile Schulter gegen einen dafür gut ausgebildeten langen Oberarm, ausgewogen werden.

Das Pferd wird auf einem an den Ecken abgerundeten gleichseitigen Dreieck, *die Führbahn*, vorgestellt. Der erste Blick vermittelt den Gesamteindruck über Temperament, Harmonie, Typ und Konstitution. Auf der Führbahn können Gang und Haltung sowohl von allen Seiten als auch von hinten und vorn gut beurteilt werden (S. 71).

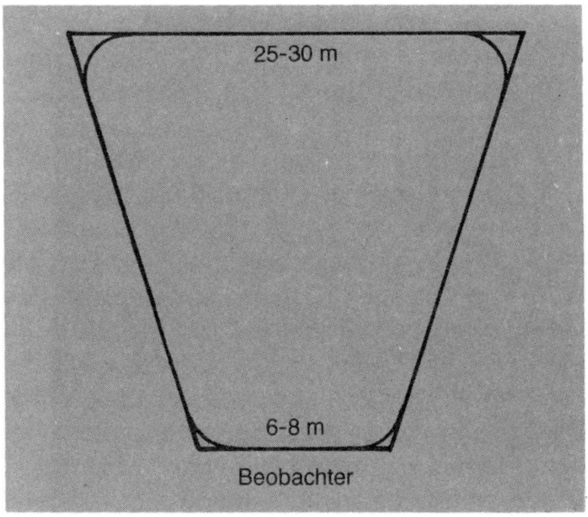

Das Leistungspferd soll uns Temperament, Härte, Nerv, Energie und besondere Leistungsanlagen, z. B. gleichmäßig federnde Bewegungen, guten Takt usw., zeigen.

Beim Gebrauchspferd ist ein klarer Rassetyp erwünscht. Die charakteristischen Rassemerkmale sollen erkennbar sein. Sie sind ein wertvoller Hinweis für das Zuchtziel der betreffenden Rasse. Graduelle Unterschiede einzelner Körperteile sind je nach Verwendungszweck erwünscht. Sie beweisen den Erfolg der Züchtung. Von ihm sind auch Fehler und Vorzüge in der Bewertung abhängig. Gewünscht wird ein Gleichgewichtspferd, das auf allen vier Beinen (S. 57) in schöner Harmonie aufmerksam und ruhig steht. Es muß in allen Gangarten frei, leicht und sich selbst tragend (Abb. S. 84) vorwärts gehen.

Die Widerristhöhe bei normal gebauten Pferden ist etwas größer als die Kruppenhöhe und etwas kleiner als die Rumpflänge. Bei gleicher Widerrist- und Kruppenhöhe oder höherer Kruppe als der Widerrist sagt man, *das Pferd ist überbaut.*

Die Vorhand soll schmaler sein als die Hinterhand. Allerdings auch nicht zu schmal, weil die oft damit verbundene steile Schulter die Leistungsfähigkeit stark beeinträchtigt.

Der Kopf soll klein und ausdrucksvoll sein. Seine Form und Feinheit beeindrucken überwiegend nur hinsichtlich der Schönheit des Pferdes. Schwere Köpfe überlasten die Vorhand und sind für den Reitgebrauch unerwünscht. Von der Seite gesehen soll die von den Ohren zur Nase verlaufende Gesichtslinie gerade sein. Eine nach außen gebogene Nasenlinie nennt man Ramskopf, die nach innen gebogene Hechtkopf (Araber).

Das Zungenstrecken – oft erblich bedingt – gilt als schwerwiegender Fehler und ist unbedingt zu beachten. Bei aufgelegter Trense kann dieser Fehler sicher erkannt werden. Ein Zungenstrecker spielt nicht mit dem Trensengebiß, sondern versucht, die Zunge unter dem Gebiß hervorzuziehen (S. 207).

Das Auge soll klar, aufmerksam sein und gutmütigen Ausdruck zeigen. Matte Augen, oft verbunden mit glanzlosem Haar, sind sichere Zeichen mangelnder Gesundheit. Blickt das Pferd mit großen Augen, so daß die Augäpfel außen einen weißen Rand erkennen lassen, beweist dies seinen starken Charakter. Solche Pferde müssen mit viel Geduld, gutem Einfühlungsvermögen und ruhig-konsequent zu freiwilligem Gehorsam kommen. Gelingt das dem Reiter nicht, wird er mit diesem Pferd stets im Zweikampf liegen und am Ende doch der Verlierer sein.

Die Ganaschen sollen nicht zu breit sein, weil sie die Genickbiegung erschweren. Ein zu enger Kehlgang behindert die Beizäumung; der hintere Ganaschenrand soll nur eine geringe Wölbung haben.

Das Genick muß mäßig breit, aber lang und sanft gewölbt sein. Ein breites und kurzes Genick erschwert die seitliche Biegung und Beizäumung. Kopf und Hals müssen im Genick leicht beweglich sein.

Der Hals soll frei, elegant getragen werden. Er muß im Verhältnis lang und gut bemuskelt sein, um raumgreifende Schulterbewegungen zu gestatten. Die Art und Weise, wie der leicht geschwungene Hals sich aus der Vorderbrust erhebt, nennt man *Aufsatz*. Einen günstig aufgesetzten Hals zeigt die Abb. der äußeren Körperteile (S. 12). Ein zu tief aufgesetzter und ein zu kurzer Hals erschweren die Dressur. Der hohe Aufsatz hat meistens einen niedrigen Widerrist zur Folge, der wiederum eine schlechte Sattellage bewirkt. Zu dünne und lange Hälse sind unruhig und beeinträchtigen oft die ruhige Anlehnung an das Gebiß. Besonders deutlich wird dies beim *Schwanenhals*, der außerdem noch mit hohem Kopfansatz verbunden ist. Im Gegensatz dazu der zu tief aufgesetzte *Hirschhals*, dessen unterer Teil nach vorn herausgedrückt und zu hoch aufgerichtet ist. Mit dem Hirschhals sind fast immer ein kurzes Genick und eine breite Ganaschenbildung verbunden. Sie erschweren erheblich die Beizäumung und Genickbiegung des Pferdes.

Der Widerrist soll hoch, breit und lang sein, um eine gute Schulterfreiheit zu erreichen. Im Gegensatz zu einem kurzen, niedrigen Widerrist mit schlechter Sattellage hat ein zu hoher Widerrist fast immer durch den Sattel verursachte Scheuer- und Druckstellen zur Folge.

Der Rücken bildet, in möglichst gerader Linie, mit den Vorder- und Hintergliedmaßen zur Grundlinie ein Rechteck. Heute wird ein etwas längerer, hinter dem Widerrist tieferer Rücken wegen der besonders guten Sattellage bevorzugt. Dieserart gebaute Pferde sind oft gute Springer mit weichen, angenehmen Bewegungen. Der *Senkrücken,* eine nach unten gebogene Rückenlinie, wie auch der im hinteren Drittel aufgewölbte *Karpfenrücken* sind bei Reitpferden abzulehnen.

Die Kruppe ist Ausgangspunkt der von hinten nach vorn gehenden Kraftübertragung und somit für die Leistungsfähigkeit des Pferdes ausschlaggebend. Sie ist mit der gesamten Hinterhand *der Motor aller Bewegungen.* Auch hier wurde in neuerer Zeit erkannt, daß die mäßig schräge Lage der Kruppe bei genügender Breite und Länge vorteilhafter ist als die schnurgerade.

Der Schweif muß gut getragen werden. Er ist, entsprechend seiner Haltung, Gradmesser für Nerv und Temperament. Eingeklemmte und leicht versteifte Schweife sind Zeichen von mangelnder Losgelassenheit und Ängstlichkeit. Ein schief getragener Schweif ist als erheblicher Schönheitsfehler wertmindernd.

Die Brust soll breit, lang, tief und gut gewölbt sein, um Herz und Lungen eine gute Entwicklung zu gewähren. Die auf schwacher Ausbildung der Brustmuskeln und flacher Wölbung der vorderen Rippen beruhende schmale Brust deutet auf schlechte Entwicklung der Atmungsorgane. Ein Rennpferd hingegen ist aufgrund seiner Schnelligkeit schmaler in der Brust und hat flacher gewölbte Rippen.

Der Bauchumfang soll dem des Brustkorbes proportional entsprechen und in eine schräg nach hinten allmählich ansteigende Bauchlinie übergehen. Kurze Flanken, die leicht an der aufsteigenden Bauchlinie erkennbar sind, stellen eine gute Verbindung zwischen Vor- und Hinterhand her – *das Pferd ist »gut geschlossen«.*

Die Vordergliedmaßen sind durch Sehnenhäute und Muskeln mit dem Rumpf verbunden. Der Rumpf hängt wie in einem Schwebegurt.

Die Hintergliedmaßen werden über das *Hüftgelenk*, wie die Vordergliedmaßen, mit dem Rumpf verbunden. Sie müssen, als Ausgangspunkt der Schub- und Kraftentwicklung, gut geformt und bemuskelt sein (vgl. Kruppe).

Die Stellung der Gliedmaßen ist zwar nicht von alarmierender Bedeutung, sollte jedoch wegen der möglichen Nachfolgeerscheinungen nicht außer Betracht bleiben. Hier kön-

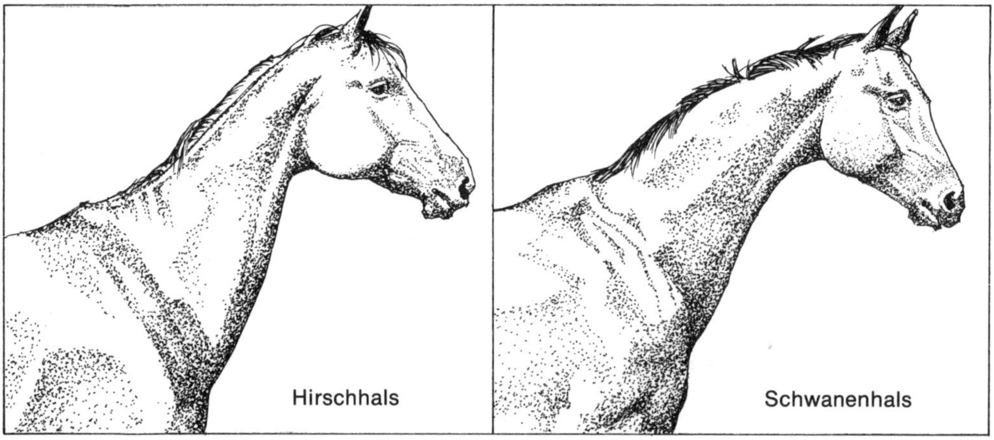

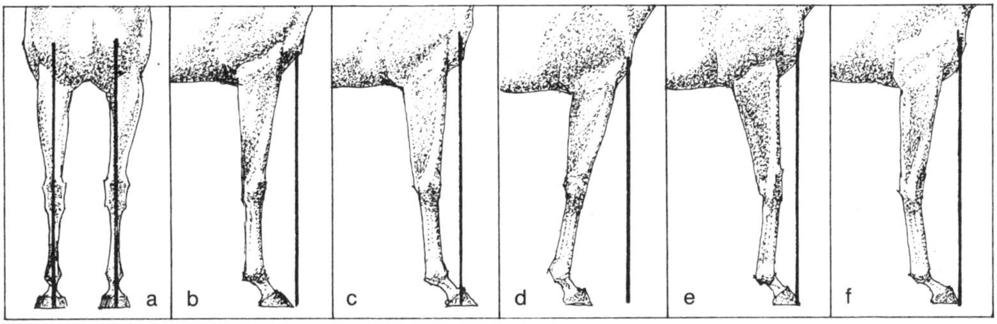

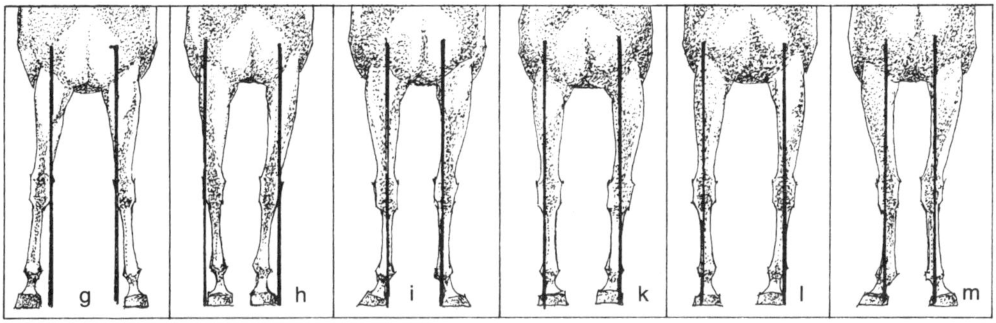

nen oft kleine Abweichungen durch andere körperliche Vorzüge oder Veranlagungen kompensiert werden.

Bei normaler Stellung der Vordergliedmaßen fällt die von vorn gesehene gedachte Senkrechte vom Buggelenk vor die Mitte der Hufzehe (Abb. a). Von der Seite gesehen, trifft die Linie genau die Spitze der Hufzehe (Abb. b). Die Vorderbeine stehen parallel zueinander.

Normale Stellungen:

a Stellung normal von vorn;
b Stellung normal von der Seite;

Fehlerhafte Stellungen:

c vorständige Stellung: die Hufzehe steht mit der Spitze vor der Senkrechten;
d rückständige Stellung: die Hufzehe steht mit der Spitze hinter der Senkrechten;
e vorbiegige Stellung: das Vordermittelfußgelenk ist nach vorn durchgebogen;
f rückbiegige Stellung: das Vordermittelfußgelenk ist nach hinten durchgebogen.

In den Abb. c und f ist zu erkennen, daß die Vorderfußwurzelgelenke aufgrund der fehlerhaften Gliedmaßenstellung abgeflacht sind. Derartige Gelenke nennt man *geschliffenes Vorderbein.*

Weichen die Vordergliedmaßen von den Buggelenken in gerader Stellung nach unten auseinander, steht das Pferd bodenweit (ohne Abb.). Nähern sie sich nach unten zueinander, steht das Pferd bodeneng (Abb. h). Sind bei den vorgenannten Abweichungen *nur* die Zehen (Hufe) betroffen, heißt es entsprechend *zehenweit* bzw. *zeheneng*. Es können auch verschiedenartige Abweichungen zusammenfallend vorkommen, z. B.:

g bodenzehenweite Stellung;
h bodenenge Stellung;
i zehenweite Stellung;
k zehenenge Stellung;
l Vorderfußwurzelweite, zehenbodenenge Stellung;
m Vorderfußwurzelenge, zehenbodenweite Stellung.

Bei normaler Stellung der Hintergliedmaßen verläuft eine von der Seite gesehene gedachte Senkrechte vom Sitzbeinhöcker etwa über die Mittellinie des Hintermittelfußes zum Hufballen. Von hinten gesehen müssen auch die Hinterbeine parallel zueinander stehen.

Normale Stellungen:
a Stellung normal von hinten;
b Stellung normal von der Seite.

Die Gliedmaßenstellung der Hinterhand gleicht im Prinzip jener der Vorhand. Unterscheidungsmerkmale sind an der Bezeichnung erkennbar. Der Maßstab zur Beurteilung ist der Verwendungszweck des Pferdes.

Fehlerhafte Stellungen:
c unterständig (Säbelbeine): die Hufzehe ist weit vor die Senkrechte gestellt;
d rückständig: die Hufzehe steht dicht hinter der Senkrechten;
e bärentatzig (-füßig): ein unter schräger Fessel stumpfgewinkelter Huf (S. 40);
f bodenenge Stellung: die nach innen gerichtete Abweichung der Hintergliedmaßen von der Senkrechten des Sitzbeinhöckers;
g bodenweite Stellung: zeigt das Pferd, wenn die Hinterbeine von der Senkrechten nach außen abweichen.

Auch hier können zwei oder drei fehlerhafte Gliedmaßenstellungen an demselben Pferd vorkommen, wenn z. B. außer der bodenengen oder bodenweiten Stellung noch zu erkennen sind:

h zehenenge Stellung: Hufzehe nach innen;
i zehenweite Stellung: Hufzehe nach außen;
k kuhhessige Stellung (sprunggelenkenge): Sprunggelenk nach innen gewinkelt;
l faßbeinige Stellung (sprunggelenkweite): Sprunggelenke nach außen gebogen.

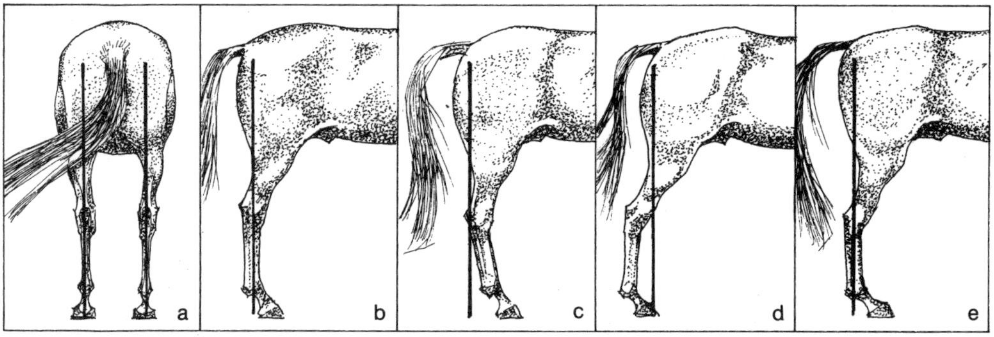

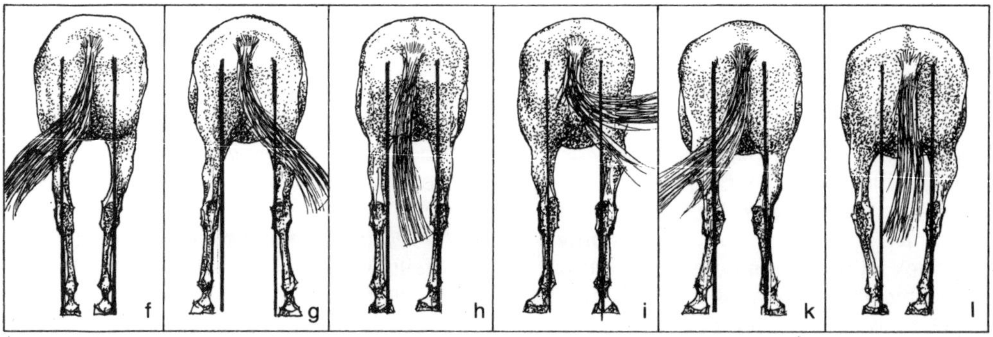

Die Fessel soll sich dem Zehenwinkel von 45° angleichen (S. 40). Ein spitzerer Winkel hat die schräge Fessel, ein stumpferer die steile Fessel zur Folge. Kurze, steile Fesseln sind abzulehnen, weil sie zu frühem Verschleiß des Pferdes führen. Von vorn gesehen, muß die Fessel breiter sein als der Vordermittelfuß. Zu lange und zu kurze Fesseln wirken auf Gang und Tempo negativ. Ist *der Fesselkopf* zusätzlich, seitlich betrachtet, kräftig-breit gestaltet, kann mit Sicherheit von einer guten Ausbildung der Gelenkbänder und Sehnen ausgegangen werden.

Die Hufform muß der Gliedmaßenstellung entsprechen. Das wird an der Huffessel- und Hufzehenlinie erkannt. Beide müssen, seitlich gesehen, parallel verlaufen. Von vorn muß die Halbierungslinie der Fessel die Mitte der Hufzehe treffen. Abweichungen führen zu Schädigungen der Gelenke, Knochen und Sehnen.

Der Huf ist allgemein regelmäßig, wenn der bereits genannte Hufzehenwinkel von 45° erkannt wird. Der Huf hat mäßig schräg nach außen verlaufende Seitenwände und eine leicht nach innen gewölbte Sohle. Der Tragerand des Vorderhufes hat eine runde, der des Hinterhufes eine spitzrunde Form. Steile Seitenwände sind meistens bei zu engen Hufen anzutreffen, die relativ hoch sind, mit stärker gewölbter Sohle und ovalrundem Tragerand. Der weite Huf ist niedrig, hat schrägere Seitenwände als der regelmäßige Huf, eine flache Sohle und einen kreisrunden Tragerand. Die Hufe sind mit größter Sorgfalt hinsichtlich Form und Größe zum Pferdekörper zu beurteilen.

Die Schulter soll für einen raumgreifenden, freien Schritt breit, lang und schräg sein. Da der Oberarm die Schrittweite mitbestimmt, soll er ebenfalls lang genug sein und mit dem weit nach vorn liegenden Buggelenk einen rechten Winkel bilden.

Der Unterarm, kräftig bemuskelt, steht zum Raumgriff in einem bestimmten Verhältnis zum Vordermittelfuß. Stets werden bei langem Unterarm mit kurzem Vordermittelfuß der Schritt und Trab gefördert. Ein kurzer Unterarm mit langem Vordermittelfuß deutet auf einen guten Galopp.

Die Vorderfußwurzel (Karpalgelenk), zwischen Unterarm und Vordermittelfuß eingefügt, soll an der Vorderfläche eine schwache Wölbung zeigen, die hintere Fläche im Übergang zum Vordermittelfuß gerade bis leicht gewölbt sein. Bei stärkerer Abhebung der Vorderfußwurzel bezeichnet man sie als *geschnürt*. Eine geschnürte Vorderfußwurzel ist das Zeichen mangelhafter Beugesehnen und eines schwachen Gelenkes mit losem Stand (Gegenteil: »Geschliffenes Vorderbein«, S. 23c, f).

Der Oberschenkel muß breit und lang sein und soll eine kräftige Muskulatur zeigen. Die Vorderseite des Knies soll senkrecht unter der Hüfte und mit dem Ellenbogengelenk in einer Höhe liegen.

Der Unterschenkel darf nicht zu kurz sein. Er liegt regelmäßig, wenn er mit dem Oberschenkel einen rechten Winkel bildet (S. 16). Aus dieser Lage sind gute Vorbedingungen für schnelle und geräumige Bewegungen der Hinterhand zu erkennen. Ein kurzer Unterschenkel liegt zu steil und führt zu einem kurzen, abgehackten Schritt.

Dem Sprunggelenk ist als wichtigstem und am meisten beanspruchtem Gelenk besondere Aufmerksamkeit zu widmen. In allen Ausdehnungen muß es stark entwickelt sein, d. h. kräftig, lang, breit und tief am Boden. Bei richtiger Länge und Winkelung der über ihm gelegenen Knochen liegt der Sprungbeinhökker senkrecht unter der Sitzbeinspitze. Ein seitlich und von hinten schmal erscheinendes Sprunggelenk ist großen Anstrengungen nicht gewachsen. Geht es mit seiner Innenfläche nicht allmählich in die Innenfläche des Hintermittelfußes über, wird es als *scharf abgesetztes* Sprunggelenk bezeichnet. Das Knie soll breit und kräftig sein (S. 16, Gelenkwinkel).

Der Gang soll korrekt, alle Bewegungen müssen energisch, tatkräftig, raumgreifend und schwungvoll sein. Die Tempi müssen in ihrer unterschiedlichen Taktfolge bei allen Gangarten klar erkennbar sein.

Die Größe sollte das der Rasse entsprechende Mittelmaß haben. Zu hochbeinige Pferde sind abzulehnen. Sie sind unwirtschaftlich, in der Leistung nicht so ausdauernd und geschickt

wie mittelgroße und kleinere Pferde in großem Rahmen.
Abschließend muß zur Beurteilung gesagt werden, daß die inneren Eigenschaften den Wert des Pferdes sehr beeinflussen. Träger mit schlechten Eigenschaften sind heute sehr selten. Leider aber nicht die nervösen, schreckhaften, durch falsche Erziehung und Ausbildung zur Bösartigkeit neigenden Pferde. Auch fehlende Leistungsbereitschaft der »schon zugerittenen« Pferde ist das Ergebnis falscher Arbeit und Ausbildung.

5. Die Altersbestimmung

Man muß wissen, daß volljährige Pferde wertvoller sind als zu junge oder alte. Warmblüter, ob Edelrasse oder Durchschnittspferd, sind erst 5–7jährig voll entwickelt, Kaltblüter dagegen mit 4 Jahren.
Schon am Kopf kann man, äußerlich und grob, das Alter des Pferdes schätzen. Bei jungen Tieren sind weiche Kopflinien zu erkennen. Ausgewachsene Pferde haben schärfere Linien, ihr Kopf erscheint dadurch schmaler und länger. Ab etwa 13 Jahren wird das Profil durch den Schwund des Unterhautfettgewebes noch härter. In der Augengegend erscheinen allmählich graue Haare, die Augengruben sind eingefallen.
Die genaue Altersbestimmung richtet sich nach dem Geburtsjahr und den Zähnen.
Das Geburtsjahr in der Vollblutzucht gleicht dem Kalenderjahr, d. h. alle im Kalenderjahr geborenen Fohlen gelten als am 1.1. des Jahres geboren. *Das Geburtsdatum* ist also für den Beginn der Ausbildung von Bedeutung. In der Landespferdezucht gelten als am 1.1. geboren alle Fohlen zwischen dem 1.1. und 31.10. des Jahres. Für die zwischen dem 1.11. und 31.12. des Jahres geborenen Fohlen ist der Stichtag der 1.1. des folgenden Jahres.
Die Zähne müssen zur Altersbestimmung nach dem Durchbruch, Wechsel oder der Abnutzung der Kauflächen beurteilt werden. Auf die Abnutzung der Kauflächen des Pferdegebisses, d. h. das Verschwinden der »Kunden« bis zur Vollendung des 11. Lebensjahres, werde ich nachfolgend näher eingehen.

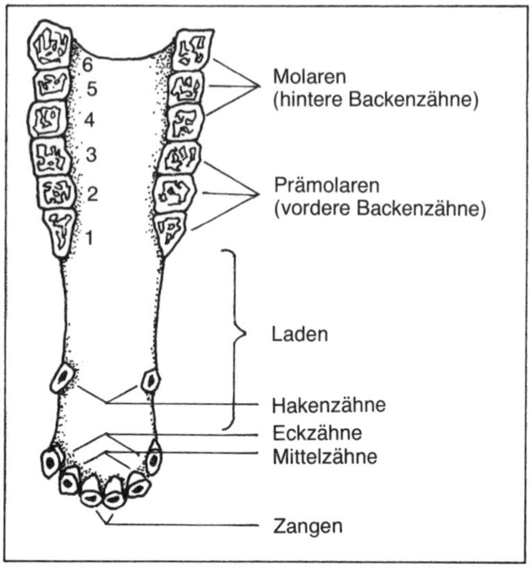

Gebiß des Pferdes und Bezeichnung der Zähne

Bis zum Alter von 15 Jahren bezeichnet man das Schneidezahngebiß als *Zangengebiß,* ab 16 Jahren als *Winkelgebiß* wegen der zunehmenden Schrägstellung der Zähne. Das Pferd hat 40 Zähne, und zwar in Ober- und Unterkiefer je 6 Schneidezähne (2 Zangen, 2 Mittel- und 2 Eckzähne), je 2 Hakenzähne (sie sind ein sekundäres männliches Geschlechtsmerkmal; bei Stuten sehr selten, bei Zuchtstuten unerwünscht. Stuten haben mithin nur 36 Zähne), je 6 vordere Backenzähne (Prämolaren) und je 6 hintere Backenzähne (Molaren).

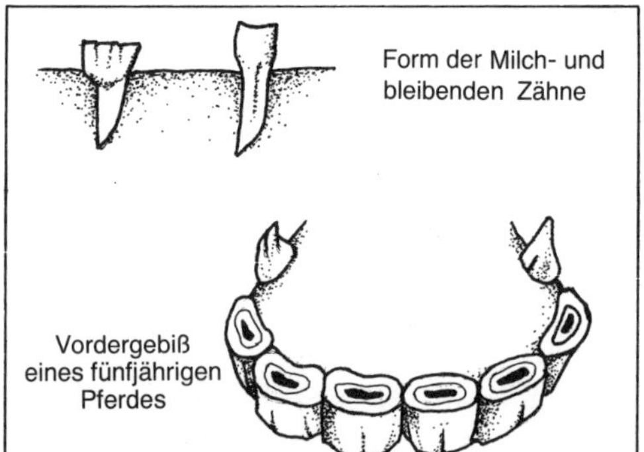

Die nachfolgend angegebenen Normen der Zahnaltersbestimmung gelten *nicht für Kleinpferde*. Sie sind, gegenüber der Zahnveränderung des Großpferdes, wegen des späteren Durchbruches der Milchzähne um etwa ein Fünftel der Zeit älter.

Der Einbiß – eine Einkerbung am Eckzahn – bildet sich zwischen dem 8. und 9. Lebensjahr, ist vom 10. bis 12. Lebensjahr besonders ausgeprägt und kann vom 16. bis 18. Lebensjahr nochmals auftreten.

Erklärung der Zahnaltersbestimmung von

- der Geburt bis zum 1. Lebensjahr (Milchgebiß);
- dem Durchbruch und Wechsel der Zähne vom 1.–5. Lebensjahr;
- dem Verschwinden der »Kunden« – das sind die dunkel gefärbten Vertiefungen der Schneidezähne – vom 1.–11. Lebensjahr;
- der Form der Kau(Reibe)flächen ab 12. Lebensjahr.

Bei der Geburt sind die Milchzangen und meistens die vorderen Backenzähne 1, 2 und 3 (Prämolaren) vorhanden.

Im Durchbruch erscheinen in der
6.–12. Woche die Milchmittelzähne; im
6.–9. Monat die Milcheckzähne.

Mit 12 Monaten ist das Milchgebiß vollständig.

Die Kunden des Milchgebisses verschwinden im Verlauf von

1 Jahr bei den Milchzangen;
1½ Jahren bei den Milchmittelzähnen;
2 Jahren bei den Milcheckzähnen und *gleichzeitig* erscheinen im Durchbruch der 4. und 5. Backenzahn (Molaren).

Nach dem Verschwinden der Kunden im Milchgebiß beginnt der Zahnwechsel. Während des Wechsels verschwinden die Kunden erneut, jedoch unterschiedlich im Unter- und Oberkiefer, und sind jetzt im Unterkiefer 7 mm, im Oberkiefer 14 mm tief.

Der Zahnwechsel zum bleibenden Gebiß vollzieht sich mit

2½ Jahren bei den Milchzangen und dem 1. und 2. Backenzahn (Prämolaren);
3½ Jahren bei den Milchmittelzähnen und dem 3. Backenzahn (Prämolaren);
4½ Jahren bei den Milcheckzähnen und gleichzeitig beginnt im
4.–5. Jahr der Durchbruch des 6. Backenzahnes und der Hakenzähne bei Hengsten und Wallachen. *Ab 5. Lebensjahr ist das bleibende Gebiß des Pferdes vollständig.*

Die hinteren Backenzähne – *die Molaren – wechseln nicht.* Wenn der Zahnwechsel durch Herausbrechen der Milchzähne beschleunigt wurde, um das Pferd älter erscheinen zu lassen, der 6. Backenzahn aber fehlt, ist der Verkäufer als Betrüger überführt.

Die Kunden der Schneidezähne verschwinden

im Unterkiefer:
- mit 6 Jahren bei den Zangen,
- mit 7 Jahren bei den Mittelzähnen,
- mit 8 Jahren bei den Eckzähnen;

im Oberkiefer:
- mit 9 Jahren bei den Zangen,
- mit 10 Jahren bei den Mittelzähnen,
- mit 11 Jahren bei den Eckzähnen.

Die Form der Kau(Reibe)flächen verändert sich ab dem 12. Lebensjahr, nachdem die Kunden verschwunden sind. Die Beurteilung des Pferdealters nach der Abnutzung dieser Kauflächen ist viel ungenauer als nach dem Durchbruch und Wechsel. Es ist dann nur noch das ungefähre Alter des Pferdes zu erkennen. Sind die Kauflächen vom 1.–11. Lebensjahr – das sind nach der Abb. auf S. 28 die ersten drei Lebensabschnitte – noch elliptisch- bis queroval, wird die Form der Kau(Reibe-)flächen anschließend vom 12.–17. Lebensjahr und darüber *rundlich*

im Unterkiefer:
- mit 12 Jahren bei den Zangen,
- mit 13 Jahren bei den Mittelzähnen,
- mit 14 Jahren bei den Eckzähnen;

im Oberkiefer:
- mit 15 Jahren bei den Zangen,
- mit 16 Jahren bei den Mittelzähnen,
- mit 17 Jahren bei den Eckzähnen;
- *dreieckig* ab 18. Lebensjahr – mit der Spitze zur Maulhöhle – und
- *längsoval* ab 24. Lebensjahr.

Lebens-			Kau(Reibe)flächen		
Ab-schn.	Jahr bis	Alters-gruppe	Drauf-sicht		Form
1.	5.	Jugendzeit			elliptisch-oval
2.	6.-8.	Voll-jährigkeit		Querschnitt eines Zangenzahns	queroval
3.	9.-11.	Über-jährigkeit		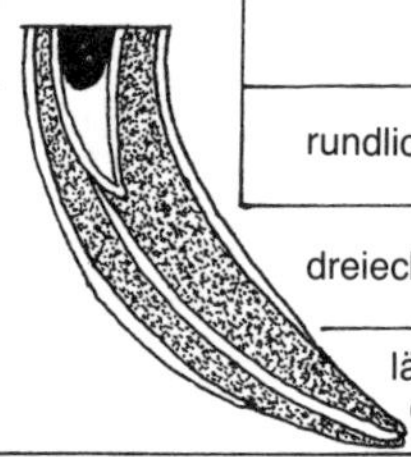	
4.	12.-17.	Alterszeit			rundlich
	18.-23.				dreieckig
	24.-29.		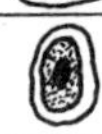		längs-oval

Form der Kau-(Reibe-)flächen

Auch die *Winkelstellung der Schneidezähne* des Unter- und Oberkiefers gibt, wie bereits erwähnt, einen ungefähren Anhaltspunkt bis zum 19. Lebensjahr als *Zangen- und Winkelgebiß*. Etwa ab 20. Lebensjahr laufen die Schneidezähne fast gerade zum sogenannten *Hechtgebiß* zusammen.
Bei der Zahnaltersbestimmung ist stets zu bedenken, daß die Rasse, Fütterung, Zahnbeschaffenheit und auch Untugenden (Zähnewetzen, Koppen u. ä.) von Einfluß sein können.
Die ältesten geschichtlichen Überlieferungen über die Altersbestimmung des Pferdes nach den Zähnen stammen von Xenophon (430–354 v. Chr.), Aristoteles (384–322 v. Chr.) und Plinius (24–79 n. Chr.). Schon damals wurden Pferde mit dem Urteil »Für den Reitzweck nicht mehr geeignet« als alt bezeichnet, wenn die Kunden der Zähne verschwunden waren. Schriften aus dem 16. und 17. Jh. sind schon differenzierter, z. B. die »Anatomia del Cavallo« von Carlo Ruini aus dem Jahre 1598. Nach den Überlieferungen war den Verfassern scheinbar noch nicht bekannt, daß Pferde auch Backenzähne haben.

6. Brandzeichen

Jeder Reiter sollte wissen, daß in nationalen Prüfungen eines Turnieres in der Kategorie B und A nur die in der entsprechenden Liste der FN nach §§16 und 64 LPO (S. 90) eingetragenen Pferde starten dürfen. Nichteingetragene Pferde sind nur in der Kat. C teilnahmeberechtigt. Wer an Turnieren in fortgeschrittenen Klassen teilnehmen möchte, sollte sich gleich ein Pferd mit Brandzeichen kaufen. Diese Kennzeichen werden unterschiedlich nach den Bestimmungen der Pferdezucht-Verbände eingebrannt.

Es bedeuten z. B.: l = links
r = rechts
H = Halsseite
Hts = Hinterschenkel
Hstb = Hauptstammbuch
gek = gekört (e)

Die wichtigsten Brandzeichen der deutschen Warmblut- und Ponyrassen der einzelnen Zuchtverbände sind auf der folgenden Seite abgebildet.

Baden-Württemberg
Bayern
Hannover
Hessen
Holstein
Oldenburg
Rheinland
Rheinland-Pfalz-Saar
Westfalen
Trakehner (Bundeszucht)

Baden-Württemberg	nur Haflinger
Bayern	nur Haflinger
Hannover	
Hessen	nur Haflinger in Nordhessen
Holstein	
Rheinland	nur Isländer
Rheinland-Pfalz-Saar	nur Isländer
Weser-Ems	
Westfalen	nur Haflinger
	nur Isländer

Zuchtverband für Deutsche Pferde e.V., 7322 Donzdorf, Krs. Göppingen, Tel. (Geschäftsstelle): 06074–25472. 1979 gegründet – 1982 staatlich anerkannt.

Ohne Kronenzacken	I Hts Eingetragen im Vorbuch
Zwei Kronenzacken	I Hts Eingetragen im Stammbuch
Drei Kronenzacken	I Hts Eingetragen im Hstb

Den Brand erhalten eingetragene Pferde nach den entsprechenden Zuchtbuch-Kategorien.

Die Fohlen erhalten den Brand und einen Abstammungs-Nachweis, *ohne zusätzliche* Geburtsbescheinigung.

Die Herkunft der Pferde wird im Abstammungs-Nachweis vermerkt. Dadurch wird z. B. ein Hannoveraner nie ein Bayer, ein Hesse nie Ostfriese etc.. Der ZVDP übt überregionale Tätigkeit gegenüber den Landeszuchtverbänden. Vor allem werden Hengste in der Zucht eingesetzt, die durch ihre Nachkommen ihren Vererbungswert beweisen. Dabei wird nicht die Masse der Nachkommen mit der Gesamtgewinnsumme für die Zuchtwertbestimmung herangezogen, sondern die *Gewinnsumme je Nachkomme.*

Der Brand skizziert den Deutschen Orden aus dem Jahre 1190.

7. Pferderassen

Ich möchte hier nur den großen Rahmen aufzeigen. Die unterschiedlichen Rassenmerkmale im einzelnen bedürfen längerer Ausführungen und stammesgeschichtlicher Hinweise.
Nach dem rein äußeren Bild unterscheiden wir heute folgende Rassen: Vollblut, Traber, Warmblut, Kaltblut, Kleinpferde und Ponys.

Vollblüter sind Pferderassen, deren mütterliche und väterliche Herkunft auf bestimmte Vorfahren lückenlos und nachweislich zurückgeführt werden kann. Die bekanntesten Vollblutpferde sind der Araber mit dem Brandzeichen ox und das englische Vollblut mit dem Brandzeichen xx. Diese Kennzeichen müssen bei reinrassigen Pferden hinter dem Namen stehen.
Der Traber ist keine Pferde»rasse« im eigentlichen Sinn. Er steht dem Vollblut sehr nahe, wird lediglich der Zuchtauswahl entsprechend besonders genannt und nur als Rennpferd gezüchtet.
Am bekanntesten sind französische Traber, Orlowtraber, russische Traber und die American Standard Bred.
Die Warmblüter und ihre Kreuzungen mit Vollblütern stellen das Hauptkontingent der Reitpferde. Die bekanntesten Rassen sind: Ostpreußen, Hannoveraner, Westfalen, Holsteiner, Oldenburger, Rheinländer, Hessen, Bayern und Württemberger.
Das Kaltblut wird nur als kräftiges, schweres Arbeitspferd gezüchtet. Es wird aber mehr und mehr von der Maschine verdrängt. Am weitesten verbreitet ist das Rheinisch-Deutsche Kaltblutpferd und die Rasse Süddeutsches Kaltblut (Noriker) sowie im Norden das Schleswiger Kaltblut.
Kleinpferde haben ein Stockmaß von 138 bis 148 cm. Am bekanntesten sind der Haflinger und das Norwegische Fjordpferd.
Die Ponys sind nach Stockmaß in drei Abteilungen eingeteilt:

1. Abteilung K bis 127 cm,
2. Abteilung M 128–137 cm,
3. Abteilung G 138–148 cm (Kleinpferd).

Hier sind zu nennen: das Island-, Welsh-, Shetland-, Connemara-, New Forest-, Dartmoor-, Wildbahn-Pony sowie das Deutsche Reitpony.

Zu den Warm- und Kaltblütern wäre noch zu sagen, daß diese Bezeichnungen nichts mit der Bluttemperatur zu tun haben. Es sind Hinweise auf das Temperament:

- Warmblüter = leicht, wendig, temperamentvoll, schnell und kraftvoll;
- Kaltblüter = schwer, behäbig, ruhig, langsam und sehr kräftig.

Die Psyche des Pferdes

Was ist das? Ich möchte diese Frage mit einer Definition des Begriffes »Psyche« nach wissenschaftlicher Auffassung beantworten.
Die Psychologie – die Lehre des seelisch-geistigen Lebens – unterscheidet nach bis heute nicht widerlegter altgriechischer Auffassung zwischen der Lebensseele (Thymos) und der Psyche. Daraus folgernd erklärt die Wissenschaft

- *die Lebensseele* als die beim Tode entschwindende Lebenskraft,
- *die Psyche* als das nachbleibende Ebenbild des Lebewesens

und übersetzt das Wort Psyche mit »Hauch«.
Aus zwei Gründen ist es für den Pferdesportler erforderlich, Kenntnisse über Charakter, Verhalten und Wesen des Pferdes zu besitzen:

1. Das Pferd hat durch seine stammesgeschichtliche Entwicklung eine Anzahl erblich bedingter Verhaltensweisen erworben. Diese müssen bei der Ausbildung berücksichtigt werden. Die Erbanlagen sind im Erscheinungsbild bei den einzelnen Tieren unterschiedlich, aber im Grunde bei allen Pferden vorhanden.
2. Es gibt jedoch beträchtliche Abweichungen der Leistung der Sinnesorgane und erblichen Verhaltensweisen des Pferdes von denen des Menschen.

Weil aber die Ausbildung und Erziehung des Pferdes sich nur seiner Verhaltensweisen und Sinnesleistungen bedienen kann, *muß* jeder Reitlehrer oder Ausbilder und *sollte* jeder Pferdesportler ein Mindestmaß tierpsychologischer Kenntnisse besitzen. Die Nerven, d. h. die nervliche Verfassung des Pferdes wird durch Unkenntnis und unsachliches Vorgehen in der Ausbildung schnell und erheblich geschädigt. Entsprechende Korrekturen dauern oft Monate, manchmal Jahre.

Die Grundlagen der Tierpsychologie als junge Wissenschaft, in Verbindung mit den pferdekundlichen Kenntnissen seit fast 3000 Jahren, ermöglichen es, schwerwiegende Behandlungsfehler bei der Erziehung (Ausbildung) zu vermeiden.

1. Die Leistung der Sinne

Das Leistungsvermögen der Sinnesorgane des Pferdes bildete sich nach geschichtsbedingten Lebensweisen, wie z. B. das Leben der Vorfahren als Herdentiere in riesigen Steppen, Nahrungssuche vorwiegend bei Nacht, Bedrohung durch Raubtiere. Die einzelnen Sinne sind: Der Geruch, das Gehör, das Auge, das Tastvermögen und der Geschmack.
Der Geruchssinn steht an erster Stelle. Beobachtungen zeigen, daß ein Pferd sich durch Beriechen aller Gegenstände in seiner neuen Umgebung orientiert. In freier Wildbahn zeigten Kadaver und Blut das Vorhandensein von Feinden an. Noch heute haben Pferde hiergegen großen Widerwillen. Auch läßt sich aus dem Geruchssinn die Abneigung gegen Tierarzt und Schmied sowie die Ablehnung verdorbenen Futters ableiten. Oftmals schon dann, wenn wir Menschen noch nichts am Futter feststellen können. Das sind Gründe der Neugier des Pferdes.
Das Gehör des Pferdes – besser als beim Menschen entwickelt – nimmt noch sehr leise Geräusche wahr, was durch das Spiel der Ohrmuscheln verdeutlicht wird. Mit telemetrischen Messungen wurde festgestellt, daß laute Geräusche den Kreislauf des Pferdes belasten. Das ist der Grund, immer wieder zu fordern, die Pferde nicht anzuschreien. Im Stall und bei der Ausbildung sind überflüssige Geräusche unbedingt zu vermeiden.

Das Auge (der Gesichtssinn) ist nicht so gut wie das des Menschen. Lediglich aus der Nähe und des Nachts sieht das Pferd gut. Bei großen Entfernungen sieht es wahrscheinlich schlecht, d. h. es kann nicht bildlich erkennen und unterscheiden. Läßt man bei Dunkelheit das Pferd frei gehen, wird es kaum stolpern oder in Löcher treten.
Das *farbliche Unterscheidungsvermögen* ist noch nicht genau erforscht. Aufgrund von Beobachtungen gibt es jedoch Anzeichen einer unterschiedlichen Wirkung von Farben auf die Pferde. Viele Pferde springen z. B. graue Mauern nicht so gern wie rote oder andersfarbige. Durch die seitliche Augenstellung gehen die Sehachsen des Pferdes auseinander. Dadurch wird der seitliche Gesichtskreis größer und beträgt bei tief gesenktem Kopf, z. B. beim Weidegang, etwa 300°. Eine nur geringe seitliche Kopfbewegung erweitert den Gesichtskreis bis 360°. Es wird sogar vermutet, daß das Pferd erkennen kann, was hinter ihm geschieht. Was vor ihnen liegt oder geschieht, sehen und beobachten Pferde sehr genau.
Auffallende Bodenscheu, schräges Springen und das Schräghalten des Kopfes im Galopp sind oft Anzeichen von Augenfehlern.
Erinnerungen an die durch das Gehör und Auge empfundenen Wahrnehmungen sind für die Erziehung des Pferdes von besonderer Bedeutung. Pferde haben die größten Augen unter den Säugetieren.
Der Tastsinn, d. h. die Reizempfindlichkeit der Haut, ist beim Pferd sehr gut entwickelt. Das ist auch der Grund, der es dem Reiter ermöglicht, die Hilfen in ihrer letzten Verfeinerung geben zu können. Die Tasthaare, als empfindlichste Tastorgane, können für die Ausbildung nicht genutzt werden – genausowenig *der Geschmackssinn*.

2. Wie erkenne ich den psychischen Zustand des Pferdes?

Der psychische Zustand eines Pferdes kann an Gang, Auge, Ohr, Schweif, Schnauben, an der Stimme und der Schweißbildung erkannt werden.

Der gespannte Gang des Pferdes zeigt eine Erregung an. Er kann aber auch die Folge eines Bewegungsmangels sein.
Das Auge ist der Spiegel für Charakter und Temperament des Pferdes. Tiere mit gutmütigen, ruhigen und klaren Augen besitzen einen angenehmen Charakter, oft als *frommes Feuer* bezeichnet. Sie sind temperamentvoll, jedoch keineswegs bösartig. Diese Bösartigkeit ist aber meistens bei Pferden mit kleinen, böse blickenden Augen anzunehmen. Viel Weiß in den Augen zeigen energische und deshalb oft unbequeme Pferde.
Ein gequält blickendes, unruhiges Auge deutet auf innere Schmerzen und Ängstlichkeit. Diese Pferde müssen ruhig und vorsichtig behandelt, ihr Vertrauen zum Menschen wieder geweckt werden. Innere Schmerzen liegen meist dann vor, wenn sich der Augenausdruck trotz guter Behandlung nicht ändert.
Das Ohr gibt sichere Hinweise auf die Gemütsverfassung des Pferdes. Nach vorn gespitzte Ohren deuten auf eine ausgeglichene Stimmung; aufrechte, rückwärts gedrehte zeigen eine gespannte Aufmerksamkeit für Vorgänge, die sich hinter dem Pferd abspielen. Unbehagen drückt es durch zurückgelegte Ohren aus. Es geht sozusagen in »Abwehrstellung« und ist zum Beißen oder Schlagen bereit.
Bestimmte *Lippenbewegungen* zeigen ein eindringliches Mienenspiel des Pferdes. Es ist schon interessant, in diesem Mienenspiel zu lesen und festzustellen, was das Pferd will.
Der Schweif, in einer ruhigen und taktmäßigen Bewegung, deutet auf Losgelassenheit und Wohlbefinden. Ein angeklemmter und stark nach hinten gestreckter Schweif ist ein Zeichen körperlicher und psychischer Spannung. Oft zeigen Pferde vor Aufregung auch einen nach oben eingerollten Schweif. Mit dem Schweif schlagende Pferde in der Bewegung sind entweder ermüdet, kitzlig oder sie werden in unsachgemäßer Weise mit den Sporen bearbeitet.
Das Schnauben, in der Art eines Abbrausens der Luft, ist ein Zeichen von Losgelassenheit und Entspannung. Heftiges, stoßweises Schnauben mit einem schnarchenden Geräusch ist ein Zeichen der Aufregung vor furchterregenden Erscheinungen.

Die Stimme des Pferdes dient zur Verständigung untereinander und zur Begrüßung. Im Stall verbleibende Tiere wiehern den sich entfernenden Stallgenossen nach. Bei angenehmen Erscheinungen (Futter, Trinkwasser u. a.) ist ein dunkles, wohlgefälliges Wiehern zu hören; charakteristische Quieklaute deuten Kitzelgefühle an. Bei heftigen Schmerzen stöhnt, ächzt oder schreit das Pferd.
Die Schweißbildung ist Ausdruck erhöhter Aufregung oder besonderer Anstrengung. Das Pferd zittert und hat starkes, oft durch die Sattelblätter spürbares Herzklopfen.

3. Beispiele über Verhaltensweisen

Dem Pferd sind, wie schon gesagt, seine Verhaltensweisen überwiegend angeboren. Durch Ausbildung und Erziehung können sie jedoch beeinflußt, modifiziert, dann aber *nicht* vererbt werden.
Die Abwehr von Feinden der Wildpferde ist *die Flucht.* Das Leittier umtrabt seine Herde und veranlaßt sie, bei drohender Gefahr zu fliehen. Diese Erbanlage bewirkt noch heute, daß ein reiterloses Pferd große Unruhe in die Reitabteilung bringt.
Allgemeine Gefahren lösen beim Pferd Schreck und Angst aus. Alle ungewohnten neuen Eindrücke, z. B. schnelle Bewegungen, flatternde Gegenstände, Musikkapellen, starke Lichtquellen usw., müssen vorsichtig vermittelt werden. Hier kommt uns das Orientierungsbedürfnis des Pferdes entgegen. Diese »Neugier« (Geruchssinn) dient dem Pferd zum Erwerb »eigener« Erfahrungen. In der Ausbildung muß das Tier Gelegenheit haben, sich mit ungewohnten Gegenständen vertraut zu machen.
Schlagen und Beißen sind durch falsche Erziehung angenommene Bösartigkeiten. Jedes Tier, das der Gefahr nicht mehr ausweichen kann, d. h. der vom Tier empfundene *absolute Abwehrkreis* ist überschritten, setzt sich instinktiv (S. 250) zur Wehr. Die Stuten der Wildpferde z. B. bilden dann einen Kreis, in dessen Mitte sich die Fohlen befinden. Der Leithengst überwacht die Herde. Hieraus erklärt sich die Erfahrung, weshalb Stuten sich immer mit den Hinterbeinen wehren. Das Beißen ist ein sekundärer Steigerungswille zur Abwehr.
Hengste dagegen wehren sich durch Schlagen mit den Vorderbeinen und durch Beißen. Für sie ist das Schlagen mit den Hinterbeinen zweitrangig.
Bei Feuer drängen die Pferde erst einmal in den Stall hinein und lassen sich schwer herausbringen. Das erscheint unverständlich, liegt aber in der ererbten Verhaltensweise begründet, daß den Pferden der Stall als Ersatz für Herde und Geborgenheit dient. Ein Großbrand hingegen wird durch die entstehende Hektik und Panik die Flucht zur Folge haben.
Der Dung dient den Wildpferden als Wegweiser und Erkennungsmerkmal. Das Pferd bleibt nicht vor seinem Dung stehen, deshalb auch die Unruhe nach dem Stallen bei Aufstellungen, Siegerehrungen o. ä.
Das Vertrauen zum Menschen wird durch die Tatsache begründet, daß das Pferd den Menschen als Ersatz für Artgenossen anerkennt. Dieses »blinde« Vertrauen muß vorsichtig auf- und ausgebaut werden, weil es für eine erfolgreiche Arbeit erforderlich ist.
Ein Selbstschutz ist das Verhalten auch bei Pferden, wenn sie die unempfindlichere Hinterseite »gegen das Wetter« stellen. Das sollte man unruhigen Pferden bei schlechtem Wetter zugute halten.
Das Zeitgefühl des Pferdes ist stark ausgeprägt, besonders für die Futterzeiten. Es ist vorteilhaft, diese und auch Trainingszeiten einzuhalten, vor allem bei Mehrleistungen und höheren Anforderungen während der Ausbildung.
Futterneid und Eifersucht sind Reste aus Verhaltensweisen der naturbedingten Rangordnungskämpfe früherer Zeiten. Jeder Fachmann in der Tierdressur wird das bestätigen (Knie und Simoneit).
Ortssinn und Erinnerungsvermögen des Pferdes sind sehr gut. Fast unglaubliche Berichte beweisen dies immer wieder. Haustiere laufen durch ihnen völlig fremdes Gebiet viele Kilometer, um wieder in den altvertrauten Stall, das schützende Haus zu gelangen. Beim Pferd steht dieser Ortssinn, sich an Wege, Richtun-

gen, Örtlichkeiten und Umgebungsbilder zu erinnern, in engem Zusammenhang mit seinem Urtrieb als Steppentier (Nomadenleben).
Untugenden sind dem Pferd nicht angeboren, jedoch als erbbedingte verborgene (latente) Neigungen unterschiedlich in jedem Tier vorhanden. Diese Erbanlage kann bei unsachgemäßem Verhalten im Umgang mit Pferden zu bösen Überraschungen führen.
Widersetzlichkeiten sind von Untugenden genau zu trennen. In allen Fällen sind falsche Behandlung, Überanstrengung, Überforderung und mangelnde Bewegung die Ursachen von Widersetzlichkeiten.

4. Kann das Pferd »denken«?

Vom menschlichen Denken aus betrachtet kann man diese Frage nicht beantworten. Weil aber der Sitz allen Denkens das Großhirn ist und die Großhirnrinde des Tieres die Anpassung an die Umweltbedingungen steuert, ergibt sich die Tatsache, daß menschliches Denken und das Verhalten der Tiere Nerventätigkeiten sind. Hierauf stützt sich ein »eingeschränktes Ja« bezüglich der Logik zu obiger Frage, und deshalb sollte jeder aktive Reiter, vor allem Ausbilder und Lehrer, einige Grundkenntnisse besitzen von der Nerventätigkeit, den psychischen Vorgängen und Verhaltensweisen des Tieres.
Aufgrund der Erfahrungen über die Behandlung des Pferdes seit dreitausend Jahren gibt es für fast alle Unarten eine Abhilfe. Vorbedingung ist, daß man das Übel richtig erkennt, um die richtigen Gegenmaßnahmen einleiten zu können.

Bei der Erforschung der Funktion des *menschlichen* Nervensystems hat der sowjetische Wissenschaftler I. P. Pawlow (1846 bis 1936) aus einer Reihe von Tierversuchen zwei wesentliche Erkenntnisse über die Tätigkeit des Nervensystems gewonnen:

1. An die Tätigkeit des Nervensystems sind alle psychischen (seelisch-geistigen) Vorgänge gebunden.
2. Als grundlegende Bedeutung jeder Tiererziehung bezeichnet Pawlow die von ihm erkannten »unbedingten« und »bedingten Reflexe«.

Beide Reflexe sind im Erscheinungsbild des Einzeltieres und von Tier zu Tier unterschiedlich.
Unbedingte Reflexe, denen stets ein »unbedingter Reiz« vorausgehen muß, nennt der Forscher die entwicklungsgeschichtlich gegebenen erblichen Verhaltensweisen des Tieres zu seiner Umwelt. Wir kennen bereits u. a. den Abwehr-, Futter- und Erinnerungsreflex und wissen auch, daß die Reflexe relativ beständig sind, eben als Anpassung an die Umweltbedingungen.
Bedingte Reflexe sind solche, die zunächst als »gleichgültige Reize« längere Zeit mit einem »unbedingten Reiz« zusammenfallen, um dann als »bedingter Reflex« zu wirken.
Nehmen wir als Beispiel das obligate Klingelzeichen: Es ertönt jeweils bei der Futtergabe als zunächst »gleichgültiger Reiz«. Der Anblick des Futters als »unbedingter Reiz« verursacht eine erhöhte Speichelerzeugung in Verbindung mit der Vorbereitung des Körpers zur Futteraufnahme. Werden nun Futter und Klingelzeichen längere Zeit gleichzeitig gegeben (»unbedingter Reiz«), tritt eine erhöhte Speichelerzeugung auch ein, wenn die Klingel – nunmehr als »bedingter Reflex« – ertönt, ohne daß Futter gegeben wird. Der so künstlich hervorgerufene »bedingte Reflex« (Klingel) ist (über den zunächst gleichgültigen Klingel-Reiz zusammen mit dem unbedingten Futter-Reiz) dem erblich vorhandenen »unbedingten Reflex« (Futter) überlagert worden.
Auf diese Weise bedient sich der Mensch der ererbten natürlichen Verhaltensweisen des Tieres für dessen Erziehung.
Zweites Beispiel: Wir beobachten junge Pferde in der Reitbahn. Der Abteilung voraus geht ein Führpferd. Dessen Reiter läßt das Führpferd antraben. Im gleichen Augenblick (»unbedingter Reiz«) veranlaßt der »unbedingte Reflex« (Herdentrieb) die jungen Pferde, ebenfalls anzutraben. Wenn nun gleichzeitig die Schenkeleinwirkung der Reiter der jungen Pferde einsetzt (als zunächst gleichgül-

tiger, dann unbedingter Reiz), bildet sich damit ein »bedingter Reflex« heraus, nämlich Schenkeleinwirkung heißt antraben.
Das Antraben kann auch mit der Gerte erreicht werden. Sie muß den Pferdeleib dicht hinter dem Unterschenkel des Reiters treffen, und sofort folgt der Schenkeldruck. Der zunächst »gleichgültige Reiz« (Antippen mit der Gerte) löst über den »unbedingten Reiz« (Schenkeldruck) den »bedingten Reflex« (Antraben) aus. Somit ist der »unbedingte Reflex« (Herdentrieb) durch den »bedingten Reflex« (Antraben) erarbeitet. Um den »bedingten Reflex« herauszuarbeiten und daraus das richtige Vorgehen abzuleiten, sind fünf erfolgssichere Grundsätze zu beachten:

1. Die Großhirnrinde (Nervenzentrum) muß frei von fremden Einflüssen sein. Bei der Arbeit möglichst jede Ablenkung vermeiden.
2. Zur Bildung eines »bedingten Reflexes« muß ein zunächst »gleichgültiger Reiz« mit einem »unbedingten Reiz« zeitlich zusammenfallen, und zwar nach 5–10 Sekunden! *Diese Sekunden sind von ganz besonderer Bedeutung*. Jede *spätere* Bestrafung z. B. ist sinnlose Tierquälerei, weil das Pferd keinen Zusammenhang zwischen Strafe und eigenem (Fehl-)Verhalten (Ursache und Wirkung – Kausalität) erkennen kann (Logik). – Deshalb haben Pferde nie ein »schlechtes Gewissen«.
3. Reagiert das Pferd auf einen »bedingten Reflex« schwächer, muß dieser oft geübt, d. h. von vorn begonnen werden.
4. Das Zusammenwirken des zunächst »gleichgültigen Reizes« mit dem »unbedingten Reiz« muß mehrmals in *gleicher* Weise ausgeführt werden, um den »bedingten Reflex« herauszuarbeiten.
5. Der »gleichgültige Reiz« muß dem »unbedingten Reiz« etwas vorausgehen, d. h. erst klingeln, dann füttern, oder erst Führpferd antraben bzw. mit der Gerte antippen, dann Schenkeldruck.

Abschließend kurz zusammengefaßt zu diesem Thema: Aufgrund des reflexmäßigen Verhaltens des Tieres erkennen wir, daß es nicht »logisch denken« kann. Das Tier kann keine *Schlußfolgerungen* ziehen zwischen dem Stehenbleiben vor dem Hindernis und der Strafe, sondern es kann nur die Strafe mit dem Stehenbleiben *in Verbindung bringen,* wenn die Bestrafung *höchstens 10 Sekunden* später erfolgt. Besser ist es, vom Pferd erfüllte Forderungen zu belohnen. So kann dem Pferd eine positive Einstellung zur Leistung anerzogen werden. Es wird sich in *freiwilligem Gehorsam* unterordnen.

Diese Thesen stellen keine Patentrezepte für jeden Einzelfall dar. Sie sollen Grundlagen einer besonnenen, korrekten Ausbildung, Behandlung und Erziehung sein. Nicht grundlos wird z. B. immer wieder gefordert, nie aus Ärger oder Zorn zu strafen. Wer die Herausbildung eines »unbedingten Reflexes« kennt und kann (üben!), ist in der Lage, zielstrebige Bedingungen richtig einzuleiten und auszubauen – ohne Tierquälerei in Unkenntnis der Sache und ohne Überforderung. Mit roher Gewalt wird in der Reiterei auch der stärkste »Brecher« Mensch am Ende immer der Verlierer sein!

Pferdehaltung und Pferdepflege

1. Die Stallung

Hier wird in aller Kürze nur das Wichtigste angesprochen.

Der Stall soll geräumig, hell, trocken, luftig, aber zugfrei und nicht zu warm sein. Allgemeine Richtmaße sind:

- *Stallhöhe:* 3,20–4,50 m Mindesthöhe bei bis zu 8 Pferden.
- *Stallgasse:* 3,00–4,00 m mit *einseitigen* Anbindevorrichtungen. Bei Außen-Putzplätzen genügen 2,20–3,00 m.
- *Standlänge* einschließlich Krippe: 3,30–3,80 m.
- *Standbreite:* 1,65–2,00 m (Widerristhöhe = Richtmaß).
- *Boxen* oder *Laufställe:* 10–12 qm je Pferd, eine Seite mindestens 3,00 m.

Als Bauelement sind Holz und Ziegel dem Zement vorzuziehen. Fenster mit großen Luftklappen als waagerechte Lüftung oder Dunstschlote, d. h. mit Lüftungsvorrichtungen an der Decke. Bei *richtiger Weite* sind letztere vorteilhafter als Fenster, weil die verbrauchte Luft unter der Decke abgesaugt und Feuchtigkeitsniederschlag vermieden wird. Dunstschlote müssen so eng sein, daß verbrauchte Luft entweichen, frische Luft aber nur allmählich durch Fenster und Türen eindringen kann. Vollüftung nur bei leerem Stall vornehmen. Es ist schwerer, den Stall im Sommer kühl zu halten, als ihn im Winter nicht zu kalt werden zu lassen. Eine gute Stalltemperatur liegt bei 10–12° C. Angenehme Luftbeschaffenheit ist von peinlichster Sauberkeit abhängig, die neben Ordnung und Ruhe in jedem guten Reitstall herrschen.

Gerätschaften aller Art stehen nicht einzeln im Stall herum, sondern in einer Halterung. Volle Dungkarren sofort an der Dungstelle entleeren, besonders zur Nacht. Putzzeug liegt an der dafür vorgesehenen Stelle oder im eigenen Schrank. Zaum-, Sattel- und Geschirrzeug befinden sich in einer besonderen Kammer. Hinter den Pferdeständen aufgehängte Zeuge verlangen einen gut durchlüfteten Stall und hängen stets links hinter dem Stand.

Die Streu soll ein trockenes, weiches und warmes Lager bieten. Man kann wählen zwischen Wechsel- und Dauer- oder Matratzenstreu. In jedem Falle ist Tagesmist sofort zu entfernen.

Bei Wechselstreu (meistens Roggenstroh) wird 3–4mal wöchentlich die Oberschicht erneuert und einmal monatlich die Stallsohle desinfiziert. Torfstreu ist besonders für Koliker, beinkranke, dämpfige (S. 51) und schnelle Pferde geeignet; übermäßiges Strohfressen wird somit unterbunden und die Verdauungsorgane werden dadurch entlastet.

Dauer- oder Matratzenstreu wird nur im Frühjahr und Herbst erneuert. Vor Anlage der Matratze muß die desinfizierte Stallsohle abgetrocknet sein. Dann wird eine Unterlage von ca. 10 cm Sägespäne oder Fasertorf festgestampft. Darauf kommt eine dicke Schicht Roggenstroh, die *nicht* umgestochen oder durchgemischt wird. Nasse Stellen vorsichtig ausstechen und durch trockenes Stroh ersetzen. Unter der Krippe nur gutes Stroh als Zusatz-Rauhfutter verwenden.

Eine Stallapotheke sollte in Zusammenarbeit mit dem Veterinär je nach Anzahl der Pferde eingerichtet werden. Die wichtigsten Medikamente und Verbandstoffe sind übersichtlich und sauber aufzubewahren. Zu verabreichende Mittel zum Einnehmen gehören in die Hand des Veterinärs, *nicht* in die Stallapotheke. Als Grundausstattung ist zu empfehlen:

- *Verbandsmaterial:* Watte, Binden, Mull, Isolierband und Huflederkitt;
- *Instrumente:* 2 Scheren, 1 Wurzelbürste, 2 Hufmesser, Arterienabbinder;

- *Medikamente, Puder:* Jodoform, MP-Puder zur Verhütung von Infektionen;
- *Tinkturen:* Kupfervitriol, Jod, Eisen-III-chlorid (blutstillend), Silbernitrat (Hufkrebs, Strahlfäule und Mauke);
- *Flüssigverbände:* Wund-Gel bei Schürfwunden, Satteldruck und Ohrenschmerzen;
- *Spiritus:* Sublimat zur Wundreinigung, Salicyl gegen Schuppenbildung;
- *Desinfektionsmittel:* Lysol zur Grobdesinfektion, Sagrotan zur Feindesinfektion;
- *Salben:* Wund-Gel, Kampfersalbe gegen Phlegmone, Sehnenentzündung, Abszesse;
- *Verschiedenes:* Fieberthermometer, essigsaure Tonerde, Heil-, Holzteer und Rivanol-Tabletten zum Angießen bei jeder Art offener Verletzungen.

2. Putzen, Waschen und Haarpflege

Das Putzen des Pferdes ist nicht nur Reinigung, sondern auch Gesunderhaltung und dient gleichzeitig der Festigung des Vertrauens. Stets mit beruhigenden Worten sich dem Pferd nähern und Hals, Kruppe oder Rücken abklopfen. Zum Putzzeug gehören Kardätsche und Striegel, 2 Schwämme, 1 Wischtuch, Mähnenkamm, Hufreiniger und der Schweißabzieher. Kräftiges Durchputzen etwa 40 Minuten lang, das Abwarten nach dem Reiten nicht einbezogen, ist täglich notwendig. Begonnen wird auf der linken Seite von vorn nach hinten. – Die *Seitenbestimmung links/rechts* ergibt sich aus der Sicht von rückwärts mit Blick zum Tier.

Die Kardätsche gehört in die Hand der zu putzenden Seite. Mit langem, ruhigem Arm ist *mit dem Haarstrich* zu bürsten und *jeder Zug* auf dem Striegel abzuziehen. Putzen mit dem Striegel kann Bösartigkeiten und übermäßiges Absondern von Hautschuppen verursachen. Verklebte Haare erst anfeuchten, dann nachputzen. Am Kopf besonders vorsichtig, nicht nachgiebig sein. Mit einem Schwamm werden Augen und Nüstern (*nicht umgekehrt!*), mit dem zweiten After und Geschlechtsteile abgewischt. Das Langhaar hin und wieder waschen. Danach Mähne leicht anbürsten (Wurzelbürste).

Der *Schweif wird nur mit der Hand verlesen.* Abschließend von der Nasen- bis zur Schweifspitze und zu den Hufkronen mit dem Wischtuch »nachpolieren«.

Das Waschen des Pferdes ist nur an Sonnentagen zu empfehlen. Begonnen wird vorsichtig an den Beinen. Danach ist das Pferd mit Schweißabzieher und Kardätsche gründlich zu trocknen. Abwaschen des Rückens, der Sattel- und Gurtlage mit kaltem Essigwasser schützt vor Druck- und Scheuerstellen (wie auch den Reiter Essigwasser-Sitzbäder vor dem Durchreiten schützen).

Haarpflege ist besonders am Lang-, Fessel- und Ballenhaar nötig. Das Körperhaar ist bei guter allgemeiner Pflege ohnehin gesund und glänzt. Unregelmäßige, schlechtliegende Mähnen über Nacht einflechten. Morgens aufflechten, Mähne gut anfeuchten, glattbürsten und eine gefaltete *trockene* Decke auflegen, bis die Mähne trocken ist (s. Einflechten, S. 38).

Lange, volle *Mähnen werden verzogen.* Dazu ergreifen linker Daumen und Zeigefinger einige Haare *am Punkt der Mähnenlänge*, d. h. eine Handbreite, mit dem kleinen Finger am Mähnenkamm und gestrecktem Daumen. Nun schiebt die rechte Hand mit dem Mähnenkamm die nicht erfaßten kurzen Haare hoch und zieht die längeren aus.

Am Schweif werden die *seitlichen unteren* Haare bis zur Senkrechten des natürlich getragenen Schweifes verzogen, und zwar *ohne Mähnenkamm.* Bei einigen Pony- und Kaltblutrassen werden Schweif-, Fessel- und Ballenhaare nicht verzogen bzw. geschoren. Die beiden letzteren sind bei den übrigen Pferden als natürlicher Schutz nicht zu scheren; andernfalls Fesseln von oben nach unten und Ballen umgekehrt. Am Fesselkopf bleibt ein kleiner Kötenzopf (S. 12) als Abtropfer stehen.

Die Tasthaare an Maul und Nüstern *niemals entfernen.* Lange Haare am Ganaschen-Innenrand und Innenohr vorsichtig abschneiden. Das Ohr dabei zusammendrücken, dann *nur die herausstehenden* Haare beschneiden!

Langhaar (S. 13) einflechten ist eine praktische Erfahrung. Man sollte es sich von einem Könner zeigen lassen. Hier einige Hinweise:

Die Mähne muß zum Einflechten gepflegt und gleichmäßig sein. Andernfalls erst richtig legen, dann *verziehen*, niemals schneiden! Bei unregelmäßigen Mähnen kann statt Wasser auch *fettfreie* Frisiercreme helfen. Das Klebeband hält nur bei ganz trockener Mähne. Keiner sollte sich vom bequemeren »Scherenschnitt« täuschen lassen. Danach läuft das Pferd sehr lange mit einer Mecki-Frisur umher – kein schöner Anblick. Das *Einflechten* beginnt am Kopfansatz hinter den Pferdeohren. Mit dem Mähnenkamm werden kleine Strähnen abgeteilt und *fest* nach unten geflochten, um gut anzuliegen. Das Zopfende wird mit einem Tesaband umwickelt. Es ist ca. 8 cm lang und halb so breit wie das am Schluß verwendete. So wird bis zum Widerrist eingeflochten. Anschließend werden die Zöpfe, wie o. g. beginnend, nach innen umgelegt und in gleichmäßiger Höhe mit dem breiten Band umwickelt. Ob zum Abschluß der Schopf genauso geflochten wird, ist Geschmackssache.

Der Schweif wird erst gewaschen, nach dem Trocknen per Hand verlesen und dann eingeflochten. Begonnen wird am Schweifansatz, wo die ersten Haare sich greifen und flechten lassen. Es wird *sehr fest* geflochten, weil die kürzeren Haare von den allmählich länger werdenden gehalten werden müssen. Auf der Schweifrübe bildet sich praktisch ein kleinerer Zopf, bis das Langhaar erreicht ist. Nun ist bis zur Schweifspitze sehr fest weiterzuflechten, weil sich sonst der mitten auf der Rübe liegende kleine Zopf löst. In die letzten 6 cm der Spitze wird ein Bändchen eingeflochten und am Schluß verknotet. Dann ist die Schweifspitze bis zur erkennbaren Unterkante der Schweifrübe umzulegen und mit Tesaband zu befestigen. Dieses doppelte Schweifende wird nochmals wie vorher umgelegt und mit breitem Tesaband fest umwickelt. Dieser Knoten ist der Abschluß.

3. Das Scheren

Pferde zu scheren ist, besonders für Freizeitreiter, mehr modisches Geltungsbedürfnis als Nutzeffekt. Das Scheren war von jeher eine Ausnahme und sollte es bleiben, z. B. bei Hautkrankheiten, Ekzemen u. ä. Anlässen. Gut gepflegte Pferde haben glänzendes Fell und sind gesund. Gegen Eindecken als Sonnen-, Wetter- bzw. Fliegenschutz ist nichts einzuwenden. Für Turnierreiter, die regelmäßig auf Turnier gehen, kann das Scheren angebracht sein.

4. Das Bandagieren

Ein Schutz gegen Verletzungen durch *Klopfen* oder *Streichen* ist das Bandagieren. Falsch angelegte Bandagen aber verursachen Bewegungsstörungen, Blutstauungen und Druckschäden. Nasse Bandagen sofort abnehmen, sie ziehen sich beim Trocknen zusammen. Nur breite wollene Bandagen, 1,80–2,00 m lang und 10 cm breit, verwenden. Vor dem Bandagieren muß das Bein sauber sein, das Pferd muß gut durchtreten. Das Anlegen der Bandagen geschieht von oben nach unten um das Röhrbein und wieder aufwärts bis zur halben Höhe. Es wird von rechts nach links spiralförmig so gewickelt, daß der vorhergehen-

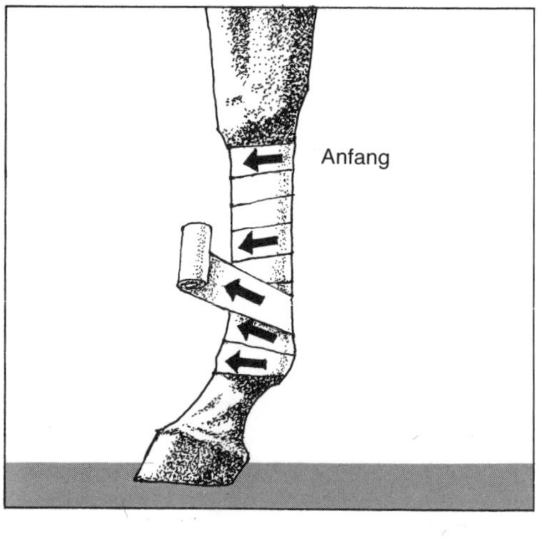

Bandagieren

de Gang bis zur Hälfte vom folgenden bedeckt wird. Der Fesselkopf kann, muß aber nicht bandagiert werden. Die Fessel bleibt frei. Die Wicklung muß *mäßig fest* und ohne jede Falte liegen. Nur die Schleife darf *in sich fest* angezogen sein. Die Knoten der Schleifen stets nach außen binden und die Schleifenenden unbedingt hinter das Band stecken.
Zur Pferdepflege gehören auch Sattel-, Zaumzeug und sonstiges Zubehör. Alles ist wöchentlich mit Sattelseife, *nicht mit Fett*, zu säubern, nachpoliert wird mit einem weichen Tuch.

5. Hufpflege, Hufmechanismus, Hufbeschlag

Die Hufe sind täglich gut zu säubern. Sie werden gewaschen und eingefettet, besonders die Hufkrone und Hufsohle bei feuchtem Wetter vor der Arbeit zum Schutz gegen zuviel Feuchtigkeit; bei trockenem Wetter nach der Arbeit zur Erhaltung der Feuchtigkeit nach dem Waschen. Zum Einfetten nur reine pflanzliche oder Fette tierischer Art verwenden. Einmal wöchentlich sollten Hufsohle und Strahlfurchen mit Holzteer eingeschmiert werden. Auf trockene Streu ist besonders zu achten. Regelmäßiges Berunden der unbeschlagenen Hufe ist zur Gesunderhaltung erforderlich.
Der Beschlag der Hinterhufe kann längere Zeit unterbleiben, wenn das Pferd vornehmlich auf weichem oder mäßig weichem Boden geht. *An den Vorderhufen* ist der Beschlag ein *notwendiges Übel*, weil er den Hufmechanismus z. T. unterbricht. Dadurch verlangsamt sich der Blutkreislauf sowie das Hornwachstum, und die Hufweichteile schwinden allmählich. Unbeschlagene Vorderhufe jedoch vermindern erheblich die Arbeitsleistung. Sie können auch zu fehlerhaften Gliedmaßenstellungen und Hufleiden führen. Deshalb am Beschlag allgemein und ganz besonders an den Vorderhufen niemals sparen!
Der Hufmechanismus ist die durch abwechselnde Be- und Entlastung im Huf entstehende Bewegung. Sie beginnt im Augenblick der Höchstbelastung, dem Stützen und Stemmen (S. 53). Dadurch sinkt die Hufkrone im vorderen Zehenwandbereich ein, die Hufsohle wird abgeflacht, was wiederum eine Dehnung der Trachten nach außen zur Folge hat. Nach der Belastung geht der Huf in seine normale Form zurück. Diese fortlaufende Bewegung der Trachten hinterläßt die auf den Schenkelenden der Hufeisen deutlich erkennbaren *Scheuerrinnen*. Zwangsläufig werden durch diese Bewegungen auch die Blutzirkulation und das Hornwachstum wesentlich gefördert. Außerdem soll diese kontrahierende Bewegung des Hufes (dehnen–zusammenziehen), analog zu den Gelenkwinkeln (S. 16), die Belastung federnd abfangen.

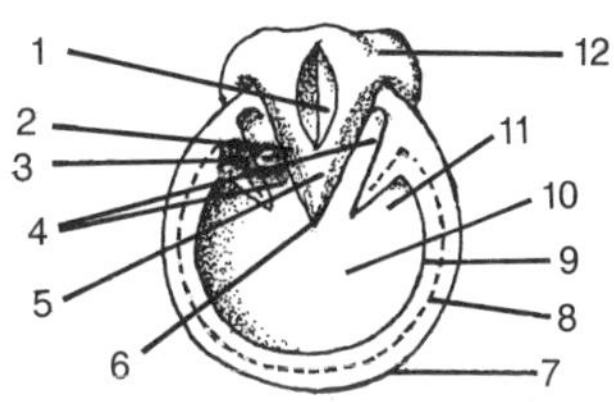

Hufunterseite

1 mittlere Strahlfurche
2 Strahlschenkel
3 Eckstreben
4 seitliche Strahlfurchen
5 Strahlkörper
6 Strahlspitze
7 Tragerand
8 Weiße Linie
9 Tragefläche
10 Hufsohle
11 Sohlenast
12 Ballen

1 Kronenrand
2 Vorderwand
3 Tragerand
4 Trachtenwand
5 Seitenwand

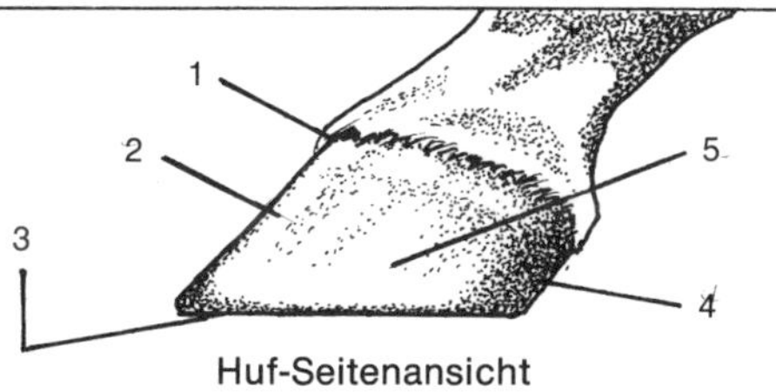

Huf-Seitenansicht

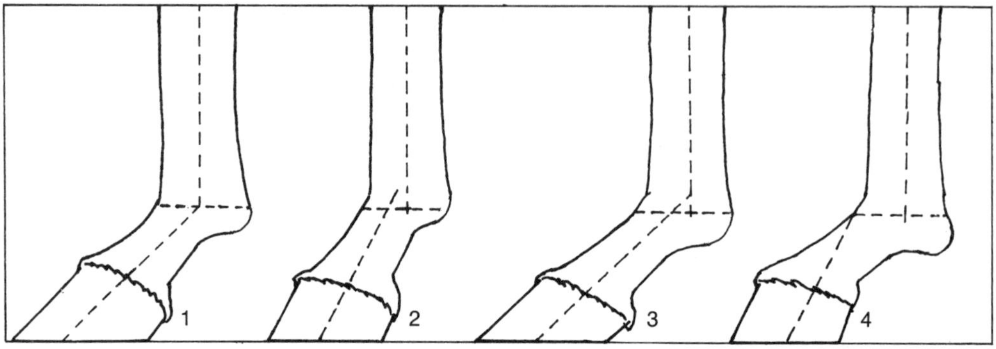

Der Zehenwinkel und die Huffessellinie: 1 regelmäßig, 2 stumpf-steil, 3 spitz-schräg, 4 bärentatzig

Die Kontrolle des Beschlages ist möglichst alle vier Wochen erforderlich. Einen Anhaltspunkt bietet der Zehenwinkel zwischen der Grundlinie des Hufes und der vorderen Zehenwand, in Richtung der normal gestellten Fessel. Dieser Winkel muß etwa 45° betragen; ist er kleiner oder größer bzw. spitzer oder stumpfer, muß beschlagen werden. Auch die Huffessellinie bietet eine Kontrolle. Sie muß, als gedachte Mittelsenkrechte der Vorder- oder Hinterröhre, die von der Grundlinie parallel zur vorderen Zehenwand verlaufende gedachte *Mittellinie der Fessel* genau in der Mitte des Fesselkopfes treffen. Diesen Punkt zeigen obige Abbildungen, in denen beim spitzgewinkelten Huf die Unterbrechung zwar kleiner erscheint, aber schräge Fesseln keine normalen Gliedmaßenstellungen sind.

Das Beschlagen des Pferdes muß ruhig und besonnen vonstatten gehen. Junge Tiere möglichst mit älteren, ruhigen Pferden zur Schmiede führen. Durch rohe Behandlung ist manches Pferd auf Dauer verdorben. Die Eisen vorsichtig abnehmen, nicht abreißen. Eingehende Beurteilung der Gliedmaßen in der Ruhe und Bewegung sollte dem Beschlag vorausgehen. So können mögliche Unregelmäßigkeiten korrigiert werden. Ungleichmäßig abgenutzte Eisen sind Alarmzeichen und eingehender Beachtung wert.

Auf dem gut vorbereiteten Tragerand soll das Eisen gleichmäßig auf der Huftragefläche liegen. Sohle und Strahl werden ausgeputzt, d. h. von losen und toten Hornteilen befreit. Niemals stark ausschneiden, weil das den Hufmechanismus stört und Huferkrankungen oder Strahlfäule fördert. Die Eckstreben bleiben mit dem Tragerand so hoch, daß Trachtenwand, Sohlenast und hinterer Eckstrebenteil eine Ebene bilden. Zu hohe oder zu lange Eckstreben werden zurückgeschnitten. Wird die Glasurschicht der Hufhornwand mit scharfen Gegenständen bearbeitet, sind rissige und spröde Hufe die Folge.

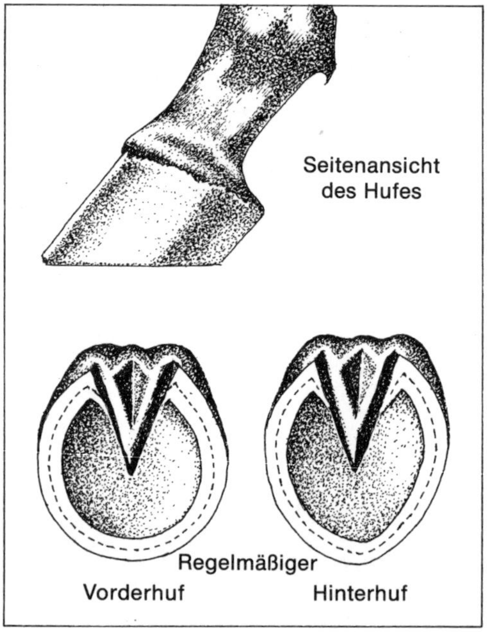

Die Huftragefläche ist richtig, wenn von der Seite und von vorn gesehen Fessel und Huf gleichgerichtet sind. Die Zehenlänge zur Trachtenhöhe ist richtig, wenn von der Seite gesehen vordere Zehenwand und Fessel gleiche Richtung haben.
Vorder-, Hinter-, rechtes und linkes Eisen sollen sich scharf unterscheiden. Am Zehenteil sind Vordereisen kreisrund, Hintereisen spitzrund, bei beiden ist der Zehenteil breiter als die Schenkelenden.
Bei einem regelmäßig geformten, gesunden Huf liegen die Nagellöcher des Eisens genau auf der weißen Linie. Das Hufeisen muß gleichmäßig und gerade auf der Tragefläche des Hufes aufliegen und soll vom ersten Nagelloch zum Schenkelende 1–2 mm breiter werden.
Wenn der innere Schenkel der Hintereisen genau dem Hufrand entspricht, wird dem Streichen und Heruntertreten des Hufeisens vorgebeugt. Fehlerhafte Hufformen und krankhafte Veränderungen der Hufe müssen vom Veterinär und Beschlagschmied behandelt werden. Meistens sind Schwächung einzelner Hufteile und ungleiche Verteilung der Körperlast die Ursachen. Die untenstehende Abbildung zeigt einige Beschläge gegen Gliedmaßen- und Huferkrankungen.
Bei *Huferkrankungen* ist durch Entzündungen die feste Verbindung von Hornkörper und Huflederhaut gelöst. Sofortige Behandlung wird notwendig, der erforderliche Beschlag wird vom Veterinär bestimmt.

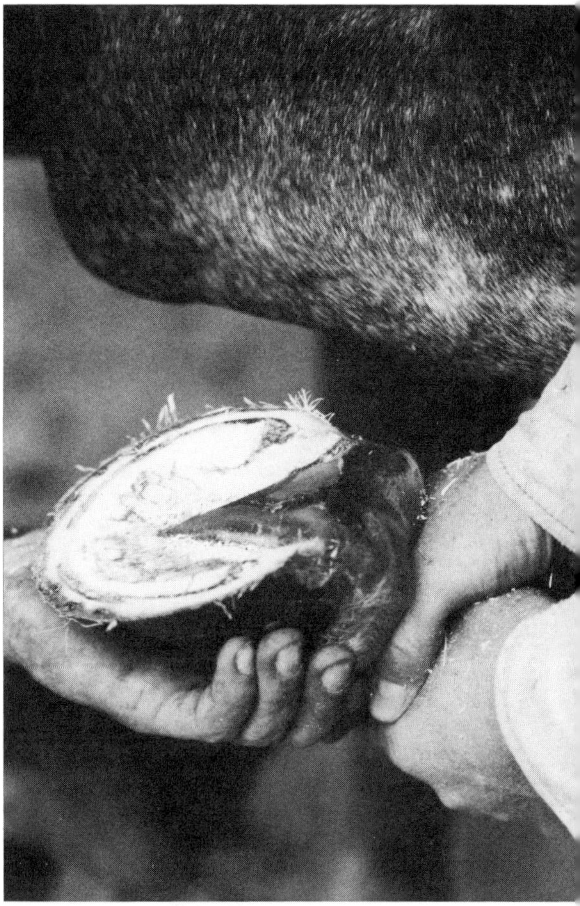

Vorbereitung des Hufes vor dem neuen Beschlag

Gliedmaßen- und Huferkrankungen: 1 Splintverband, 2 Deckelhufeisen, 3 Ausgeplattetes Falzhufeisen (Rehehufeisen), 4 Lederkeile am Vorderhufeisen, 5 Spathufeisen am Hinterhuf (mit Zehenrichtung und Stollen)

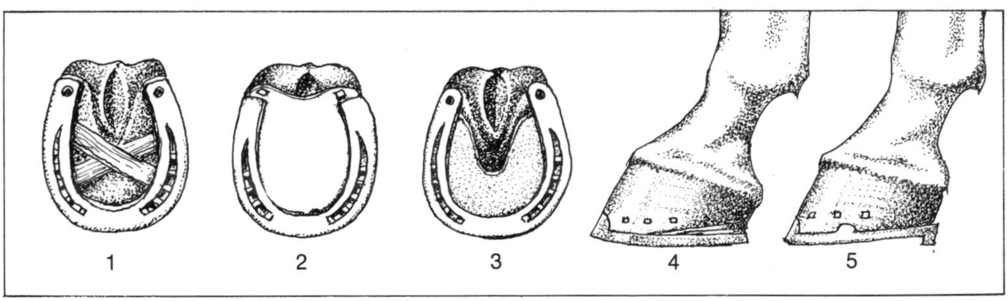

6. Das Füttern

Gute Ernährung ist die Grundlage für Leistungsfähigkeit und Gesundheit; daran sollte jeder Reiter denken. Das Futter muß der Arbeitsleistung, Eigenart, dem Verwendungszweck und dem allgemeinen Futter- und Kräftezustand des einzelnen Pferdes angepaßt sein. Das ist leider nicht überall selbstverständlich.
Man rechnet für den Normalverbrauch eines Reitpferdes bei durchschnittlicher Arbeitsleistung etwa 5–6 kg Hafer, 2–4 kg Stroh (das früher zu 2 cm langem Häcksel geschnitten wurde) und 5–6 kg Heu. Ansonsten gilt:

- Bei Ruhe und leichter Bewegung
  3 kg Hafer, 5 kg Heu, 4 kg Häcksel/Stroh
- Bei leichter Tätigkeit (1–2 Std. täglich)
  4 kg Hafer, 5 kg Heu, 4 kg Häcksel/Stroh
- Bei mittlerer Arbeit (2 Std. täglich und Turnier)
  6 kg Hafer, 5 kg Heu, 3 kg Häcksel/Stroh

Sehr wichtig sind *gleichmäßige* und *pünktliche* Fütterungszeiten. Aufgrund des kleinen Pferdemagens sollten mehrere Mahlzeiten gegeben werden, die größte Menge am Abend vor der langen Nachtruhe. Sehr gute Ernährungsgrundlagen schaffen Körner- und Rauhfutter, Weizenkleie, Rüben und Grünfutter, je nach Jahreszeit und Zustand des Pferdes. Salz- und Mineral-Lecksteine sollten immer vorhanden sein. Zulagen von Mineralstoffen, Vitaminen und Lebertran sind hin und wieder, besonders zum Winterschluß, notwendig.

Als Körnerfutter ist Hafer das beste. Ausgekeimter, schimmliger und zu frischer Hafer darf nie verfüttert werden. Er verursacht Krankheiten, besonders Kolik.
Heu als Rauhfutter soll das Weidefutter ersetzen. Es macht die Pferde satt, hat einen hohen Nährstoffgehalt an Vitaminen, Spurenelementen und Mineralstoffen. Frisches Heu sollte erst 6–8 Wochen ablagern, weil es, wie auch verdorbenes Heu, zu schweren Koliken führen kann. Trockengrün besitzt einen sehr hohen Vitamingehalt und ist nährstoffreich (Minerale). Für 0,5 kg können 2 kg Hafer abgesetzt werden.
Stroh als Ergänzung zu eiweißreichem Futter und zur Sättigung darf nicht verdorben sein. Auf Befall von Brand-, Schimmel- und Rostpilzen ist zu achten. Besonders geeignet ist Haferstroh, aber auch Weizenstroh.
Weizenkleie wird sehr gern von den Pferden genommen, sollte aber vorsichtig verfüttert werden, weil eine abführende Wirkung eintreten kann. Weizenkleie ist schmackhaft, hat hohen Vitamin-, Eiweiß- und Phosphorsäure-Gehalt, jedoch nur wenig Kalk.
Die Melasse wird aus der Rübenverarbeitung gewonnen. Sie ist ein vorzügliches Beifutter für schlechte Fresser und verhütet Koliken. Melasse ist neben Roggen- und Weizenkleie, Haferschalen, Mineralstoffen, Malzkeimen, Vitaminen und Spurenelementen auch im Reformhafer enthalten.
Als Rüben verfüttern wir Runkel- und Mohrrüben. *Runkelrüben* können zu arbeitsarmen Zeiten als Massenfutter verwendet werden. Sie haben wenig Eiweiß neben einem hohen Wassergehalt. *Mohrrüben* dagegen sind ein vitaminhaltiges, nährstoffreiches und ebenfalls eiweißarmes Beifutter. Sie fördern den Abgang von Würmern, sind im Herbst, zum Winterbeginn und während des Haarwechsels als vorzüglich zu empfehlen. Den *grünen Kopf unbedingt abschneiden*, weil das in ihm enthaltene Gift zu Koliken mit tödlichem Ausgang führen kann.
Grünfutter sollte täglich frisch gemäht und in dünner Schicht schattig gelagert werden. Gutes Wiesengras, Futterhafer und -roggen sind in der Zeit des Schossens sehr bekömmlich. Verwelktes oder erhitztes Grünfutter führt zu schweren Koliken. Das gilt besonders für Klee, nach dem niemals getränkt werden darf.
Das Tränken soll vor dem Füttern geschehen. Die Pferde werden satt getränkt. Nicht einwandfreies, verschmutztes und zu kaltes Wasser (unter 12° C) führt oft zu Darmkatarrh und Erkältungen. Mit etwas Heu auf dem Tränkwasser oder mit aufgetrenstem Pferd wird gieriges Trinken vermieden. Achtung: Erhitzte Pferde erst nach Beruhigung satt tränken (S. 253).

Eine *Futtertabelle* mit den entsprechenden Rationen für Reitpferde unter Verwendung verschiedener Futtermittel (einschließlich Circa-Angaben über die täglich anfallenden Kosten) beschließt diesen Abschnitt. Die Tabelle wurde von Prof. Dr. H. Meyer, Institut für Tierernährung, Tierärztliche Hochschule Hannover, erarbeitet. Die einzelnen Spalten der Übersicht zeigen die Möglichkeiten der unterschiedlichen Rationengestaltung.

Tagesrationen für Pferde (500–600 kg Lebendgewicht) bei täglich 1–2 Reitstunden

1. Heu-/Hafer- bzw. Heu-/ Mischfutterration	heuarm			heureich		
Heu, mittel	2500 g	2500 g	2500 g	6000 g	6000 g	6000 g
Hafer	5700 g	4700 g	–	3400 g	2400 g	–
Mischfutter						
– zum Haferersatz	–	–	5900 g	–	–	3800 g
– zur Haferergänzung	–	1000 g	–	–	1000 g	–
Mineralfutter, vitaminiert	75 g	–	–	75 g	–	–
Kosten pro Tag)*	3,90 DM	3,84 DM	4,05 DM	3,80 DM	3,74 DM	4,01 DM
2. Ration mit Stroh (natives = natürliches, oder aufgeschlossenes = mit Natrium oder Ammoniak behandeltes Stroh)		stroharm		strohreich		
Stroh, nativ		2500 g	2500 g	–	–	–
Stroh, aufgeschlossen		–	–	4000 g	4000 g	4000 g
Hafer		6300 g	–	5100 g	3100 g	–
Mischfutter zum Haferersatz		–	6500 g	–	–	5300 g
Mischfutter zur Haferergänzung		–	–	–	2000 g	–
Mineralfutter, vitaminiert		150 g	–	100 g	–	–
Kosten pro Tag)*		3,69 DM	3,78 DM	3,36 DM	3,30 DM	3,48 DM

3. Maissilageration			
Maissilage, 25% Trockensubstanz	15000 g	15000 g	10000 g
Heu	2000 g	2000 g	2000 g
Hafer	3300 g	2300 g	–
Mischfutter für Pferde	–	–	4300 g
Ergänzungsfutter für Pferde	–	1000 g	–
Mineralfutter, vitaminiert	100 g	–	–
Kosten pro Tag)*	3,39 DM	3,31 DM	3,61 DM

**) angenommene Preise je 100 kg:*		
	Hafer	53,– DM
	Heu	32,– DM
	Maissilage	6,– DM
	Stroh, nativ	8,– DM
	Stroh, aufgeschlossen	14,– DM
	Mischfutter (Haferersatz, -ergänzung)	55,– DM
	Mineralfutter, vitaminiert	100,– DM

7. Krankheiten

Die Krankheiten sollten wegen der leider immer noch leichtsinnigen Auffassung zum Einstellen fremder Pferde nicht unbeachtet bleiben. Ein kategorisches »Nein« hierzu ist *nicht* unkameradschaftlich. Ein großzügiges »Ja« aber kann ein gefährlicher, teurer und verlustreicher Irrtum werden! Es muß der Grundsatz gelten:

Vorbeugen und Verhüten ist besser
als Heilen!

Ein desinteressiertes Pferd mit müden Augen, hängendem Kopf, warmen Ohren und Gliedmaßen, rauhen und nicht glänzenden Haaren ist mit Sicherheit krank. Besonders häufig sind Erkrankungen der Kreislauf- und Verdauungsorgane. Die vielen, oft durch Verschleiß verursachten Erkrankungen des Bewegungsapparates mit Lahmheiten sind wirtschaftlich sehr schädigend. Desgleichen die Viruskrankheiten, die häufig als akute Infektionserkrankungen verlaufen.
Unterschiedliche und vielseitige Krankheitszeichen verweisen z. B. auf Influenza, ansteckende Anämie und Katarrhalfieber. Unter Mitleidenschaft der Haut gehen z. B. Pferdepocken, Bläschenausschlag sowie Maul- und Klauenseuche einher. Mit vorwiegender Erkrankung bestimmter Organe verlaufen z. B. Brustseuche, Borna'sche Krankheit und Tollwut.

Innere Krankheiten

Ein innerlich erkranktes Pferd ist appetitlos, scharrt, wirkt unruhig, schwitzt und legt sich wiederholt hin. Erkrankungen der Atmungsorgane zeigen Nasenausfluß, schweres Atmen und Husten.
Es ist sofort die *Körpertemperatur* zu prüfen. Sie schwankt bei gesunden Pferden zwischen 37,5° und 38,2°, bei Fohlen 37,5° und 39,0° C. Leichtes Fieber sind Temperaturen von 38,3° bis 39,5°, mittleres Fieber von 39,6° bis 40,0° C. Das Thermometer wird vorsichtig, mit Vaseline eingefettet, in den Mastdarm eingeführt und mit einem Bindfaden an der Schweifwurzel befestigt. Die Temperatur wird drei Minuten gemessen. Schon bei leicht erhöhten Temperaturen sollte das Pferd in einem zugfreien, mäßig warmen Stall mit frischer Streu stehen. Eindecken des Pferdes und wollene Beinwickel sind erforderlich. Danach ist der *Pulsschlag* zu fühlen. Bei gesunden Pferden zählt man 30–44, bei Fohlen 60 Pulsschläge in der Minute. Zum Pulsfühlen werden Mittel- und Zeigefinger leicht drükkend auf die Kieferarterie unterhalb des unteren Ganaschen-Innenrandes gelegt, etwa in Höhe der hinteren Backenzähne des Unterkiefers.
Gefüttert wird mit in Wasser angerührter Weizenkleie unter Zusatz von Glauber- oder Karlsbadersalz. Die Atemzüge werden an Nüstern und Flanken erkannt, normal 9–15 je Minute. In der Bewegung erhöhen sich Temperatur, Puls und Atmung mit allmählicher Beruhigung nach etwa 10–15 Minuten.
Weitergehende Behandlungen sind in jedem Falle dem Tierarzt zu überlassen.

Nichtansteckende innere Krankheiten

Gallen entstehen meistens nach einer chronischen Sehnenscheiden- oder Gelenkentzündung, durch Überanstrengung und Überfütterung mit zu eiweißhaltigem Futter. Es bilden sich weiche, später verhärtende, mit Flüssigkeit gefüllte Schwellungen. Gallen an den Fesseln haben schwerere Folgen als die an anderen Stellen der Gliedmaßen. Tierärztliche Behandlung ist immer erforderlich und langwierig.
Gelenkentzündungen entstehen durch Fehltritte, Zerrungen und Überanstrengungen. Die Folge sind stark erwärmte Gelenke mit Schwellungen und Lahmheit. Völlige Stallruhe und Vorbehandlung mit Antiphlogestine bis zum Eintreffen des Veterinärs ist geboten. Kühle Umschläge (Angußverband) oder das altbewährte Drehen eines Heuseils, das mäßig fest um die Gliedmaßen gewickelt wird, ist anzuraten. Der Verband wird alle 1–2 Stunden mit kaltem Wasser angegossen. Zweckmäßiger Beschlag kann Gelenklahmheiten beseitigen.
Die Haken (nicht *Hakenzähne*) sind scharfe Ränder der Backenzähne am Außenrand des Ober- bzw. Innenrand des Unterkiefers. Haken behindern die Futteraufnahme, das Kau-

en, verletzen die Mundschleimhaut und führen zu Kolik und Abmagerung. Die Hakenbildung wird durch nicht zu stark zerkleinertes Futter, z. B. zweifingerlanger Strohhäcksel, vermieden. Der Tierarzt schafft durch Abraspeln oder Abschleifen schnell Abhilfe.

Als Hasenhacke werden verschiedene krankhafte Veränderungen der hinteren Fläche des Sprunggelenkes und Fersenbeines bezeichnet, die, seitlich betrachtet, eine bogenförmige Anschwellung zeigen. Ursache ist die Entzündung des Mittelfußknochens und der Hufbeugesehne durch äußere Verletzung.

Bei der angeborenen Hasenhacke, die sogenannte »verletzte Linie«, bildet sich am Sprunggelenk ein Knochenbogen als Übergang vom Mittelfußknochen zum Fußwurzelgelenk (Sprunggelenk).

Allgemeine Ursache ist Überforderung besonders der jungen Pferde. An der Hinter- und der(n) Seitenfläche(n) des Sprunggelenkes bilden sich schmerzhafte, warme, harte oder weiche Schwellungen. Diese können harmlos sein, trotzdem sollte tierärztliche Beratung eingeholt werden, um Lahmheiten zu vermeiden.

Umschläge aus Lehmbrei mit Bleiwasser- oder Essigzusatz zeigen gute Heilerfolge. Im Anfangsstadium hat sich Antiphlogestine gut bewährt, später sollte mit Jodvasogen eingerieben werden.

Hufgeschwüre sind oft die Folge anderer Hufverletzungen, z. B. Nageltritte oder Vernagelungen. Die Pferde lahmen, an der betroffenen Stelle ist die Hornfärbung dunkler. Mit der Hufuntersuchungszange wird das Geschwür sondiert und durch Nachschneiden mit dem Hufmesser die Stelle zum Ablauf des Eiters geöffnet. Durch Baden in lauwarmer, desinfizierender Flüssigkeit heilt die Wunde.

Hufkrebs ist eine, ursächlich nicht geklärte, warzenartige Wucherung der Huflederhaut. Er beginnt meistens am Strahl und ist im Anfangsstadium der Strahlfäule ähnlich. Im fortgeschrittenen Stadium bilden sich auf der Huflederhaut zottenartige Wucherungen mit einer übelriechenden Masse. Der Tierarzt muß operieren.

Die Hufrehe oder der Verschlag ist eine schwere Huflederhautentzündung. Sie (er) tritt meistens an den Vorderbeinen auf und führt zu erheblichen Bewegungsstörungen. Die Hufe sind heiß, druckempfindlich und die Pferde sind kaum von der Stelle zu bewegen. Sie treten sehr vorsichtig und zuerst mit den Trachten des Hufes auf. Die Hinterbeine werden zur Entlastung der Vorhand weit nach vorn gestellt. Als Ursache gelten schwer verdauliches Futter (Gerste, Roggen), fehlerhafter Beschlag, langes Stallstehen, Erkältung und Überanstrengung. Auch nach einer Kolik, Druse, Geburt und bestimmten Arzneimitteln kann die Rehe auftreten. Soll die Bildung eines Rehehufes und dadurch eine dauernde Schädigung vermieden werden, ist ein ausgiebiger Aderlaß, Einpacken der Hufe in feuchten Lehm, Entzug des Wassers und Diätfutter notwendig. Auffälligste Kennzeichen sind die eigentümliche Lahmheit und das Vorstellen der kranken Gliedmaße im Stand. Sofortige tierärztliche Behandlung und Stallruhe sind erforderlich.

Knieschwamm (Kniebeule, Liegebeule) ist eine Schwellung im Bereich der Vorderfußwurzel durch Schlag, Sturz oder Überanstrengung. Allgemein ist der Knieschwamm, wie die Gallen, sofern sie weich bleiben, mehr ein Schönheitsfehler als behindernd (s. Gallen).

Knochenhautentzündungen entstehen oft durch Schlag oder Stoß an den äußeren und inneren Seiten der Mittelfußknochen. Die Pferde lahmen und haben druckempfindliche, warme Schwellungen an den betroffenen Stellen. Behandlung mit Antiphlogestine und Jodvasogen.

Die Kolik ist eine Darm- und Magenerkrankung mit heftigen Leibschmerzen. Häufigste Ursache ist falsche Fütterung und Haltung, z. B. gärendes, zersetztes, schwer verdauliches, sandiges und gefrorenes Futter, zu starkes Tränken erhitzter Pferde, ungenügendes Tränken, plötzlicher Futterwechsel, Würmer, Zugluft und stärkere Regenschauer in kalter oder zugiger Luft. *Erscheinungsmerkmale:* Beschleunigter Puls und Atem, Schlagen mit den Hinterbeinen, Umsehen nach dem Leib, unruhiges Scharren, Hinlegen und Wiederaufstehen, Schweifwedeln, Schweißausbruch, Appetitlosigkeit und häufiges Harnlassen in kleineren Mengen.

Bis zum Erscheinen des Tierarztes sollte das Pferd in einen mit viel sauberer Streu belegten Stand gebracht werden. Futteraufnahme ist zu vermeiden. Etwas verschlagenes Wasser kann gegeben werden. Sehr gut ist starkes Abreiben von Flanken und Bauch mit Strohwischen und Anlegen eines *Prießnitzumschlages*. Hierzu werden ein oder zwei in Wasser getränkte Säcke, gut ausgewrungen, um den Pferdeleib gelegt. Darüber kommen zwei *trockene* Decken derart, daß sie hinten und vorn mindestens eine Handbreite überstehen. Zwei Deckengurte halten diesen Umschlag. Um Druckstellen zu vermeiden, werden beiderseits der Wirbelsäule Strohwische unter die Gurte gelegt. Alle 2–3 Stunden ist der Umschlag zu erneuern. Wälzen des Pferdes ist zu verhindern, ruhiges Führen im Schritt dagegen von Vorteil. Körnerfutter wird frühestens einen Tag nach Abklingen der Kolik gegeben, 2–3 Tage ist das Pferd zu schonen.

Der Kreuzverschlag (Nierenverschlag, schwarze Harnwinde, Lumbago) wird an einer plötzlich auftretenden Lähmung der Hinterhand und am Absondern schmutzigen, blutigen Harns erkannt. Besonders gefährdet sind Pferde in gutem Futterzustand nach längerer Stallruhe. Erkältung, Überanstrengung und Temperaturwechsel begünstigen die Krankheit. Das Pferd ist umgehend in einen warmen, gut gestreuten Stall zu stellen. Der Tierarzt wird sofort erscheinen, um einen Aderlaß vorzunehmen. Danach Stallruhe und dafür sorgen, daß das Pferd sich nicht hinlegt.

Durch Futterabzug während längerer Ruhezeit, besonders des eiweiß- und kohlehydratreichen Futters (Weizenkleie, Brot, Zucker) kann der Krankheit vorgebeugt werden. Tägliche Bewegung ist geboten.

Leist – siehe *Schale*.

Magen- und Darmkatarrh ist ebenfalls die Folge schlechter Futtermittel. Insbesondere vermilbtes, verschimmeltes, saures, gefrorenes und verschmutztes Futter sind die Ursachen. Die Tiere sind appetitlos und haben vermehrte Darmbewegung mit übelriechendem Durchfall. Ein schwerer Magenkatarrh kann zu Magen- und Darmentzündungen führen. Bis zur tierärztlichen Behandlung Futterentzug.

Nageltritte und vernagelte Pferde sind auf mögliche Verletzungen tieferer Hufschichten zu untersuchen. Ein in die Sohlenfläche eingedrungener Fremdkörper wird in der gleichen Richtung, in der er eingedrungen ist, behutsam entfernt. Der trichterförmig erweiterte Wundkanal wird in einer handwarmen, schwach desinfizierenden Lösung gebadet, z. B. mit Kresol, Lysol oder übermangansaurem Kali. Dann wird etwas Jod in die Wunde geträufelt und ein aus desinfiziertem Werg oder Watte bestehender Splintverband angebracht (S. 41). Um Entzündungen vorzubeugen, sind warme Packungen aus gekochtem Leinsamen zu empfehlen. Blutet eine Nageltrittwunde und hat das Pferd keine Tetanus-Schutzimpfung, muß sofort gegen Wundstarrkrampf geimpft werden.

Das Vernageln kann ein Nagelstich oder -druck sein. Beim *Nagelstich* zuckt das Pferd beim Eindringen des Nagels und geht sofort lahm. Desinfizierende, kühle Bäder und Umschläge lindern die Schmerzen. Bei einem *Nageldruck* tritt die Lahmheit erst nach einigen Tagen ein. Mit der Hufuntersuchungszange wird der drückende Nagel gefunden.

In beiden Fällen ist der Nagel sofort zu entfernen und der Nagelkanal zu desinfizieren. Geht das Pferd nach zwei Tagen noch lahm, ist der Tierarzt zu benachrichtigen.

Die Piephacke ist eine durch mechanische Einwirkung (Schlagen gegen die Wand o. dgl.) entstandene Flüssigkeitsbeule oder eine Schwellung am Sprungbeinhöcker. Die Piephacke ist mehr oder weniger ein Schönheitsfehler und wird wie die Hasenhacke behandelt.

Das Rehbein ist eine Verdickung an der oberen äußeren Fläche des Hintermittelfußes und nur nachteilig, wenn es schmerzhaft auf die Beugesehne drückt. Das Pferd setzt die Hinterhand nur zögernd und schlecht unter.

Das Ringbein ist eine Knochenauftreibung am Fesselgelenk (siehe Schale).

Satteldruck, Geschirrdruck wird durch schlecht verpaßte oder nachlässig gepflegte Ausrüstungen und Sattel- bzw. Geschirrteile hervorgerufen. Am Widerrist und Nacken auftretende Druckstellen können zu gefährlichen Fisteln führen. Prießnitzumschläge mit essigsaurer Tonerde, Waschen mit kaltem desinfizierten Wasser sind Vorbehandlungen zur Schmerzlinderung. Tierärztliche Behandlung ist sofort einzuleiten. Nach abgeschlossener Behandlung ist wiederholtes Waschen der Sattel- und Geschirrlage mit kaltem Essigwasser als Abhärtung zu empfehlen.

Schale und Leist sind Knochenauftreibungen bzw. Schwellungen. *Schale* nennt man die während einer chronischen Entzündung am Fessel-, Kronen- und Hufgelenk auftretenden Knochenauftreibungen. *Leist* sind die Schwellungen der Sehnen und Bänder dieser Gelenke. Beides tritt überwiegend an der Vorhand auf und führt allmählich zur Lahmheit. Plötzliches Lahmen kann aber auch durch Verstauchungen auftreten. Ursachen sind Veranlagung, falscher Hufbeschlag, zu frühes und hartes Training und anormale Gliedmaßenstellung; ferner fühlbar harte, allgemein schmerzlose, auffallende Schwellungen in den o. g. Bereichen. Bei der Schale fehlen anfangs diese Veränderungen, doch Röntgenbilder können Beweise erbringen; unter Umständen ist es nur ein »scharf abgesetztes« Gelenk (S. 25). Lahmheit kann durch entsprechenden Hufbeschlag beseitigt werden. Vorbeugende Maßnahmen sind Ruhe und feuchtwarme Verbände. Im fortgeschrittenen Stadium bleibt nur noch der Nervenschnitt oder das Brennen.

Sehnen- und Sehnenscheidenentzündung wird an den warmen, schmerzempfindlichen Stellen der verdickten Sehnen und Sehnenscheiden erkannt, vor allem der Beugesehnen (S. 19). Bei der Sehnenscheidenentzündung, vorwiegend an der hinteren Fläche oberhalb des Fesselgelenkes, füllt sich die Sehnenscheide prall mit Flüssigkeit. Das Pferd lahmt. Tierärztliche Behandlung ist notwendig. Stärkere Entzündungen erfordern scharfe Einreibungen. Bei der Sehnenentzündung, in schweren Fällen auch *Niederbruch* genannt, stellt sich die Lahmheit allmählich ein.

Der Spat entsteht durch eine chronische Knochenhautentzündung mit Schwellungen der kleinen Knochen des inneren Sprunggelenkes. Diese Wucherungen treten erst später und manchmal gar nicht auf. Bei echtem Spat lahmt das Pferd stärker, wenn das Sprunggelenk durch Anheben der Gliedmaße kurze Zeit stark gebeugt und nach dem Aufsetzen *sofort* angetrabt wird – die sogenannte *Spatprobe*. Außer der Behandlung wie bei Sehnenentzündungen ist auch die Spatoperation möglich.

Nicht immer sind scharf ausgeprägte Knochen des Sprunggelenkes Folgen der Spaterkrankung! Es kann auch ein körperlicher Mangel sein, das »scharf abgesetzte« Sprunggelenk (S. 25).

Die Stollbeule ist eine Flüssigkeitsbeule am Ellenbogenhöcker. Die Verletzung wird durch scharfe oder hohe Stollen beim Liegen mit untergeschlagenen Beinen hervorgerufen. Behandlung wie bei der Hasenhacke.

Die Strahlfäule ist eine Zersetzung der Hornsubstanz des Strahls, besonders an den Hinterhufen. Sie wird begünstigt durch feuchte, schmutzige Streu und dauerndes Laufen auf Stollen, weil dadurch der Hufmechanismus (S. 39) nicht arbeiten kann. Starkes Beschneiden des Strahls durch den Schmied sollte vermieden werden.

Vor der Behandlung ist für saubere Streu und gute Hufpflege zu sorgen. Nachdem mürbe Hornteile entfernt sind, werden die Strahlfurchen mit desinfizierenden Mitteln ausgestopft (Werg), z. B. mit Kupfervitriol, und die nächste Umgebung dünn damit eingepinselt. Holzteer wird erst im Stadium des Abheilens verwendet.

Überbeine sind Knochenauftreibungen als Folge übermäßiger Druck- und Zugwirkung auf den Mittelfuß der Vordergliedmaßen. Seltener entstehen sie durch »Streichen«, das man mit Streichkappen verhindert. Es gibt seitliche, hintere und tiefe Überbeine. Die seitlichen sind in der Regel nur Schönheitsfehler *ohne* Lahmheit. Hintere und tiefe Überbeine, oft mit Schäden der betreffenden Sehnen verbunden, haben *unheilbare* Lahmheiten zur Folge. An der äußeren Seite austretende Überbeine beweisen die einseitige Belastung. Im Frühstadium können Überbeine wie bei der Knochenhautentzündung erfolgreich beseitigt werden. Bei jungen Pferden sind Überbeine oft Zeichen zu weicher Konstitution. Ältere Überbeine ohne Lahmheit bedürfen allgemein keiner Behandlung.

Vernagelte Pferde – siehe Nageltritte.
Verschlag – siehe Hufrehe.
Wurmkrankheiten verursachen Blutarmut und Schwächeanfälle, erhöhen die Anfälligkeit für andere Krankheiten und schwächen dadurch die Leistungsfähigkeit des Pferdes. Gute Abwehrmöglichkeiten sind:

- Regelmäßige Kotuntersuchungen, besonders am Anfang und Ende des Jahres;
- Regelmäßige Kotentfernung, trockene und helle Stallungen;
- Stall mindestens einmal jährlich kalken, Wände möglichst alle 6 bis 8 Wochen mit heißem Sodawasser abwaschen;
- Holzverkleidungen einmal jährlich mit Karbolineum streichen;
- Pferde *nicht* auf nassen oder taufrischen Stellen grasen lassen, weil die Parasitenlarven an dem feuchten Gras hochklettern.

Die wichtigsten Schmarotzer sind Palisadenwürmer, Pfriemenschwänze und Spulwürmer. Die Palisadenwürmer ernähren sich aus der Darmschleimhaut und leben im Dickdarm. Die Larven aus dem Kot entwickeln sich innerhalb einer Woche. Die Würmer durchbohren die Darmwände und befallen vor allem die Leber und Blutgefäße.
Die Pfriemenschwänze, mit langen und spitzen Körpern, sind auch Darmparasiten und legen ihre Eier am After und an der Unterseite der Schweifwurzel als schleimige, graue Schnüre ab. Sie sind mit bloßem Auge sichtbar, verursachen Juckreiz, so daß die Pferde sich scheuern, was wiederum zu Haarausfall, -bruch und Ekzemen führt. Spulwürmer sind Dünndarm-Schmarotzer, die schwere Koliken verursachen können. Die Eier werden mit dem Kot ausgeschieden. Die sehr widerstandsfähigen Larven werden mit dem Futter wieder aufgenommen. Die Würmer sind bis 35 cm lang und verursachen ähnliche Schäden wie Palisadenwürmer.
Soweit Würmer und Eiablagen sichtbar sind, werden sie sofort mit Seifenwasser entfernt und die Stellen mit Essigwasser abgerieben. Weitere Behandlung nach tierärztlicher Anweisung.

Ansteckende innere Krankheiten
Entsprechende Fachbücher geben hierüber ausführliche Abhandlungen, z. B. Bornasche Krankheit, Druse, infektiöse Anämie u. a. Auf die gesetzliche Anzeigepflicht wird besonders hingewiesen.
Die Beschälseuche (Dourine, Zuchtlähme) ist eine *anzeigepflichtige* und ansteckende Geschlechtskrankheit der Pferde. Seuchenkranke und -verdächtige Tiere unterliegen für drei Jahre Gebrauchs- und Verkehrsbeschränkungen, ansteckungsverdächtige Tiere mindestens für ein Jahr. Die erkrankten Pferde werden mit dem *Brandzeichen B* auf der linken Halsseite und dem rechten Hinterschenkel gekennzeichnet.
Die Borna'sche Krankheit wird durch ein Virus hervorgerufen und ist anzeigepflichtig. Sie ist eine ansteckende, fieberhafte Gehirn-Rückenmarks-Entzündung, die vorwiegend jüngere, gut genährte Tiere befällt. Die Ansteckung beginnt mit unbestimmten Allgemeinerscheinungen. Nach mehreren Tagen folgen Reaktionslosigkeit, Schlafsucht und auch Unruhe, Aufregung, Kreis- und Zeigerbewegungen. Die Krankheit dauert etwa 8–14 Tage und endet zu 90% tödlich.
Die Brüsseler Krankheit (Genter-, Flandrischer Pferdetyphus) ist ein ansteckender Bronchialkatarrh. Kommt es nicht zur Lungenentzündung, ist oft mit einer Genesung zu rechnen. Andernfalls steigt die Sterblichkeitsziffer bis zu 80%.
Dourine – siehe Beschälseuche.
Die Druse (Strengel) ist ein ansteckender Katarrh der Nasen- und Rachenschleimhäute mit Vereiterung der betreffenden Lymphknoten. Besonders junge Pferde werden von den Streptokokken befallen. Durch den unberechenbaren Krankheitsverlauf kann die Druse zu sehr hohen Verlusten führen. Oft tritt Kehlkopfpfeifen (S. 51) nach der Krankheit auf. Kommt der Tierarzt nicht sofort, sind Prießnitzumschläge (S. 46) am Kehlkopf anzuraten.
Beim Deckakt kann die *Deckdruse* übertragen werden.

Der Einschuß (Phlegmone) ist ansteckend und entsteht durch Infektion kleiner Wunden. Häufigste Ursache sind die durch den Harn der Feldmäuse übertragenen Leptospiren im Trinkwasser. Eine tierärztliche Penicillin-Behandlung oder desinfizierende Salben sind notwendig.

Fohlenlähme ist eine mit eitriger Gelenkentzündung einhergehende Erkrankung durch verschiedene Erreger. Es gibt die *Frühlähme* und die *Spätlähme.* Die Verluste liegen bei 50–80%. Die Behandlung ist Sache des Veterinärs, der mit Seren und Vakzinen vorbeugen kann.

Hoppegartener Husten – siehe Influenza.

Infektiöse Anämie (ansteckende Blutarmut) ist *anzeigepflichtig* und wird nach tierseuchenrechtlichen Vorschriften bekämpft. Die genaue Diagnose ist schwierig. Verdächtige Symptome sind leichtes Fieber, Leistungsabfall, Schwellungen durch Unterhautödeme und punktförmige Blutungen an der Zungenunterseite. Die deutschen Veterinärbehörden erkennen nur den Obduktionsbefund eines getöteten oder verendeten Pferdes als verbindlichen Beweis an.

Influenza (Hoppegartener Husten, Pferdestaupe, -grippe, Rotlauf) ist eine, besonders bei Turnierpferden, gefürchtete Viruserkrankung mit seuchenartigem Verlauf. Die Ansteckung erfolgt direkt oder durch Zwischenträger. In 2–3 Tagen kann der gesamte Stall infiziert sein, weil sich erst 4–7 Tage nach der Infektion hohes Fieber (bis 41° C) einstellt, das 3–6 Tage andauern kann. Die Pferde sind teilnahmslos, beginnen zu husten und verweigern die Futteraufnahme. Das Influenzavirus bewirkt einen zähen Schleim in den Bronchien mit himbeerroter Färbung der Nasenschleimhaut, geringerem Nasenausfluß sowie Empfindlichkeit von Kehlkopf und Luftröhre. Bei leichteren Erkrankungen ist eine spezielle Behandlung nicht notwendig, aber drei Wochen Schonung der Pferde. Bei schwereren Erkrankungen kann der Tierarzt mit speziellen Hustenmitteln behandeln und Heilung in 2–3 Wochen ermöglichen. Bei überstandener Influenza ist das Pferd *lebenslang immun.*

Pferdestaupe oder Pferdegrippe – siehe Influenza.

Phlegmone – siehe Einschuß.

Rotzkrankheit – siehe Hauptmängel Seite 51.

Strengel – siehe Druse.

Die Tollwut ist eine *anzeigepflichtige* Viruserkrankung des Zentralnervensystems. Sie kommt bei allen Haustieren vor und ist auf den Menschen übertragbar. Die Krankheitsbilder sind bei den einzelnen Tierarten äußerlich verschieden.

Pferde zeigen zunächst starken Juckreiz an der durch den Speichel kranker Tiere infizierten Bißstelle. Es folgen Unruhe, erhöhte Erregbarkeit und, in der Hinterhand beginnend, Lähmungserscheinungen. Meistens tritt der Tod nach 2–7 Tagen ein.

Eine Behandlung ist wegen unmöglicher Heilung nicht gestattet.

Der Wundstarrkrampf, für den Pferde besonders anfällig sind, ist eine gefährliche Infektion durch den Tetanusbazillus. Er kommt im Straßenstaub, Tierkot und gedüngten Boden vor, wo er sich nur unter Luftabschluß vermehren kann. Erste Anzeichen treten nach drei Tagen bis drei Wochen auf. Die Tiere zeigen Schluckbeschwerden, stelzenhaften Gang, sägebockartige Stellung, können bald nicht mehr das Maul öffnen und der Schweif ist schief nach hinten gestreckt.

Wenn Wunden sauber behandelt und die Pferde *sofort geimpft* werden, besteht keine Gefahr. Weil aber *eine* Impfung nur ca. vier Wochen anhält, ist die aktive Immunisierung besser und billiger. Dabei bildet der Körper nach der *zweimaligen* Impfung eigene Abwehrstoffe für mindestens ein Jahr.

Zuchtlähme – siehe Beschälseuche.

Äußere Erkrankungen

Durch eingehende Beobachtung im Stall sollten äußere Erkrankungen vorbeurteilt werden. Danach ist das Pferd zu führen, zuerst im freien Schritt, dann im ruhigen Trab auf festem und weicherem Boden. So kann das Lahmen leicht lokalisiert werden, weil es auf hartem Boden mehr am Unterfuß, auf weichem mehr in der oberen Gliedmaße zutage tritt.

Schmerzen bei drehender Bewegung des *gebeugten* Mittelfußes zeigen eine *Kronengelenk-,* bei *gestrecktem* Mittelfuß eine *Hufge-*

lenkentzündung an. Bei festgehaltenem Mittelfuß wird durch drehendes Strecken das Fesselgelenk untersucht. Mit der Hufuntersuchungszange sind evtl. Hufgeschwüre oder Vernagelungen zu lokalisieren. In o. g. Fällen ist auffallende Wärme und Schwellung der Gliedmaßenteile festzustellen. Bis zum Eintreffen des Veterinärs Tier ruhig stellen.
Ballen- und Kronentritte sind mit Spiritus oder Valvanol zu reinigen und mit Wundsalbe, -puder, Prontosiltinktur oder Jod zu behandeln. In schweren Fällen muß der Tierarzt über Behandlung und Impfung gegen Wundstarrkrampf entscheiden.
Blutende Wunden sind innerhalb der Reitanlage und der nächsten Umgebung auszuschließen, wenn keine hervorstehenden Haken, Nägel oder zerbrochene Flaschen, Hindernisse und dergleichen geduldet werden.
Kleinere Blutungen reinigen sich selbst und sind ungefährlich. Auf tiefere Wunden wird ein in Alaun oder Bleizucker getränkter Wattebausch gelegt, um das Blut zu stillen und Verschmutzungen zu vermeiden. Auch Eis oder Schnee können helfen. Sind größere Blutgefäße verletzt und besteht Verblutungsgefahr, ist die Wunde oberhalb der Verletzung durch Gummischlauch, Bandagen, Taschentuch o. ä. abzubinden.
Länger als 1 Stunde darf nicht abgebunden werden, um Wundbrand zu vermeiden. Jod ist ein sehr gutes Wundheilmittel, es trocknet und desinfiziert zugleich. Gegen Wundstarrkrampf ist, nach Ablauf eines Jahres seit der letzten Impfung, unbedingt erneute Schutzimpfung vorzunehmen.
Hornspalten, nur auf der Oberfläche des Hufes, können durch guten Hufbeschlag beseitigt werden. Eiternde und blutende Hornspalten gehen tief in die Fleischteile des Hufes und sind höchst verdächtig. Sie sind nur auf tierärztliche Anweisungen zu behandeln.
Kettenhang – siehe Mauke.
Kronentritte – siehe Ballen- und Kronentritte.
Mauke (Kettenhang) sind Hautausschläge in der Fessel, die stark nässen und gleich behandelt werden müssen. Sie entstehen durch zu eiweißhaltige Futtermittel (Melasse, Schlempe), mangelnden Stoffwechsel oder Unsauberkeit, Schmutz und Feuchtigkeit. Erblich bedingte Anlage ist möglich.
Die Fesselbeugen werden gründlich gereinigt, dann bis zur Ausheilung nicht mehr gewaschen. Zur Nachsäuberung des täglich neuen Verbandes wird Brennspiritus verwendet. Bewährt hat sich die Wundversorgung mit Sulfonamid-Wundpulver, Tanoformpuder oder pulverisierter Eichenrinde, zu gleichen Teilen vermischt mit Holzkohlenpulver. Darüber kommt der fest sitzende Verband. Die Fesseln müssen peinlich trocken- und saubergehalten werden. Diätfutter und Abführmittel sind gute Helfer.

Ansteckende äußere Erkrankungen

Hier gilt gleiches wie bei ansteckenden inneren Krankheiten. Nur kurz etwas über die *Räude*. Kommt sie in Deutschland auch kaum noch vor, kann sie durch Nachlässigkeit doch sehr unangenehm werden.
Die Räude ist eine *anzeigepflichtige,* ansteckende, leicht übertragbare Hautkrankheit. Sie wird durch mikroskopisch kleine Schmarotzer, die Räudemilbe, übertragen. Sie befällt nicht nur Tier und Mensch, sondern nistet an allen Rüstzeugen, Stallgeräten, in den Ritzen und Fugen des Stalles und auch an der Kleidung des Menschen. Es gibt drei Arten der Räude:
Die Fußräude befällt insbesondere die Fesseln, bis zum Sprunggelenk und Vorderfußwurzelgelenk. Durch Bäder mit Insektenbekämpfungsmitteln ist sie leicht auszurotten.
Die Grabmilbenräude schmarotzt an Kopf, Hals und Rumpf und kann ausschlagartig den ganzen Körper befallen. Bekämpfung wie bei der Fußräude.
Die Saugmilbenräude verläuft harmlos. Vornehmlich sind geschützte Körperstellen befallen wie Kehlgang, Mähne, Schweif, Euter, Innenseiten der Hinterschenkel und Schlauch. Auch hier erzielen neuere Insektenbekämpfungsmittel gute Heilerfolge.
Während der Behandlung sind Ausrüstung, Ställe und Gerätschaften gründlich zu desinfizieren. Wenn Inventar und Gerätschaften 8–10 Wochen unbenutzt bleiben, dann sind die Milben abgestorben.

Die Hauptmängel

Beim *Verkauf eines Gebrauchspferdes* sind die nachfolgend erläuterten Fehler als Hauptmängel anzusehen, die der Verkäufer während festgelegter Fristen nach dem BGB §§ 481–492 zu vertreten hat.
Beim *Verkauf eines Schlachtpferdes* gilt von diesen Hauptmängeln nur der Rotz als vom Verkäufer zu vertretender Fehler.

1. Die Arten der Hauptmängel

Sie sind für den Verkauf von Zucht- und Nutzpferden festgelegt in der Kaiserlichen Verordnung vom 27. 3. 1899.

Die Dämpfigkeit bewirkt Atembeschwerden aufgrund unheilbarer, chronischer Erkrankung des Herzens und der Lunge. Die übermäßig beschleunigte Atmung dämpfiger Pferde nach der Bewegung beruhigt sich nur langsam.
Der Dummkoller, eine unheilbare Gehirnerkranung, tritt allmählich ein oder infolge einer akuten Gehirnwassersucht. Das Bewußtsein des Pferdes ist gestört. Das Tier macht einen abgestumpften, müden und blöden Eindruck. Sehr oft wird beim Tränken der Kopf bis über die Nüstern ins Wasser gesteckt.
Das Kehlkopfpfeifen ist ein meist nur in der Bewegung hörbares Atemgeräusch, das durch eine unheilbare, chronische Kehlkopf- oder Luftröhrenerkrankung verursacht wird. Sehr oft ist es eine Folgeerscheinung der Druse.
Das Koppen – auch bekannt als Luftschnappen – äußert sich durch eine geräuschvolle Schluckbewegung und ist in den meisten Fällen »dumme Angewohnheit« aus Langeweile. Wir unterscheiden den freistehenden und den auf die Krippe aufsetzenden Kopper, deshalb Freikopper und Krippensetzer genannt.

Die Mondblindheit – auch Periodische Augenentzündung genannt – hat viele Ursachen, die z. T. noch ungeklärt sind. Oft wird eine Leptospirose (S. 48: Der Einschuß) vermutet. Die Krankheit ist eine durch innere Einwirkungen entzündete Veränderung der Augenorgane. Sie äußert sich durch Anfälle mit Lichtscheuheit, Tränenfluß, Pupillenverengung und Hornhauttrübung. Eine zuverlässige Behandlung ist nicht bekannt. Empfohlen wird der Futterwechsel und das Verbringen erkrankter Pferde in eine gesundere Gegend.
Achtung: Als Hauptmangel ist die Erkrankung *nicht auf die Mondblindheit beschränkt.* Sie schließt während der Gewährsfrist alle »auf innere Einwirkungen beruhenden entzündlichen Veränderungen an den inneren Organen des Auges« ein.
Der Rotz ist eine durch Rotzbakterien hervorgerufene Infektion. Die Krankheit ist *anzeigepflichtig!* Meistens erfolgt die Ansteckung über den Verdauungsweg, seltener über die Haut, die Schleimhäute oder durch Einatmung. Kranke Tiere sind Bakterienüberträger. Nur gute veterinärmedizinische Antibiotika können helfen. Es gibt den Haut-, Nasen- und Lungenrotz.
Der *Hautrotz* zeigt bohnen- bis erbsengroße Knoten und Geschwüre in der Haut und Unterhaut. Sie sind, im Verlauf der oft strangartig hervortretenden Lymphgefäße, rosenkranzähnlich angeordnet.
Der *Nasenrotz* wird an der Rötung und Schwellung der Nasenschleimhaut erkannt. Schleimiger, eitriger, klebriger und blutiger Ausfluß aus gelblichen stecknadelknopf-großen Knötchen tritt auf. Die dazugehörigen Lymphknoten schwellen an und verwachsen mit ihrer Umgebung.
Der *Lungenrotz* ist wegen der kleinen Knötchen und Geschwüre lange Zeit klinisch nicht feststellbar. Lungenentzündungen sind selten.

Auch andere Organe können rotzig erkranken. Durch Komplementbindungen (serologische Reaktion zum Nachweis des Vorhandenseins von Antikörpern) und andere serologische Methoden ist Rotz nachweisbar.
Rotz ist auf den Menschen übertragbar und fast immer tödlich!

2. Die Fristen

Die für den Verkäufer verbindlichen Fristen nach dem BGB sind vor allem auch vom Käufer zu wahren, um sich selbst beim Pferdekauf vor Schaden zu schützen. Folgende Fristen sind zu beachten:
Die Gewährsfrist beginnt am Anfang des auf den Verkauf folgenden Tages und endet nach Ablauf von 14 Tagen. Auf gegenseitiges Verlangen kann sie verkürzt bzw. verlängert werden.
Die Anzeigefrist beginnt sofort im Anschluß an die Gewährsfrist und dauert zwei Tage. Innerhalb dieser Zeit oder wenn das Pferd vor Fristablauf getötet worden bzw. verendet ist, sofort nach dem Tode des Tieres, muß der Käufer seine ihm zustehenden Rechte wegen des Mangels dem Verkäufer anzeigen.
Die Klagefrist (Verjährungsfrist) beginnt mit dem Ende der Gewährsfrist und dauert sechs Wochen. In dieser Zeit muß die Klage wegen eines Hauptmangels erhoben und dem Verkäufer *zugestellt* sein (also Laufzeit des Briefes beachten!). Acht Wochen nach der Zustellung ist ein Rechtsstreit nicht mehr möglich. Hat der Verkäufer den Mangel arglistig verschwiegen, tritt vorgenannter Rechtsverlust nicht ein. Es ist anzuraten, den Mangel innerhalb der Gewährsfrist tierärztlich feststellen zu lassen und den Bericht mit »Einschreiben« dem Verkäufer mitzuteilen. Gleichzeitig wird in diesem Brief der Anspruch auf Wandlung geltend gemacht.
Die Wandlung verbürgt dem Käufer seinen Anspruch auf Rückgängigmachung des Kaufes wegen eines Hauptmangels. Der Kaufpreis wird davon nicht berührt!
Ist die Wandlung angenommen, muß der Verkäufer dem Käufer Ersatz leisten für die Kosten der Fütterung und Pflege, der tierärztlichen Behandlung und Untersuchung sowie der notwendig gewordenen Tötung und Beseitigung des Tieres.

Das Pferd in der Bewegung

1. Ausgangspunkt der Bewegung

Der Schwerpunkt des Pferdes wird in der Bewegung nach der Bewegungsrichtung hin verlegt und fortlaufend unterstützt. Die Vorwärtsbewegung hat so ihren Ausgangspunkt in der Streckung der Gelenke der Hintergliedmaßen. Das Abstützen des vorgebrachten Rumpfes wird durch das unmittelbar folgende Vorbringen einer Vordergliedmaße erreicht. Nach dem Abheben schwingt diese Gliedmaße vorwärts, bis sie aufsetzt und den Körper erneut stützt. Sobald der Pferdekörper nachgerückt ist, stemmt diese Gliedmaße ihn weiter und hebt wieder vom Boden ab. Wir erkennen hieraus vier Zeitabschnitte: *Abheben, Schwingen, Stützen und Stemmen.*
Dieser Bewegungsablauf ist so schnell, daß eine unmittelbare Beobachtung schwer ist. Die nachfolgenden Zeitbilder der drei Gangarten geben mehr Einblick.
Diese kurze Schilderung läßt aber schon erkennen, daß das Pferd bei falschem Sitz und falscher Gewichtseinwirkung in seiner natürlichen Gangfolge erheblich gestört wird. Die Reinheit der natürlichen Bewegung des Pferdes zu erhalten und die durch falsche Gewichtseinwirkung des Reiters verlorengegangene und natürliche Bewegung wiederherzustellen ist die wichtigste Aufgabe der Grundausbildung des Dressurreiters.
Jeder Reiter, vor allem aber Ausbilder und Richter, muß eine genaue Kenntnis der Bewegungen des Pferdes besitzen, um erfolgreich zu sein.

2. Die Gangarten in Zeitbildern

Die Gangarten – *Schritt, Trab, Galopp* – unterscheiden sich durch die Zeitfolge der Tätigkeit der Gliedmaßen, die Schnelligkeit der Bewegungen und die Mitbeteiligung des Rumpfes. Wir müssen unterscheiden zwischen schwungloser (Schritt) und schwunghafter (Trab, Galopp) Gangart.

Der Schritt ist in seiner Geräumigkeit von der Streckfähigkeit der Vordergliedmaßen (Vortritt) und der Hintergliedmaßen (Nachschub) abhängig. Vorbedingung für den raumgreifenden, sicheren und ruhigen Schritt ist die regelmäßige Gelenkwinkelung und ein richtiges Längenverhältnis der Knochen mit ihren Muskeln zur Höhe des Pferdes.
Die Schrittlänge, d. h. die Entfernung der Hufspuren eines Beines, ist unterschiedlich und beträgt im Durchschnitt 1,60 m bis 1,80 m. Bei regelmäßigem Körperbau und guter Gliedmaßenstellung des Pferdes liegen die Spuren der Hinterhufe etwa in der hinteren Hälfte der Vorderhufspuren. Bedingt durch die schmalere Vorhand liegen sie außerdem ein wenig seitwärts nach außen.
Die Vorwärtsbewegung der Gliedmaßen geschieht in diagonaler Reihenfolge, z. B. vorn rechts – hinten links – vorn links – hinten rechts. Die Abbildung auf der folgenden Seite verdeutlicht die einzelnen Zeitabschnitte. Diejenigen Gliedmaßen, welche den Boden berühren oder auffußen, sind voll eingezeichnet. Wir erkennen also nur die stützenden oder stemmenden Gliedmaßen.
Beim *Paßgang* werden nicht die diagonalen, sondern die *gleichseitigen* Fußpaare *gleichzeitig* vorgeschwungen und niedergesetzt. Es entsteht eine Schaukelbewegung. Für das Schulreiten ist der Paßgang fehlerhaft (S. 114).

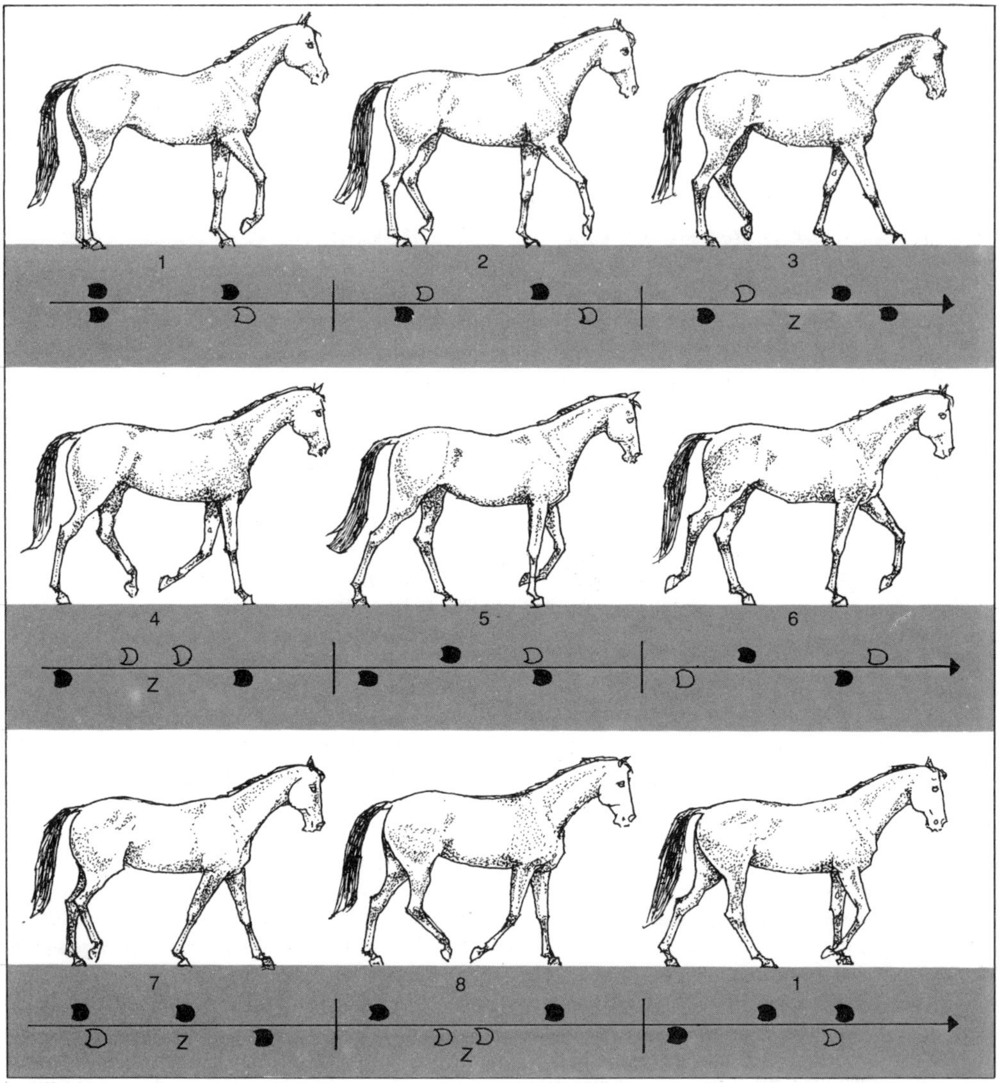

Der Schritt (Z = Zwischenphase)

Nebenstehende Zeichnung und obige Abb. zeigen die Gliedmaßenfolge, wenn die Fortbewegung vorn rechts beginnt. Es folgen hinten links, zwei Zwischenphasen (Z), vorn links, hinten rechts, wiederum zwei Zwischenphasen (Z), und der Ablauf beginnt von vorn. Der Schritt zeigt insgesamt acht Phasen.

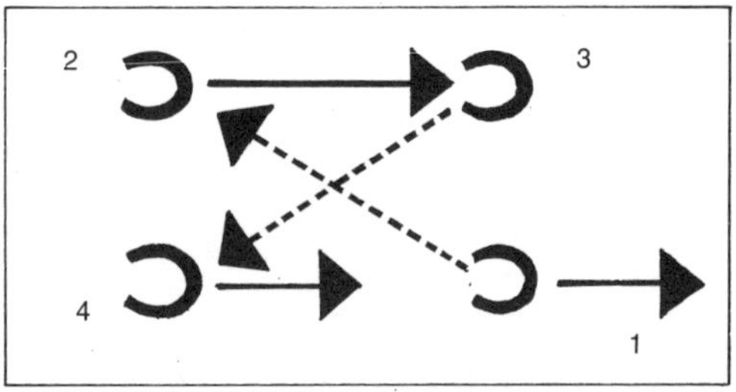

Im Trab werden stets zwei diagonale Gliedmaßen gleichzeitig nach vorn gebracht. Von der Hinterhand kommt dabei ein so kräftiger Schub, daß beim Wechsel des Beinpaares das Pferd einen Augenblick frei schwebt. Bei dieser *Schwebephase* erreicht das schwingende Beinpaar den Boden etwas später, als ihn das stemmende Beinpaar verläßt. Die durchschnittliche Länge eines Trabtrittes beträgt 2,20 bis 2,30 m. Als Vorbedingung zur Geräumigkeit des Trabtrittes gilt das beim Schritt Gesagte in gleicher Weise.

Auch die Tätigkeit und Beschaffenheit der Rücken- und Schenkelmuskulatur (S. 17) ist besonders wichtig.

Je größer Schulterfreiheit und Schubkraft sind, um so mehr werden die Vorderhufe raumgewinnend da niedergesetzt, wohin sie beim Vorschwingen der Gliedmaßen zeigen. Gut gewinkelte Bug- und Ellenbogengelenke in Verbindung mit gut nach vorn geführter, gestreckter Vorderfußwurzel unterstützen diese Raumfreiheit erheblich.

Der Galopp setzt sich aus einer Reihe einander unmittelbar folgender Sprünge zusammen. Wichtigste Grundlagen der freien, richtigen Galoppsprünge sind kraftvolles Strekken und elastisches Beugen der Hinterhand. Im Gegensatz zum Schritt und Trab gehen hier Schubkraft und Schnellkraft nicht abwechselnd von beiden Hinterbeinen aus. Vielmehr erfolgt der Schwung etwas früher vom auswendigen Hinterfuß, der nach der Schwebephase bekanntlich zuerst aufsetzt. Kurz darauf setzen innerer Hinterfuß und äußerer Vorderfuß gleichzeitig auf. Als letzter berührt der innere Vorderfuß den Boden. Das Abheben erfolgt in gleicher Reihenfolge. Beim Galoppsprung ist ein gleichseitiges Beinpaar etwas mehr zurückgestellt. Danach unterscheiden wir Rechtsgalopp und Linksgalopp (in der Abb. Phase 1) oder auch nach dem *zuerst aufsetzenden* Hinterfuß, dann ist der *diagonale Vorderfuß* das »Galoppbein« (in der Abb. Phase 2), d. h. in beiden Fällen ein Rechtsgalopp. Die Länge der Galoppsprünge und ihr

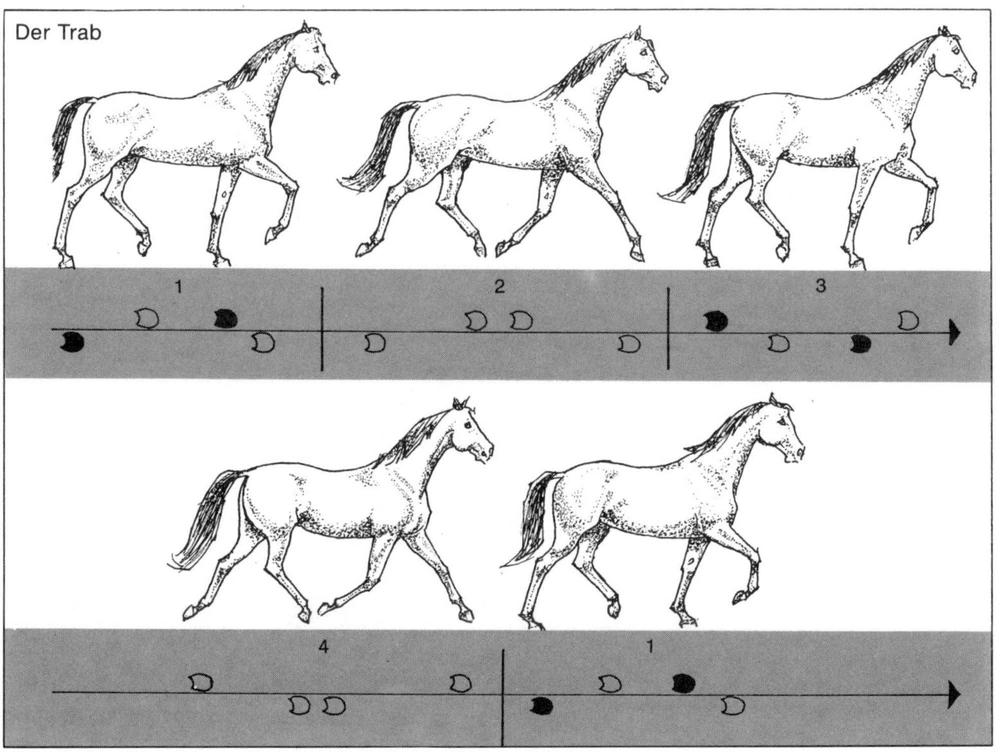

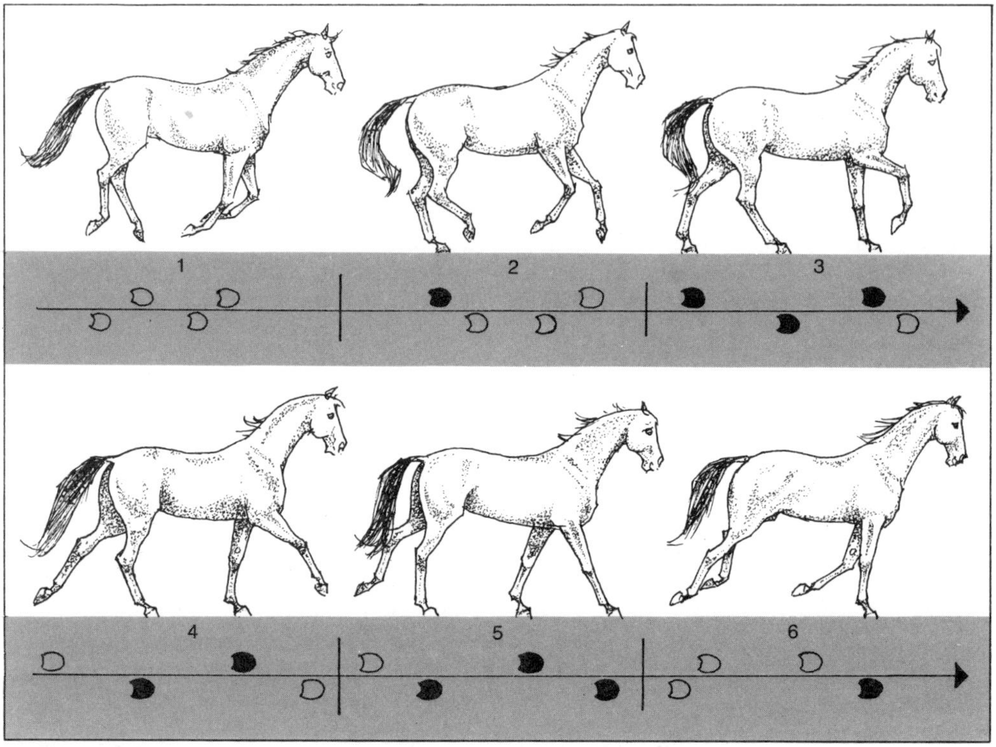

Der Rechtsgalopp

Raumgriff sind je nach Galopptempo verschieden (S. 123). Im Mittelgalopp rechnet man etwa 3,60 m.
Im abgekürzten Galopp überwiegt die Tragkraft. Im vollen Lauf und gestreckten Galopp überwiegt die Schubkraft; in diesen Fällen fußt das diagonale Beinpaar nicht gleichzeitig auf, sondern der innere Hinterfuß kurz vor dem äußeren Vorderfuß, wie aus nachfolgender Abbildung ersichtlich.
Im abgekürzten Galopp ist die Schwebephase kaum wahrnehmbar.

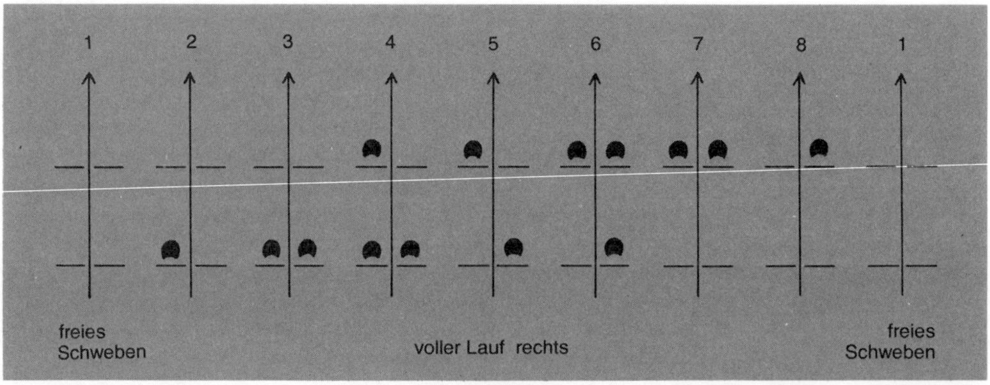

3. Gleichgewicht und Schwerpunkt

Zu diesem Thema und zum Einfluß des Reitergewichtes in bezug auf das Gleichgewicht und den Schwerpunkt des Pferdes sind auch die Ausführungen zu den Gewichtshilfen, S. 101 ff., beachtenswert. Folgende Fragen verlangen eine Antwort:

Wann befindet sich ein Körper im Gleichgewicht?
Was heißt Gleichgewicht des Pferdes im reiterlichen Sinne?
Wo liegen Schwerpunkt und Schwerlinie eines Körpers?
Wo liegt der Schwerpunkt des Pferdes?
Wie ist die Unterstützungsfläche des Pferdes zu erklären und zu begrenzen?

Ein Körper befindet sich im Gleichgewicht, wenn er so unterstützt ist, daß die Anziehungskraft der Erde oder die Schwerkraft aufgehoben erscheint. Dadurch kann jede äußere Einwirkung auf diesen Körper voll zur Geltung kommen.

Unter Gleichgewicht des Pferdes im reiterlichen Sinne wird diejenige Haltung von Kopf und Hals in Verbindung mit einer solchen Stellung der Gliedmaßen verstanden, bei der die Last des Reiters am günstigsten verteilt ist. So kann er bei richtigem Sitz am besten über die Kräfte des Pferdes verfügen. Auch die Gewichtsverteilung von Pferd und Reiter steht dann im richtigen Verhältnis zur Federkraft und Tragfähigkeit der Gliedmaßen. Je besser diese Bedingungen beim Reiten erfüllt werden, um so länger bleibt das Pferd vor Schäden durch Überbeanspruchung verschont.

Der Schwerpunkt eines Körpers ist der Punkt, um den alle Teile dieses Körpers so gelagert sind, daß bei Unterstützung des Schwerpunktes der ganze Körper unterstützt ist.

Die Schwerlinie ist die gedachte Senkrechte durch den Schwerpunkt.

Der Schwerpunkt des Pferdes liegt je nach Haltung und Körperbau des Pferdes verschieden. Von besonderem Einfluß sind Gewicht und die vorhängende oder mehr aufwärts-rückwärts verlegte Haltung von Kopf und Hals. Aufgrund dieser natürlichen Mehrbelastung der Vorhand um etwa ein Neuntel des Körpergewichts des Pferdes liegt bei einem auf den vier Beinen geradestehenden Pferd der Schwerpunkt näher den Vorder- als den Hinterbeinen und die Schwerlinie in Verlängerung zum tiefsten Punkt der Sitzfläche des richtig gebauten Sattels. Die Mehrbelastung der Vorhand beträgt bei

normaler Kopfhaltung	38,3%,
tiefer Kopfhaltung	56,3%,
aufgerichteter Kopfhaltung	21,3%.

Vom Reitergewicht sind außerdem noch etwa ⅔ der Vorhand und ⅓ der Hinterhand zuzurechnen. Dieses Exempel bestärkt die Forderung, daß nach dem Aufsitzen die Schwerlinien Pferd/Reiter möglichst zusammenfallen sollen.

Die Unterstützungsfläche eines geradestehenden Pferdes ist die durch eine Verbindungslinie der äußeren Punkte der vier Hufe begrenzte Fläche. Je größer diese Fläche ist und je näher über ihr der Rumpf liegt, um so besser wird der Rumpf unterstützt.

An der natürlichen Lage der Schwerpunkte von Pferd und Reiter erkennen wir die wesentliche Mehrbelastung der Vorhand. Wir erkennen aber auch die Wichtigkeit des richtigen Beizäumens und einer guten Aufrichtung bei der versammelnden Arbeit des Pferdes.

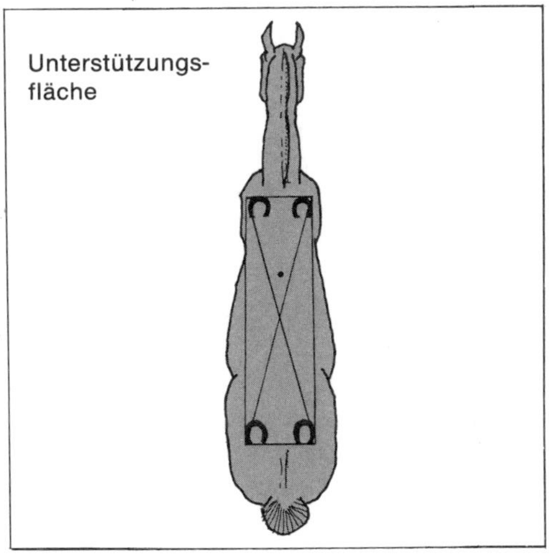

Der Sattel

Dem Sattelzeug und Sattel ist besondere Aufmerksamkeit zu schenken. Nur auf einem richtig gebauten und gut liegenden Sattel kann der Reiter richtig sitzen und einwirken. Bei einem gut verpaßten Sattel liegen die Sattelpolster (Trachten) überall gleichmäßig auf den Rippen und an den Schulterblättern an. Die oberen Polsterkanten sollen nirgends den Rücken klemmen, vor allem nicht am Widerrist. Die Enden der Sattelpolster können leicht vom Pferdekörper abgebogen sein. Zwischen dem Vorderzwiesel und der Satteldecke muß so viel Platz sein, daß man mit der Hand hineinfassen kann, solange die Satteldecke noch nicht in die Sattelkammer gezogen ist.

Der tiefste Punkt der Sitzfläche muß in der Mitte des Sattels liegen. Liegt der Punkt zu weit vorn, entsteht durch das Vornübersitzen der *Spaltsitz*. Der Reiter steht im Bügel. Bei weiter zurückliegendem Punkt gleitet das Reitergesäß nach hinten, Knie und Oberschenkel werden hochgezogen. Es entsteht der *Stuhlsitz*. Beides ist falsch, die Sättel müssen umgearbeitet werden (S. 93).

Arten und Teile des Sattels sind in ihrer Äußerlichkeit unwesentlich verschieden. Es gibt den Dressursattel, Springsattel und Vielseitigkeitssattel (Abb. auf gegenüberliegender Seite). Bei allen Sätteln liegen die Pauschen und Gurtstrippen unter dem Sattelblatt. Die Pauschen sind also die Vorderwülste des Schweißblattes und nicht, wie oft gesagt wird, des Sattelblattes.

Der Dressursattel hat geradegeschnittene Sattelblätter und sehr schwache Pauschen. Der Springsattel hat weit nach vorn gebaute Sattelblätter mit starken Pauschen.

Der Vielseitigkeitssattel kann, wie der Name schon sagt, für beide Disziplinen verwendet werden.

Die Sattellage ist korrekt, wenn die vorderen

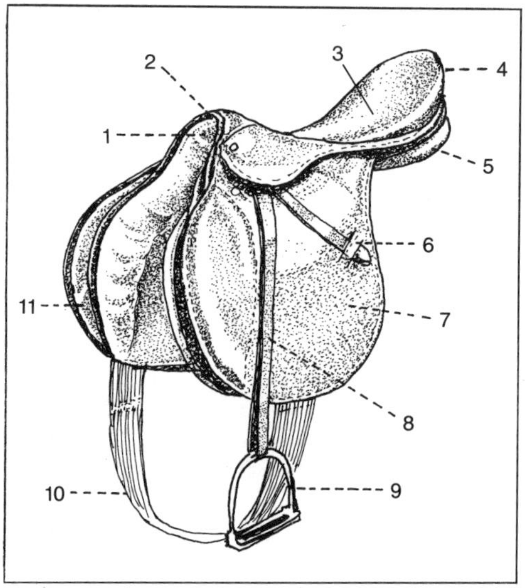

Die Teile des Sattels sind:

1 Sattelkammer
2 Vorderzwiesel
3 Sitzfläche
4 Hinterzwiesel
5 Sattelpolster (Trachten)
6 Lasche für das Ende des Steigbügelriemens
7 Sattelblatt
8 Steigbügelriemen
9 Steigbügel
10 Sattelgurt
11 Schweißblatt

Kanten des Trachtenpolsters hinter dem Schulterblattknochen anliegen. Liegt der Sattel zu weit vorn, besteht Gefahr eines Satteldruckes und die Vorhand wird zu sehr belastet. Auch die Einwirkung auf die Hinterhand wird dadurch erschwert. Bei zu weit hinten liegendem Sattel wird die Nierenpartie des Rückens übermäßig belastet, die Sattelgurte liegen auf den falschen Rippen und pressen

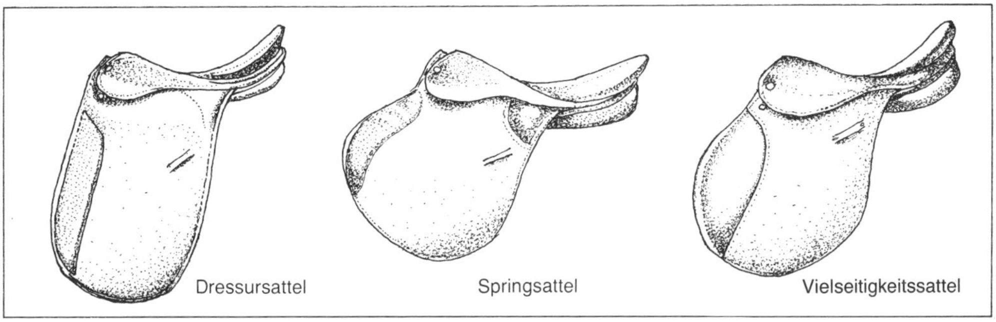

sie zusammen. Die Atmung wird erschwert, Ungehorsam und Widersetzlichkeit sind die Folge. Beide fehlerhaften Sattellagen haben zwangsläufig eine völlig falsche Einwirkung des Reiters zur Folge.

Bei Pferden mit ungünstiger Sattellage können Vor- oder Hintergurte verwendet werden. Wird ein Vorderzeug angelegt, soll das Herzblatt die Herzgrube des Pferdes bedekken, der Unterriemen darf weder herunterhängen noch spannen.

In Stallungen ohne Sattelkammer hängen die Sättel mit Zaumzeugen links vom Stand oder der Box des Pferdes.

Springsattel mit »Sicherheitsbügel«

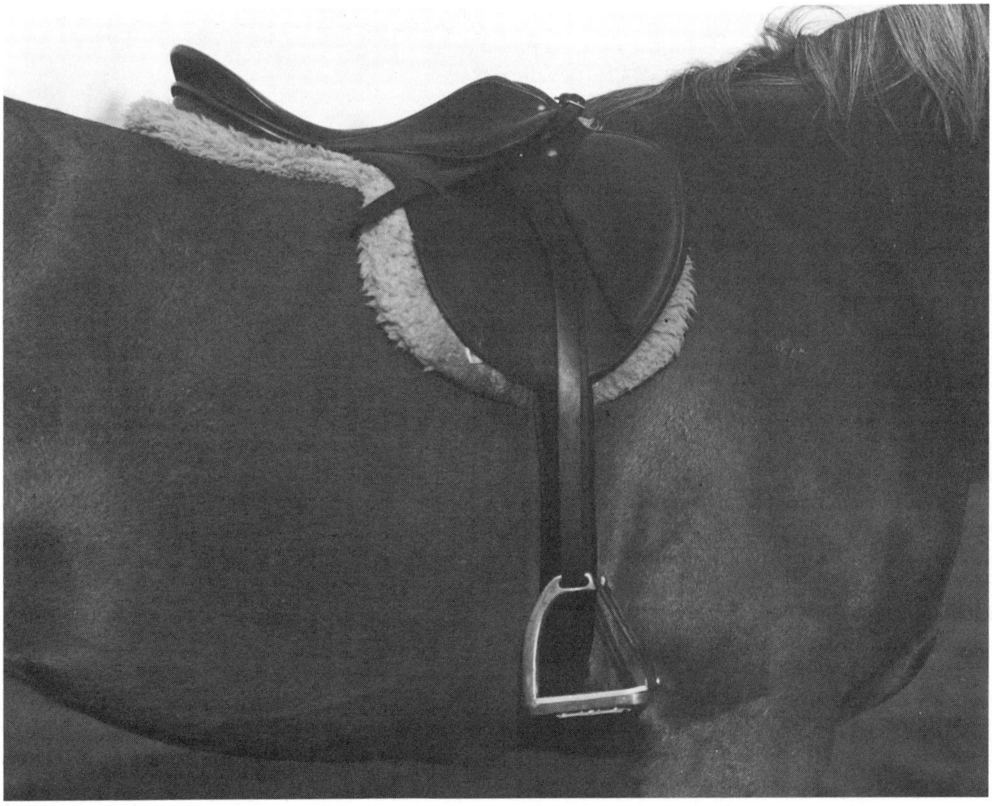

Die Zäumung

Zum Wohle unseres Pferdes ist auch das Zaumzeug mit Sorgfalt und Umsicht zu verpassen.

1. Auf Trense

Das Trensengebiß, durch die Trensenringe mit den Trensenzügeln verbunden, muß an den Maulwinkeln (Lefzen) anliegen, ohne sie hochzuziehen. Das Kopf- oder Schnallstück liegt auf der Mitte des Genicks. Der Stirnriemen, dicht unterhalb der Ohren, muß bequem anliegen. Die Backenstücke liegen etwa zwei Fingerbreit hinter der Jochbeinleiste. Der Kehlriemen muß so weit geschnallt sein, daß bei normaler Kopfhaltung des Pferdes die hochgestellte Hand Platz hat.
Das Kinnstück ist nicht unbedingt erforderlich und fehlt oft. Wenn vorhanden, die Lage zum Kinnriemen der Reithalfter in der nebenstehenden Abbildung beachten.
Von großem Nutzen, besonders bei jungen Pferden, ist bei der Arbeit auf Trense das (auch der oder die) Reithalfter. Es verfolgt den Zweck, bei der Dressur das Aufsperren des Pferdemauls und seitliches Verschieben des Unterkiefers zu verhindern. Dadurch wird das Pferd veranlaßt, im Unterkiefer wie auch im Genick nachzugeben und kann den Zügelhilfen nicht ausweichen.
Das Kopfstück, der Kinnriemen und der Nasenriemen des Reithalfters sind in kleine Ringe eingenäht. Das Herabfallen des Nasenriemens verhindert ein Verbindungssteg, der zusätzlich angebracht werden kann. Der Nasenriemen soll etwa vier Fingerbreit über dem oberen Nüsternrand liegen und so kurz geschnallt sein, daß sich die kleinen Ringe vor den Backenstücken der Trense befinden. Zwischen Nasenrücken und -riemen darf nur gerade noch zwei Fingerbreit Platz sein. Der Nasenriemen ist 24 cm lang; kürzere Riemen sind abzulehnen und längere verursachen den falschen Sitz des Reithalfters. Durch die Stirnriemenschlaufen wird das Kopfstück des Reithalfters unter den Backenstücken der Trense hindurchgezogen. Ist die Trense aufgelegt, wird der Kinnriemen, unterhalb der Trense entlangführend, auf der linken Seite eingeschnallt. Die Schnalle muß dicht am kleinen Ring des Reithalfters eingenäht sein. Über die Zweckmäßigkeit eines Reithalfters gibt es für Sachkenner keine Zweifel. Allen anderen sei gesagt, daß es besonders darauf ankommt, ein für das Pferd *passendes* Halfter zu finden.

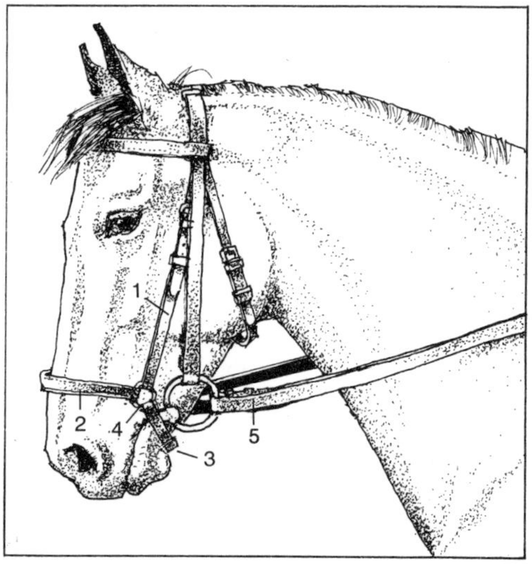

Trense mit Reithalfter

1 Kopfstück
2 Nasenriemen
3 Kinnriemen
4 Kleine Ringe
5 Trensenzügel

2. Auf Kandare

Das Kopfstück liegt so weit hinter den Pferdeohren, daß die Backenstücke etwa zwei Fingerbreit hinter der Jochbeinleiste entlang laufen. Entsprechend lang muß der Stirnriemen sein. Der Nasenriemen liegt ungefähr 2 cm unter den Jochbeinleisten. Die Kehlriemenschnalle liegt etwa in Höhe der Ganaschenmitte. Der Kehlriemen wird so lang geschnallt, wie bei der Trense angegeben.

Das Trensengebiß liegt auch hier an den Maulwinkeln an, ohne sie hochzuziehen. Die Trensenzügel müssen so lang sein, daß das Pferd den Hals völlig strecken kann, ohne daß der Reiter dazu die vorschriftsmäßige Handstellung aufzugeben braucht.

Die Kandare soll so im Maule liegen, daß das Gebiß etwa in gleicher Höhe wie die Kinnkettengrube liegt und die Hakenzähne nicht berührt. Wenn sich ein Pferd überzäumt, legt man das Mundstück etwas höher. Das Kandarenmundstück muß *genauso breit* sein wie das Pferdemaul. Das Mundstück darf also seitlich nicht zu sehen sein. Die Obergestelle, stets etwas nach außen gebogen, dürfen weder die Lefzen noch die Backenhaut zusammendrücken. Stimmen diese Maße nicht, ist die Kandare entweder »zu weit« oder »zu eng«.

Bei empfindlichen Pferden nimmt man am besten Mundstücke mit geringer Zungenfreiheit. Weniger empfindlichen Pferden und solchen, die zum Zungenstrecken über das Gebiß neigen, kann man ein Mundstück mit größerer Zungenfreiheit einlegen. Dabei ist zu bedenken, daß diese Mundstücke leicht die Laden beschädigen (S. 193).

Laden sind die zahnfreien oberen Ränder des Unterkiefers, zwischen den Schneide- und Backenzähnen, die bei der Zäumung das Gebiß aufnehmen (S. 26).

Auf die Wirkung der Kandare ist das Längenverhältnis zwischen Anzug und Obergestell von wesentlichem Einfluß. Je länger der Anzug und je kürzer das Obergestell, um so größer ist die Hebelwirkung, d. h. die Kandare wirkt schärfer. Die Kinnkettenhaken, nach außen gebogen, sollen etwa bis auf das Mundstück reichen. Verwechselte oder verbogene Haken verletzen das Pferdemaul. Der etwa 2 cm kürzere Kandarenzügel wird in den rechten Kandarenring geschnallt.

Die Kinnkette muß in der Kinnkettengrube in gleicher Höhe des Mundstückes liegen und glatt nach rechts ausgedreht sein. Sie wird mit dem letzten Glied so in den rechten Haken eingelegt, also von rechts nach links unter dem Trensenmundstück entlang, daß dieses Glied rechts ausgedreht bleibt und das übrigbleibende Glied auf der linken Seite *außerhalb* des Hakens *nach hinten* hängt. Bleiben mehrere Glieder der Kinnkette übrig, werden sie gleichmäßig auf beide Seiten verteilt. Bei ungerader Gliederzahl hängt die Mehrzahl auf der linken Seite. Sind die Kandarenzügel nicht angenommen und liegen die Anzüge gleichlaufend mit der Maulspalte, muß zwischen Kinnkette und Unterkiefer bequem Platz für zwei Finger sein.

Liegt die Kandarenzäumung richtig, darf die Kinnkette beim Annehmen der Zügel nicht aus der Kinnkettengrube steigen. Die Kinn-

Zäumung auf Kandare

1 Kopfstück
2 Stirnriemen
3 Backenstück
4 Kehlriemen
5 Nasenriemen
6 Trensengebiß
7 Trensenzügel
8 Kandare
9 Kandarenzügel
10 Kinnkette

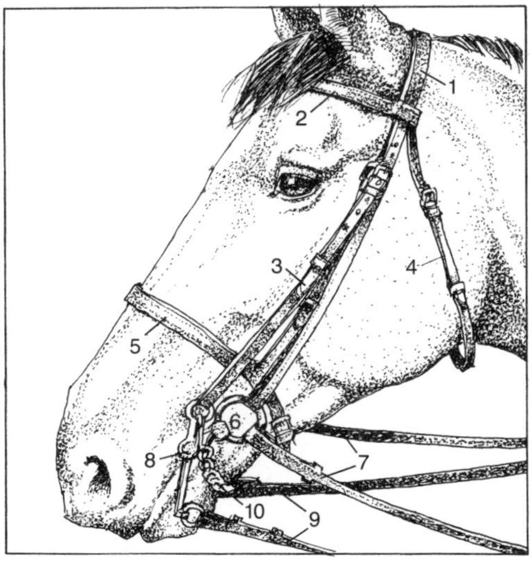

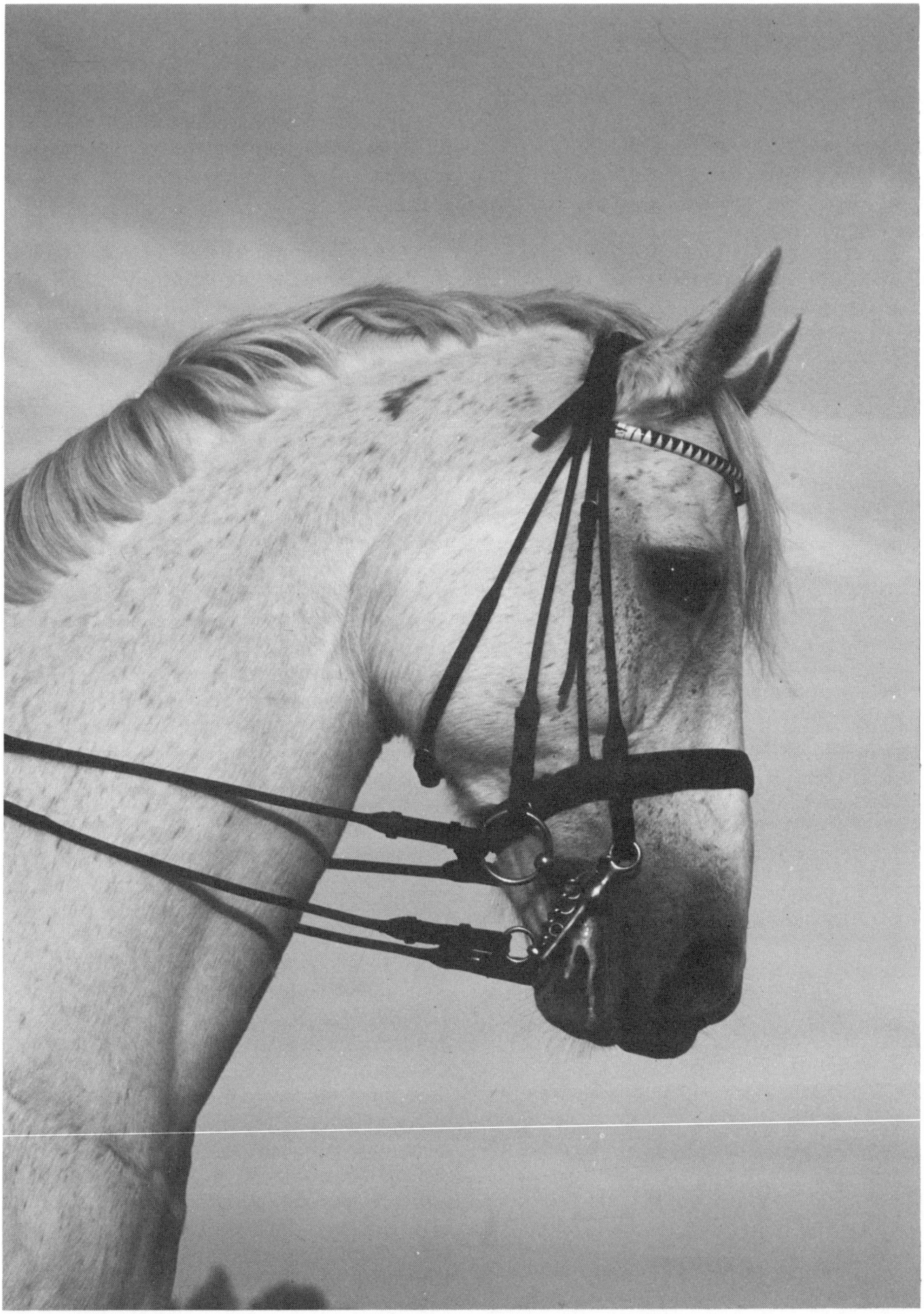

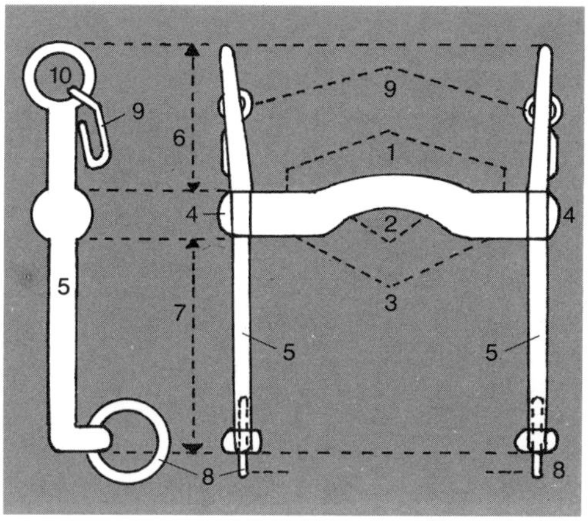

Die S-Kandare

1 Mundstück
2 Zungenfreiheit
3 Ballen
4 Kappe
5 Seitenteil
6 Obergestell
7 Anzug
8 Zügelring
9 Kinnkettenhaken
10 Auge

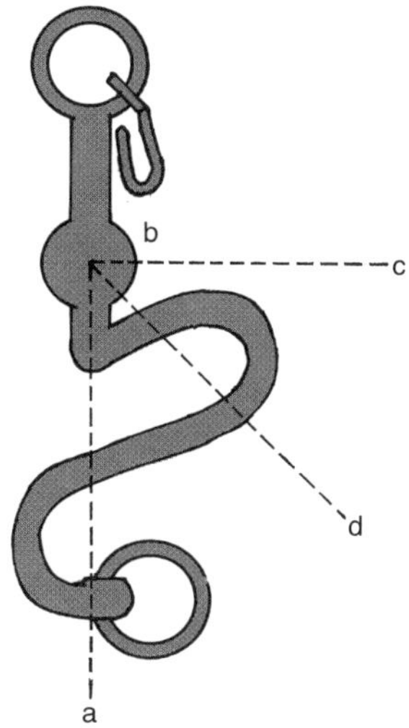

Am Beispiel der S-Kandare kann die korrekte und falsche Hebelwirkung demonstriert werden

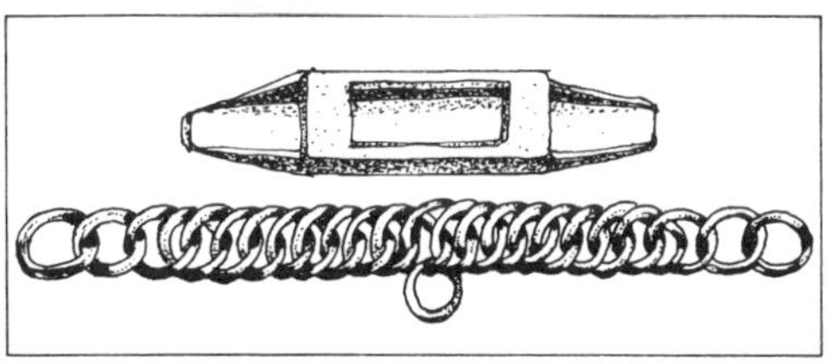

Kinnkette mit Unterlegstück

kettenhaken dürfen ihre Lage zum Obergestell nicht wesentlich verändern. Wenn bei eingelegter Kinnkette zwischen Obergestell und Kinnkettenhaken ein größerer Winkel entsteht, ist die Kinnkette zu kurz, klemmt die Lefzen ein und verletzt sie. Nur bei richtiger Breite des Mundstückes kann sich die Kinnkette dem Unterkiefer des Pferdes anschmiegen. Erst beim Annehmen der Zügel soll die Wirkung der Kinnkette in der Kinnkettengrube eintreten. Die Anzüge müssen dann bis zur Halbierungslinie b–d des rechten Winkels a–b–c zum Hals des Pferdes zurückgehen können. Gehen die Anzüge über b–d hinaus, sagt man, die Kandare *fällt durch*. Bleiben die Anzüge stehen oder gehen nur ein wenig zurück, heißt es, die Kandare *liegt zu steil*. Beide Stellungen sind falsch und beeinträchtigen die Einwirkung der Zügelhilfen erheblich.

Jede Zäumung, die dem Pferde Schmerz verursacht oder das Maul verletzt, ist fehlerhaft. Das Pferd wird dann versuchen, anstatt vertrauensvoll an das Gebiß heranzugehen, sich der Wirkung der Kandare zu entziehen, z. B. durch Herübernehmen der Zunge über das Gebiß, das Zurückziehen der Zunge und Zungenstrecken. Die richtige Lage und Wirksamkeit der Kandare bedarf sorgfältigster Prüfung und Beobachtung, vor allem im Gange.

Der Reitlehrer bleibt für die richtige Zäumung verantwortlich. Gute und schlechte Zäumung haben weitgehenden Einfluß auf die Willigkeit und damit die Dressur des Pferdes.

Immer darauf achten, daß empfindlichen Pferden etwas dickere Mundstücke, weniger empfindlichen dünnere eingelegt werden sollten.

◄ Kandarenzäumung

Zügelhaltung und Zügelführung

1. Auf Trense Zügel »aufnehmen«

Die Trensenzügel werden gleich lang und unverdreht zwischen dem kleinen und Ringfinger aufgenommen. Die glatte Lederseite zeigt nach außen. Die Zügelenden hängen bei *geöffneten* Zügeln über dem zweiten Gelenk der Zeigefinger beiderseits *außerhalb* der Zügel herab. Bei *zusammengeschnallten* Zügeln hängt das Zügelende nach rechts zwischen Pferdehals und Zügel, also nach *innen* herab. Die Hände werden senkrecht getragen, die Daumen nach oben. Die Hände sind leicht, die mäßig gekrümmten Daumen fest geschlossen (S. 185, Kommando 30 beachten).

Die Zügel schließen den Pferdehals ein. Die Hände stehen etwa eine Handbreit auseinander, eine Handbreit über der Sattelkammer und eine Handbreit vom Leibe des Reiters entfernt. Diese Maße sind Richtwerte und vom Körperbau des Reiters, Gebäude des Pferdes und dessen Rittigkeit abhängig. Das allgemein gültige Mittelmaß sind die Unterarme des Reiters, die, bei angelegten Ellenbogen an seine Hüften, mit den Zügeln in Richtung Pferdemaul eine gerade Linie bilden. Eine nicht geschlossene Zügelhand hat zur Folge, daß der Ringfinger herausgezogen wird, das Zügelmaß sich ständig verlängert, was den Reiter zum Zurücknehmen der Zügelfäuste verführt. Die Zügel werden zu lang, der Reiter drückt die Ellenbogen nach hinten und jede Einwirkung der Zügelhände ist unmöglich. Die Fäuste *ziehen* nach oben, anstatt auf die Hinterhand *einzuwirken,* das Pferd geht hinter den Zügel und ist überzäumt (S. 107).

Zu hohe Handhaltung (überzäumtes Pferd). Der »falsche Knick«.

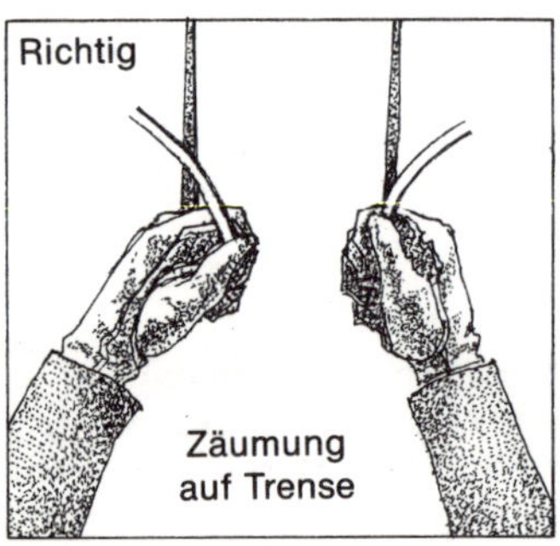

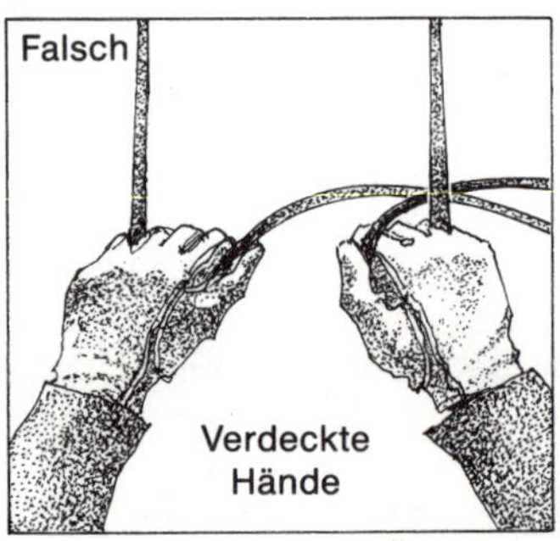

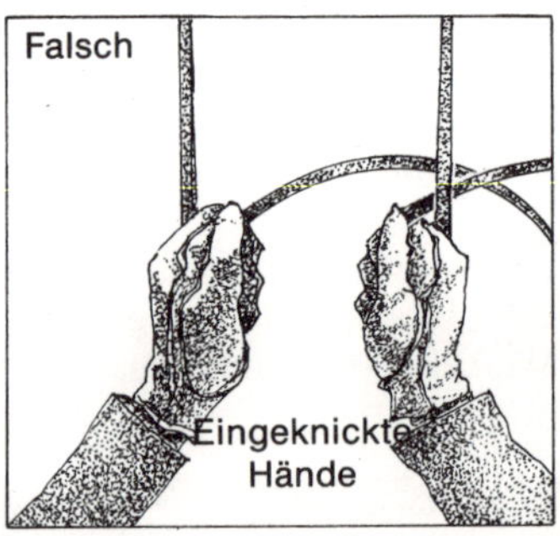

Freiherr von Langen auf *Draufgänger*.

Gustav Stensbeck auf *Ten Drugi.*

Felix Bürkner auf *Caracalla.*

Otto Lörke auf *Fanal*.

Richard Wätjen auf *Donner II*.

Heinz Pollay auf *Kronos*.

2. Auf Kandare Zügel »aufnehmen«

Es ist zu unterscheiden zwischen dem Reiten mit losgelassener Trense, angefaßter Trense, geteilten Zügeln und durchgezogener Trense.

Mit losgelassener Trense heißt, die Kandarenzügel werden durch den Ringfinger der linken Hand geteilt. Die Trensenzügel, über die Kandarenzügel nach außen gleich lang herunterhängend, liegen mit der Schnalle in der vollen linken Hand. Die Zügelenden fallen über das zweite Gelenk des Zeigefingers nach rechts herab (Abb. S. 193). Es wird auf blanker Kandare geritten.
Die linke Zügelfaust ist geschlossen und steht senkrecht, in den bereits genannten Richtmaßen, vor der Mitte des Leibes. Der rechte Arm hängt zwanglos herab, die Hand liegt hinter dem Oberschenkel des Reiters, ist leicht geöffnet und zeigt mit der Innenfläche zum Pferdeleib schräg-rückwärts.
Wird der Schieber der Kandarenzügel benutzt, liegt er in der vollen linken Hand hinter dem Ringfinger, andernfalls am Ende der Kandarenzügel.

Mit angefaßter Trense wird allgemein, als Gebrauchs-Zügelhaltung, geritten. *Vor dem Aufsitzen* werden die Kandarenzügel auch durch den Ringfinger der linken Hand geteilt. Der Kandarenschieber befindet sich an den Zügelenden. Der linke Kandarenzügel läuft zwischen Ring- und kleinem Finger, der rechte zwischen Ring- und Mittelfinger durch die linke Hand. Der linke Trensenzügel wird unter dem kleinen Finger, der rechte zwischen Zeige- und Mittelfinger auch in die volle linke Hand gelegt.
Alle vier Zügel werden leicht angenommen.
Nach dem Aufsitzen ergreift die rechte Hand die Zügelenden, läßt jetzt alle vier Zügel gleichmäßig anstehen und übernimmt den rechten Trensenzügel aus der linken Hand wie beim Reiten auf Trense, also zwischen kleinem und Ringfinger. Die Zügelenden hängen, über das zweite Gelenk des Zeigefingers fallend, nach rechts unten zwischen dem rechten Trensenzügel und der Pferdeschulter herab. Die linke Zügelfaust steht genau über dem Widerrist, die rechte etwa zwei Finger breit daneben. Beide Fäuste senkrecht und in gleicher Höhe.

Geteilte Zügel können im Gelände, aber müssen beim Klettern und Springen, jeweils durch die volle Hand laufend, wie folgt aufgenommen werden:
Linker Trensenzügel unter dem kleinen Finger, linker Kandarenzügel zwischen Ring- und kleinem Finger.
Rechter Trensenzügel zwischen Ring- und Mittelfinger, rechter Kandarenzügel zwischen Ring- und kleinem Finger.

Angefaßte Trense

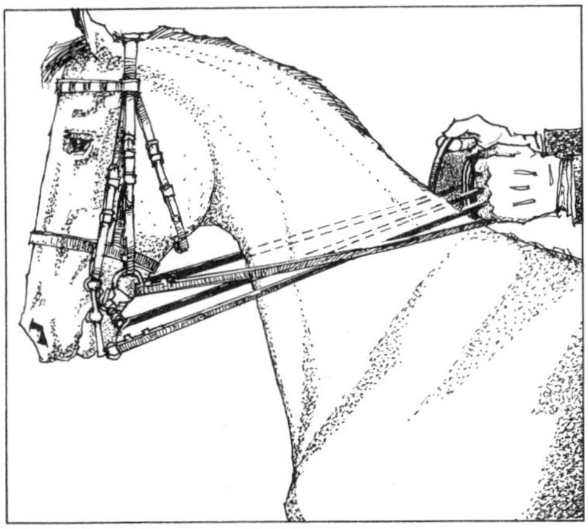

Geteilte Zügel

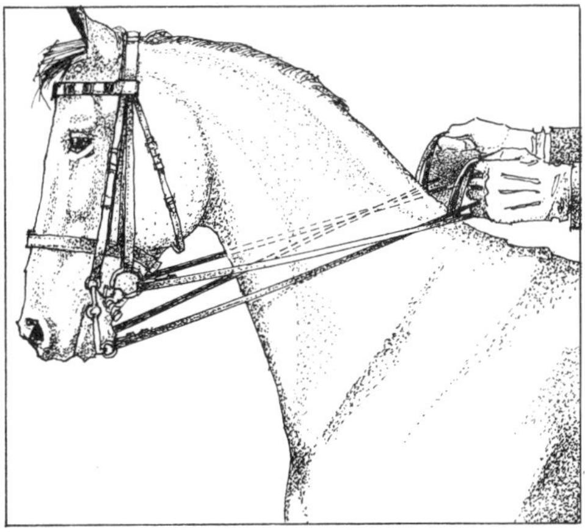

Es ist zu beachten, daß die Zügelpaare (jeweils ein Trensen- und Kandarenzügel) in der linken Hand vom kleinen Finger und in der rechten Hand vom Ringfinger geteilt werden.

Mit durchgezogener Trense wird auf Kandare mit einer Hand geritten.
Die Kandaren- und der linke Trensenzügel werden wie bei angefaßter Trense aufgenommen. Der rechte Trensenzügel läuft zwischen Mittel- und Zeigefinger hindurch. Die Zügelenden werden wie bisher über den Zeigefinger gelegt und fallen nach vorn rechts herab. Der Druck des leicht gekrümmten Daumens hält die Zügel fest. Der rechte Arm hängt zwanglos herab. Die rechte Hand, wiederum hinter dem Oberschenkel, ist leicht geöffnet und zeigt mit der Innenfläche zum Pferdeleib schräg-rückwärts.
Das Reiten mit durchgezogener Trense muß oft geübt werden, um den Reiter an eine leichte Anlehnung zu gewöhnen und ihn dadurch vom Zügel unabhängig zu machen.
Diese Zügelführung dient auch der Überprüfung der Selbsthaltung des Pferdes, bei nur geringer Anlehnung (S. 106, 129). Im Unterschied zur losgelassenen Trense sind hier die Trensenzügel aufgenommen.
Die Zügelhaltung und -führung bei Wendungen ist auf den Seiten 194 ff. beschrieben.

Grundhaltung auf Kandare mit durchgezogener Trense

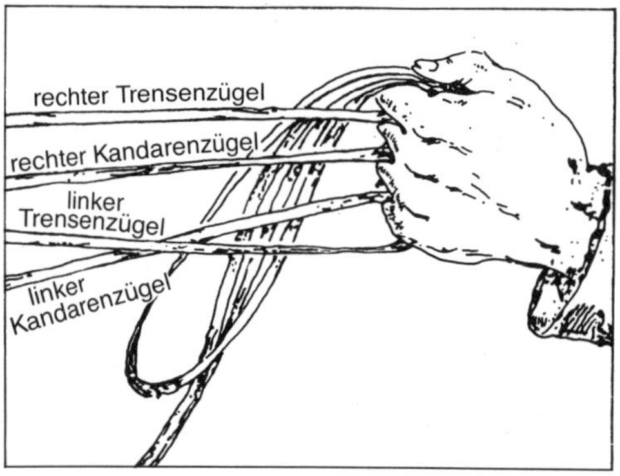

3. Die Zügelführung

Wichtigste Forderung für eine gute Zügelführung ist die Unabhängigkeit von dem in völligem Gleichgewicht gefestigten Sitz. Deshalb ist erst der richtige Sitz (S. 92 ff.), dann die Zügelhaltung und -führung zu erlernen. Um dem Reiter das richtige Gefühl vom Maß der Anlehnung, mit der das Pferd an den Hilfen stehen soll, zu verdeutlichen, erfaßt der Reitlehrer die Zügel dicht am Gebiß und wirkt auf die Zügelhand des Reiters so ein, wie es das Pferd bei normaler Anlehnung an das Gebiß tut. Hat der Lernende diese Feinheit begriffen, muß er die dauernde Verbindung zum Pferdemaul erhalten. Niemals dürfen die Zügel durchhängen oder straff anstehen.
Lockerungsübungen der Schulter- und Handgelenke verhelfen zur Unabhängigkeit der Reiterfäuste. Nur dadurch können die Hände bei jeder Bewegung des Pferdekopfes in dauernder, gleicher und leichter Anlehnung mitgehen. Erst wenn der Reiter dieses Gefühl verstanden und gelernt hat, wird die richtige Arm- und Handhaltung verlangt.

Führen an der Hand

1. Auf Trense/Auf Kandare

Auf Trense werden die Zügel über den Kopf des Pferdes vom Hals genommen. Mit der rechten Hand ergreift der Reiter die durch Zeige- und Mittelfinger geteilten Trensenzügel etwa eine Handbreite hinter den Trensenringen. Der rechte Zügel steht etwas mehr an. Die Zügelenden liegen in der vollen rechten Hand, der Daumen auf den Zügeln.
Im freien Schritt geht der Vorführende in Höhe der linken Pferdeschulter vorwärts. Der rechte Arm ist leicht gekrümmt, der linke bewegt sich zwanglos herabhängend.
Geht ein Pferd schlecht vorwärts, ist zu versuchen, es mit etwas gehobener Führhand vorwärts zu bewegen. Dabei das Pferd nicht ansehen. Ein heftiges Pferd wird dadurch zurückgehalten, daß man dicht an der Pferdeschulter bleibt und versucht, durch leichte Zügelanzüge das Pferd zu beruhigen. Bei stark vorwärtsdrängenden Pferden hält man die linke Hand vor die Augen des Pferdes. Schlägt ein Pferd mit den Vorder- oder Hinterbeinen, bleibt man ebenfalls dicht an der Pferdeschulter und straft das Pferd durch einen spürbaren Stoß mit der Hand gegen das Kinn.
Auf Kandare bleiben die Zügel auf dem Pferdehals liegen. Die rechte Hand ergreift die Trensenzügel über den linken Kandarenzügel hinweg. Dann wird wie beim Führen auf Trense verfahren.

2. Vorführen des Pferdes

Zum Vorführen des Pferdes werden die Zügel geordnet. Das Pferd wird im freien Schritt angeführt und in dem Moment zum Halten gebracht, wenn die Pferdeschulter sich in der Höhe des Besichtigenden befindet. Nach dem Halten setzt der Vorführende den rechten Fuß vor und wendet sich auf diesem rechtsumkehrt. Der linke Fuß tritt nach der Wendung einen Schritt zur Seite. Die rechte Hand ergreift den linken Zügel, die linke Hand den rechten. Die Daumen liegen an den Trensenringen. Die Zügelenden werden in der rechten Hand gehalten. Beide Ellenbogen werden im rechten Winkel angehoben.
Durch weiches Vorwärtsziehen oder leichten beiderseitigen bzw. einseitigen Druck auf das Gebiß wird das Pferd so hingestellt, daß es gerade auf allen vier Beinen steht. Auf der Seite des Besichtigenden steht das Pferd *offen,* d. h. Vorder- und Hinterbein dieser Seite stehen ca. einen Schritt vor bzw. hinter dem gegenseitigen Bein (siehe Abb.). Der Kopf des Pferdes wird etwas angehoben. Zum Weiterführen stellt der Reiter sein linkes Bein an das rechte und tritt mit dem rechten Bein einen halben Schritt vor-seitwärts neben die linke Pferdeschulter. Dabei führt er eine nach rückwärts gerichtete Linkswendung auf seinem rechten Bein aus, steht mit dem Blick nach vorn, ordnet die Zügel und führt das Pferd an. Ein gewandter Vorführer läßt das Pferd sich selbst tragen (S. 84) und hält Gleichschritt mit dem Pferde.
Das Wenden des Pferdes wird stets mit *rechts*umkehrt ausgeführt. Zum Vorführen wird eine Führbahn benutzt (S. 20).

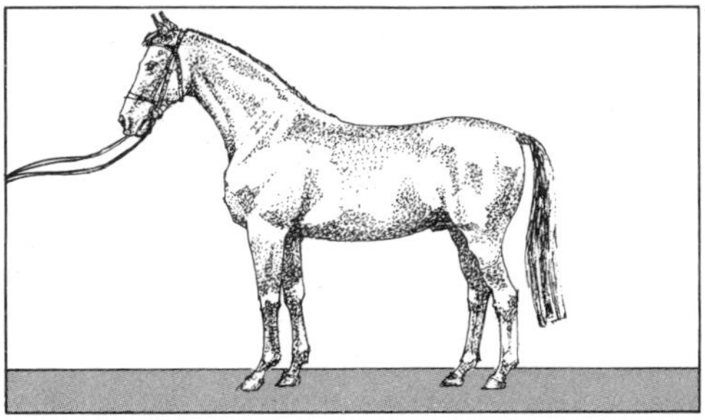

Gebrauch der Gerte und Hilfszügel

1. Die Gerte

Bei jungen Pferden ist die Gerte ein unentbehrliches Hilfsmittel zur Ausbildung, weil diese Gertenhilfen das Verständnis des Pferdes für die Hilfen erleichtern. Bei Untugenden ist die Gerte ein Strafmittel, das vom Pferd nachhaltig als solches empfunden wird. Deshalb sollte sich jeder Reiter bemühen, seinem Pferd die Gerte nicht als Zucht- und Strafmittel zu zeigen, sondern das Vertrauen zur Gerte lehren. Alle Bewegungen mit ihr müssen dem Pferd zur Gewohnheit werden und ihm die Angst davor nehmen.

Für die dressurmäßige Arbeit muß eine Gerte mindestens 1,00 m bis 1,20 m lang sein, um das Pferd mit dem Gertenschlag hinter dem Reiterschenkel treffen zu können. Dabei muß die Handstellung konstant bleiben. Auch im Maul darf das Pferd nicht gestört werden. Die Gerte wird am Griff mit der vollen Hand unmittelbar unter dem Knopf erfaßt und liegt, mit der Spitze nach unten-rückwärts, auf dem jeweiligen inneren Oberschenkel des Reiters. Auch beim Pferdeführen wird die Gerte mit ihrer Spitze nach unten in der linken Hand getragen. Geht das Pferd nicht vorwärts, ist mit der Gertenspitze in Richtung des Reiter-Unterschenkels eine leichte Hilfe zu geben. Dabei bleibt der Pferdeführer weder stehen noch dreht er sich um.

Auf Trense gehört die Gerte beim Aufsitzen in die linke Hand und liegt dabei ruhig an der linken Pferdeschulter. Will man aufgesessenen Reitern die Gerte reichen, geschieht dieses ruhig, dicht am Pferde und so, daß das Pferd nicht erschrickt.

Wird nach dem Aufsitzen auf der rechten Hand geritten, gehört die Gerte *vor* der Aufnahme des rechten Zügels in die rechte Hand. Zum Absitzen in jedem Fall, wie beim Aufsitzen, Gerte wieder in die linke Hand. Beim Handwechsel muß der Gertenwechsel beendet sein, bevor die bisher innere Seite gegen die Bande kommt. Der Gertenwechsel wird nicht unbedingt verlangt.

Beim Einsatz der Gerte muß sie mit mehr oder weniger Nachdruck den Pferdeleib unmittelbar hinter dem Unterschenkel des Reiters treffen. Mehr Nachdruck besonders bei Strafen (S. 203).

Soll die Gerte als starke Hilfe oder zur Strafe gebraucht werden, ist der rechte Zügel von oben in die linke Hand zu legen. Die Gerte, aufwärts gerichtet, wird in die rechte Hand genommen. Dann gibt man dem Pferd von oben herab einen spürbaren Hieb in Richtung des Unterbauches, ohne daß der Reiter seinen Sitz verändert. Auf der linken Hand wird die Gerte durch eine kurze Drehung des rechten Handgelenkes so über den linken Unterarm »geworfen«, daß sie den Pferdeleib hinter dem Reiterschenkel trifft. Bei strafender Gerte setzt sich der Reiter mit etwas zurückgeneigtem Oberkörper fest in den Sattel und nimmt mit fester, aber ruhiger Zügelhilfe den Kopf des Pferdes hoch. So wird ein Ausschlagen und Bocken verhindert.

Geht das Pferd willig vorwärts, *muß sofort* nachgegeben werden.

Auf Kandare wird die Gerte *nur* mit der rechten Hand gehalten. Beim Reiten auf der rechten Hand liegt die Gerte, wie bereits erwähnt, nach unten-rückwärts auf dem rechten Oberschenkel. Auf der linken Hand hält der Reiter die Gerte aufgerichtet. Zum Einsatz läßt man die Gerte über den linken Unterarm hinter den linken Schenkel anfallen, *entweder* als starke Hilfe und Strafe wie oben gesagt *oder* als übliche leichte Hilfe (S. 34 ff.).

2. Hilfszügel

Hilfszügel sind wegen ihres mechanischen Zwanges möglichst zu vermeiden. Die durch sie gewonnene Beizäumung ist nicht das Ergebnis der mit vortreibenden Hilfen erzeugten Schubkraft der Hinterhand. Aber auch hier bestätigen Ausnahmen die Regel.
Gelingt es in Einzelfällen nicht mehr, trotz aller Mühe, ein mit Hals und Genick nach oben widerstrebendes Pferd in die gewünschte Beizäumung zu bringen, können vorübergehend folgende Hilfszügel verwendet werden:

Ausbindezügel sind für Reitanfänger zu empfehlen, bis sie in der Lage sind, unter richtigen Einwirkungen ihr Pferd an die Hilfen stellen zu können. Auch für Fortgeschrittene, die glauben, mit ihren Zügelhänden in der Führung des Pferdes »zu hart« geworden zu sein, sind Ausbindezügel ein gutes Abgewöhnungsmittel!
Die Ausbindezügel werden am Sattelgurt befestigt und in die Trensenringe, unterhalb der Trensenzügel, eingeschnallt oder -gehakt. Am Sattelgurt werden sie hinter die erste Strupfe gezogen, um dem Gegenziehen des Pferdes zu widerstehen. Die Strupfe muß deshalb durch die Lederschlaufe der Satteldecke gezogen sein. Bei jüngeren und Korrektur-Pferden sind die Ausbindezügel stets gleich lang. Bei älteren Pferden kann der innere etwas kürzer sein. Nach einem Handwechsel ist dann darauf zu achten, daß der bisher innere Ausbindezügel wieder gleich lang und der bisher äußere etwas kürzer geschnallt wird (vgl. S. 215, Longierausrüstung, und S. 222).

Der Stoßzügel wirkt ähnlich wie die Ausbindezügel, ist aber ein Einzelriemen, der mit seinem Karabinerhaken in einer *Schere* hängt. Das ist ein Kinnriemen mit Karabinerhaken an den Enden und einem Ring in der Mitte. Die Haken kommen in die Trensenringe wie die Ausbindezügel. Durch die Endschlaufe des Stoßzügels, der zwischen den Vorderbeinen liegt, wird der Sattelgurt gezogen. Der Stoßzügel sollte niemals zu kurz geschnallt sein.

Schlaufzügel

Die Schlaufzügel, zwei je etwa 2,75 m lange Riemen, werden durch eine Schnallvorrichtung am Sattelgurt in Kniehöhe des Reiters befestigt. Dann laufen sie unterhalb der Trensenzügel durch die gleichseitigen Trensenringe *von innen nach außen* und werden von der betreffenden Hand aufgenommen. Das Teilstück vom Sattelgurt zum Trensenring zeigt mit der rauhen Seite zur Pferdeschulter. Das andere Teilstück liegt demnach mit der rauhen Seite nach oben in der vollen Zügelhand unter dem Daumen. Die Schlaufzügel ermöglichen das Geradestellen des Pferdes, erleichtern durch ihre seitlich verwahrende Wirkung das Feststellen des Halses am Widerrist (S. 82) und unterstützen das Beizäumen (S. 112).
Das Pferd wird mit dem Schlaufzügel vertraut, wenn vor dem Aufsitzen einseitige Zügelanzüge mit der Hand das Pferd zum Nachgeben veranlassen. Die Anwendung von Schlaufzügeln ist nur dann erfolgreich, wenn sie *nicht* dazu gebraucht werden, das Pferd in eine Stellung zu zwängen. Beim Reiten in Stellung muß der äußere Zügel entsprechend nachgelassen werden. Der Hilfszügel soll dem Pferd nur eine Grenze anweisen, innerhalb der es an den Hilfen bleiben muß und nicht nach oben entweichen kann.

Der Reiter muß das Pferd zum Abstoßen am Gebiß bringen. Gibt das Pferd nach, muß die Wirkung der Schlaufzügel verringert und allmählich ausgeschaltet werden. In diesem Augenblick wirken die Schlaufzügel hauptsächlich verwahrend durch ihr Eigengewicht und ermahnen das Pferd, in der gegenwärtigen Stellung zu bleiben. Der Gebrauch dieses Hilfszügels muß immer mit treibender Einwirkung der Reiterschenkel verbunden sein. Fehlen die treibenden Hilfen, bringt der Schlaufzügel das Pferd auf die Vorhand oder auch hinter den Zügel, macht es im Maul hart, schadet dem Raumgriff und dem Schwung der Bewegung. Gewaltsame Einwirkungen haben Widersetzlichkeiten zur Folge. Bei Pferden mit Ausbildungsfehlern, sog. *Rittigkeitsfehler,* kann der *Holleuffersche Schlaufzügel* mit Nutzen angelegt und zur Korrektur genutzt werden (S. 205). Die beiden Zügel sind etwa doppelt so lang wie die Trensenzügel. Die Holleufferschen Zügel verlaufen, wie der Stoßzügel *vom Sattelgurt* gehalten, *entlang der Unterbrust* weiter von unten-innen nach oben-außen in die Trensenringe bis zur Sattelkammer. Dort werden sie befestigt oder vom Reiter aufgenommen. Sind die Zügel im *untersten Ring des Longiergurtes* befestigt (S. 215), müssen sie von dort durch die Trensenringe von unten-außen nach oben-innen verlaufen. Schlaufzügel gehören nur in die Hände erfahrener Reiter!

Kandarenzäumung mit Martingal

Das Martingal sollte nur in Ausnahmefällen verwendet werden. Es ist so lang zu schnallen, daß bei normaler Haltung des Pferdes und richtiger Handstellung des Reiters die Trensenzügel in Richtung Reiterhand zum Pferdemaul keinen Winkel bilden. Auf den Trensenzügeln befinden sich Lederschieber. Dauerndes Kopfschlagen des Pferdes kann mit richtig verschnalltem Martingal behoben werden (S. 206). Diese Unart ist eine Folge falscher Erziehung und Ausbildung. Deshalb sollte versucht werden, sie dem Pferd mit Ruhe und Geduld ohne Martingal abzugewöhnen. Das kostet Zeit, ist aber möglich.

Beim Dressur-, Schulreiten und zum Springen ist das Martingal abzulehnen, wie überhaupt ein passionierter Reiter keine Zwangsmittel für sein Pferd, sondern selbst nur Wissen, Verstand und Können benötigt.

Begriffsbestimmungen

Zum Reitviereck und zum genauen, ruhigen, disziplinierten Reiten gehören einige Begriffe, die der Reiter kennen und beachten muß. Sie sind Bestandteile des Schulreitens und dienen vorrangig dem Gehorsam des Pferdes und der allgemeinen Sicherheit. Aber auch im Gelände sind einige dieser Linien- und Raumbegriffe ein ausgezeichnetes »Beruhigungsmittel« für heftige und nervöse Pferde.
Bei den »gedachten Linien« und den Seitenangaben stellen wir uns immer, besonders im Gelände oder auf einem freien Reitplatz, ein Reitviereck mit zwei langen und zwei kurzen Seiten vor (S. 91).

- *Aufstellung* nimmt eine Abteilung grundsätzlich auf der Mittellinie mit drei Schritt Zwischenraum.
  Andere Formen oder Zwischenräume (ggf. Abstände) sind anzusagen. Beim Aufmarschieren an der Mittellinie muß das leicht an den Hilfen gehende bzw. stehende Pferd mit der senkrechten Stirn-Nasen-Linie genau über der Mittellinie stehen.
- *Mittellinie* ist die gedachte Verbindung der Mitte der kurzen Seiten.
- *Grundlinie* ist die gedachte Parallele zur Mittellinie. Sie verläuft durch die Vorderhufe des richtig aufgestellten Pferdes.
- *Zwischenraum* ist die seitliche Entfernung, gemessen von Bügel zu Bügel.
- *Geöffnete Abteilung* heißt die Aufstellung mit 3 Schritt Zwischenraum.
- *Fühlung* hat eine Abteilung, wenn sich die Bügel der Reiter berühren.
- *Geschlossene Abteilung* wird diese Aufstellung (Bügel an Bügel) genannt.
- *Abstand* ist die Entfernung vom Kopf meines Pferdes bis zum Schweif des Vorderpferdes. Es wird *mit 6 Schritt Abstand* geritten (2 Pferdelängen). Andere Abstände sind anzuordnen. *Kontrolle:* Entweder die *Hinterhufe* des Vorderpferdes werden *von den Ohren* meines Pferdes *verdeckt* oder ich *sehe zwischen* den Ohren meines an den Hilfen stehenden Pferdes die *Hinterfesseln* des Vorderpferdes.
- *Auf der rechten oder linken Hand reiten* heißt, die betreffende Körperseite des Pferdes oder des Reiters zeigt zur Reitplatzmitte.
- *Inwendige Seite* ist, bei geradeaus gestelltem Pferd, die der Bahnmitte zugewandte Seite. Bei »gestelltem« Pferd die Seite, nach der das Pferd »gestellt« ist. Das kann auch nach außen sein (S. 134).
- *Auswendige Seite* ist die jeweils entgegengesetzte Seite.
- *Takt* ist die gleichbleibende Länge und gleichmäßige Zeitfolge der Schritte, Tritte und Sprünge des Pferdes innerhalb eines bestimmten Tempos.
- *Tempo* ist die Geschwindigkeit, mit der das Pferd eine bestimmte Strecke in einer bestimmten Gangart zurücklegt.
- *Gangart* ist die Schritt-, Tritt- oder Sprungfolge des Pferdes, in gleichmäßigen Gangmaßen.
- *Gangmaß* ist der Tempowechsel innerhalb einer Gangart, z. B. aus dem Arbeits- zum verstärkten oder Mitteltrab.

1. Reitbahnpunkte

Die Urheberschaft der seit Jahrzehnten bekannten Bahn-, Wechsel- und Paradepunkte, kurz *Reitbahnpunkte* genannt, ist unklar. Auch ist unbekannt, weshalb die Buchstaben nicht in alphabetischer Reihenfolge und nicht im Uhrzeigersinn eingeordnet werden.
Alle Maße im Reitviereck sind in Meter (m) oder Schritt (x) anzugeben. Der Normal-

schritt hat 80 cm. So hat z. B. die Volte einen Durchmesser von 5,0 m (6 x). Differenzen bis 20 cm sind belanglos.

Der Platz der Richter ist für die Reitbahnen 20 × 40 m immer die *kurze Seite* bei C (S. 91). Bei gehobenen und höheren Dressuraufgaben, meistens auf den Bahnen 20 × 60 m, werden auch Richter an *wechselnden Punkten* der Reitbahn eingesetzt.

Die Grundmaße der Reitbahnen sind 20 × 40 m (25 × 50 x), 20 × 60 m (25 × 75 x) und für Dressurprüfungen der Wagenpferde 40 × 100 m (50 × 125 x). Im Gegensatz zum nicht platzgebundenen Eingang der Reitbahn befinden sich die Buchstaben stets an der gleichen Stelle. Zu den folgenden Kriterien stehen wir an der kurzen Seite bei C.

2. Kriterien der Reitbahnpunkte

Die genannten Reitbahnen haben folgende Reitbahnpunkte:

20 × 40 m	– 5 Bahnpunkte, 4 Wechsel- und 10 Paradepunkte;
20 × 60 m	– 5 Bahnpunkte, 8 Wechsel- und 12 Paradepunkte;
40 × 100 m	– Grundform wie 20 × 40 m bei geänderten Maßen.

Reitbahn 20 × 40 m für alle Dressurklassen:
5 Bahnpunkte: A, B, C, E, X. Begonnen wird bei A, Mitte der kurzen Seite unserem Standpunkt gegenüber. Im Gegen-Uhrzeigersinn folgen B Mitte der linken langen Seite, C Mitte der zweiten kurzen Seite, E Mitte der rechten langen Seite und X in der Bahnmitte. Die Waage- und Senkrechten begrenzen die Bahn, deshalb *Bahn*punkte.
4 Wechselpunkte: F, M, H, K. Sie liegen von A gesehen nach links, jeweils 6,0 m (7,5 x) aus der Ecke entfernt an den langen Seiten. *Nur* an diesen Punkten wird durch die ganze oder halbe Bahn gewechselt, folgerichtig sind das die *Wechsel*punkte.
10 Paradepunkte, die als 6 Zirkelpunkte jeweils in der Mitte der kurzen Seiten und der *halben* langen Seiten volle Kreise bilden sowie 2 unsichtbare Zirkelpunkte bei X am Schnittpunkt der Mittellinie A–C zur *Quermittellinie* B–E (S. 91). Ferner 2 Paradepunkte *auf* der Mittellinie bei D im Kreuzpunkt F–K und G im Kreuzpunkt M–H.
An den Paradepunkten werden vorwiegend die Lektionen ausgeführt. Sie sind *mit halben Paraden einzuleiten* oder es ist *genau* an den Punkten *mit ganzer Parade* zu halten. Daher die Bezeichnung *Parade*punkte.

Reitbahn 20 × 60 m für gehobene und höhere Dressurklassen (ab Kl. M/B): Sie weist noch *zusätzlich* 4 Wechsel- und 2 Paradepunkte auf. Dazu wird die Grundform um 20,00 m verlängert durch Trennung der Quermittellinie B–X–E. Sie bleibt bestehen, die Längsseiten verschieben sich von 14,00 m auf je 12,00 m. Dadurch entstehen neu die
4 Wechselpunkte: P zwischen F–B, R zwischen B–M, S zwischen H–E und V zwischen E–K;
2 Paradepunkte: L im Schnittpunkt P–V und I im Schnittpunkt R–S auf der Mittellinie.

Reitbahn 40 × 100 m für Wagenpferdeprüfungen: Hier befinden sich die gleichen *Reitbahnpunkte wie in der Grundform* 20 × 40 m. Nur die Maße ändern sich, weil die Wechselpunkte je 10,00 m von der Ecke entfernt sein müssen.

Das ist die bisher praktizierte Lehre der Reitbahnpunkte und ihrer Kriterien. Aufgrund der unterschiedlichen Dressuraufgaben innerhalb der Kategorien und Klassen gemäß dem Aufgabenheft der LPO kann ein Wechselpunkt auch einmal Paradepunkt sein. Das ist dann eine Doppelfunktion, die nichts mit der Grundform zu tun hat.

Aufsitzen und Absitzen

Geschicktes, schnelles Auf- und Absitzen mit ruhig stehendem Pferd ist unbedingt erforderlich. Unruhe ist Ungehorsamkeit aufgrund unsachgemäßer Erziehung oder mangelhafter Ausbildung oder der Reiter

- drückt die linke Fußspitze gegen den Pferdeleib,
- stört das Pferd mit den Zügeln,
- vergißt das weiche Einsitzen in den Sattel, bewegt sich zu hastig und unkontrolliert,
- reitet an, ohne das Pferd leicht an die Hilfen zu stellen.

Die Korrektur derart nachlässig behandelter und dadurch verdorbener Pferde kostet viel unnütze Zeit. *Schulmäßiges* Auf- und Absitzen beseitigt das Übel.

1. Auf Trense ohne Bügel

Nachdem Sattel- und Zaumzeug kontrolliert wurden, steht der Reiter links am Kopf des Pferdes. Die offenen oder geschlossenen Zügel sind wie zum Führen an der Hand (S. 71) aufgenommen. Auf das Ankündigungskommando *»Fertig zum Aufsitzen!«* tritt der Reiter, Front zum Pferd, bis zum Widerrist zurück. Bei *offenen Zügeln* gibt die linke Hand unter den Pferdehals hindurch den rechten Zügel an die über den Widerrist greifende rechte Hand. Dann nimmt die linke Hand den linken Zügel so lang auf, daß sie bis vor den Widerrist zurückreicht; Zügelende nach rechts über den Pferdehals. Jetzt wird der rechte Zügel über den linken in die volle linke Hand gelegt. Das Zügelende hängt links herab. *Geschlossene Zügel* werden nach dem Ankündigungskommando über den Pferdekopf auf den Hals gelegt und wie beschrieben aufgenommen. Die Zügelenden liegen, auch beim Aufnehmen, rechts zwischen Pferdehals und rechtem Zügel. Richtiges Aufnehmen der Zügel erspart viel Zeit.

Jetzt faßt die linke Hand kurz vor dem Widerrist auf den Mähnenkamm, die rechte auf und mit dem Daumen in die Sattelkammer. Die Zügel stehen leicht an, der rechte etwas mehr als der linke, um das Seitwärtstreten des Pferdes nach links zu vermeiden.

Bei dem Ausführungskommando *»Auf!«* springt der Reiter in den Stütz, um bei *»gesessen«* das rechte Bein gestreckt und hoch über die Kruppe zu schwingen. Dabei eine Viertelkörperdrehung links ausführen, weich in den Sattel setzen und ruhig die Zügel aufnehmen.

Auf *»Fertig zum Absitzen!«* zuerst den rechten Zügel in die volle linke Hand wie vor dem Aufsitzen, dann stützen beide Hände ab wie auch zuvor und heben das Reitergesäß leicht aus dem Sattel.

Nach dem Kommando *»Ab!«* schwingt das rechte gestreckte Bein hoch über die Kruppe neben das mit dem Knie am Sattel liegende, senkrecht herabhängende linke Bein. Auf *»gesessen«* gleitet der Reiter mit gestreckten Fußspitzen auf den Boden, führt eine Linkswendung aus, tritt zum Kopf des Pferdes und nimmt die Zügel wie zum Führen auf.

2. Auf Trense mit Bügeln

Nach dem Aufmarschieren sind außer der Kontrolle wie vorher beschrieben zusätzlich die Bügel herunterzuziehen. Die Reiter treten wieder links neben den Kopf ihres Pferdes. Der Reitlehrer erkennt, daß alle bereit sind. Auf das Kommando *»Fertigmachen zum Aufsitzen!«* treten die Reiter zurück und nehmen die Zügel ordnungsgemäß in die linke Hand, wie bereits geschildert. Die linke Hand faßt,

mit den Zügeln in der Hand, in die Mähne oder die Sattelkammer. Nach dem Kommando *»Aufsitzen!«* dreht sich der Reiter nochmals rechts um und tritt so weit vor oder zurück, daß er den linken Fuß bequem auf dem Fußballen in den Bügel setzen kann. Dazu dreht die rechte Hand den Bügelriemen so, daß sich der hintere Bügelrand nach außen bewegt. Das linke Knie wird fest gegen das Sattelblatt und die Fußspitze nach unten gedrückt. Dann ergreift der Reiter unter Anheben des rechten Absatzes den hinteren Sattelrand, tritt fest in den linken Bügel, stößt sich kräftig mit dem rechten Fuß ab und schnellt mit vorgeneigtem Oberkörper nach oben. Im Aufschwung nimmt der Reiter die rechte Hand an die Sattelkammer, stützt den Oberkörper mit beiden Händen ab, um das rechte Bein hoch über Kruppe und Sattel zu schwingen und weich in den Sattel zu gleiten. Das rechte Bein nimmt durch einen schnellen kurzen Stoß an den hinteren Bügelrand den Bügel auf. Jetzt sind, ohne das Pferd zu stören, in Ruhe die Zügel aufzunehmen.
In gleicher Weise muß auch einzeln und ohne Kommando aufgesessen und bestimmt, aber ohne Hast angeritten werden.
Auf *»Fertigmachen zum Absitzen!«* wird der rechte Zügel wie gewohnt in die volle linke Hand gelegt. Mit der rechten Hand auf dem Vorderzwiesel und der linken auf dem Mähnenkamm stützt sich der Reiter ab, nimmt den rechten Fuß aus dem Bügel und hebt durch Vorneigen des Oberkörpers das Gesäß aus dem Sattel.
Auf *»Absitzen!«* wird das rechte Bein gestreckt über die Kruppe und gleichzeitig die rechte Hand an den Hinterzwiesel geführt. Der Reiter läßt sich langsam auf den rechten Fuß nieder. Das Knie bleibt fest am Sattel und das linke Bein wird ruhig aus dem Bügel genommen; beide Bügel werden sofort nach dem Absitzen hochgeschlagen. Dann tritt der Reiter an den Kopf seines Pferdes und nimmt die Zügel wie zum Führen auf.
Ist das Auf- und Absitzen fleißig geübt und stehen die Pferde dabei ruhig, kann beim Absitzen auch das Abspringen auf den Boden ausgeführt werden. Dazu muß der Reiter nach dem Herübernehmen des rechten Beines über die Kruppe, durch Abstützen des Oberkörpers, den linken Fuß aus dem Bügel nehmen und sich leicht abschwingen.

3. Auf Kandare

Das Auf- und Absitzen bei einem auf Kandare gezäumten Pferd wird in der vorbeschriebenen gleichen Weise ausgeführt.
Es ist stets darauf zu achten, daß die Trensen- und Kandarenzügel gleichmäßig anstehen. Die Trensenzügel herrschen jedoch vor! Zügelaufnahme wie bei »angefaßter Trense« *vor dem Aufsitzen* (S. 69).
Schulmäßiges Auf- und Absitzen wird nur *ohne* Bügel (S. 77) geübt, weil *mit* Bügeln durch längeres Stehen im linken Bügel das Reitergewicht einseitig zieht und drückt. Die Pferde werden geradezu zum Ungehorsam herausgefordert und erzogen.
Eine gute Gehorsamsübung für das Pferd und eine »Geschicklichkeitsprüfung« für den Reiter ist das Auf- und Absitzen *von rechts auf Trense und Kandare.* Hierbei ist wegen der für Pferd und Reiter ungewohnten rechten Seite auf genaue Zügelführung zu achten.

Teil 2

Das Schulreiten (Dressurreiten)

Vorbetrachtung

Diesem Teil soll eine genauere Erklärung über Ziel, Gang und Grundsätze der Dressur vorausgehen.

Um die Anforderungen des Dressurreitens erfüllen zu können, bedarf das Pferd planmäßiger gymnastischer Durchbildung seines Körpers und sorgsamer Erziehung. Das Ziel der Dressur ist die Erziehung des Pferdes zum Gehorsam, zur Leistungsbereitschaft und -fähigkeit, unter Beibehaltung seiner natürlichen Bewegungen. Dieses Ziel wird nur erreicht, wenn das Pferd in eine Form und Haltung gebracht wird, in der es seine Kräfte voll entfalten und vom Reiter leicht geführt werden kann. Unter so einer folgerichtigen Ausbildung wird das Pferd die Anstrengungen der geforderten Leistungen ohne Körperschäden erfüllen können.

Die Dressur beginnt mit dem Anreiten. Als vorbereitende Hilfsmittel dienen das Longieren (S. 213) oder der Einsatz von Führpferden (S. 221). Den jungen Pferden soll hiermit, zunächst ohne Reiter, die durch die ungewohnte Sattelung hervorgerufene Spannung genommen werden. Zugleich sollen Ausbindezügel das Pferd herausfordern, sich loszulassen und mit langem Hals die Anlehnung an das Mundstück zu suchen.

Dann muß das Pferd lernen, das Gewicht des Reiters zu tragen, dessen Last an die gesamte Muskulatur des Pferdes eine bisher ungewohnte Anforderung stellt. Besonders haben die Rücken-, Hals- und Bauchmuskeln zur Feststellung der Rückenwirbelbrücke (S. 16) dem Druck des Reitergewichtes entgegenzuwirken. Sie sind beim rohen und untrainierten Pferd dazu von Natur aus nicht kräftig genug. Deshalb treten bei Ausbildungsbeginn Verkrampfungen in Hals und Rücken, Vorwärtsdrängen, Stolpern, Auf-die-Zügel(die-Hand)-Legen und andere Störungen in Gang und Haltung auffallend in Erscheinung. Erst wenn die genannten Muskeln genügend entwickelt und gekräftigt sind, wird das Pferd die ohne Reiter gewonnene Haltung wiederfinden.

Der Übergang von der *Zwanglosigkeit zur Losgelassenheit,* die erste Vorbedingung für den Erfolg der gesamten Dressur, ist in seinem ersten Stadium erreicht (S. 129).

Die sichere Führung des Pferdes unter dem Reiter ist nur möglich, wenn das Pferd den treibenden Einwirkungen willig folgt und den verhaltenden sicher gehorcht. Für die kraftvolle Vorwärtsbewegung des Pferdes, die Anregung seiner Gehlust, ist die Entwicklung der Schubkraft der Hinterhand ausschlaggebend. Die ersten Hilfen, denen das Pferd folgen lernen muß, sind die vortreibenden. Der Gehorsam auf diese Hilfen ist die Grundlage für die Entwicklung des Ganges und die gesamte lösende Arbeit mit dem Pferd.

Der Reiter muß wissen, daß sich die Losgelassenheit des Pferdes durch williges »Zügel-aus-der-Hand-Kauen«, »Abkauen« und »Abschnauben« (»Abbrausen«) äußerlich erkennbar macht.

Das *Zügel-aus-der-Hand-Kauen* ist ein Prüfstein für den richtigen Aufbau der Dressur und die richtige Handeinwirkung des Reiters. Unter Kaubewegungen zieht das Pferd allmählich die Zügel aus der wenig geöffneten Reiterhand. Mit dieser wichtigen Übung wird das Pferd aufgefordert, die ermüdeten Halsmuskeln bei dauernder Anlehnung zu dehnen. So wird dem Pferd dieses Dehnen nach vorn-unten zur Gewohnheit. Die Übung ist besonders erfolgreich beim Übergang in die nächst niedrige Gangart. Der Reiter erreicht den freien, ruhigen Vorwärtsdrang des Pferdes *am* hingegebenen Zügel bei voller Halsfreiheit. Unter leichter Anlehnung genügen wenige Schritte, Tritte oder Sprünge, um dann die Zügel völlig hinzugeben. Aus der Bewegung in den Grundgangarten am hinge-

gebenen Zügel entwickeln sich die gleichen Tempi *mit* hingegebenen Zügeln (S. 107).
Beim Öffnen der Reiterhand werden von vorn *zusammengezogene* Pferde ihren Hals ruckartig dem Zwang der harten Hand entziehen. Dagegen werden Pferde, die das Dehnen des Halses und Suchen der Anlehnung *nicht* gelernt haben, keinerlei Anstalten machen, dem Reiter die Zügel durch die Hand zu ziehen. In beiden Fällen liegt die Schuld beim Reiter. Er hat eine zu harte Zügelführung.
Auch das *Abkauen* ist ein Beweis der Losgelassenheit des Pferdes. Durch die Zungenbewegung beim Schlucken kaut das Pferd bei geschlossenen Lippen mit fast geschlossenem Maul. Dadurch wird die Speichelbildung erhöht und durch die Kaubewegung des losgelassenen Unterkiefers in *Schaum* verwandelt (S. 208). Der Kaumuskel folgt dabei jeder Gebißbewegung. Das Kauen fördert auch die Nachgiebigkeit des Genicks, weil die Zungenbewegung sich bis in die Zungenwurzel, unweit des unteren Teiles der Ohrspeicheldrüse unterhalb des Genicks, fortsetzt. Beim richtigen Kauen erfolgen die Schluckbewegungen unabhängig vom Bewegungstakt des Pferdes. Ein gutes Zeichen ist auch das leise Gebißklirren bei Zäumung auf Kandare.
Umgekehrt bedeutet das in der Bewegung des Pferdes rhythmische Kauen mangelnde Losgelassenheit; besonders dann, wenn ein taktmäßiges Zähneknirschen oder ein durch die Zungenbewegung lautes Gebißklappern taktmäßig zu hören ist. Schuld ist auch hier der Reiter, weil er mit harter Hand am Zügel zieht. Der Kaumuskel verkrampft sich. Der Reiter versucht mit Gewalt zu erreichen, was er aufgrund fehlender Kenntnisse der klassischen Hilfen und mangelnden Könnens nicht erreichen konnte. – Abkauen an der Hand siehe S. 197 und S. 208.
Das *Abschnauben* – auch »Abbrausen« genannt – ist ein weiteres Zeichen der Losgelassenheit des Pferdes. Es ist immer dann zu hören, wenn die an den falschen Rippen (11.–18. Rippenpaar) ansetzenden Muskeln in guter Losgelassenheit arbeiten. Die Folge ist ein weites Untertreten der Hinterhand und, damit verbunden, eine wesentlich bessere Schenkeleinwirkung des Reiters.

Eine kurze Bemerkung an dieser Stelle zum *Schlauchgeräusch* (»Wallachgluckern«). Dieses Glucksen im Pferdeleib, oft bei Wallachen und Hengsten zu hören, entsteht nach Meinung der Veterinäre durch das Auf- und Abgleiten des Penis in der Vorhaut. Sich widersprechende Meinungen sind jederzeit selbst nachprüfbar.
Ob eine noch vorhandene Spannung der Bauchmuskulatur mit diesem Glucksen zusammenhängt, wird meistens verneint. Seltsamerweise habe ich, trotz größter Aufmerksamkeit und Beobachtung, das Schlauchgeräusch noch nie bei Pferden gehört, die in guter Losgelassenheit ihre Arbeit verrichteten. Trat es einmal auf, habe ich den Reiter belehrt und aufgefordert, seine Unterschenkel ruhig zu halten und nicht so kräftig zu klopfen. Nach kurzer Zeit war das Glucksen verschwunden. Ich lasse beide Meinungen gelten.
Die Entwicklung der Schubkraft soll zu einer leichten, dauernden Verbindung zwischen Pferdemaul und Reiterhand führen. Diese für den Gehorsam auf die Zügelhilfen unerläßliche Verbindung kommt in einer bestimmten Anlehnung des Pferdes an das Mundstück der Trense zum Ausdruck. Das muß der Reiter fühlen. Die Anlehnung darf niemals durch Rückwärtswirken der Zügel gewonnen werden. Sie muß das Ergebnis der richtig entwikkelten Schubkraft sein. Durch das vermehrte Untertreten der Hinterhand werden Nackenband und Rückenmuskeln des Pferdes elastisch gespannt. Der Reiter fühlt deutlich die federnde Tätigkeit der Rückenmuskeln in den ruhigen, gleichmäßigen Bewegungen. Der Schub der Hinterhand kann ungehindert bis in das Maul hinein wirken, das Pferd gibt dem Druck des Mundstücks nach, biegt sich im Genick und beginnt zu kauen. Damit kommen die Reiterhilfen bis zur Hinterhand durch das ganze Pferd. Es gewinnt allmählich Anlehnung in der Tiefe und leichte Beizäumung. Die für die Durchlässigkeit notwendige Beizäumung darf nicht durch gewaltsames Einzwängen von Kopf und Hals des Pferdes erstrebt werden. Auch sie muß das Ergebnis des Nachschubs der Hinterhand gegen die durchhaltenden Zügelfäuste sein. Nur so wird

die *Feststellung des Halses am Widerrist* erreicht, ohne die eine sichere Verbindung zwischen Vor- und Hinterhand nicht möglich ist (S. 136).
Sind Gehlust, Schubkraft, Anlehnung und genügende Durchlässigkeit erreicht, wendet sich die Dressur der Tragkraft der Hinterbeine zu, um das Pferd zu versammeln.
Nur diese erhöhte Tragkraft ermöglicht dem Reiter eine jetzt erforderliche Aufrichtung. Das Pferd wird dadurch zur vermehrten Schwerpunktverlagerung nach rückwärts und Mehrbelastung der Hinterhand veranlaßt. Vermehrt tragen können die Hinterbeine nur dann, wenn sie sich unter der von vorn zugeschobenen Last in den Gelenken zu biegen vermögen. Damit beginnt das Hankenbiegen (S. 169). Diese vermehrte Biegung hat ein kräftigeres Strecken zur Folge. In diesem Biegen und Strecken liegt der gymnastische Wert der Übung. Dem Pferd wird anfangs eine geringe, später gesteigerte Längsbiegung unter häufigem Wechsel der zu biegenden Seite abverlangt. Der jeweils innere Hinterfuß muß durch weites Untertreten die gesamte Last vermehrt stützen und sich vermehrt biegen.
Das Hankenbiegen verlangt eine höhere Versammlung des Pferdes und geschmeidige Durchlässigkeit. Nur wenn von hinten nach vorn und umgekehrt »eine völlig sichere, durch keinerlei Widerstände des Pferdes unterbrochene Leitung« besteht, können Hinter- und Vorhand zusammenarbeiten. Alle Lektionen der biegenden und versammelnden Arbeit stehen in engster Verbindung. Das Pferd lernt, die schnell wechselnden vortreibenden und verhaltenden wie auch inneren und äußeren Hilfen des Reiters anzunehmen und ihnen zu gehorchen.
In diesem Ausbildungsstadium ist das Pferd allmählich mit schwungvollerem Tempo zu reiten. Es ist konsequent auf willigen Gehorsam gegenüber allen Hilfen, besonders den inneren, zu achten. Erst dieser Gehorsam gestattet die erfolgreiche Anwendung der äußeren Hilfen. Ihre Mitwirkung ist unerläßlich, um Längsbiegung und höhere Versammlung zu regulieren und zu vervollkommnen. Ein aktives Eingreifen der versammelnden äußeren Hilfen, *bevor* das Pferd den inneren nachgegeben hat, ruft stets fehlerhafte Spannungen hervor.
Ist das Pferd gut an die Hilfen geritten und bewahrt es genügende Selbsthaltung, wird zum Galopp übergegangen. Der Galopp fördert im hohen Maße die Schub- und Schnellkraft der Hinterhand, die elastische Tätigkeit der Rückenmuskulatur und regt gleichzeitig die Gehlust des Pferdes vermehrt an. Durch die bisherige Bearbeitung wird das Pferd allmählich derart gefördert sein, daß der Reiter den abgekürzten Trab auszubilden vermag. Richtige Arbeit im abgekürzten Trab trägt wesentlich dazu bei, die Frische und den Raumgriff des Mitteltrabes zu verbessern. Das Pferd wird damit auch zum starken Trab, bei genügender Selbsthaltung, befähigt werden.
Zur weiteren Vervollkommnung der Versammlung, Biegsamkeit und Durchlässigkeit dienen die Seitengänge. Sie können nur mit Nutzen geritten werden, wenn durch die Arbeit auf einem Hufschlag Gang, Haltung und gute Versammlung gefestigt sind. *Ohne diese Grundlage oder gar falsch geritten, wirken Seitengänge schädlich.*
In den Seitengängen wird die Schubkraft der Hinterhand bewußt eingeschränkt, um die Hinterhand mehr zum Biegen und Tragen zu veranlassen. Trotzdem muß auch in den Seitengängen genügend Schubkraft erhalten bleiben, wenn erhöhte Versammlung erreicht werden soll. Die durch Seitengänge erreichte erhöhte Versammlung kann nun auch in den versammelnden Lektionen auf einem Hufschlag geritten werden. Das Reiten der Seitengänge ist niemals Selbstzweck, sondern dient der Verbesserung der Haltung, Durchlässigkeit und des Ganges. Das Pferd muß sowohl in versammelten als auch in freien Gängen seine volle Durchlässigkeit bewahren. Erst dann wird es schwungvolle und raumgreifende Bewegungen zeigen.
Der Dressurzweck muß vorherrschend durch die Arbeit auf Trense erreicht werden. Unter Kandare wird die bisherige Ausbildung nur vervollkommnet und gefestigt. Im Verlauf der gesamten Dressur handelt es sich stets um die Bearbeitung des ganzen Pferdes. Widerstände und Schwierigkeiten im Hals, Genick, Rük-

ken und in der Hinterhand stehen in engster Wechselbeziehung zueinander. Sie können nur in der Bewegung erfolgreich überwunden werden. *Nachgiebigkeit des Pferdes im Halten kann den Reiter leicht täuschen.* Im Gange dagegen wird der Reiter, durch das eigene Streben des Pferdes nach Erhalt seines Gleichgewichtes, in der Hilfengebung unterstützt. Die Arbeit auf der Stelle ist deshalb auf das notwendigste Maß zu beschränken.

»Richte dein Pferd gerade und reite es vorwärts!« ist auch eine Devise des bereits erwähnten Altmeisters der Reiterei, Gustav Steinbrecht.

Der für das Schulreiten wichtigen Forderung, die Kräfte der Hinterhand voll gegen die Vorhand wirken zu lassen, steht bei den meisten Pferden eine natürliche Schiefe erschwerend gegenüber. Nur dauerndes Einrichten der Vor- auf die Hinterhand schafft Abhilfe. Je mehr es im Laufe der Dressur gelingt, die Hinterhand zu biegen und dadurch zum Stützen und Abschieben der Körperlast geschickter zu machen, desto weniger wird das Pferd eine Stütze in der Hand des Reiters suchen. Vielmehr wird es Hals und Kopf, je nach seinem Gebäude mehr oder weniger hoch, selbst tragen.

Damit hat das Pferd *die relative Aufrichtung* erreicht. Der für eine sichere Hebelwirkung auf die Hinterhand erforderliche Grad der Aufrichtung des Halses wird nur bei Pferden mit besonders günstigem Gebäude dadurch erreicht, daß die Hinterhand bei passivem Verhalten der Hände durch stärkeres Biegen niedriger wird. Wo dagegen Widerstände im Genick und in den Ganaschen zu beseitigen sind, vermag der Reiter die notwendige Aufrichtung nur unter aktiver Mitwirkung der Zügelfäuste zu erzielen. Selbstverständlich sind *alle* Hilfen gut aufeinander abgestimmt einzusetzen (S. 112).

Die Aufrichtung des Halses darf erst beginnen, nachdem das Pferd sichere Anlehnung in der Tiefe gewonnen hat. Sie darf niemals auf Kosten des schwungvollen, leichten und geräumigen Ganges erzwungen werden. Jede Unsauberkeit im Reiten rächt sich hier bitter. Wird ein Pferd mit Hals und Kopf aufgerichtet, *bevor* die Hinterhand Geschicklichkeit und Kraft erlangt hat, die ihr von vorn zugeschobene Last aufzunehmen, wird es im Rükken unter dem Sattel tiefer und kann die Reiterlast schlechter tragen. Diese *absolute Aufrichtung* ist in jeder Beziehung falsch (S. 112).

Eine *für alle Pferde* normale Kopf- und Halshaltung gibt es nicht! Es muß die für das Gebäude des Pferdes passende Haltung gefunden werden. Sie ist erreicht, wenn das Pferd bei voller Durchlässigkeit mit schwunghaften, ruhigen und geräumigen Bewegungen vorwärtsgeht. Die untere Halslinie darf niemals nach vorn ausgebogen sein.

Die richtige Kopf- und Halshaltung hat das Pferd, wenn sich die Kammlinie seines frei aufgerichteten Halses im sanften Bogen wölbt und das Genick der höchste Punkt ist.

Diese Haltung ermöglicht dem Reiter die beste Hebelwirkung auf die Hinterhand. Ein höherer Grad von Aufrichtung und Beizäumung darf vom Pferde nur im Halten und in versammelten Gängen gefordert werden. In freieren Tempi muß das Dehnen des gebogenen Halses nach vorn-abwärts ein leichtes Vorhalten der Pferdenase gestatten. Dieses natürliche Bestreben des Pferdes muß der Reiter stets durch Nachgeben unterstützen, besonders bei vermehrter Beizäumung. Vorübergehend kann aber auch eine vermehrte Versammlung gefordert werden.

Im Verlauf der Dressurausbildung ist die für das Einzelpferd als gut zu bezeichnende Haltung anzustreben. Mangelhaftes Gebäude des Pferdes, z. B. schwieriger Hals, zu starke Ganaschen, weicher Rücken, schwache Hinterhand etc., fordern einen geringeren Aufrichtungsgrad.

Durchlässigkeit und Schwung in allen Gangarten bilden allein den Prüfstein für die Richtigkeit der Haltung von Kopf und Hals des Pferdes. Die im Reitviereck erlernte *Dressurhaltung* des Pferdes, wie in umseitiger Abb. 1, kann man im Gelände nicht verlangen. Sie würde, wegen der höheren Leistung und Ausdauer, zu großen Kraftaufwand des Pferdes fordern und auf unebenem Gelände die Fußsetzung oft stören. Deshalb ist dem Pferd *die* Zügelfreiheit einzuräumen, die eine sichere und kraftsparende Fortbewegung ermöglicht. So kann das Pferd seine Kräfte gut entfalten,

1 Dressurhaltung, 2–4 Gebrauchshaltung

selbst regulieren und erreicht allmählich eine wesentlich längere Ausdauer.

Als beste *Gebrauchshaltung im Gelände* ist diejenige anzusehen, in der das Pferd bei geringer Versammlung in völliger Durchlässigkeit mit längerem und tieferem Hals in weniger erhabeneren, aber raumgreifenden Bewegungen sich selbst trägt (Abb. 2–4).

Würde aber vom Pferde nie mehr als die Gebrauchshaltung verlangt, ginge auch diese bei größeren Anforderungen bald verloren. Dagegen wird ein in planmäßigen Dressurübungen in allen Körperteilen gekräftigtes Pferd auch bei größeren Anstrengungen mit Leichtigkeit eine gute Gebrauchshaltung bewahren. Ebenso ist es für alle Hilfen des Reiters aufmerksamer, durchlässiger, stets besser in der Hand und erleichtert mit dieser Haltung dem Reiter die Zügelführung in einer Hand (S. 185, Kommando 30).

Ein gut gerittenes Pferd gibt dem Reiter vollkommenes Gleichgewichtsgefühl und befähigt ihn, den Schwerpunkt nach seinem Willen vorwärts oder rückwärts zu verlegen, also jederzeit zwischen Versammlung und freien Gängen zu wechseln. Diese Pferde folgen bei leichter Anlehnung sofort, willig und weich jedem Annehmen der Zügel. Sie gehen mit schwungvoll federnden, raumgreifenden Bewegungen aus eigenem Antrieb vorwärts und verstärken auf leichte, fast zeichenartige Hilfen das Tempo und die Gangart.

Das Endziel aller Dressur ist die unbedingt sichere Führung des Pferdes im Gelände.

Vor der Reitausbildung muß sich der Reiter über die ihm zur Verfügung stehenden Mittel und *sein eigenes Ziel* im klaren sein. Das klassische Reiten ist nicht nur auf die Hohe Schule oder Reiter der Olympischen Spiele beschränkt. Auch beim Schul- und Dressurreiten allgemein wollen wir unsere Pferde zu gehorsamen, ruhigen, in geschmeidigen Bewegungen sich zeigenden Geschöpfen erziehen.

Jeder Reiter sollte die geistigen und körperlichen Veranlagungen seines Pferdes kennen. Für ihn selbst genügen nicht nur Kenntnisse über Körperteile, Knochenbau oder Reiterhilfen. Auch ein wenig psychologisches Denken und Handeln gehört dazu. Nur so kann man bei der Aus- und Weiterbildung seiner Selbst zum Erfolg kommen und ist in der Lage, Widersetzlichkeiten seines Pferdes aufgrund falscher Erziehung und Behandlung zu vermeiden.

Übungen und Lektionen nicht zu lange ausdehnen. Bei guter Leistung des Pferdes immer wieder loben, dabei auch einmal früher absitzen und zurück in den Stall. Wir wissen, daß das Pferd von Natur sehr schreckhaft und furchtsam ist. Andererseits ist es gutmütig, willig und treu, hat einen guten Ortssinn und ein noch besser entwickeltes Erinnerungsvermögen. Ein gefühlvoller Reiter wird die Gemütsverfassung seines Pferdes (S. 31 ff.) genau erkennen und sich richtig verhalten. Die Grundsätze der Reitkunst stehen fest, nur welche bei *meinem Pferd* zum Erfolg führen und wie ich sie anwenden muß – dieser Weg ist selbst herauszufinden. Es gibt keine unumstößlichen Anwendungen für auftretende Schwierigkeiten. Aufmerksames Studium guter Lektüre kann diesen Weg nur in seinen Erfahrungsrichtungen vorzeichnen. Maßnahmen, die bei einem Pferd gut und wirksam sind, können bei einem anderen Pferd grundfalsch sein. Es heißt also nicht nur, aus guten Büchern fleißig zu lernen, sich mit wirklichen Kennern und Könnern auszusprechen, sondern vor allem, die guten Lehrmethoden alter Meister (S. 157) zu *praktizieren!*

Nur gegenseitiges Vertrauen zwischen Pferd und Reiter führt zur wirklichen Leistung. Jedes Pferd setzt seine ganze Kraft ein, wenn es spürt, daß sein Reiter nichts Unmögliches verlangt.

Die Reitstunde

1. Ausbilder und Reiter

Die Teilnehmer der Reitstunde sollten Selbstdisziplin und Geduld, ohne Selbstbetrug und Schönfärberei, als ihre Richtschnur betrachten. Unaufgeforderte Schwatzerei ist zu unterlassen. Kurze Fragen und Antworten zum Unterricht sind immer angebracht. Lange Erklärungen gehören in den theoretischen Unterricht oder an den Schluß der Reitstunde.
Dem Reitlehrer obliegt *die Pflicht,* die Sauberkeit der Pferde, Sattel- und Zaumzeuge und die Bekleidung der Reiter zu überprüfen. Während der Stunde muß der Ausbilder alles übersehen können, auch die Korrektur einzelner Reiter. Im Reitviereck ist sein Platz in einer Ecke und beim Zirkelreiten am Bahnpunkt B oder E (S. 91, Abb. 1 u. 2). Zur rückwärtigen Kontrolle steht der Reitlehrer außerhalb des Vierecks. Sachbezogene Unterhaltungen werden laut und deutlich geführt, ohne zu brüllen. Für die Pferde psychologisch wertvoll ist es, nach einer ziemlich am Schluß der Stunde gut gelungenen Übung die Reitstunde zu beenden.
Jeder Reit- und Unterrichtsstunde muß ein Plan zugrunde liegen, der sachgemäß vom Leichteren zum Schwereren übergeht. Auftretende Schwierigkeiten in Einzelfällen können den Reitlehrer zwingen, vom vorgefaßten Plan bewußt abzuweichen. Eine gründliche und deshalb langsam fortschreitende Ausbildung ist geboten. Dabei ist zu bedenken, daß spätere Lektionen die vorhergehenden festigen und verbessern.
Zu Beginn der Reitstunde sind die Pferde zur Losgelassenheit zu bringen, erst dann beginnt die versammelnde Arbeit. Besonders zu bekämpfen ist das fehlerhafte Verhalten vieler Reiter, den Hals des Pferdes nur durch Zügelziehen formen zu wollen. Beim Übergang in freiere Tempi ist darauf zu achten, daß die Pferde wegen der vermehrten Aktivität der Hinterhand den Hals etwas strecken können. Die in der Versammlung geforderte Selbsthaltung der Pferde ist während der Stunde wiederholt durch »Überstreichen« (S. 107) zu kontrollieren.
Vor Betreten des Reitvierecks hat *jeder* laut zu rufen »Bitte Tür frei!« und abzuwarten, bis der Aufsichtführende laut antwortet »Tür ist frei!«. Erst dann darf das Viereck betreten werden. Diese Forderung ist kein Obrigkeitsrelikt vergangener Zeit, sondern ein Sicherheitsgebot gegenüber Pferd, Eintretendem und Reiter.

2. Einzel- oder Durcheinanderreiten

Das Einzel-(Durcheinander-)reiten sollte vorherrschen. Um die Pferde zum Gehorsam zu erziehen, ist am Schluß der Stunde ein Abteilungsreiten von 10 Minuten Dauer zu empfehlen. Die Überwachung des Einzelreitens erfordert große Aufmerksamkeit. Der Reitlehrer muß besonders der Neigung vieler Reiter, sich in schwunglosen Gängen und bequemen Lektionen zu bewegen, laufend entgegenwirken.
Der Vorteil des Einzelreitens ist, daß der Reiter sein Pferd individuell arbeiten und erziehen kann. Der Reitlehrer kann sich eingehender mit dem einzelnen Pferd und Reiter befassen. Auch das »Kleben« der Pferde (S. 200) und stumpfsinniges Hinterherlaufen wird erfolgreich bekämpft. Das Einzelreiten kann beginnen, sobald der Reiter in der Lage ist, einigermaßen auf sein Pferd einzuwirken. Es darf nicht nur das geritten werden, was die Pferde anbieten. Die Reiter müssen, wenn nichts angewiesen ist, Tempi und Hufschlagfiguren selbst wählen, korrekt ausreiten und

einhalten. Anforderungen dürfen nur allmählich gesteigert werden. Weniger, aber gut, ist besser als mehr und schlecht.
Es kann auf dreierlei Art durcheinander geritten werden. Der Reitlehrer trifft die Wahl, die sich nach der Abteilungsgröße und dem Ausbildungsstand zu richten hat. Die drei Möglichkeiten sind:

1. *Jeder Reiter arbeitet für sich.* Der Ausbilder weist an, ob auf einer Hand oder auf beiden Händen geritten wird. Er kann auch Gangart, Tempo und Lektionen bestimmen. Dieses Reiten ist für den Reiter die leichteste und für die Ausbildung die nützlichste Einzelarbeit.
2. *Die Abteilung reitet zwanglos* auf dem Hufschlag auf einer Hand. Ein oder zwei Reiter, innerhalb der Bahn, führen die ihnen gestellten Aufgaben aus.
3. *Die Abteilung steht geschlossen* in der einen Bahnhälfte oder reitet zwanglos auf einem Zirkel. Ein Reiter arbeitet sein Pferd in der freien Bahnhälfte nach der gestellten Aufgabe. Diese Art des Einzelreitens bietet den besten Anhalt für den Ausbildungsstand, weil der Reiter gezwungen ist, seine Hilfen genau aufeinander abzustimmen, sein Pferd wendig zu machen und im Gehorsam zu festigen. Es ist besonders auf den Schwung der Bewegungen zu achten. Läßt dieser nach, sind sofort freiere Gänge auf dem Hufschlag der ganzen Bahn zu reiten. Es werden also schon höhere Anforderungen gestellt. Da die Abteilung untätig ist, wird diese Art des Einzelreitens für die letzten 20 Minuten der Reitstunde reserviert.

Um Unfälle zu vermeiden, sind Rücksichtnahme und genaues Reiten oberstes Gebot der Reitbahndisziplin, nach folgenden Regeln:
Das Einzelreiten auf einer Hand erfordert, daß der Hufschlag der ganzen Bahn im Schrittempo *stets freizuhalten* ist. Handwechsel wird von dem Verantwortlichen deutlich angesagt! Bei höherer Gangart immer nach innen überholen, danach im Vorbeireiten einordnen; dabei *niemals* dem Überholten *die Bahn schneiden.*

Beim Durcheinanderreiten auf beiden Händen bleiben die Reiter auf der linken Hand grundsätzlich auf dem äußeren Hufschlag der Reitbahn, *auch im Schritt!* Überholt wird wie beim Reiten auf einer Hand. Es ergibt sich automatisch, daß auf der linken Hand links, auf der rechten Hand rechts überholt wird. Das verlangt von den Reitern auf der rechten Hand erhöhte Aufmerksamkeit nach vorn. Diesen Reitern sollte deshalb von Anbeginn dieser Methode der *dritte Hufschlag zugewiesen* werden. Sie ersparen sich damit das Ausweichen.
Die Regelung beim Einzelreiten auf beiden Händen ist leicht zu lernen, wenn man sich gedanklich dem Straßenverkehr anpaßt, d. h. rechts bleiben, aber rechts oder links überholen. Begegnen sich zwei Reiter beim Wechsel durch die Bahn am Mittelpunkt, hat der Reiter von rechts »Vorfahrt«. Das gilt mit Nachdruck für das Geländereiten. *Einzige grundsätzliche Ausnahme* ist das Wechseln aus den Zirkeln (S. 144). *Eine mögliche Ausnahme* gilt für das Reiten von Quadrillen/Schaunummern.
Halten in der Mitte eines Zirkels beim Einzelreiten auf einer Hand oder beiden Händen stets so, daß die Mittellinie, die Wechsellinien und Zirkelhufschläge freibleiben.
Korrekturen gegen Widersetzlichkeiten des Pferdes können erst verlangt werden, wenn der Reiter sein Pferd gut mit Gewicht, Schenkel und Zügel führen kann. Dazu sind folgende *Übungen* geeignet:

- Reiten gegen die Abteilung;
- Reiten mit 2–3 Schritt Abstand von der Bande;
- Reiten durch eine geöffnete Abteilung;
- Abwenden aus der Abteilung und gerade in der Bahn aufstellen;
- Herausreiten aus der geschlossenen Abteilung;
- Reiten der Hufschlagfiguren nahe der Abteilung und
- Überwinden schmaler, nicht zu hoher Hindernisse.

Das Einzelreiten erzieht zum fühlenden, selbständigen Reiter, der sein Pferd zu führen und

nach Bedarf zu korrigieren weiß. Mit fortschreitender Ausbildung muß das Bestreben des Reiters, Gang- und Haltungsfehler seines Pferdes durch entsprechende Hilfen zu verbessern, immer deutlicher hervortreten.
Die besseren Möglichkeiten, sowohl Gefühl, Einwirkung und Zügelführung des Reiters als auch den Gehorsam des Pferdes zu üben und zu festigen, bietet das Reiten im Gelände (S. 243).

3. Reiten in der Abteilung

Zweckmäßigkeit und Wert des Einzelreitens entbinden nicht vom Abteilungsreiten. Hier zeigt sich deutlich, ob die Reiter ihre Pferde richtig gearbeitet haben. Wenn dieses Gefühl für richtig oder falsch dem Reiter klargeworden ist, gibt er sich erfahrungsgemäß im Durcheinanderreiten mehr Mühe.
Beim Abteilungsreiten ist vor allem größter Wert darauf zu legen, daß die genauen Abstände während der Aufgabe eingehalten werden. Der Reiter ist zu dauernden Einwirkungen genötigt und soll das Pferd veranlassen, diese Hilfen willig und gehorsam, ohne Zögern, zu beachten. Von Nutzen ist diese Arbeit erst dann, wenn alle Mitreitenden ein gleichmäßiges Tempo halten können und die Hufschlagfiguren korrekt ausreiten. Mit diesem Ausreiten erreicht der aufmerksame Reiter fast mühelos die Geschicklichkeit, vorschriftsmäßige Abstände einhalten zu können.
Dieses ist wieder ein Beispiel, daß beim Reiten nicht dogmatisch gelehrt werden sollte. Es greift alles ineinander und ist voneinander abhängig. Nur wenn Gewicht, Schenkel *und* Zügel *gemeinsam* wirken, ist nach fleißigem Üben der Erfolg sicher. Genaue Abstände sind nicht nur ein Zeichen für diszipliniertes Reiten, sondern auch für die aufmerksame Arbeit des Einzelreiters und sein reiterliches Können.
Beim Abteilungsreiten dürfen die Lektionen nicht immer an der gleichen Stelle geritten werden, weil die Pferde die Übung dann nicht aus Gehorsam, sondern aus Gewohnheit, ohne die entsprechenden Reiterhilfen, ausführen. Kurzes Abteilungsreiten am Schluß der Stunde ist gut geeignet, die Pferde zur Ruhe zu erziehen.

Aufstellung in der Reitbahn

Eine weitere gute Möglichkeit für Ordnung und Ruhe ist die strikte Forderung der Aufstellung im Reitviereck vor Beginn der Stunde. Bei Zäumung auf Trense steht die Abteilung *geöffnet,* auf Kandare *geschlossen.*
»Geöffnet« heißt, die Pferde stehen in Längsrichtung parallel zur kurzen Wand. Die Stirnseite des senkrecht gehaltenen Pferdekopfes befindet sich über der Mittellinie. Die Vorderhufe stehen auf der Grundlinie, *nicht* auf der Mittellinie (S. 75, Abb. S. 91).
Die »geschlossene« Abteilung steht mit Fühlung, d. h. Bügel an Bügel, in Längsrichtung parallel zur langen Wand. Der Oberkörper des Mittelreiters befindet sich genau über dem Zirkelmittelpunkt. Auf Fühlungnahme ist großer Wert zu legen.
Vor dem Aufsitzen wird das Stehen des einzelnen Pferdes wie beim Vorführen korrigiert (S. 71). Nach dem Aufsitzen ist unbedingt darauf zu achten, daß alle Pferde genau senkrecht zur Mittellinie, gleichmäßig auf allen vier Beinen und leicht an den Hilfen stehen. Häufigste Fehler sind:

- Herausstellen (Rückwärtsstellen) der Hinterhand;
- Ausfallen der Kruppe nach einer Seite;
- Ruhen auf einem Hinterfuß und
- Zurückkriechen durch »Riegeln« (S. 115, 138) des Reiters.

Diesen Fehlern wirkt der Reiter entgegen durch verwahrende Schenkelhilfen und Herannehmen der Hinterhand mit angespanntem Kreuz (S. 94) bei durchhaltenden ruhigen Zügelhilfen (S. 105 ff.). Hierbei muß der Reiter vornehmlich darauf achten, daß er

- sein Gewicht gleichmäßig auf beide Gesäßknochen verteilt;
- die Hüften gleichmäßig vorschiebt, ohne einzuknicken und
- die Schultern bei geradem Sitz parallel zur Mittellinie hält.

Alle Reiter müssen bestrebt sein, auch ohne Anweisung oder Kommando, ihre Pferde stets richtig aufzustellen. Der Reitlehrer prüft zunächst die Aufstellung der Abteilung von vorn, um das senkrechte Stehen der Pferde, die Fühlungnahme und richtigen Zwischenräume zu kontrollieren. Erst dann wird die Seitenrichtung geprüft.

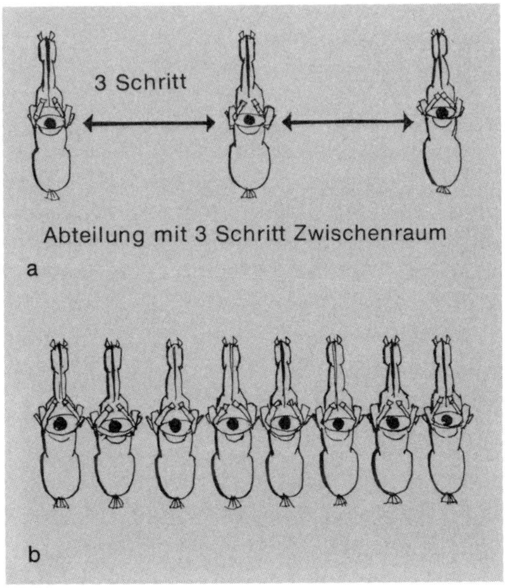

a) Geöffnete Aufstellung
b) Geschlossene Aufstellung

Die Hufschlagfiguren

Auf dem Reitviereck werden die Außenbegrenzungen als *lange* oder *kurze Seite, Bande* oder *Wand* bezeichnet. Die lange Bande muß um das Doppelte länger sein als die kurze. Die Grundmaße sind 20 × 40 m oder 20 × 60 m. Behelfsmäßige Reitbahnen müssen ein Mindestmaß von 10 × 20 m haben, noch kleinere Flächen können nur von einzelnen Reitern benutzt und nicht in allen Tempi ausgeritten werden.
Wie schon oft erwähnt, sind alle Lektionen (Hufschlagfiguren) mit korrekter Stellung, Biegung und an den Hilfen stehenden Pferden zu reiten. Ungenauigkeit in der Führung und Haltung des Pferdes beim Reiten ist Selbstbetrug und führt zu keinem Erfolg.
Die Grundformen der Hufschlagfiguren, Bahn-, Parade- und Wechselpunkte zeigen die gegenüberliegenden Abbildungen. Diejenigen der fortgeschrittenen und höheren Dressur sind auf den S. 139 ff. nachzulesen.
Die Buchstabenbezeichnungen sind international und in der Bundesrepublik Deutschland nach der LPO (*L*eistungs-*P*rüfungs-*O*rdnung) vorgeschrieben. Herausgegeben wird die LPO mit dem Aufgabenheft von der Deutschen Reiterlichen Vereinigung (FN) in Warendorf/NRW.
Weitere Ausführungen über Hufschlagfiguren und Bahnregeln sind auf den Seiten 178 ff. – Zweck und Ausführung der Kommandos – aufgezeigt.
Die verschiedenen Maße im Reitviereck werden in Meter (m) oder Schritt (x) angegeben. Dabei rechnet ein *Normal*schritt (x) = 0,80 m, d. h. z. B. 10,0 m Entfernung gleich 12,5 x oder eine Volte hat 5,0 m ∅ gleich 6 x. Differenzen von 20 cm in diesem Zusammenhang sind ohne Bedeutung.
Nicht oft genug kann das absolut saubere Durchreiten der Ecken erwähnt werden. Es beginnt 3 Schritte vor und endet 3 Schritte nach der Ecke; d. h. ist das Pferd mit der Stirnseite 3 Schritte vor der Ecke, wird es auf einem Viertelvolte-Bogen durch die Ecke geritten, bis sich die Stirnseite 3 Schritte hinter der Ecke befindet, dann sofort geradeaus. Dieser Wechsel in Biegung und Stellung ist sehr wichtig, kostet Mühe und setzt Wissen voraus. Mit welchen Schwierigkeiten der Reiter bei jedem Pferd rechnen muß, wird auf den S. 127 ff. ausführlich beschrieben.

Abb. 1 ▷
ABCEA = Ganze Bahn
ABEA = Halbe Bahn
AXC = Mittellinie
–·– = Grundlinie
– = Wechselpunkte
––– = Wechsellinien:
KB durch die halbe Bahn,
KM durch die ganze Bahn
= Ecken (¼ Volte)

Abb. 2
· = Zirkelpunkte
KXM, MXK = Aus den Zirkeln wechseln
= Durch die Zirkel wechseln (in beiden Lektionen von der rechten zur linken Hand)

Abb. 3 = Cavaletti-Arbeit (S. 99)

Abb. 4
... = Dreifache Schlangenlinie (S. 183, Kdo. 23)
— = Schlangenlinie durch die Bahn – 4 Bogen (*Handwechsel,* S. 183)
–·– = Durch die Länge d. Bahn *wechseln*
— = Durch die Länge der Bahn *geritten* (S. 182, Kdo. 18)

Abb. 5
––– = Doppelte und einfache Schlangenlinie an der langen Wand
— = Schlangenlinie durch die Bahn – 5 Bogen (*kein* Handwechsel, S. 183, Kdo. 24)

Abb. 6
1 = Aus der Ecke kehrt (S. 145)
2 = Eine Volte (S. 144)
3 = Wendung linksum in der Bahn (S. 184, Kdo. 28)
4 = Die Acht (S. 145)

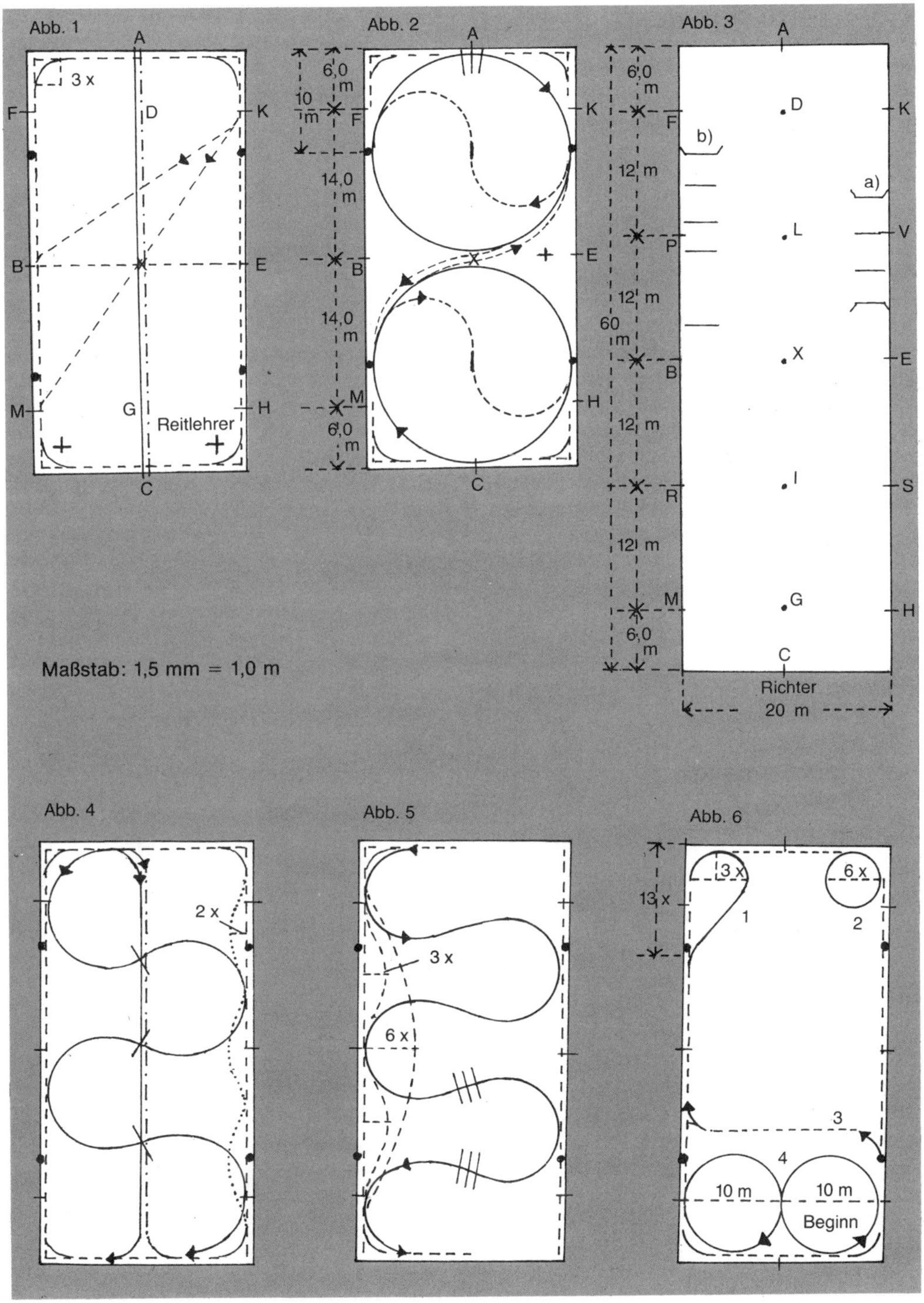

Abb. 1
A
3 x
F
D
K
B
E
M
G
H
Reitlehrer
C
Abb. 2
A
6,0 m
10 m
F
K
14,0 m
B
E
14,0 m
M
H
6,0 m
C
Abb. 3
A
6,0 m
D
K
F
b)
12 m
a)
P
L
V
12 m
60 m
B
X
E
12 m
R
I
S
12 m
M
G
H
6,0 m
C
Richter
20 m
Maßstab: 1,5 mm = 1,0 m
Abb. 4
2 x
Abb. 5
3 x
6 x
Abb. 6
3 x
6 x
13 x
1
2
3
4
10 m
10 m
Beginn

Sitz, Haltung und Einfluß des Reiters

1. Der Sitz

Zu Beginn des Reitens kommt es nur darauf an, das eigene Gleichgewicht zu erlangen, entspannt und ruhig zu sitzen. Dieser entspannte Sitz wird am besten dadurch erreicht, daß man natürlich sitzt. Die Oberschenkel werden weit gespreizt und mit leichter Innendrehung aus der Hüfte fest an die Sattelblätter gelegt. Um diese Drehung ausführen zu können, faßt der Reiter in den Vorderzwiesel. Die Unterschenkel hängen ungezwungen herab. Die Fußspitzen *nicht hochziehen,* weil dann schon eine Verkrampfung entsteht. Mit dieser Ober-/Unterschenkellage wird das immer wieder geforderte tiefe Knie erreicht.
Auf den korrekten Sitz (Abb.) ist allergrößter Wert zu legen, weil nur aus ihm richtige Einwirkungen möglich sind. Einen falschen Sitz zeigt die Abb. Seite 64.

Voraussetzung des korrekten Sitzes ist ein richtig gebauter und aufgelegter Sattel. In ihm kann das Reitergesäß mit entspannten Muskeln in der Mitte des Sattels, im tiefsten Punkt, sitzen. Die Stützen des Gesäßes sind die kufenförmigen Gesäßknochen und der Spalt. Der Oberkörper erhebt sich senkrecht aus den Hüften. Dieser freie, lockere Sitz ist nur möglich, wenn keine Muskelpolster der inneren Oberschenkel stören. Die Absätze werden tief nach unten ausgetreten, die Fußspitzen ein wenig *angehoben.*

Grobe Sitzfehler sind:
Die eingeknickte Hüfte (Abb.) ist nicht nur bei Reitanfängern, die ihre ersten Galoppversuche üben, zu beobachten! Der abgebildete Reiter soll rechts angaloppieren, verlegt aber sein Körpergewicht nach links. Das Pferd springt in den falschen Galopp.

Richtiger Sitz

Eingeknickte Hüfte

Stuhlsitz Angepreßte Ellenbogen Hohlkreuz

Der Stuhlsitz (Abb.) ist die Folge hochgezogener Knie. Die Absätze werden hochgezogen, obwohl die Bügelriemen bereits zu kurz sind. Der Reiter sitzt nach hinten heraus und klappt mit dem Gesäß auf den hinteren Sattelkranz. Das bereitet dem Pferd Schmerzen in den Lendenwirbeln, es wehrt sich.

Beim Spaltsitz (ohne Abb.) hängt der Reiter mit dem Oberkörper noch mehr nach vorn als beim Stuhlsitz erkennbar. Zu lang geschnallte Bügel verführen zu diesem Sitzfehler, bei dem jede Balance verlorengeht. Der Reiter zieht die Ellenbogen nach hinten und hält sich an den Zügeln fest. Die Unterschenkel haben keine Fühlung.

Angepreßte Ellenbogen (Abb.) haben hochgezogene Schultern und steife, nach unten drückende Hände zur Folge. Auch das Abspreizen der Ellenbogen beeinträchtigt die Zügelführung und den Sitz des Reiters.

Das Hohlkreuz (Abb.) beweist einen völlig steifen Sitz. Der Unterschenkel liegt zu weit zurück, Absätze sind hochgezogen, das Kreuz des Reiters ist nicht geschmeidig.

Ein offenes, hohles Knie (Abb.) entsteht durch Verdrehen der Oberschenkel und Fußspitzen nach außen. Das gefährdet die Losgelassenheit des Reiters genauso wie *übertriebenes* Einwärtsdrehen. Im letzteren Fall wird das Knie zu fest angepreßt, dadurch die Wade vom Pferdeleib weggedreht und die Schenkelwirkung ausgeschaltet.

Diese am häufigsten vorkommenden Sitzfehler müssen geduldig, aber immer wieder bekämpft werden, weil aus ihnen alle Qual im Rücken des Pferdes entsteht und es sich, verständlicherweise, heftig dagegen wehrt. Aufgrund der Rückenschmerzen geht das Pferd mit steifem Hals, hohem Kopf und hartem Rücken gegen die Zügel, verkriecht sich hinter den Zügel und bockt. Der Reiter aber zieht noch mehr am Zügel, klappt noch höher mit dem Gesäß, gibt die berüchtigten »Insterburger« oder »Krümperparaden« (S. 203) – und das Teufelsspiel beginnt von vorn!

Offenes Knie

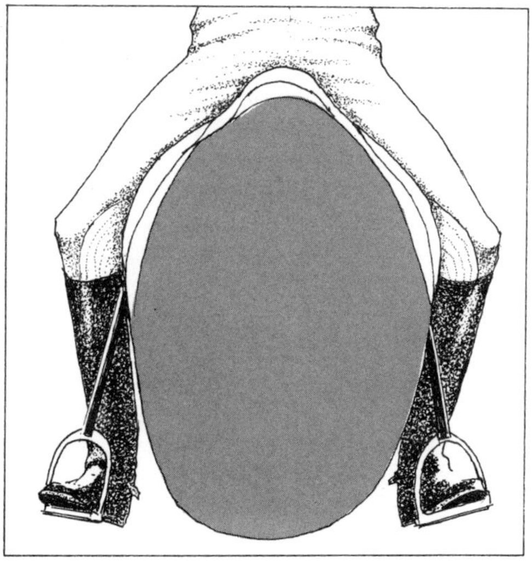

Diesen Teufelskreis zu unterbrechen, dient ein ruhiger, lockerer, geschmeidiger und stets *geschlossener Sitz,* d. h. man muß beim Reiten dauernd bemüht sein, *seine Hüften an die in richtiger Haltung getragenen Unterarme vorzuschieben,* niemals umgekehrt! *Nicht Gewalt, nur Üben* des richtigen Sitzes mit geschmeidigem Kreuz kann dieses üble Spiel beenden. Dazu einige Grundregeln zur *Sitzausbildung* (eine bewährte Methode, Reihenfolge beachten!):

Gewandtheitsübungen auf dem Pferd
- Arme waagerecht, Kreisdrehen vor-/rückwärts und gegeneinander;
- Arme wie vorher, federndes Rumpfdrehen rechts/links;
- Arme in ruhiger Zügelhaltung, Unterschenkel pendeln, Knie ruhig;
- Arme in Hüfthaltung, Rumpfbeugen vor-/rückwärts, Knie ruhig.

Freiübungen auf dem Boden
- Seitgrätschstellung, Arm- und Rumpfbeugen wie vorher, *ohne* umzufallen;
- Übungen zum An- und Abspannen des Kreuzes S. 95.

Sitzübungen auf dem Pferd
- Arme in ruhiger Zügelhaltung, Rumpfdrehen im Kreise und rechts/links, *ohne* Hände zu bewegen;
- Ball-, Mütze-, Holzstäbchen-Fangen o. ä., *dann erst:*

Einnahme des korrekten Sitzes!
- Anfangs wiederholt in den Sattel hineinziehen, *dabei stets* mit der jeweils inneren Hand am hinteren und der äußeren Hand am vorderen Sattelteil festhalten.

Diese Ausbildungsphase begleitet immer wieder theoretischer Unterricht über Sitz, Körperhaltung, Arten und Bedeutung der Hilfen und Hilfengebung (S. 101 ff.).

2. Haltung und Einfluß des Reiters

Richtiger Sitz und eine gute Haltung des Reiters müssen sich ergänzen. Beide sind das Ergebnis des ungezwungenen Sitzes. Nur aus ihm heraus kann der Reiter richtig einwirken. Die Haltung der Ober- und Unterschenkel und die Folgen der zu weit auswärts- bzw. übertrieben einwärtsgedrehten Schenkel sind bereits beim Sitz erklärt worden. In beiden Fällen geht die Losgelassenheit des Reiters verloren. Beim offenen Knie klammert der Reiter sich fest. Er drückt dem Pferd seine Absätze in die Seiten und verliert damit jede Kontrolle über das Pferd und über sich selbst. Beim fest angepreßten, aber starren Knie werden die Unterschenkel vom Pferdeleib abgehoben, der Reiter unterbricht die Schenkelfühlung und gibt seine Einwirkung auf.

Der Oberkörper erhebt sich senkrecht aus den Hüften, die in gleicher Höhe und leicht vorgeschoben über dem Sattel liegen. Der Reiter soll sein Kreuz mäßig angespannt halten. Reiterlich gesehen, ist das *Anspannen des Kreuzes* die Grundlage aller Einwirkungen. Der Reiter kann keine wirklich richtigen Hilfen geben, wenn er nicht versteht, sein Kreuz an- und abzuspannen. Das Gefühl dafür bekommt man nur, wenn man es ausprobiert, ohne sich steif zu machen.

Bei dem *richtig angespannten Kreuz* drückt der Reiter das untere Ende der Wirbelsäule (das Kreuzbein, das Wirbelsäule und Becken verbindet) nach vorn in den Sattel und wirkt damit vortreibend auf die Bewegung ein. Die so entstehenden Bewegungswellen, die vom Reiter durch dauerndes An- und Abspannen des Kreuzes aufgefangen werden müssen, lassen ihn weich in den Sattel einsitzen. Dabei wird das Becken, durch das Vorschieben der beiden Gesäßknochen, hinten herabgedrückt und vorn angehoben.

Das Gegenteil tritt ein, wenn der Reiter mit hohlem Kreuz reitet. Dabei kippt das Becken nach vorn und die Gesäßknochen werden nach hinten geschoben.

Nach fleißigem Üben kann man das Kreuz auch einseitig (rechts oder links) an- und abspannen. Geht das Pferd ruhig und willig an diese Hilfen heran, weiß der Reiter, daß er

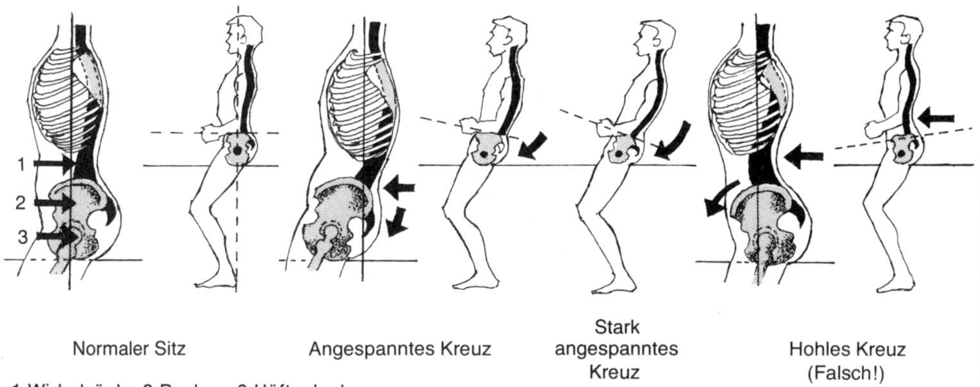

1 Wirbelsäule, 2 Becken, 3 Hüftgelenke

diese Übung richtig kann und ausführt. Pferde mit weichem, empfindlichem Rücken reagieren besonders unwillig. Das sollte der Reiter »verstehen«! Übungen zum Erlernen des Kreuzanspannens sind:

- Sich an das *Vor*schwingen auf einer Schaukel erinnern;
- das Umkippen eines Hockers oder Stuhles (dabei achtgeben, daß die Reiterbeine links und rechts vor der Schwerlinie herabfallen);
- das Zurückschieben eines auf der Tischkante liegenden Buches mit dem Becken;
- das Anheben des Beckens, bei flacher Rückenlage auf dem Boden mit leicht angezogenen Füßen. Die Fußsohlen berühren den Boden.

Gute Kenntnis und Fähigkeit von Balance, Losgelassenheit und Eingehen in die Bewegung des Pferdes mit dem Kleben am Sattel ergeben automatisch den richtigen Sitz des Reiters. Wie erreiche ich das?

Bei der Balance ruht der Körper des Reiters auf beiden Gesäßknochen und dem Spalt. Um Balance zu lernen, beginnt man, ohne Bügel zu reiten – vorsichtig und immer ein wenig länger. Dabei führt man Freiübungen aus, sieht sich um und bewegt sich nach allen Seiten im Sattel. Voraussetzung ist ein ruhiges Pferd (evtl. ausgebunden) und daß der Reiter sich nicht festklemmt!

Balance ist eine körperliche Geschicklichkeit in Verbindung mit dem Kreuzanspannen, d. h. der Reiter muß sich gefühlsmäßig auf seine Balance verlassen können und, genauso wie beim Radfahren, in die Bewegung eingehen! Nur aus dem Gefühl für Balance läßt sich das Eingehen in die Bewegung des Pferdes und die richtige Gewichtseinwirkung entwickeln. Das Ziel ist erreicht, wenn der Reiter bei Schlangenlinien jeder Art, beim Durchreiten von Ecken und bei allen Wendungen *ohne Bügel* sicher sitzt, sich bewegen, umdrehen und dabei sprechen kann, *ohne* sich am Pferd festzuklammern.

Das sollte jeder Reiter selbst erkennen und ehrlich beurteilen! Ungeschickte Reiter, die dieses Gefühl der Balance-Sicherheit nicht erreichen, können nie mit einem Pferd zusammenarbeiten.

Ist der Reiter sicher, im Gleichgewicht sitzen zu können, stört er sein Pferd in dessen Bewegungen nicht. Der Reiter wird auch die Bereitwilligkeit seines Pferdes fühlen, im gemeinsamen Gleichgewicht zu bleiben. Das Pferd reagiert auf die geringste Gewichtseinwirkung – wie ein freihändig gefahrenes Fahrrad.

Auch fortgeschrittene Reiter sollten sich hin und wieder einer Selbstkontrolle durch Ohne-Bügel-Reiten unterziehen. Ist einem Reiter das Reiten ohne Bügel unangenehm, sollte er ehrlich eingestehen, daß er zu steif sitzt und keine Balance-Sicherheit hat.

Mit Losgelassenheit bezeichnen wir die gelockerten Gelenke und die nicht versteiften Muskeln. Ein geringer Grad von bewußter Muskelspannung muß jedoch verlangt werden, genauso wie beim Geräteturner. Doch gerade da liegt die Schwierigkeit, denn viele wissen nicht, ob sie einen Muskel anspannen oder lockern. Mit Sicherheit ist der Reiter aber steif, wenn er sich festklemmt oder unbequem sitzt. Diese Reiter müssen die Balance suchen und finden, um Festklammern, Steifheit und Angst zu überwinden. Gute Möglichkeiten dazu bieten Freiübungen. Zu Pferde jedoch nicht zu oft, weil sie bei längerer Dauer zur Steifheit verleiten. Das Reiten im Gelände fördert die Losgelassenheit von Reiter und Pferd und das gegenseitige Kennenlernen besser. Freiübungen zu Pferde können in der Abteilung und einzeln ausgeführt werden.

Vorteilhafter sind Freiübungen zu Fuß, die grundsätzlich individuell auszuführen sind, wegen der unterschiedlichen Steifheiten der Reiter. Haltungsfehler des Reiters sind entweder im Körperbau oder in ungenügender körperlicher Übung begründet. In diesem Falle sollten sich Reitlehrer und -schüler offen darüber aussprechen. Oft kann der Reitlehrer Ratschläge geben, die der Reiter aber auch befolgen müßte, um solche Fehler auszuschalten. Sind die Fehler in der Angst des Reiters, dem hohen Tempo des Pferdes oder zu hohen Anforderungen zu suchen, müssen sich Lehrer und Schüler um Abhilfe bemühen.

Es muß immer bedacht werden, daß Muskelschmerzen, vor allem an den inneren Oberschenkeln, nach kurzer Zeit verschwinden. Die Schwierigkeit in der Schenkellage jedoch bleibt. Der Grund ist ein zu enger Spalt. Alle guten Vorsätze des Reiters nützen nichts, wenn die Muskeln nur mit Anspannung in der richtigen Lage gehalten werden können. Sie werden steif und unbequem. Nur Freiübungen auf dem Boden, z. B. Spreizstellung und Beinspreizen seitwärts, täglich mehrmals wiederholt, können dem Reiter helfen. Anders ist die Schenkellage nicht zu bessern. Steife Knöchel, Handgelenke, krummer Rücken usw. sind entsprechend zu korrigieren – Ausnahme Seite 103, Abs. 2.

Direkte Sitzkorrekturen verführen zur Steifheit, weil sie eine gewollte Haltung von Körper und Gliedmaßen verlangen. Die Haltung des Reiters ist nie für sich allein zu beurteilen. Man muß sie stets im Zusammenhang mit der richtigen Hilfengebung und dem Gefühl sehen, weil alle Körperteile des Reiters verschieden wirken müssen (S. 109, Reitergefühl, und S. 134, Reiten »in Stellung«). Ein guter Sitz kann nur erreicht werden, wenn der Reiter im Unterricht zugleich richtig zu *fühlen* und richtig *einzuwirken* lernt.

Wir wissen, daß jeder Lektion eine halbe Parade vorausgehen soll. Der Reiter führt sie aus, indem er sich aufrichtet (nach oben länger macht) und beide Schenkel leicht herannimmt. Er verbessert also seinen Sitz und soll *zugleich fühlen,* ob seine halbe Parade durchgeht, d. h. vom Pferd angenommen und befolgt wird. Das kann der Reiter nur, wenn er sich losgelassen einfühlt (S. 102, 108).

Die halbe Parade kann in ihrem sehr hohen Wert für die Ausbildung von Sitz, Einwirkung und Gefühl nicht hoch genug eingeschätzt und gewertet werden (S. 108).

Der Reiter soll sich nicht *nur* gerademachen. Er soll in der halben Parade gleichzeitig das Herannehmen der Schenkel mit dem Kleben am Sattel, Eingehen in die Bewegung des Pferdes und mit Fühlen verbinden. Zu einem guten und schmiegsamen Sitz kommt nur der Reiter, der halbe Paraden richtig lernt, übt und sie auch *richtig reitet.* Wenn Reitlehrer und Reiter auf die Aus- und Durchführung der halben Paraden besonders achten, ist jede Sitzkorrektur überflüssig.

Das Eingehen in die Bewegung des Pferdes und Kleben am Sattel ist immer notwendig. Spätestens aber dann, wenn der Reiter im Trabe geworfen wird. Jetzt beginnen auch die Schwierigkeiten mit den sehr unterschiedlich »werfenden« Pferden. Es ist völlig falsch, durch Festklammern mit Ober- und Unterschenkeln das Geworfenwerden zu verhindern. Das führt mit Sicherheit zum Sichsteifmachen. Bestes Gegenmittel ist nur ein ruhiges Pferd. Auf so einem Pferd kann der Reiter die Ursache, nämlich die fehlende Kreuzeinwirkung, mit Erfolg praktizieren. Der Reiter darf niemals seinen Oberkörper nach vorn neigen, denn dann verlegt er seinen Schwerpunkt *vor* den des Pferdes. Wenn er aber sein Kreuz richtig anspannt, bei *gleichzeitiger* Einwirkung der Schenkel, wirkt sein Schwerpunkt vorwärtstreibend *über* dem des Pferdes. Jetzt muß der Reiter fühlen, wie er förmlich vom Sattel nicht loskommt und in der Bewegung des Pferdes bleibt (immer wieder an das Anschaukeln *denken,* aber *nicht im Sattel schaukeln!*). Wenn der Reiter einmal eine konzentrierte Selbstkontrolle nur beim Anreiten durchführt, wird er merken (fühlen), mit wie wenig Schenkeldruck er bei gleichzeitigem Kreuzanspannen auskommt. Das gleiche Gefühl muß der Reiter bei der Parade haben. Beim Parieren *nur* mit den Zügeln wird das Pferd, durch mehr oder weniger starken Druck auf die Laden, aufgehalten. Unter gleichzeitigem Kreuzanspannen jedoch fühlt der Reiter, wie sein Pferd sich von hinten nach vorn zusammenschiebt. Es läuft gegen das bei durchhaltenden Zügelfäusten feststehende Gebiß und stößt sich daran ab. Der Reiter braucht nur einen schwachen Gegendruck anzudeuten (S. 106). Sein Pferd weiß dann sofort, daß es nicht vermehrt vorwärtsgehen, sondern verhalten oder gar anhalten soll. Der Reiter fühlt ebenfalls, wie sein Pferd beim Parieren hinten tiefer und vorn höher wird – die Parade »geht durch«. Hier lohnt sich die Wechselübung Anreiten/Parieren in allen Varianten und man wird merken, wenn man das sichere Gefühl erlangt hat, daß auch das hohe Werfen aufhört. Bei stärkerem Tempo und höher werfenden Pferden muß man das Kreuz mehr anspannen. Je nach schwächerem oder stärkerem Anspannen des Kreuzes vermag der Reiter gleichbleibend tief, leichter oder schwerer im Sattel zu sitzen (am Sattel zu kleben).

Ruckartige Kreuzeinwirkungen, ein hohles Kreuz, sich nach hinten überlegen und Kreuzwackeln gehören nicht zum Kreuzanspannen. Auf diese Art kann man das Eingehen in die Bewegung des Pferdes nicht lernen. Falsch ist auch ein passives Mitschwingenlassen des Kreuzes. Nur die bewußt aktive Muskelanspannung des Kreuzes und das aktive Wollen, den (oder die) Gesäßknochen vorzuschieben, führen zum Erfolg (S. 102). Das Kleben am Sattel muß so perfekt sein, daß der Reiter auf mehreren Pferden (nicht nur auf seinem Pferd) im Mitteltrab die Bewegung des Pferdes aussitzen kann und nicht mit dem Gesäß klappt. Ein Blatt Papier muß durch das Reitergewicht unter dem Gesäß liegen bleiben. Bei guten Reitern kann der Zuschauer nur sehen, wie schön, gefällig und ruhig der Reiter sitzt – am Sattel klebt – und sein Pferd die kaum erkennbaren Einwirkungen annimmt. Das ist die Folge des gefühlvollen Eingehens in die Bewegungen seines Pferdes, ohne große Anstrengung und sichtbaren Bewegungsaufwand des Reiters.

Kurze Zusammenfassung: Um weich in die Bewegungen des Pferdes eingehen zu können, ist vor allem die Geschmeidigkeit des Sitzes entscheidend. Die Losgelassenheit von Schulter-, Ellenbogen- und Handgelenk verhindert die Übertragung der Körperbewegung des Reiters auf die Zügelfäuste.

Jedes harte Hineinfallen in den Sattel erzeugt krampfhafte Bewegungen des Pferdes. Durch weich federnde Knie- und Fußgelenke fängt der Reiter seinen Sitz auf. Er kann sich selbst hierin kontrollieren und die Weichheit des Sitzes üben, wenn er die federnde Auf-/Abwärtsbewegung der Fußgelenke und Absätze beobachtet. Im Galopp müssen Hüft-, Knie- und Fußgelenke ebenfalls weich bleiben. Das Reitergesäß muß in schmiegsamer Bewegung »am Sattel kleben«. Ein »klappendes« Gesäß erzeugt in noch höherem Maße die bereits erwähnten krampfhaften Bewegungen des Pferdes und ist ein grober Sitzfehler.

Die Sicherheit des Sitzes in allen Phasen des Reitens beruht in der Hauptsache auf der Übereinstimmung von Gleichgewicht und Schwerpunkt zwischen Reiter *und* Pferd, nicht aber auf dem mechanischen Zwang durch Festhalten. Die Unterstützung dieser Sicherheit durch einen etwas festeren Oberschenkel-, Knie- und Wadenschluß ist nur angebracht

- bei sehr schreckhaften Pferden, die oft zur Seite springen. Bei diesen Tieren immer daran denken, daß sie nichts dafürkönnen (natürliches Verhalten – Fluchtreflex!),

- bei Paraden aus einer höheren in die niedere Gangart und
- beim Überwinden von Hindernissen.

Alle hier genannten Forderungen zum Sitz, Einfluß und zur Haltung des Reiters setzen selbstverständlich einen normalen Körperbau des Reiters unter einem schwungvoll gehenden Pferd voraus. Fehlen diese Voraussetzungen, können, um richtige Einwirkungen des Reiters zu erzielen, vorübergehend kleine Abweichungen von den Gegebenheiten notwendig werden. *Das ist Sache des Reitlehrers!* Niemals dürfen derartige Abweichungen zum falschen Sitz oder zu einer schlechten Haltung führen. Auch der in seine Arbeit noch so vertiefte Reiter sollte nie vergessen, daß guter Sitz und gute Haltung die Form und den Gang seines Pferdes in jeder Weise beeinflussen und fördern.

3. Der leichte Sitz

Der leichte Sitz wird aus dem Normalsitz entwickelt und kann als eine Art Gewichtshilfe angesehen werden, weil durch das leichte Vorneigen des Oberkörpers des Reiters der Pferderücken entlastet wird. Man bezeichnet den Sitz auch als Entlastungssitz. Diese Sitzform kommt hauptsächlich zum Einsatz:

- als Spring- und Korrektursitz zur Entlastung der Hinterhand des Pferdes, um Sehnen und Bänder zu schonen,
- als entlastender Sitz bei jungen Pferden und solchen mit empfindlichem oder schwachem Rücken, um die Hergabe des Pferderückens zu erleichtern und
- bei verstärkten Tempi, um die Rückenmuskulatur nicht zu stören. Also bei verstärkten Tempi *nicht* nach hinten legen und das Pferd vorwärtsschieben, *sondern* es durch den Entlastungssitz und mehr noch durch den nachfolgend beschriebenen verstärkt treibenden Sitz nach vorn heranreiten.

Der Reiter nimmt den Entlastungssitz ein, indem er bei vermehrt angespanntem Kreuz seinen Oberkörper leicht vorneigt, dadurch seine Mittelpositur nach vorn bringt und das Gesäß aber *mehr am als im Sattel* bleibt. So wird das Reitergewicht mehr auf die vorderen Sitzbeinränder, Oberschenkel und Knie verlagert. Der Knieschluß muß stärker, aber nicht verkrampft sein, weil sich der Reiter im leichten Sitz nicht nur durch die Balance halten kann. Durch Verkürzen der Bügellänge um zwei bis drei Löcher wird die Funktion der mehr als Stoßdämpfer eingesetzten Reiterknie bezüglich ihrer ruhigen Lage unterstützt. Der Reiter darf zwar seine Füße mehr in den Bügel stellen, der Absatz aber muß tiefster Punkt bleiben.

4. Der verstärkt treibende Sitz

Der verstärkt treibende Sitz, auch eine Art Gewichtshilfe, kommt ebenfalls aus dem Normalsitz. Wirkt schon der Normalsitz durch die vorgedrückte Mittelpositur treibend, so nimmt der Reiter beim verstärkt treibenden Sitz seinen Oberkörper *leicht zurück*. Dadurch können, im Zusammenwirken mit dem Eingehen in die Bewegung des Pferdes *und* vermehrtem Kreuzanspannen, diese treibenden Hilfen stärker betont werden. Die hinteren Sitzbänder senken sich und wirken noch stärker belastend und treibend ein.
Durch diese verstärkten Einwirkungen des Reiters wird das Pferd nach vorn *an die Hand herangeritten*. Wir erreichen zweierlei:

- *Bei nachgebender Zügelhilfe,* d. h. die kleinen Finger gehen durch das Drehen der Zügelfaust in Richtung des Pferdemaules vor, kann das Pferd die Gelenke der Hinterhand vermehrt strecken und längere Schritte, Tritte oder Sprünge ausführen.
- *Bei durchhaltender bzw. leicht annehmender Zügelhilfe,* d. h. durch das Eindrehen der Zügelfaust, wird die Hinterhand stärker gebeugt und damit mehr versammelt (S. 101, Gewichtshilfen).

5. Die Bodenrickarbeit

Reiten über Bodenricks (Cavaletti) ist eine Vorarbeit für das Springen. Es fördert die Geschmeidigkeit und Losgelassenheit des Reiters.

Sinn und Zweck der Bodenrickarbeit ist die Ausbildung junger Pferde und auch junger Reiter auf älteren Pferden. Besonders fördernd wirkt diese Arbeit beim Pferd auf Balance, Sicherheit und Geschicklichkeit. Beim Reiter wirkt sie sich auf das Eingehen in die Bewegung des Pferdes, das weiche Mitgehen in Hüft-, Knie- und Fußgelenken und das Vorgehen der Hände günstig aus. Der Reiter muß lernen, die Knie fester zu schließen und den Oberkörper bei gut angespanntem Kreuz in die Bewegungsrichtung zu neigen, ohne das Pferd im Maul und Rücken zu stören. Auf diese Weise lernt der Reiter den leichten Sitz und auch das Gefühl des richtig schwingenden Pferderückens. Der Reiter erkennt ebenfalls, ob er durch die spürbar deutliche Schwerpunktverlagerung des Pferdes bereits gut in die Bewegung eingehen kann. Er ist ferner in der Lage, die vom festen Knieschluß abhängige Schenkellage zu kontrollieren, auch bei unregelmäßigen Bewegungen des Pferdes (S. 230).

Zum Bauen von Bodenricks werden Stangen von 1,50 bis 2,00 m Länge und 10 bis 15 cm Durchmesser verwendet, deren Enden von Holzkreuzen getragen werden. Die Kreuze müssen zwei unterschiedlich große Winkel haben und an den Enden abgeschrägt sein.
So stehen sie fest und können in Höhen von 20, 40 und 60 cm aufgestellt werden. Sehr stabil werden die Cavaletti, wenn die Stange in einem Kreuzwinkel fest verbunden ist.
Speziell für die Dressurausbildung soll das Bodenrick nur 1,50 m lang sein, weil diese Länge das Geradeausgehen unterstützt. Die Höhe soll 15 bis 20 cm betragen.

Gebrauch der Bodenricks bei der Arbeit im Schritt, Trab und Galopp. Hierbei ist besonders auf die unterschiedliche Entfernung im Aufbau der Cavaletti innerhalb der Gangar-

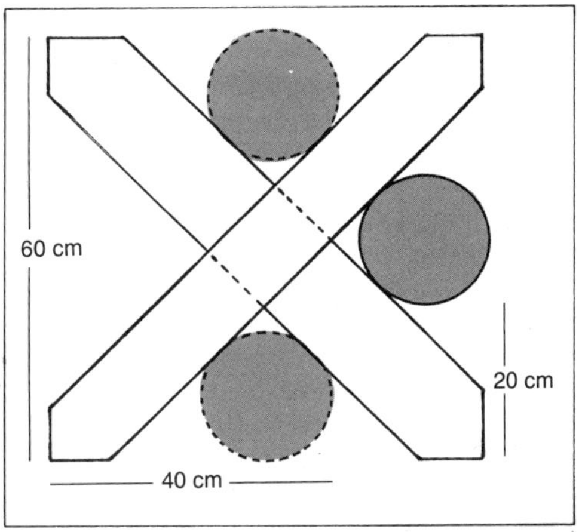

Bodenrick

ten zu achten. Um Reiter und Pferd an diese Arbeit zu gewöhnen, ist sie im Schritt *am* hingegebenen Zügel zu beginnen. Im Verlauf der Ausbildung ist zu empfehlen, die Bodenricks in jeder Reitstunde aufzubauen, und zwar

- entweder zu Beginn der Stunde während der lösenden Arbeit im Durcheinanderreiten. Dazu werden anfangs zwei Cavaletti auf der Mittellinie aufgebaut und innerhalb von 10 Wochen auf vier aufeinanderfolgend erhöht
- oder zum Abschluß der Übungsstunde im Abteilungsreiten. Die Abteilung reitet dann über die Bodenricks auf dem zweiten Hufschlag der langen Seite.

Bei fortschreitender Geschicklichkeit können die Cavaletti im Arbeitstrab leichttrabend und im ruhigen Galopp überwunden werden. Bei Anfängern sollten die Pferde einen Halsriemen (Bügelriemen) tragen, in den beim Überwinden der Bodenricks gegriffen wird. Um die flüssige Bewegung von Pferd und Reiter bei der Cavalettiarbeit zu fördern und zu erhalten, haben sich für ältere Pferde folgende Abstände als zweckmäßig erwiesen:

- *im Schritt* 80 cm,
- *im Trab* 1,20 bis 1,40 m,
- *im Galopp* 2,50 bis 3,50 m oder 7,00 bis 7,50 m oder 11,00 m.

Sind Pferde ausgebunden, besonders in der Anfangszeit des Geradeausgehens und bei Anfängern, müssen die Ausbinder so lang geschnallt sein, daß die Pferde ihren Hals gut abwärts-vorwärts dehnen können. Ausgesessen über Bodenricks wird erst, wenn die Reiter geschmeidig und losgelassen in die Bewegung des Pferdes eingehen können.

Dem Aufstellen der Bodenricks sind zwar zahlenmäßig Grenzen gesetzt, es läßt aber eine Vielzahl von Varianten zu, die dem Einfallsreichtum des Ausbilders bzw. Reitlehrers überlassen bleibt.
Folgende Maße bei der Aufstellung von Bodenricks auf gebogenen Linien, z. B. Schlangenlinie oder Volte, sind zu berücksichtigen:

- Grundsätzlich die *unterschiedlichen Maße* innerhalb der drei Grundgangarten.
- *Für Anfänger* liegt bei der »Schlangenlinie durch die ganze Bahn« nur je ein Bodenrick im kleinen Winkel schräg auf der Mittellinie dort, wo eine Pferdelänge geradeaus zu reiten ist (S. 91, Abb. 4).
- *Auf gebogenen Linien* (Schlangenlinie, Volte, Kehrtwendung, Zirkel) mit mehreren Cavaletti hintereinander müssen folgende Abstände, wegen der Biegung des Pferdes, eingehalten werden:
  im Schritt 80 cm Innenkante, 90 cm Mitte, 1,10 m Außenkante (S. 91, Abb. 2 und 5);
  im Trab 1,20 m Innenkante, 1,30 m Mitte, 1,50 m Außenkante. Drei Cavaletti liegen demnach schräg zueinander, wenn z. B. die Schlangenlinie durch die Bahn geritten wird, und zwar umgekehrt schräg!
  Im Galopp ist der normale Abstand 3,50 m. Beim Aufbau von beispielsweise drei Bodenricks mit einem Galoppzwischensprung vor dem letzten Bodenrick muß dieses 7,00 m entfernt stehen (S. 91, Abb. 3a; Abstand normal, Abb. 3b mit Zwischensprung am Schluß).

Hilfen, Gebrauch der Sporen

1. Was sind Hilfen, wie erlerne ich sie?

Hilfen sind Einwirkungen des Reiters auf sein Pferd, durch die der Reiter seinen Willen dem Pferd kundgibt und es führt.
Reiter und Pferd müssen die Art ihrer Verständigung erst erlernen, um den Erfolg der teils auf mechanischem Zwang, teils auf Gewöhnung beruhenden Hilfen zu erreichen. Durch Gewöhnung *und* Übung lernt das Pferd die Hilfen zu beachten, sich ihnen zu fügen und kommt, bei richtiger Behandlung, zum willigen Gehorsam.
Der Reiter wirkt mit Gewicht, Schenkeln und Zügeln auf das Pferd ein. Ihrer natürlichen Wirkung entsprechend, sind die Schenkelhilfen treibende, die der Zügel verhaltende Hilfen. Beide müssen wirksam durch die treibend und be- oder entlastend wirkenden Gewichtshilfen unterstützt werden.
Die Stärke der Hilfen richtet sich nach dem Gehorsam des Pferdes, seiner Empfindlichkeit, dem Ausbildungsstand und beabsichtigten Zweck. Alle Hilfen müssen weich einsetzen und steigern sich erst nach Bedarf. Nach notwendigen kräftigeren Hilfen bei bestimmten Lektionen muß sofort wieder zur weicheren Führung zurückgegangen werden, um das Pferd nicht abzustumpfen. Nur fleißiges Üben lehrt den Reiter, seinen Körper so in der Gewalt zu haben, daß nicht einzelne Körperteile fehlerhaft einwirken. Die Hilfen müssen mit zunehmender Gewandtheit des Reiters immer feiner und unauffälliger werden, bis das Pferd auf leichte Einwirkungen gehorsam reagiert. Bei jeder Hilfengebung sind die treibenden Hilfen vorrangig, weil es keine Bewegung ohne Antrieb gibt.
Das Erlernen der Hilfen kann beginnen, wenn der Reiter einen in allen Gangarten sicheren und losgelassenen Sitz erreicht hat. Der Reiter soll dabei lernen, die bisher durch die Ausbindezügel bewirkte Haltung des Pferdes mit eigenen Einwirkungen zu verbessern und formend auf sein Pferd einzuwirken. Dem Reiter muß klar sein, daß ihm ein in Haltung gehendes, durchlässiges Pferd den Sitz wesentlich erleichtert und aufmerksamer auf die Hilfen eingeht. Daß die Gewichtshilfen in der Praxis weit vor den Zügelhilfen stehen, ist nicht etwa ein Widerspruch dazu, wie man annehmen könnte, daß Schenkel- und Zügelhilfen von den Gewichtshilfen *nur unterstützt* werden. Vorrangig bleiben stets Gewicht und Schenkel. Man muß schon ein bestimmtes Einfühlungsvermögen lernen.
Grobe Hilfen verderben mit Sicherheit jedes Pferd.

Die Gewichtshilfen sollen dem Pferd Schenkel- und Zügelhilfen verständlicher machen. Die Kunst, dabei mit dem Pferde mitzugehen, liegt in der Fähigkeit des Reiters, bei allen Bewegungen des Pferdes seinen eigenen Schwerpunkt mit dem des Pferdes in dauernder Übereinstimmung zu erhalten (S. 57). Gelingt es dem Reiter nicht, diese Fähigkeit zu lernen, wird er durch falsche Gewichtseinwirkung stets Gang und Haltung des Pferdes stören!
Am vollendetsten wirken Gewichtshilfen, wenn der Reiter schmiegsam sitzt und gleichzeitig sein Kreuz spannt (S. 94). Jedes bewußte Abweichen von der Schwerlinie bedeutet eine Gewichtshilfe und veranlaßt das Pferd, seinen Schwerpunkt ebenfalls zu verlegen. Der Reiter wirkt somit auf die Bewegungsrichtung ein. Das Zurücknehmen des Oberkörpers wirkt gleichermaßen belastend *und* vortreibend. Ob nun die belastende *oder* treibende Wirkung den Vorrang hat, bestimmt der Reiter mit der *gleichzeitigen Einwirkung* der Zügel (S. 98). Ein *Vorneigen* des Ober-

körpers darf nur dann erfolgen, wenn eine besondere Entlastung von Hinterhand und Rücken des Pferdes verlangt wird, z. B. beim Rückwärtsrichten. Das Vorneigen wirkt gleichzeitig verhaltend auf die Vorwärtsbewegung des Pferdes ein. Mit dem Vorneigen müssen Hüften und Gesäß unbedingt mit nach vorn genommen werden, da sonst das nach hinten herausgeschobene Gesäß völlig falsch einwirkt. Hieraus ergibt sich die Erkenntnis, daß das Vorneigen ein Pferd zum Stehenbleiben auffordert.

Die Gewichtsverlegung nach rechts oder links gibt dem Pferd den Antrieb, nach der entsprechenden Richtung von der bisherigen abzuweichen. Hier erkennen wir die unterstützende Gewichtseinwirkung zu den Schenkel- und Zügelhilfen beim Wenden. Ein gut gerittenes Pferd wird diese Gewichtshilfe sogar als vorrangig annehmen und sofort willig reagieren. Die Ausführung geschieht in der Weise, daß der Reiter den jeweiligen Gesäßknochen mehr belastet. Dabei senken sich Hüfte, Knie und Absatz der betreffenden Seite. Der gesamte Oberkörper ist in dieser Weise gerade geneigt. Niemals darf die Hüfte der belasteten Seite eingeknickt werden, weil dadurch eine Gewichtsverlegung nach der falschen Seite erfolgt (Abb. S. 92 und unten). Die Gewichtshilfen stehen immer in Verbindung mit dem Kreuzanspannen des Reiters (S. 94). Es ist zu unterscheiden zwischen der vortreibenden und der versammelnden Hilfe.

Die vortreibende (vorschiebende) Gewichtshilfe bei der lösenden Arbeit des Pferdes wird dadurch erreicht, daß der Reiter, *ohne* seine Rücken- und Kreuzmuskeln besonders zu *spannen,* den Oberkörper bei *leicht gekrümmtem* Rücken etwas vorschiebt, und dann mit *leicht gespanntem* Kreuz sein Gesäß gegen den tiefsten Punkt des Sattels vordrückt. Dieses Vordrücken muß in Übereinstimmung mit der Bewegung des Pferdes und vortreibenden Schenkelhilfen geschehen (S. 96).

Hierdurch werden die Rückenmuskeln des Pferdes zu vermehrter federnder Tätigkeit angeregt und das Pferd zu schwungvolleren Bewegungen seiner Hinterbeine veranlaßt. Dieses Ergebnis darf aber nicht durch unsachliches Gegenhalten mit den Händen wieder gestört werden. Also das Pferd immer mit leichter Hand führen!

Zur versammelnden Gewichtshilfe verlegt der Reiter seinen Schwerpunkt (S. 57) bei normaler Haltung seines Oberkörpers vermehrt auf seine beiden Gesäßknochen, unter gleichzeitiger stärkerer Anspannung seines Kreuzes. Dadurch wird mit dem Gesäß ein vermehrter

Druck auf den Pferderücken ausgeübt und es veranlaßt, seine Rückenmuskeln elastisch zusammenzu*ziehen* und sich in seiner Länge zusammenzu*schieben*. Die Bewegungen des Pferdes werden erhaben-federnder, mehr gegen *das Genick* des Pferdes geleitet und veranlassen es, sich im Genick zu lösen – sich zu versammeln (S. 134). Gleichzeitig wird die Hinterhand mehr belastet und das Pferd veranlaßt, sich im Hüft-, Knie- und Sprunggelenk (Hanken S. 169) mehr zu beugen. Die Hinterhand muß ihre Schubkraft einstellen und vermehrt unter den Schwerpunkt herantreten, um mehr Gewicht aufzunehmen. Das Pferd beginnt, sich zu versammeln.

Etwa auftretendes Widerstreben des Pferdes in Hals und Rücken kann der Reiter nur überwinden, wenn er seine Wirbelsäule durch vermehrtes Kreuzanspannen so lange feststellt, bis das Pferd nachgibt. Bei dieser mehr auf mechanischem Zwang beruhenden Hilfengebung kann ein Krümmen des Reiterrückens notwendig werden (S. 96). Nur wer in der Lage ist, sein Kreuz im richtigen Augenblick an- oder abzuspannen, kann auch richtig auf das Pferd einwirken. Diese vermehrte Kreuzeinwirkung des Reiters erfordert Training.

Zum besseren Verständnis muß für das schulmäßige Reiten, besonders auch für das *Anreiten* eines Pferdes, folgendes bedacht werden: Das Einwirken durch Gewichtshilfen ist für das Pferd zunächst eine ungewohnte Belastung. Von der Natur sind Knochen, Muskeln, Bänder und Sehnen des Pferdes nicht für die Aufnahme eines zusätzlichen Gewichtes geschaffen. Daraus erklärt sich das anfängliche Verkrampfen der Rückenmuskulatur unter dem Reiter, das wir *Spannung* nennen. Auch die erheblich mehr belastete Vorhand ist zu bedenken (S. 57).

Ferner ist das Zusammenspiel zweier langgestreckter Muskelpartien zu beachten, nämlich die *Streckmuskeln* des Rückens und die *Beugemuskeln* des Bauches. Die für das Reiten sehr wichtige Rückenmuskulatur beginnt am Hinterhauptsbein, verläuft beiderseits der Wirbelsäule um das Becken zu den Ober- und Unterschenkeln und endet an den Sprunggelenkhöckern.

Die zweite Muskelgruppe wird, entsprechend ihrer Funktion, als *Beuger* bezeichnet. Sie beginnt am unteren Ansatzpunkt des Hinterkopfes, verläuft am Unterhals zur Vorder- und Unterbrust, beiderseits am Unterleib (Flanken) entlang bis zum Becken.

Diese beiden Muskelpartien sind keine zusammenhängenden Muskelstränge. Sie setzen sich aus vielen kleinen, durch Sehnen und Bänder verbundenen Muskeln zusammen.

Aufgrund der gegenseitigen Abhängigkeit in ihrer Wirkung kann man diese Muskelgruppen wiederum doch mit einem durchgehenden Muskelstrang vergleichen (Abb. S. 18). Es liegt nun allein an der Gewandtheit des Reiters, diese Muskeln in Tätigkeit zu setzen, d. h. zum Zusammenziehen, Strecken oder Beugen zu bringen. Die Tätigkeit wird ausgelöst durch den Druck der Reiterschenkel *und* die Einwirkung der Zügel *und* die Verlagerung des Reitergewichtes (unterstützende Maßnahme für Schenkel und Zügel!).

Die drei Abbildungen der Seite 103 sollen diese Wirkung verdeutlichen. Die jeweils zusammengezogenen Muskeln sind durch Querstriche gekennzeichnet.

Bei gleichzeitigem Zusammenziehen von *Streck- und Beugemuskeln* spannt das Pferd seine Wirbelsäule und verkrampft die Bauchmuskulatur. Diese Verkrampfung des gesamten Rumpfes ist immer wieder beim ersten Aufsitzen und auch bei plötzlichem Angurten zu beobachten. Das Pferd empfindet Sattel- und Reitergewicht als schmerzhaften Druck auf die Rückenmuskeln, es spannt sich.

Werden nur die *Streckmuskeln gespannt,* die *Beuger aber entspannt,* geht das Pferd mit gehobenem Kopf und Hals wie ein »Sterngukker«. Die Hinterhand wird stark nach hinten gestreckt oder gezogen. Das ist besonders zu beobachten bei hartem Einsitzen in den Sattel oder bei einem unruhigen, klammernden und steifen Sitz.

Die gegenteilige Wirkung tritt ein, wenn die *Streckmuskeln entspannt* und die *Beugemuskeln zusammengezogen* sind. Das Pferd geht ruhig mit gesenktem Kopf und Hals. Die Hinterhand wird zum weiten Untertreten veranlaßt. Das Pferd wird von dem gut sitzenden Reiter richtig geritten.

Etwa auftretenden fehlerhaften Einwirkungen mit Gewicht und Schenkeln muß in der Grundausbildung und auch später immer wieder größte Aufmerksamkeit geschenkt werden.

Der Reiter kann aber auch die Streck- und Beugemuskeln einseitig betätigen. In diesem Fall werden Wirbelsäule und Rumpf des Pferdes in ihrer ganzen Länge nach *der Seite* gebogen, nach der das Reitergewicht verlegt wird und auf der der Schenkeldruck erfolgt. Dieser Schenkeldruck ist Ausgangspunkt des vermehrten Vortretens des gleichseitigen Hinterfußes durch das gewünschte Zusammenziehen der Beuger.

Beide Hilfen müssen dem Pferde vor allem ganz klar und eindeutig gegeben werden. Jedes Herumhampeln und Gesäßwippen führt nie zu einer klaren Verständigung zwischen Reiter und Pferd.

Schenkelhilfen haben die Aufgabe, auf den gleichseitigen Hinterfuß zu wirken. Die Art der Wirkung wird durch die Lage des Unterschenkels bestimmt. Es gibt die vortreibende, verwahrende und seitwärtstreibende Schenkelhilfe.

Der vortreibende Schenkel regt den gleichseitigen Hinterfuß um so mehr zum Vortreten an, je näher der Unterschenkel des Reiters am Gurt liegt. »Je näher« heißt *nicht am Pferdeleib,* sondern in der Richtung nach vorn gesehen.

Der verwahrende Schenkel des Reiters liegt ein wenig weiter zurück, und zwar etwa eine Handbreit. Diese Schenkeleinwirkung verhindert, daß das Pferd den gleichseitigen Hinterfuß seitwärts aus der geraden Richtung stellt.

Der seitwärtstreibende Schenkel ist noch etwas weiter zurückgelegt. Er befindet sich etwa 1½ bis 2 Handbreit hinter dem Sattelgurt und veranlaßt das Pferd, den jeweiligen Hinterfuß an die vom Reiter gewollte Stelle zu setzen oder seitwärts zu treten. Bitte Absätze tief!

Die tätige Schenkelhilfe, d. h. der vor- oder seitwärtstreibende Schenkel, wird durch Drücken *oder* Klopfen der *Unterschenkel* ausgeführt. Der Oberschenkel bleibt unverändert liegen. Die untätige Schenkelhilfe ist der *verwahrende Schenkel.* Er ist von Natur passiv

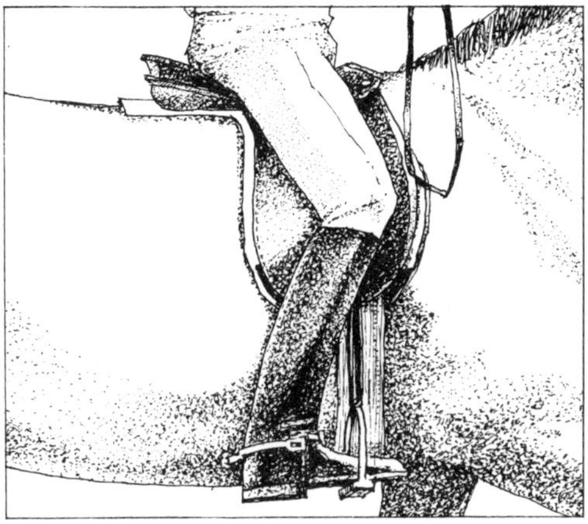

Lage des vortreibenden Schenkels

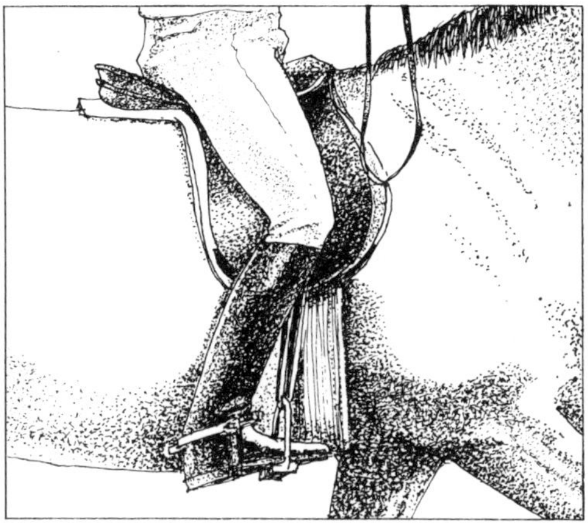

Lage des verwahrenden oder seitwärtstreibenden Schenkels

und »liegt nur auf der Lauer«, um kurz aktiv zu werden und zu verhindern, daß das Pferd sich einer ihm gestellten Aufgabe entzieht. Die Stärke der Schenkelhilfen richtet sich nach Temperament, Gehorsam und Rittigkeit des Pferdes. Die Unterschenkel müssen so ruhig wie möglich liegen und berühren nur mit dem Oberteil der Wade den Pferdeleib. Plötzliches Anstoßen der Absätze oder Anschlagen der Unterschenkel erschreckt die Pferde, macht sie nervös und ist in jedem Falle nachteilig.

Vorbedingung für gute Schenkelhilfen ist ein elastisch gespanntes Kreuz und ein mit den Bewegungen des Pferdes gut mitgehender Sitz, d. h. das Knie muß im Augenblick des Schenkeldruckes tief am Sattel bleiben. Bei einem schwungvoll gehenden, durchgearbeiteten Pferd genügt bei richtigem Sitz ein weiches Fühlenlassen der Unterschenkel. Ein guter und wachsamer Reiter merkt, daß sich das Pferd die treibende Anregung der Unterschenkel gewissermaßen selbst holt, weil beim Vortreten des Hinterfußes die jeweils voller werdende Rumpfseite stärkere Wadenfühlung nimmt.

Die bereits erwähnte Einwirkung des Schenkels auf den jeweiligen Hinterfuß ist nur dann wirklich vortreibend, wenn der Schenkeldruck sofort nach dem Abheben des Hinterfußes erfolgt. Diesen Augenblick herauszufühlen, zu erkennen und auszunutzen, gilt es zu lernen. Dazu muß man wissen, daß die Gliedmaßenfolge des Pferdes diagonal wechselseitig bzw. diagonal gleichzeitig ausgeführt wird. Das Abheben erkennt der Reiter an der sich gleichzeitig nach vorn bewegenden, entgegengesetzten Pferdeschulter (S. 55).

Zügelhilfen sind die dem Pferde übermittelten Einwirkungen der Reiterhände durch die Zügel auf das Trensengebiß. Durch vermehrtes An- oder Abspannen der Zügel entsteht ein stärkerer oder schwächerer Druck des Gebisses auf die Laden. Das sind die zahnfreien oberen Ränder des Unterkiefers, zwischen den Schneide- und Backenzähnen, die bei der Zäumung das Gebiß aufnehmen. Diese Zügeleinwirkungen bestimmen Gangart, Tempo und Richtung des Pferdes. Sie bewirken also in diesem Sinne die Führung des Pferdes, sind ihrer Natur nach vorherrschend verhaltend und müssen stets mit treibenden Hilfen verbunden werden.

Eine gute Zügelführung ist nur bei unabhängigem und festem Sitz möglich. Nur ein völlig durchlässiges Pferd gehorcht sicher der Reiterhand, deren Zügelhilfen um so schneller wirken, je besser das Pferd diese Einwirkungen auf die Laden durch Genick, Hals und Rücken bis in die Hinterhand hindurchläßt. Diese dauernde, federnde Verbindung zwischen Hand und Pferdemaul *an beiden Zügeln* zu erhalten ist die Kunst einer guten Führung, die man *Anlehnung* nennt. Sie kann von einer leichten bis zur starken Anlehnung wechseln, bei der das Pferd willig das Genick biegt, auf dem Gebiß kaut und dadurch weich an der Hand bleibt. Eine leichte und in den versammelten Gängen um so feinere Anlehnung nimmt das Pferd, je mehr es die Tragkraft der Hinterhand gebraucht. Die stärkere Anlehnung wird das Pferd suchen, wenn, besonders in den freieren Gängen, die Schubkraft der Hinterhand vorherrscht.

Der Reiter kann aber auch eine stärkere Anlehnung absichtlich herbeiführen, indem er versucht, eine unsicher gewordene Verbindung zwischen Hand und Pferdemaul durch Herantreiben an die Hilfe wiederherzustellen. Es ist jedoch besser, immer zu versuchen, die Anlehnung stets weich zu erhalten. Dafür hat der äußere Zügel zu sorgen. Der innere Zügel erhält hauptsächlich die »Stellung«. Es ist zu unterscheiden zwischen der nachgebenden, durchhaltenden, annehmenden und verwahrenden Zügelhilfe.

Bei der nachgebenden Zügelhilfe bleiben die Zügelfäuste stehen und drehen sich aus dem Handgelenk so, daß die kleinen Finger sich dem Pferdemaul nähern. Während der Arbeit kann es erforderlich sein, mit der ganzen Hand ohne Drehung vorübergehend vorgehen zu müssen. In diesem Falle darf niemals die Verbindung mit dem Pferdemaul aufgegeben werden. Diese Art der nachgebenden Zügelhilfe ist besonders zur Beschleunigung des Tempos und beim Anreiten aus dem Halt anzuwenden. Das Längermachen des Halses wird dem Pferd dadurch erlaubt, daß der Reiter mit dem ganzen Arm vorgeht, ohne die Verbindung aufzugeben. Keineswegs darf er sich die Zügel aus der Hand ziehen lassen, um die Anlehnung zu erhalten.

Die durchhaltende Zügelhilfe wird bei zuviel Anlehnung des Pferdes und bei halben Paraden eingesetzt. Die Hände bleiben stehen, werden wie zum Ausdrücken eines Schwammes fest geschlossen, um so dem vermehrten Druck zu begegnen. Diese Haltung wird beibehalten, bis das Pferd sich am Gebiß abstößt und nachgibt. Hierbei muß vor allem das mit vorgeschobenem Gesäß angespannte Kreuz des Reiters eingesetzt werden. Nur dieses Gegenspannen bewahrt ihn davor, daß ihm das Pferd die Hand nimmt (S. 206) oder er vornüber gezogen wird. Gibt das Pferd nach, heißt es in der Reitersprache, das Pferd hat sich *am Kreuz des Reiters abgestoßen.*

Die annehmende Zügelhilfe ist eine Steigerung der durchhaltenden Zügelhilfe und wird gebraucht bei

- zu fester Anlehnung;
- weniger durchlässigen Pferden;
- der Mäßigung des Tempos, wenn z. B. bei halben Paraden die durchhaltende Hilfe versagt;
- belastender Einwirkung auf die Hinterhand und
- bei allen Wendungen im Halten wie im Gange.

Es muß unbedingt darauf geachtet werden, daß treibende Hilfen die annehmende Zügelhilfe unterstützen. Das Annehmen der Zügel geschieht durch vermehrtes Schließen und Eindrehen der Hände. Dabei nähern sich die mittleren Fingergelenke dem Leibe des Reiters. Seine kleinen Finger nähern sich seiner gleichseitigen oder gegenüberliegenden Brustseite, je nach Durchlässigkeit des Pferdes, dem Zweck und Einwirkungsgrad der Lektion. Eine Beteiligung des Armes ist bei noch stärkeren Einwirkungen geboten (S. 194). An dieser Stelle muß ganz besonders davor gewarnt werden, dauernd am Zügel zu ziehen, sondern durch lebhaft wechselndes Nachgeben und Annehmen den Erfolg zu suchen und zu sichern.

Nimmt das Pferd die Zügelhilfen an und gibt nach, müssen Arme und Hände des Reiters sofort elastisch weich werden, niemals im Anzuge stecken bleiben. Von entscheidender Bedeutung ist auch hier, daß der Reiter den Augenblick des Nachgebens des Pferdes richtig erfaßt und ihn sozusagen vorausfühlt. Wenn die Zügelfaust beim Nachgeben des Pferdes nicht auch leicht wird, sondern fest und steif zurückzieht, weiß das Pferd nie, was der Reiter will.

Bei den durchhaltenden und annehmenden Zügelhilfen sind die treibenden Schenkelhilfen besonders wichtig. Sie setzen in dem Augenblick vortreibend ein, wenn *der jeweilige*

Hinterfuß vorschwingt zum Wiederaufsetzen. Nur auf diesen gut untergesetzten Hinterfuß kann die annehmende und durchhaltende Zügelhilfe durch vermehrte Belastung biegend einwirken.
Bitte hier genau den Unterschied zum normal vortreibenden Reiterschenkel beachten (S. 104).
Die verwahrende Zügelhilfe wird mit dem jeweils äußeren Zügel gegeben. Sie ist notwendig zur Erhaltung der Anlehnung und zur Begrenzung der Biegung von Kopf und Hals bei allen Wendungen. Diese Hilfe besteht im leichten Gegenhalten der Hand, das sich bis zum Annehmen steigern kann. Verwahrende Zügelhilfen sind neben den treibenden und nachgebenden die am meisten einzusetzenden Hilfen während der Reitstunde.

Die volle Wirkung der Zügelhilfen tritt nur ein, wenn sie beid- oder wechselseitig gleichmäßig ihrem Zweck entsprechend zum Einsatz kommen. Bei nur einseitigem Zügelanzug wird das Pferd nur Kopf und Hals herumbiegen zum Wenden.
Die Hände müssen grundsätzlich auf ihrer Seite links und rechts neben dem Widerrist bleiben. Das oft zu beobachtende Hinüberdrücken über den Widerrist oder weite Herumziehen der Zügelfäuste nach außen ist ein grober Fehler (S. 64, Ausnahme S. 128, »öffnen«).
Jeder Reiter sollte als beruhigende Hilfe *das Überstreichen* üben und dabei prüfen, ob sich sein Pferd in den freieren Tempi auch selbst trägt (S. 84). Dazu gehen die Zügelhände *langsam* auf dem Mähnenkamm nach vorn und wieder, beiderseits am Pferdehals entlang, in die Normalhaltung zurück. Die treibenden Hilfen dürfen hierbei nicht aufgegeben werden. Das Überstreichen kann auch wechselseitig erfolgen, so daß das Pferd jederzeit an einer Hand Anlehnung findet.
Das fehlerhafte Verhalten der meisten Reiter, zu viel mit den Händen und zu wenig mit Gewichts- und Schenkelhilfen einzuwirken, muß dauernd bekämpft werden!
Ein Pferd *legt sich auf den Zügel (auf die Hand),* wenn es mit steifem Genick und Hals eine Stütze in den Zügeln findet. Damit aber nimmt das Pferd dem Reiter jede Möglichkeit einer leichten Führung. Dieser Rittigkeitsfehler ist bei jungen Tieren meistens eine Folge zu früher und schwungloser Versammlung mit zu harter Hand. Ältere und *laurige Pferde* (faule, bequeme, nicht gut vorwärtsgehende) mit dem gleichen Fehler, sind von schlechten Reitern »verritten« worden. Diese Auch-Reiter können keine, nur falsche und nicht durchdringende Hilfen geben bzw. nur das reiten, was das Pferd mehr oder weniger willig anbietet. Die Korrektur dieser Pferde ist langwierig (S. 205), erfordert gute Longenarbeit und einen Reiter mit Kenntnissen über den vortreibenden Sitz und das Reitergefühl (S. 102, 109).
Hinter dem Zügel ist ein Pferd, wenn es das Gebiß nicht annimmt, entschlossenes Vorwärtstreten verweigert und die Verbindung von Hand und Pferdemaul durch Zurücknehmen des Maules in Richtung Vorderbrust aufhebt. Besonders laurige und nervöse Pferde mit empfindlichem Maul neigen dazu. Ursache und Korrektur wie bei auf dem Zügel liegenden Pferden (S. 205).
Gegen den Zügel geht ein Pferd, das mit Gegendruck der unnachgiebigen Genick- und Halsmuskeln nach vorn-aufwärts strebt. Das tritt oft ein, wenn jungen Pferden und solchen mit schwachem Rücken zu wenig Zeit gelassen wird, mit tiefem Hals und gewölbtem Rücken das Reitergewicht zu tragen, oder wenn sie zu früh und falsch »aufgerichtet« werden (S. 112, 205).
Wechselnde Anlehnung, einmal hinter dem, dann gegen den Zügel, wird durch ruhiges Vorwärtsreiten mit leicht anstehenden Zügeln und weicher Hand erfolgreich behoben.
Am langen Zügel geht das Pferd, wenn es ohne Genickbiegung eine dauernde Verbindung mit der Reiterhand hat.
Am hingegebenen Zügel geht das Pferd, wenn bei völlig gestrecktem Hals noch Verbindung zur Reiterhand besteht.
Mit hingegebenem Zügel heißt es, wenn bei durchhängenden Zügeln keine direkte Verbindung zur Reiterhand besteht.
Diese vorgenannte Reihenfolge ist einzuhalten, weil sie sich nur so einer folgerichtigen Ausbildung angleicht.

Paraden sind Einwirkungen des Reiters auf sein Pferd und dienen entweder als halbe Paraden der lösenden oder als ganze Paraden der versammelnden Arbeit. Paraden werden *nicht* »vom Reiter gegeben«, *sondern* »das Pferd soll sie sich aus der Reiterhand holen«. Eine vortreibend-versammelnde *Gewichts*hilfe (S. 102) unterstützt die treibenden *Schenkel*hilfen und bewirkt, durch die annehmende oder durchhaltende *Zügel*hilfe, alle Paraden in jeder vom Reiter gewollten Stärke (Eingehen in die Bewegung, S. 96). *Wichtigster Grundsatz:*

> Paraden werden an beide Zügel herangeritten, aber stets deutlich *vermehrt* an den *äußeren Zügel!*

Bei allen Paraden zeigt sich deutlich das richtige Zusammenwirken der treibenden und verhaltenden Hilfen. Der Übergang muß weich, gleichmäßig und fließend sein. Ein nach der Parade mit dem Kopf schlagendes oder zurücktretendes Pferd beweist, daß die Zügelfäuste zu hart und unnachgiebig sind; es fehlen Kreuzeinwirkung und treibende Hilfen.

Zur *Ausführung einer Parade* gehen folgende Reiterhilfen ineinander über – aber bitte fließend, nicht ruckartig:

Die am Gurt liegenden *leicht* treibenden Unterschenkel und das treibende Kreuz des Reiters veranlassen das Pferd, vermehrt nach vorn unter den Schwerpunkt zu treten (S. 57). Durch diesen gleichzeitigen und gleichmäßigen Druck wird die Hinterhand des Pferdes herangehalten. Der senkrechte Oberkörper und das verstärkt angespannte Kreuz des Reiters erhöhen die Belastung der Hinterhand. So treiben diese Einwirkungen das Pferd gegen die durchhaltenden Zügelhilfen. Sie müssen, bei absolut senkrechtem Oberkörper und *passiv* anliegenden Schenkeln des Reiters, mehr oder weniger fühlend – niemals ziehend(!) – einwirken. Jetzt muß das Pferd bei einer ganzen Parade zum Stehen kommen. Gelingt das nicht, ruhig weiterreiten und alle Hilfen am nächsten Paradepunkt etwas deutlicher wiederholen – es lohnt sich! Vor allem ist auf das Zügelannehmen und -nachgeben im lebhaften Wechsel mit senkrechter Fausthaltung (nicht riegeln!) zu achten und darauf, daß die treibende Hilfe erst *sehr kurz* vor der durchhaltenden (evtl. leicht annehmenden) Zügelhilfe einwirkt. Zeitspanne und Stärke einer Parade sind sehr wichtig und abhängig vom Ausbildungsgrad des Pferdes und Reiters sowie von der Gangart.

Halbe Paraden sind Einwirkungen des Reiters auf sein Pferd, um es für den Augenblick zu verhalten, zu versammeln, zum Mäßigen des Tempos oder zum Übergang in eine *kürzere Gangart* zu bringen. *Aufgabe und Zweck sind:*

- Das Pferd in eine *niedrigere* Gangart zu versetzen,
- Takt und Haltung des Pferdes im Gange zu verbessern,
- eine verlorengegangene Haltung wiederzugewinnen,
- dem Druck des Pferdes auf das Mundstück zu begegnen,
- das Wegeilen des Pferdes im Gange aufzuhalten und
- das Pferd für alle Übungen vorzubereiten, die vermehrte Geschicklichkeit erfordern.

Das bedeutet in der Praxis, *immer* wenn etwas Neues beginnt oder bei jeder Unaufmerksamkeit, jedem Abweichen von der geraden Linie, Tempowechsel und vor *jeder* Lektion.

Halbe Paraden hören sofort auf, wenn der Zweck erreicht ist. Die Verschiedenartigkeit von Aufgabe und Zweck halber Paraden verlangt vom Reiter mehr oder weniger kräftige Schenkelarbeit mit angespanntem Kreuz. Dadurch wird erreicht, daß trotz verhaltender Zügelhilfe der Schub der Hinterhand erhalten und das Pferd an den Hilfen bleibt. Bei gut durchgerittenen Pferden genügt häufig schon das Kreuzanspannen oder Schließen der Zügelfäuste.

Ganze Paraden sind Einwirkungen des Reiters, um sein Pferd zum Halten zu bringen. Sie werden dem Pferd durch kurz aufeinanderfolgende weiche halbe Paraden »angesagt«, weil ohne diese Vorarbeit das Pferd auf der Vorhand pariert würde. Beinschäden, die bis zum »Niederbruch« (S. 47) führen können, sind die Folgen. Die Hilfen gleichen denen der halben Parade, mit etwas stärkerer Einwirkung im Moment des Haltens. Steht das Pferd nach der ganzen Parade, muß der Reiter wesentlich anders einwirken. Er spannt sein Kreuz ein wenig ab. Durch leichtes Zurücknehmen des Oberkörpers belastet er die Hinterhand, um sie mit evtl. leichtem Schenkeldruck an ihrem Platz zu halten. Steht das Pferd still und möchte seinen Hals strekken, ist sofort mit den kleinen Fingern nachzugeben. Dieses belanglos erscheinende Entgegenkommen verstehen die Pferde sehr gut und bleiben ruhig, aufmerksam an den Hilfen. Sie werden dann auch beim Anreiten *sofort* die vom Reiter geforderte Gangart annehmen.

Bei beiden Paraden dürfen die Zügelfäuste nie ansteigen, um das weite Untertreten der Hinterhand nicht zu behindern. Bei mit hohem Rücken nach unten bohrenden Pferden ist ein kurzes *Höherstellen der Zügelfäuste* gestattet.

Eigenmächtigen Paraden, besonders bei faulen Pferden (S. 126), muß der Reiter energisch mit kräftig vortreibenden Hilfen begegnen.

2. Gebrauch der Sporen

Die Sporen sind ein Mittel zum Zweck, um das Pferd an die Beachtung der Hilfen zu ermahnen, es zu höherer Kraftanstrengung aufzufordern und zur Bestrafung (S. 201).

Die Sporen werden zum Gebrauch nur *angedrückt.* Das geschieht mehr oder weniger fühlbar, je nach Verhalten des Pferdes zur gestellten Forderung.

Die Unterstützung der Hilfen durch den Sporn ist erst dann angebracht, wenn die Hilfe selbst bereits gewirkt hat (S. 34 »unbedingte Reflexe«). Der Sporn soll die Ausführung der Lektion unterstützen, verfeinern und das Pferd sicherer machen. Die Ausgangsposition der Gewichts-, Schenkel- und Zügelhilfe darf deshalb während der Wirkung des Sporns nicht verändert werden. Um z. B. dem Pferd »zu sagen«, welcher Hinterfuß vermehrt vortreten soll, kann der Reiter dem Pferd diese Stelle »zeigen«. Dazu wird *nur* die Fußspitze *nach außen gedreht* und der Sporn dicht hinter dem Gurt *angedrückt.* Auch die verwahrende Schenkelhilfe kann durch weiches, flaches *Anlegen* des Sporns gesteigert werden.

Zur höheren Kraftanstrengung wird das Pferd mit beiden Sporen in gleicher Weise aufgefordert. Die Kraftentfaltung kann im Einzelfall mehrmaliges Andrücken oder -legen erfordern, dann aber überlegt und vorsichtig.

Als Strafe die Sporen nur einsetzen, wenn wirklich Ungehorsam oder Widersetzlichkeit vorliegen. Niemals im Zorn strafen, die ungerechte Strafe untergräbt das Vertrauen des Pferdes zum Reiter. Wenn eine Strafe sein muß, soll innerhalb der bekannten 10 Sekunden nach dem Ungehorsam gestraft werden; später weiß das Pferd nicht mehr, wofür es bestraft wird. Es muß sofort entschlossen gestraft werden. Halbe und zu laue Maßregeln schüchtern ein Pferd nicht ein.

Bei Widersetzlichkeit gegen einen Schenkel wird nur dieser einseitige Sporn gebraucht. Beim Einsatz der strafenden Sporen bleibt der Reiter mit seinem Oberkörper fest im Sattel sitzen. Vor allem darf das Pferd im Augenblick der Strafe nicht durch Zügelreißen im Maul gestört werden. Zum Stoß mit den Sporen dürfen sich die Unterschenkel nicht vom Pferdeleib abheben, um auszuholen (S. 202). Zur verstärkten Schenkelhilfe mit den Sporen ist also ein absolut unabhängiger Sitz und ein feines *Reitergefühl* notwendig (S. 94–98). Reitergefühl ist die Fähigkeit, jeden Augenblick zu erkennen, welche Hilfen erforderlich und richtig zueinander abgestimmt zur Wirkung zu bringen sind. Dieses Gefühl erwächst nur aus einem schmiegsamen Sitz, der in dauernder Übereinstimmung mit den Bewegungen des Pferdes bleibt.

Gebrauch der Gerte siehe Seite 72 und 203.

Anwendung und Zusammenwirken der Hilfen in den Lektionen

Erst durch das Zusammenwirken der Gewichts-, Schenkel- und Zügelhilfen werden Dressurhaltung, Gangleistung, Gehorsam und richtige Führung des Pferdes im Gebrauch erreicht. Nicht in der rohen Gewalt, sondern in geschickter Anwendung der Hilfen liegt der Erfolg.
Das Gegeneinanderwirken treibender und verhaltender Hilfen schiebt das Pferd von hinten nach vorn zusammen und bewirkt die Versammlung. Die zur Dressurarbeit unerläßliche seitliche Biegung des ganzen Pferdes wird durch die biegenden inneren und verwahrenden äußeren Hilfen erreicht. Die treibenden Hilfen haben in jeder Hinsicht absoluten Vorrang. Auch in kürzeren Gängen muß oberster Grundsatz sein, den durch entschiedenes Vortreten des Hinterbeines richtig abgemessenen Schwung nach vorn zu erhalten. Wer diesen Nachschub der Hinterhand durch zu starkes Verhalten erstickt, erreicht keine Versammlung, das Pferd wird stets auf den Zügel oder schwunglos hinter den Zügel gehen. Daneben ist noch als zweiter wichtiger Grundsatz zu beachten, daß die Vorhand des Pferdes so auf die Hinterhand einzurichten ist, daß die Hinterfüße den Vorderfüßen in der Bewegungsrichtung genau folgen. Nur so kann die Hinterhand durch Rücken, Hals und Genick in die Hand des Reiters und umgekehrt diese Hand über Genick, Hals und Rükken auf die Hinterhand des Pferdes einwirken. Das Geraderichten des Pferdes ist deshalb von Bedeutung, weil beim *»Ausfallen« eines Hinterfußes* (Seitwärtstreten aus der Richtung) die Trag- und Schubkraft dieses Fußes und damit die Durchlässigkeit für die Hilfen verlorengehen (S. 138). Beim Anwenden und Zusammenwirken der Hilfen ist ein Vier-Stufen-Aufbau zu berücksichtigen: das Geraderichten (S. 127), An-die-Hilfen-Stellen, Beizäumen und Aufrichten.

1. Das An-die-Hilfen-Stellen

Das An-die-Hilfen-Stellen ist, wie ich meine, nur eine bessere Ausdrucksweise für das früher gebräuchliche An-die-Zügel-Stellen.
Besser deswegen, weil wir aus dem Abschnitt S. 101 zu den Hilfen gelernt haben, daß wir erst beim Zusammenwirken *aller Hilfen,* also nicht nur der Zügelhilfen, dem Pferd unsere Anweisungen übermitteln können. Die Lektion muß jedem Reiter unbedingt klar sein, fordert von ihm Geschicklichkeit, ist vom Gebäude, Dressurgrad, Tempo und von der Gangart des Pferdes abhängig und damit die Grundlage jeder weiteren Arbeit mit dem Pferd. Durch eingehende Unterweisung in Theorie und Praxis dieser Übung wird auch das Verständnis über das Zusammenwirken der Hilfen gefördert und das Reitergefühl gestärkt.
Wann steht ein Pferd an den Hilfen?
Ein Pferd steht an den Hilfen, wenn es in williger Genick- und Halsbiegung den Einwirkungen der Hand des Reiters nachgibt und ihm im Halten wie im Gange das Gefühl einer sicheren, leichten und dauernden Verbindung zwischen Hand und Pferdemaul verleiht.
Alle Einwirkungen des Reiters sind nur durch diese Verbindung gesichert. Sie muß federnd bleiben, wie ein Gummiband. Selbst wenn diese Verbindung bei etwas erhöhter Forderung einmal ein wenig stärker sein muß, darf sie niemals starr und hart werden.
Im Halten wird das Pferd vom Reiter mit beiden Schenkeln und angespanntem Kreuz gegen die leicht durchhaltende Zügelfaust nach vorn gedrückt, bis es die Hinterbeine heranstellt und auf dem Gebiß kaut. Gleichzeitig werden, durch weiches Annehmen der Zügel, Kopf und Hals des Pferdes je nach Dressurgrad so weit zurückgenommen, daß die Pferdenase noch vor der Senkrechten steht. Ein

noch nicht durchlässiges Pferd wird diesem Zurücknehmen widerstreben. Dann muß der Reiter weiter mit den Händen durchhalten und durch leicht *klopfende* Schenkel die Hinterhand zu weiterem Vortreten veranlassen. Das in diesem Falle oft vorhandene Auf-dem-Zügel-Liegen wird in dem Maße abnehmen, je williger das Pferd den Hinterfuß vorstellt. Die Aufrichtung ist hier nur dem Gebäude des Pferdes anzupassen. Das Pferd darf eher einige kleine Schritte nach vorn als einen einzigen zurücktreten. Beide Schenkel liegen verwahrend am Pferdeleib, bereit, bei einem Ausweichen der Hinterfüße seitwärts oder rückwärts, den betreffenden Fuß durch den *mehr klopfenden* als drückenden gleichseitigen Schenkel zum Vortreten zu bestimmen. Beim Vorstellen eines Vorderfußes wird der gleichseitige Zügel soweit angenommen, bis der Fuß wieder auf seinem richtigen Platz steht. Stellt das Pferd die Vorderfüße unter den Leib, wird es durch *drückende* Schenkelhilfen am Gurt veranlaßt, sie vorzustellen. Um ein Antreten des Pferdes zu verhindern, müssen die *Hände ein wenig höher* gestellt werden (S. 195). Sobald das Pferd ohne jedes Widerstreben still stehen bleibt, müssen die Zügelfäuste sofort weich werden.

Bei einem richtig an die Hilfen gestellten Pferd empfindet der Reiter einen weichen, die vier Pferdebeine gleichmäßig belastenden Sitz.

Im Gange werden die gleichen Hilfen angewendet, sobald der Reiter fühlt, daß das Pferd nicht mehr am Gebiß kaut, nicht mehr genügend Anlehnung nimmt und im freien Vorwärtsgehen nachläßt.

Ein *im Schritt am langen Zügel* gehendes Pferd wieder an die Hilfen zu stellen, muß so vorsichtig ausgeführt werden, daß die Reinheit des Ganges nicht verlorengeht.

Die Angewohnheit unerfahrener Reiter, nach dem Aufsitzen sofort anzureiten, ohne das Pferd an die Hilfen zu stellen, muß energisch bekämpft werden. Der Reiter verliert hierdurch die richtige Einwirkung und das Pferd verlernt durch solch unreiterliches Verhalten das für seine Verwendung als Gelände- und Schulpferd unentbehrliche, ruhige Stehenbleiben nach dem Aufsitzen (Abb. 1).

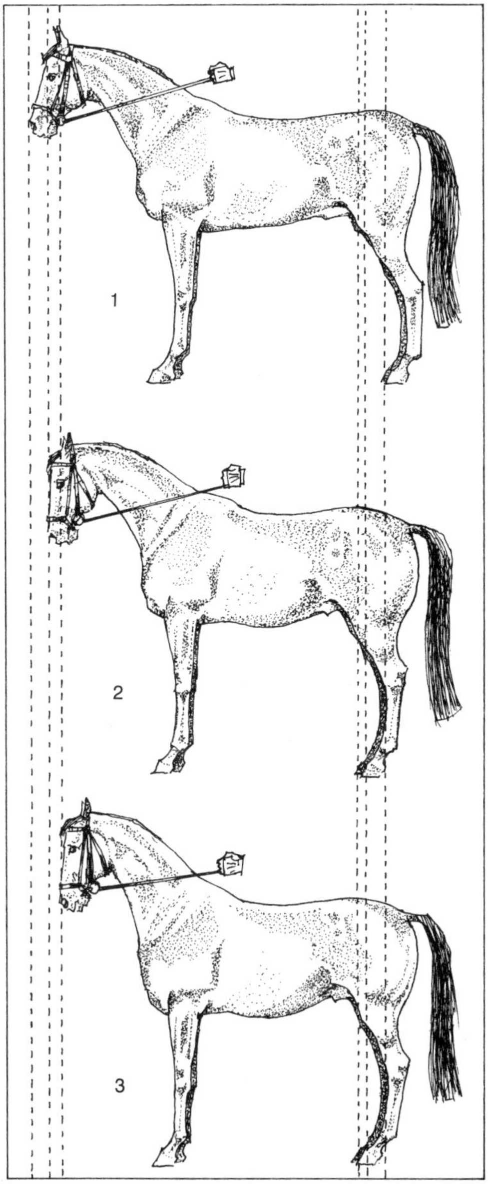

1 Erstes An-die-Hilfen-Stellen ohne Versammlung

2 An die Hilfen stellen mit Versammlung und Beizäumung

3 An die Hilfen stellen mit Versammlung, Beizäumung und Aufrichtung

2. Das Beizäumen

Hierunter wird die für die Zügeleinwirkung erforderliche und dem Gebäude des Pferdes angemessene Hals- und Genickbiegung verstanden. Es ist immer darauf zu achten, daß

- diese Biegung nicht mit den Zügeln erzwungen werden darf, sondern nur das Ergebnis der an die Hand herantreibenden Hilfen ist;
- der Reiter sofort nachgeben muß, wenn das Pferd im Genick nachgibt;
- die Genickbiegung allein nicht genügt;
- das Nachgeben nur dann vollkommen ist, wenn das Pferd sich vom Gebiß abstößt und kaut;
- kein Drücken auf das Trensengebiß spürbar ist und
- das Pferd den Zügelanzügen weich folgt.

Ein gutes Abkauen ist ein vortreffliches Zeichen für die willige Hergabe des Genicks (S. 81).
Geht das Pferd *gegen den Zügel,* ist es oftmals schon durch geschicktes Fühlenlassen des Sporns zum willigen Nachgeben bereit. Auch bei der beizäumenden Tätigkeit müssen die vortreibenden Hilfen in bestimmender Weise eingesetzt und das Pferd von hinten nach vorn an die Hilfen gebracht werden. Bei Pferden mit schwacher Hinterhand und schwachem Rücken sind diese Hilfen, vor allem das Einsitzen in den Sattel, weicher zu geben. Die Nachgiebigkeit des Pferdes ist vor allem in der Bewegung zu fordern. Anfangs am besten in verkürzten Tritten, dann im gemäßigten Trabe. Dieser Forderung wird das Pferd williger nachkommen, wenn es eine geringe Kopfstellung nach einer Seite erhält (S. 205).
Bei jedem Widerstreben ist die Vorwärtsbewegung der beste Verbündete des Reiters. Im Vorwärtsreiten muß aber ein seitliches Ausweichen (Ausfallen) der Hinterfüße durch sichere Schenkel- und Zügelhilfen verhindert werden.
Ein guter Reiter kann zur sicheren Beherrschung eines ausweichenden Hinterfußes vorübergehend die *Hände etwas auseinanderstellen.* Anfängern ist dieses nicht zu empfehlen, weil die Gefahr eines unsauberen Reitens besteht. Das gilt auch für ein *Tieferstellen der Hände.* Wenn es auch von Vorteil sein kann, wird es in den meisten Fällen dazu führen, daß die Reiter durch Herunterdrücken der Hände das Pferd zur Genickbiegung zwingen wollen. Gerade das aber ist falsch, weil Hände und Arme steif werden und das Pferd noch heftiger gegen den Zügel geht.
Der Reiter soll, selbst in der höchsten Versammlung, immer noch *das Gefühl* haben, er könne sein Pferd noch ein wenig mehr beizäumen. Nur so wird das Pferd durchlässig, den Hinterbeinen ein freier Vortritt gewährt und damit ein schwungvoller, geräumiger Gang vorbereitet (S. 111, Abb. 2).

3. Das Aufrichten und die Durchlässigkeit

Das Aufrichten ist ein Höhertragen des Pferdehalses unter Beibehaltung der in der Beizäumung erreichten Kopfstellung. Es verfolgt den Zweck, das Gleichgewicht des Pferdes zu verbessern und ihm dadurch freiere und energischere Gänge zu ermöglichen. Bei richtiger Versammlung, die der Reiter am Höhertragen des Pferdehalses mit gleichzeitigem Senken der Hinterhand erkennen kann, stellt sich die richtige Aufrichtung oft von selbst ein. Die Aufrichtung muß also das Ergebnis der die gesamte Hinterhand biegenden Arbeit sein. Es darf unter keinen Umständen versucht werden, das Pferd durch Ziehen an den Zügeln aufrichten zu wollen (Relative und absolute Aufrichtung S. 83). Die Aufrichtung ist, genauso wie die Beizäumung, immer nur Mittel, der schwungvolle Gang aber Zweck der Dressur. Der Grad der Aufrichtung wird vom Körperbau des Pferdes bestimmt.
Eine *aufrichtende Einwirkung der Reiterhand* ist dabei meist nicht zu entbehren. *Die Hände stehen* entweder passiv aushaltend *etwas höher oder steigen* ein wenig aufwärts bei stärkerer Anwendung. Diese Tätigkeit der Hände muß aber stets von vortreibenden Hilfen begleitet sein, die die Hinterfüße des Pferdes

unter den Leib bringen, damit diese sich biegen und die ihnen von den Händen zugeschobene Last besser tragen können.
Pferde mit schwacher Hinterhand und weichem Rücken werden geringer aufgerichtet als normal gebaute, weil sie sonst nur den Rücken durchdrücken und die Hinterbeine nicht genügend untersetzen. Weitere Folgen sind Neigung zu fehlerhaften Gängen und zu vermehrter Aufregung.
Beim *Aufrichten auf der Stelle* müssen die Hinterhufe an eine durch die Hüften des Pferdes gedachte Senkrechte herangestellt und dann die vier Füße auf dem Platz gehalten werden.
Im Gange werden an den Grad der Aufrichtung nicht so hohe Ansprüche gestellt, weil Reinheit der Tritte und Gleichmäßigkeit des Tempos unbedingten Vorrang haben.
Die Aufrichtung und auch die Beizäumung sind die am meisten falsch verstandenen Begriffe der Reitkunst. Hervorgerufen durch falsche Auslegung der dazu richtigen Hilfen, sind diese Lektionen mit ihren unbestreitbar vorteilhaften Wirkungen in das Gegenteil verwandelt worden. Für den gewissenhaften Reiter jedoch – auch wenn er das Reiten nur als Hobby betreibt – ist das geduldige Üben und die sich daraus ergebende richtige Ausführung dieser Arbeit mit ihrem Ergebnis des richtigen Aufrichtens der schönste Lohn seiner Mühe (S. 111, Abb. 3).
Auf die *Durchlässigkeit* muß an dieser Stelle einmal genauer eingegangen werden. Bei aller bisher in der Anwendung und dem Zusammenwirken der Hilfen geschilderten Arbeit wird immer wieder gefordert, daß das Genick des Pferdes stets der höchste Punkt der Kopfstellung sein muß (S. 129).
Diese Haltung ist nur bei guter Durchlässigkeit möglich. Sie ist dann erreicht, wenn die Zügelanzüge durch Genick, Hals und Rücken des Pferdes biegend *und* belastend auf den gleichseitigen Hinterfuß wirken. Das wiederum ist nur möglich, wenn das Pferd geradegerichtet ist und eine beiderseits gleichmäßige Anlehnung hat. Dann erst *tritt das Pferd* mit dem Hinterfuß an den federnden Rücken und, durch das elastisch-weiche Genick, *in den* gleichseitigen *Zügel* (S. 137). Zur Erreichung dieses Zieles ist der richtige, ruhige Sitz des Reiters sehr wichtig. Bleibt er mit seinem Oberkörper hinter der Senkrechten, wird das Pferd geschoben und nicht geritten. Die Hinterhand ist, durch das falsch verlagerte Reitergewicht auf die Vorhand, zum Schieben und nicht zum Tragen herangezogen. Es fehlt die richtige Belastung. Ist der Oberkörper vor der Senkrechten, wirkt er nur verhaltend und kann niemals biegend die Hinterhand beeinflussen.
Zäumt sich ein Pferd in geringem Grade zu tief, wird energisches Vorwärtstreiben an die durchhaltenden Zügelfäuste genügen, um es zum Vornehmen der Nase und Längermachen des krausen Halses zu nötigen. Überzäumt sich ein Pferd (S. 64) und widersetzt es sich durch Bohren auf die Hand oder geht es hinter den Zügel, muß der Reiter erst die *Pferdenase nach vorn herausheben.* Dies geschieht mit leicht durchhaltenden und wieder nachgebenden Zügeleinwirkungen der etwas *höher gestellten Hände,* bei gut vortreibenden Schenkeleinwirkungen. Das Herausheben ist erforderlich, um die Durchlässigkeit erneut zu erreichen. Annehmende Zügelhilfen bei überzäumten Pferden würden deren Körper bereits am Widerrist verlassen.
Ist das Genick des Pferdes höher gestellt, erreicht der Reiter die relative Aufrichtung dadurch, daß er die wieder tiefer gestellten Hände so lange weich anstehen läßt, bis er fühlt, daß das Pferd bereit ist, im Genick nachzugeben.
Hat ein Pferd *nur einseitige Anlehnung,* geht das Annehmen des Zügel in Richtung zur entgegengesetzten Seite hinaus und verliert jede Wirkung. Der Reiter muß also immer darauf achten, die beizäumenden und aufrichtenden Einwirkungen gut aufeinander abzustimmen und seine Hilfen richtig einzusetzen (S. 106). Die feinfühlende Abstimmung dieser Hilfen ist die wichtigste Phase der aufrichtenden Arbeit.
Erst wenn das Pferd eine sichere Anlehnung auf beiden Seiten gewonnen hat, werden Hals und Kopf aufgerichtet. Niemals darf durch Rückwärtswirken mit den Zügeln die Aufrichtung gewonnen werden. Sie muß immer das Ergebnis der richtig entwickelten Schub-

kraft der Hinterhand des Pferdes sein. Eine für alle Pferde passende Normalstellung für Hals und Kopf gibt es nicht. Der Reiter muß, dem Gebäude des Pferdes entsprechend, die richtige Haltung und Stellung suchen und finden. Er hat sie erreicht, wenn bei guter Durchlässigkeit sein Pferd in ruhigen, raumgreifenden Tritten schwungvoll vorwärts geht. Haltung und Stellung eines Pferdes sind immer gut, wenn sich der Hals frei aus dem Widerrist erhebt, der Mähnenkamm einen zum Genick zu sanft gewölbten Bogen bildet und das Genick, bei fast senkrechter Nasenlinie, der höchste Punkt ist.
Wird mit der Aufrichtung begonnen, bevor die Hinterhand des Pferdes genügend Geschick und Kraft erlangt hat, um die ihr von vorn zugeschobene Last aufzunehmen, so wird das Pferd in der Sattellage des Rückens tiefer und damit die Tragfähigkeit des Reitergewichtes erschwert. Diese nur durch Festhalten und Ziehen am Zügel erzwungene absolute Aufrichtung ist grundfalsch (S. 83).

4. Die Gangarten

Die natürlichen Gangarten sind der Schritt, Trab und Galopp. Das wesentliche Unterscheidungsmerkmal der Gangarten ist die Zeitfolge der Bewegungen der Gliedmaßen, die durch das Tempo bestimmt wird. Demzufolge unterscheidet man schwunglose (Schritt) und schwunghafte (Trab, Galopp) oder auch schreitende (Schritt, Trab) und springende (Galopp) Gangarten. Wie die Gangart die Verschiedenartigkeit der Fußfolge bezeichnet, bestimmt das Tempo das Zeitmaß der Fortbewegung. Dieses Tempo kann verkürzt oder verstärkt geritten werden.
Als außergewöhnliche Bewegungen, für das Dressurpferd aber keineswegs unnatürliche, können wir die Seitengänge, das Rückwärtsrichten (Rückwärtstreten), die Piaffe und Passage ansehen. Das Hauptziel der Ausbildung muß das gleichmäßige Tempo innerhalb der Gangart sein. Die dressurmäßige Ausbildung in den drei Gangarten soll vor allem die Reinheit der natürlichen Gänge des Pferdes wieder herstellen. Nur wenige Reiter denken daran, daß allein schon durch das Sattelauflegen und Gurtanziehen eine gewisse Spannung im Pferd hervorgerufen wird. Hinzu kommt dann noch das von Natur aus ungewohnte Reitergewicht. Diese Verkrampfungen des Pferdes zu lösen, ist die erste Aufgabe des schulmäßigen Reitens.

Zum Schritt schiebt der Reiter das an den Hilfen stehende Pferd mit leicht angespanntem Kreuz und gleichmäßig drückenden Schenkeln in die Vorwärtsbewegung hinein. Das Pferd befindet sich stets mit zwei oder drei Beinen am Boden, es entsteht kein Schwebezustand wie beim Trab und Galopp. Der Reiter kann seinen Sitz in dieser Gangart zwar am besten kontrollieren und beherrschen, jedoch sollte jeder daran denken, daß es vielen Pferden gelingt, ihren Reiter hinsichtlich des »An-die-Hilfen-Stellen« zu täuschen. Ein geschicktes Pferd kann sich im Schritt vor mancher unangenehmen Ungeschicklichkeit seines Reiters elegant drücken. Die Fußfolge bleibt bei jedem Tempo die gleiche, es ändern sich lediglich Länge und Erhabenheit der Tritte, je nachdem, ob verkürztes oder verstärktes Tempo geritten wird. Stand das Pferd vor dem Anreiten in etwas stärkerer Versammlung, müssen die Zügelfäuste soviel nachgeben, daß das Pferd antreten kann. Dazu gehen die kleinen Finger in Richtung Pferdemaul vor, *ohne* die Verbindung aufzugeben. Im Schritt soll das Pferd fleißig in guter Haltung gehen und sich am Gebiß abkauen. Eine zu starke Versammlung schadet der Geräumigkeit des Schrittes.
Zackelnde Pferde müssen durch vorsichtig angepaßte vortreibende Gewichts- und Schenkeleinwirkungen erst wieder an die weichen Zügeleinwirkungen herangeritten und dann zum Schritt pariert werden. Durch anhaltendes Zügelziehen oder gar Reißen im Maul kann ein zackelndes Pferd niemals beruhigt werden. Ein noch größerer Fehler ist *der Paßgang,* bei dem das Pferd ein gleichseitiges Beinpaar gleichzeitig bewegt und aufsetzt. Diesen Fehler »wegzureiten« ist zwar möglich, erfordert jedoch sehr viel Zeit und noch mehr Geduld (S. 53).

Auch ein mittelmäßiges Schulpferd soll im Schritt nicht mit schleppenden Tritten vorwärts gehen. Es muß schreiten, also die Beine vom Boden erheben und vorsetzen. Auf einen reinen, taktmäßigen und geräumigen Schritt ist größter Wert zu legen. Erst wenn sich das Pferd an einen solchen Schritt gewöhnt hat, dürfen die Zügel allmählich etwas mehr angenommen werden. Der freie Gang muß dabei stets erhalten bleiben. Den *Schritt am Zügel* in einer dem Körperbau des Pferdes entsprechenden Haltung darf der Reiter von seinem Pferd erst verlangen, wenn es eine sichere Anlehnung und Haltung im Trabe gewonnen hat.

In der Gangart Schritt sind die Gangmaße Mittelschritt, starker Schritt und versammelter Schritt zu unterscheiden.

Im Mittelschritt geht das Pferd ruhig, gleichmäßig und entschlossen vorwärts. Aufgrund der Fußfolge muß ein Viertakt deutlich zu hören sein. Gleichmäßiger Takt und die dadurch entwickelte Gleichmäßigkeit der Bewegung sind die Kennzeichen eines guten Schrittes. Der Reiter sollte auch und gerade im Schritt das An- und Abspannen des Kreuzes üben, um so das »Mitgehen in die Bewegung« des Pferdes zu lernen (S. 96). Die Spur der Hinterhufe liegt mindestens in denen der Vorderhufe.

Das Pferd darf unter keinen Umständen mit dem Kopf hin und her nicken. Diese Bewegung beweist, daß der Reiter mit unruhigen, sich dauernd vor- und zurückziehenden, am Zügel festhaltenden Händen keine richtigen Hilfen geben kann. In der Reitersprache sagt man, der Reiter *riegelt oder sägt* sein Pferd herunter (S. 138). Der Mittelschritt wird in allen Dressurklassen und auch bei der Reiterpaß-Prüfung verlangt. Ein absolut einwandfreier, taktmäßiger Schulschritt gehört zu den schweren Lektionen.

Untenstehende Abbildung zeigt eine Remonte im ungezwungenen Schritt *am langen Zügel* (S. 107). Das Pferd geht, aufmerksam nach vorn schauend, in ruhiger Haltung kraftvoll vorwärts, was das linke Vorderbein deutlich zeigt. Das Pferd *schreitet,* es zieht die Gliedmaßen nicht knapp über dem Boden nach.

Der starke Schritt hat raumgreifende, dem Körperbau des Pferdes angepaßte, ruhige Schritte. Das Pferd muß gut im Takt bleiben. Die Spur der Hinterhufe liegt weit vor denen der Vorderhufe. Dieser Schritt wird nur *am langen Zügel* geritten. Die Zügelfäuste geben dabei nur soviel nach, wie das einzelne Pferd den Schritt heraustreten kann, *ohne* daß es »auseinanderfällt«, d. h. es muß an den Hilfen bleiben. Starker Schritt wird nur in den Dressur-Klassen M und S verlangt.

Mittelschritt eines fortgeschrittenen Pferdes

Schritt am langen Zügel

Der versammelte Schritt verlangt stärker gebeugte Gelenke. Die Schritte decken weniger Raum als im Mittelschritt. Haltung und Ausdruck des Pferdes werden erhabener. Aufgrund erhöhter Schwung- und Federkraft liegen die Spuren der Hinterhufe deutlich hinter denen der Vorderhufe. Der versammelte Schritt, nur in den Klassen M und S verlangt, muß in Klasse S noch ausdrucksvoller sein. Nur dann bleiben Takt und Tempo erhalten und das Verhältnis der Geräumigkeit des Schrittes zur Versammlung des Pferdes wird ausgeglichen sein. Die Haltung des Pferdes ist ein wenig mehr aufgerichtet. Die Stirn- und Nasenlinie nähern sich etwas der Senkrechten.

Der Trab stellt in der Schwebephase (S. 55) an das Gleichgewicht des Reiters höhere Anforderungen als der Schritt. Die Hilfen zum Antraben entsprechen denen zum Schritt. Dabei ist vor allem darauf zu achten, daß die Reiterhilfen weich in die stärkere Bewegung eingehen. Verpaßt der Reiter diesen Augenblick, wird sein Pferd mit Sicherheit »auseinanderfallen«. Die häufigsten Fehler sind: Stoßweises Anreiten, fehlende Geschmeidigkeit des Reiters, Vorn- und Hintenüberfallen des Oberkörpers und zu harte Zügelführung. Dadurch wird das Pferd verwirrt und weiß nicht, was der Reiter will – es springt in den Galopp. Dagegen hilft nur im schwungvollen Galopp das Pferd wieder an die Hilfen heranreiten, dann zum Trabe parieren und erneut das Tempo verstärken. Ein im Trabe gut gerittenes Pferd geht schwungvoll am weichen Zügel. Lassen Haltung und Schwung des Pferdes nach, geht der Reiter zu etwas kräftigeren Einwirkungen über, die nur aus dem richtigen Sitz heraus gegeben werden können.

Das Verstärken des Tempos muß fließend geschehen, *ohne* die Verbindung zum Pferdemaul aufzugeben. Je freier das Tempo ist, desto mehr muß der Reiter *im Pferd sitzen*, d. h. am Sattel kleben (S. 96), um nicht hinter der Bewegung zu bleiben und an den Zügeln zu ziehen. Trotz bestimmterer Anlehnung niemals an den Zügeln festhalten. Zum Verkürzen des Tempos und Übergang in den Schritt exakte halbe Paraden reiten (S. 108).

Das Verkürzen bis zum versammelten (*abgekürzten*) Trab muß ebenfalls mit Gefühl geschehen. Bei gleichem Takt erhebt das Pferd, aus der federnd-schwungvollen Losgelassenheit heraus, die Beine höher vom Boden – es geht erhabener.

Dieses *im freiwilligen Gehorsam* ausgeführte erhabene Treten wird in der Reitersprache mit *Kadenz* bezeichnet. Langsam schwebende Tritte in dieser Versammlung sind falsch und hätten ihren Zweck des Verkürzens verfehlt. Die Erhabenheit ist nicht erkennbar.

Hier muß ein Unterschied klar herausgestellt werden: Der Takt, d. h. die gleichmäßige Zeitfolge und gleichbleibende Länge der Tritte, ist nicht gleichzusetzen mit Kadenz. Ein mit steifen, ausdruckslosen Tritten trabendes Pferd kann wohl im Takt gehen, zeigt aber niemals Kadenz. Umgekehrt ist Kadenz ohne Takt, also ohne Rhythmus, unvorstellbar. Das Pferd geht unrein und verliert an Ausdruck und Schönheit.

Beim Trabe unterscheiden wir, wie bereits kurz erwähnt, den Arbeitstrab, Mitteltrab, starken und versammelten (abgekürzten) Trab.

Der Arbeitstrab ist im Tempo ein wenig höher, als ihn das Pferd im natürlichen Trabe anbietet, trotzdem aber schwungvoll und taktmäßig. Das Antraben muß ohne *sichtbare* Hilfen so entschlossen erfolgen, daß der erste Tritt ein Trabtritt ist.

Im Mitteltrab bleibt der Takt des Arbeitstrabes erhalten, nur die Tritte sind raumgreifender. Der kräftigere Schub der vermehrt gebeugten Gelenke der Hinterhand ermöglicht es dem Pferd, die abfedernden Vorderbeine leicht und frei aus der Schulter vorzuschwingen. Die Anlehnung des Pferdes muß erhalten bleiben. Die Pferdenase kommt dabei ein wenig vor die Senkrechte, um die Tritte herauszulassen.

Der starke Trab ist der höchsterreichbare Schwung und Raumgriff des Pferdes im Trabe und zeigt die besondere Fähigkeit des Reiters im Treiben. Die Anlehnung muß zwangsläufig etwas stärker werden, damit das Pferd nicht mit gestrecktem Hals vorwärts stürmt und auseinanderfällt. Der starke Trab soll nur auf der geraden Linie geritten werden. Die

Olympische Dressurprüfung 1984 in Los Angeles: Olympiasieger Dr. Reiner Klimke auf *Ahlerich* in der Passage.

Halten – Grüßen

Starker Trab

Traversale nach links

Starker Galopp

Goldmedaillengewinner Dr. Reiner Klimke auf *Ahlerich*. Galopp-Pirouette rechts in sechzehn Einzelphasen.

Nationenpreis-Reiter Ulrich Meyer zu Bexten auf *Marco* auf dem Springparcours.

Gefahr der Überlastung ist groß, bitte nur kurze Reprisen. Die *Versammlung* ist *etwas* lockerer, *ohne* sie aufzugeben.
Im versammelten Trab sind die Tritte weniger raumgreifend, aber erhabener, mit einem gut aufgerichteten Hals. Starker und versammelter Trab verlangen dressurmäßig gut gerittene Pferde und in der Hilfengebung fortgeschrittene Reiter.
In allen drei Gangarten wird durch das Versammeln des Pferdes die Tragkraft der Hinterbeine vermehrt in Anspruch genommen. Diese erhöhte Tragfähigkeit der Hinterhand ermöglicht eine vermehrte Schwerpunktverlagerung nach rückwärts, Entlastung der Vorhand und Mehrbelastung der Hinterhand. Diese Last können die Hinterbeine nur dann tragen, wenn sie sich bei gutem Vortreten in den Gelenken zu biegen vermögen. Das hat ein kräftiges Strecken zur Folge. Aus diesem Wechselspiel zwischen Biegen und Strecken der Hinterbeine ergibt sich deren gymnastische Übung.
Das Leichttraben ermüdet zwar den Reiter weniger als das Aussitzen, vermindert dafür aber die Gewichtseinwirkung des Reiters auf Rücken und Gelenke des Pferdes erheblich. Der Reiter sitzt beim Leichttraben nicht jeden Tritt des Pferdes aus, sondern fängt, mit federndem Knie auf den Bügel gestützt, jeden zweiten Tritt ab und sitzt erst dann mit vorgeschobenem Gesäß weich in den Sattel ein. Bei diesem Einsitzen federt der Absatz des Reiters tief nach unten durch. Die Zügelfäuste werden leicht geöffnet und geben dadurch leicht nach. Im Bewegungsablauf eines diagonalen Beinpaares des Pferdes hebt sich der Oberkörper des Reiters beim Vorschwingen der Pferdebeine und senkt sich beim Fußen desselben Paares. Beim Einsitzen in den Sattel muß der Reiter besonders darauf achten, daß er seine Mittelpositur gut nach vorn an den Vorderzwiesel schiebt und der Schenkel seine treibende Wirkung fortsetzt. Diese bei-

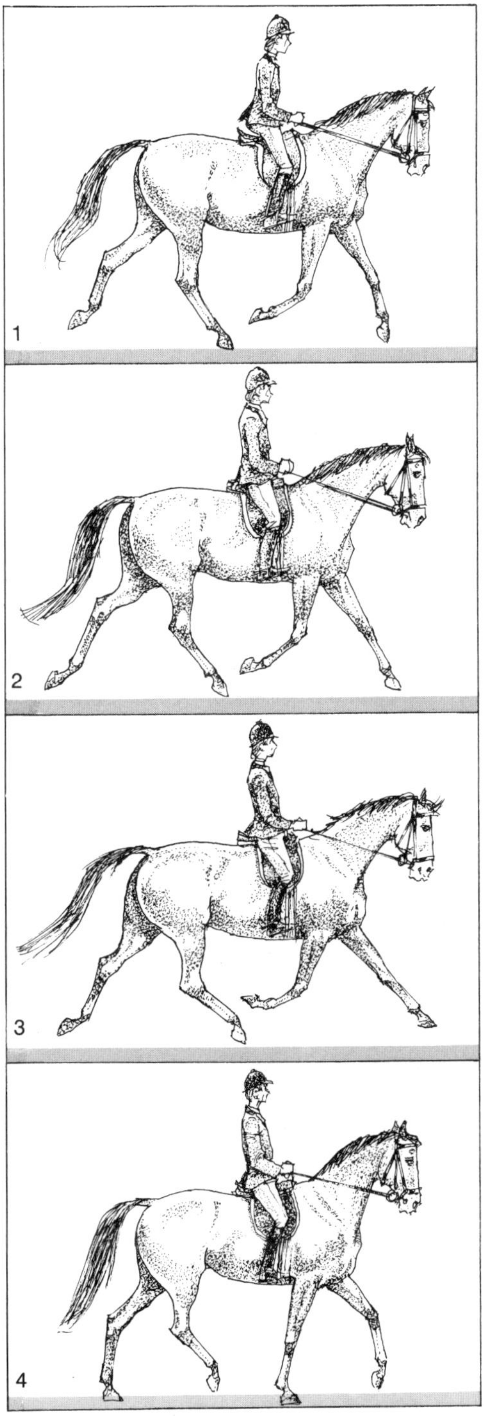

1 Gebrauchstrab (leichttrabend)
2 Mitteltrab
3 Starker Trab
4 Versammelter Trab

den Forderungen sollen das Fehlen des sich beim Aussitzen ständig im Sattel befindlichen Reitergesäßes und die dadurch treibende Wirkung des Reiterkreuzes ausgleichen.
Der Reiter kommt also in den Sattel zurück, wenn ein Hinterfuß des Pferdes auftritt, und man sagt, der Reiter trabt auf dem rechten bzw. linken Hinterfuß. Folglich wird der Reiter aus dem Sattel gehoben, wenn das Hinterbein des Pferdes abfußt und vorschwingt. In der Reitbahn oder auf dem Reitplatz soll stets auf dem inneren Hinterfuß getrabt werden, weil nur der weit vortretende innere Hinterfuß des Pferdes beim Reiten durch die Ecken und bei Wendungen die gesamte Last richtig unterstützen kann. Ob auf dem richtigen Fuß getrabt wird, erkennt der Reiter aufgrund der diagonalen Beinfolge am gleichzeitigen Vorschieben der entgegengesetzten Pferdeschulter, z. B. Trab auf der linken Hand – der Reiter wird aus dem Sattel gehoben, wenn die rechte Schulter vorgeht. Beim Handwechsel sitzt der Reiter um, indem er sich einmal oder dreimal werfen läßt (einsitzt).
Ein gleichmäßiges Gefühl beim wechselnden Traben auf beiden Hinterfüßen zeigt, daß das Pferd gleichmäßig ausgebildet und auf beiden Seiten gleichermaßen gelöst ist. Das Pferd darf beim Leichttraben nicht auseinanderfallen, sondern muß stets in leichter Anlehnung bleiben. Das gelingt dem Reiter, wenn er richtig zu treiben versteht, d. h. Oberkörper aufrichten, Hüften und Gesäß gut vorschieben und mit den Unterschenkeln bei federndem Knie dauernd Verbindung mit dem Pferdekörper halten.
Die häufigsten Fehler einer schlechten Haltung des Pferdes beim Leichttraben sind: das Vornüberfallen des Reiters, ein nichtangespanntes Kreuz mit nach hinten herausgeschobenem Gesäß, durchhängende Zügel, zu steife Knie- und Fußgelenke mit abgespreizten Unterschenkeln. Das Gesäß wird nur wenig so wie es sich aus der taktmäßigen Bewegung des Pferdes ergibt, aus dem Sattel gehoben. Der nach *unten* federnde Absatz beim *Heben* aus dem Sattel verhindert zu starkes Anheben der Mittelpositur des Reiters. Absichtliches Aufstehen in den Bügeln stört ebenfalls den Schwung.

Im *leichten Sitz* beim *Leichttraben* sich auf dem Pferde sicher im Gelände zu bewegen, bedarf besonderer Übung. Der Reiter muß soweit ausgebildet sein, daß er bei angespanntem Kreuz gut treiben kann, ohne Balance und Geschlossenheit des Sitzes zu verlieren (S. 94 ff.).
In der Gebrauchshaltung darf vom Pferde *nicht* die gleiche Aufrichtung wie in der Schulstunde gefordert werden. Der Reiter muß dem Pferde einen etwas flacher nach vorn gebogenen Hals gestatten (S. 84) und außerdem für gutes Herantreten der Hinterhand sorgen. Das Pferd darf auch in dieser Haltung nicht auseinanderfallen. Die Hals- und Kopfstellung sind auch hier dem Gebäude des Pferdes angepaßt. Es soll in schwungvollen, geräumigen Bewegungen mit federndem Rücken vorwärts gehen. In zwangloser Haltung trägt es die Nase etwas vor der Senkrechten. Ohne *besonders nachdrückliche* Hilfen des Reiters soll das Pferd *sich selbst tragen* und leicht an den Hilfen bleiben. Der Reiter muß mit leichter Anlehnung die evtl. verlorengegangene Haltung sofort zurückgewinnen können. Eine gute Gelegenheit zum Üben von halben Paraden (S. 108).
Die Dressurhaltung ermöglicht dem Reiter, auch beim Leichttraben, die beste Einwirkung auf die Hinterhand (S. 57) und verlangt eine klare Hals- und Kopfstellung des Pferdes. Der Hals erhebt sich frei aus dem Widerrist. Der Mähnenrand hat einen zum Genick sanft gewölbten Bogen, höchster Punkt ist das Genick. Die Stirn-Nasen-Linie des Pferdes verläuft *etwas vor* der Senkrechten. Ein hoher Grad von Beizäumung und Aufrichtung ist nur im Halten und in versammelten Gängen für kurze Zeit zu fordern. Versammelnde Lektionen sind stets mit sofort anschließenden etwas freieren Tempi und gestreckterem Hals zu beenden.

Häufigste Fehler im Trabe des Pferdes sind:

- das »Übereilen« der Vor- oder Hinterhand,
- das »Tappen« und
- der »Antritt«.

Beim Übereilen der Vorhand berührt das diagonale Vorderbein den Boden früher als das

Hinterbein und man hört, statt eines Hufschlages, zwei kurz aufeinanderfolgende. Diese Pferde tragen ihr Gewicht und das des Reiters vermehrt auf der Vorhand. Bei Schäden an den Vorderbeinen dieser Pferde kann nach der Gesundung durch korrigierendes Aufrichten die Schadenursache beseitigt werden. *Bei übereilter Hinterhand* berührt der Hinterfuß aufgrund unreinen Taktes den Boden früher als der diagonale Vorderfuß oder das Pferd biegt die Hinterhand zu wenig und setzt sie früher vor. In beiden Fällen kann der Reiter seine Hilfen noch nicht koordinieren, d. h. aufeinander abstimmen (S. 110, 211). In diese Richtung muß korrigiert werden.
Beim Tappen setzt das Pferd, weil die Hinterhand nicht genügend vortritt, vorn mehr vor als hinten und muß dadurch die Vorderbeine zum Auffußen zurücknehmen. Im Fachausdruck: Das Pferd zeigt vorn mehr an, als es hinten geben kann. Das ist oft die Folge stechender, strampelnder Bewegungen (S. 206). Genaues Temporeiten (S. 244) und Reiten auf gebogenen Linien korrigieren diesen Fehler. Besonders den inneren Hinterfuß gut vortreiben.
Der Antritt, auch als *»Hahnentritt«* bekannt, ist das unterschiedlich hohe Untersetzen *eines* Hinterfußes. Auch hier können nur Geduld, gute Hilfengebung und Temporeiten, im jeweils entgegengesetzten Arbeitsgalopp zum höher untersetzenden Hinterfuß, Abhilfe schaffen.

Der Galopp zeigt taktmäßig aufeinanderfolgende Sprünge. Die einzelnen Gangmaße sind: der Arbeits-, Mittel-, starke und versammelte Galopp. Beim Aufsetzen müssen stets drei Takte zu hören sein: äußerer Hinterfuß, innerer Hinterfuß *und* äußerer Vorderfuß, innerer Vorderfuß. Das jeweils vorgreifende Vorderbein gibt dem Rechts- oder Linksgalopp seinen Namen (S. 55). Beim *Abheben* folgen: äußerer Hinterfuß noch *vor* dem Aufsetzen des inneren Vorderfußes, die Diagonale innerer Hinterfuß *und* äußerer Vorderfuß, innerer Vorderfuß. Dann folgt die kurze Schwebe. Das gesamte Gewicht wird in den einzelnen Phasen (S. 55) getragen: nach dem Schwebezustand (Phase 1)

- von einem Hinterfuß (Phase 2);
- von zwei Hinterfüßen und einem Vorderfuß (Phase 3);
- von einem Hinterfuß und dem diagonalen Vorderfuß (Phase 4);
- von einem Hinterfuß und zwei Vorderfüßen (Phase 5);
- von einem Vorderfuß (Phase 6).

Danach schwebt das Pferd wieder, der Ablauf beginnt von vorn. Bei allen Tempi muß diese Fußfolge gleich sein, sonst ist der Galopp fehlerhaft. Meistens entsteht ein Fehler, wenn durch falsches Verkürzen des Tempos der Schwung verlorengeht und das Pferd nicht erhaben genug galoppiert, und zwar in allen Gangmaßen. Sehr oft wird jedoch gesagt, auch von »gestandenen« Reitern, daß ein Viertakt im stark verkürzten Galopp normal sei. Wider besseres Wissen zu den Lehren der alten Meister, denen bis heute nichts Besseres entgegengesetzt werden kann, ist diese Behauptung falsch. Im Schulreiten ist der Viertakt-Galopp stets ein grober Fehler, weil das Pferd nicht galoppiert, sondern humpelt. Auch im Arbeitsgalopp kann das passieren, wenn der Reiter ohne Einwirkung und richtigen Sitz einfach so dahingaloppiert. Deshalb muß in allen Tempi mindestens jeder zweite Galoppsprung, wie S. 124 »Hilfen zum Angaloppieren« angegeben, mit Gewicht und Schenkeln herausgedrückt werden.
Nur im *Renngalopp* ist ein Viertakt zu hören und wegen der hohen Geschwindigkeit normal.
Ist bei Wendungen das Galoppgefühl stoßend und der Sitz unbequem, galoppiert das Pferd falsch. In der Reitbahn spürt der Reiter, besonders in den Ecken, das fehlende weiche Gefühl unter dem Gesäß und die unnatürliche Neigung seines Oberkörpers nach innen. Das Pferd sollte *sofort* pariert werden, um es nicht an das falsche Galoppieren und falsches *Angaloppieren* zu gewöhnen.
Der Arbeitsgalopp muß schwungvoll und taktmäßig sein, das Pferd ist dabei geradegerichtet. Die Hinterbeine sollen lebhaft untersetzen, die einzelnen Sprünge dürfen nicht übereilt, aber auch nicht schleppend sein. Das

Pferd muß sicher und mit leichter Anlehnung an den Hilfen stehen und bleiben.

Im Mittelgalopp wird zwar größerer Raumgriff und Schwung gefordert, der Takt der Bewegungen darf aber nicht schneller als beim Arbeitsgalopp sein. Nur der Rahmen des Pferdes wird etwas größer. Das Tempo wird weich und fließend verstärkt, ohne plötzlich stoßende Hilfen zu geben. Je stärker das Tempo ist, um so einfühlender muß der Reiter im geschlossenen Sitz mitgehen und danach trachten, trotz geringerer Versammlung und Anlehnung, das Pferd durchlässig zu erhalten. Nicht im Zügel festziehen und damit hinter der Bewegung bleiben! Um nicht hinter die Bewegung des Pferdes zu geraten, sind halbe Paraden nach jedem 2. bis 4. Sprung eine gute Hilfe. Die Sprünge sollen nicht kurz und schnell, sondern raumgreifend und gleichmäßig sein.

Beim starken Galopp, der nur auf den langen Seiten geritten wird, ist der Raumgriff der Sprünge noch größer und die Bewegungen des Pferdes noch gestreckter. Trotz stärkerer Anlehnung muß der Reiter stets einen individuell verschiedenen Grad an Durchlässigkeit erhalten. Die Hilfen hierzu sind nach Temperament und Empfindlichkeit des Pferdes zu bemessen. Wichtig ist auch hier das Geradeausstellen des Pferdes. Beide Schenkel müssen gut treibend eingesetzt werden. Der Reiter neigt bei festem Knieschluß den Oberkörper ein wenig nach vorn, um das Mitgehen in die Bewegung besser aussitzen zu können. Je mehr ein Pferd das Biegen der Hinterhand gelernt hat, desto durchlässiger ist es auch in dieser schnellen Gangart.

Der versammelte Galopp muß einen höheren Grad der Versammlung und damit eine bessere Aufrichtung zeigen. Hierbei kommt die Kadenz zum Ausdruck (S. 116). Obwohl die Sprünge weniger raumgreifend, aber erhabener sind, darf das Tempo nicht langsamer sein als im Arbeitsgalopp. Zum Verkürzen des Galopps müssen die Sprünge allmählich verkürzt werden. Die sich gegenseitig unterstützenden treibenden und versammelnden Hilfen sind gut zueinander abzustimmen (S. 137). Der durch die Schenkel vermehrt untergeschobenen Hinterhand wird, besonders durch halbe Paraden zum äußeren Zügel, mehr Last zugeschoben. Diese Paraden und das sofort folgende Nachgeben erfolgen im gleichmäßigen Takt der Sprünge, bei völlig ruhigem Sitz. Die Hände werden sofort passiv, wenn das Pferd eine relative und seinem Gebäude angepaßte Selbsthaltung gewonnen hat und diese auch ohne Widerstreben beibehält.

Die Reiterschenkel dagegen müssen die Hinterhand zu jedem Galoppsprung erneut anregen. Diese Schenkeleinwirkung wird kräftiger, wenn die Erhabenheit des Galoppes nachläßt. Den kräftigen Abschub der Hinterhand im versammelten Galopp muß der Reiter auch im Gesäß spüren. Läßt dieser Schwung nach, ist das meistens die Folge von übermäßig verhaltenden Hilfen. – Auch hier die Warnung – nicht am Zügel festhalten!

Die Hilfen zum Angaloppieren müssen durch versammelnde Hilfen, bei gleichzeitig guter Stellung nach innen, korrekt vorbereitet sein. Der innere Zügel stellt das Pferd und wird dazu um etwa eine halbe Handbreit verkürzt. Das Gewicht des Reiters ruht vermehrt auf dem inneren Gesäßknochen, der äußere Schenkel bleibt verwahrend *passiv* – Absätze tief und Sporen weg! – hinter dem Gurt. Eine halbe Parade zum äußeren Zügel schränkt den Vortritt des äußeren Hinterfußes ein und stört damit die Trabdiagonale äußerer Hinter-

Versammelter Rechtsgalopp

fuß – innerer Vorderfuß. Der am Gurt liegende innere Schenkel sorgt für vermehrtes Untertreten des inneren Hinterfußes, um die jetzt vorschwingende Diagonale innerer Hinterfuß und äußerer Vorderfuß zum weiten Untertreten anzuregen. Dadurch wird gleichzeitig der äußere Hinterfuß zum stärkeren Abstoßen und der innere Vorderfuß zum weiten Vorgreifen in den Galoppsprung veranlaßt.
Nach dieser Vorbereitung schiebt der Reiter mit der inneren Hüfte das Pferd, sobald es die Vorhand hebt, unter gleichzeitigem Druck des inneren Schenkels und Nachgeben der inneren Zügelfaust in den Galopp hinein. Beim Vorschieben der inneren Hüfte ist unbedingt die äußere Schulter mitzunehmen, weil Reiterschultern und Pferdeschultern immer parallel verlaufen sollen. Der äußere Schenkel verhindert, unterstützt vom äußeren Zügel, das Ausfallen der Hinterhand und äußeren Schulter des Pferdes.
Es ist genauestens darauf zu achten, daß das Pferd nicht auf zwei Hufschlägen geht. Der Reiter sollte sein Pferd durch fleißiges Üben so erziehen, daß es schließlich auf fast nur andeutende Hilfen richtig angaloppiert. Je ruhiger und weicher der Reiter seine Hilfen gibt, um so ruhiger und weicher bleibt auch das Pferd im Galopp.
Wenn ein *Pferd falsch angaloppiert,* wird es sofort pariert und ruhig wieder geradeausgestellt. Erst dann ist der Galopp unter richtiger Innenstellung erneut einzuleiten. Sehr oft fehlen bei dieser Arbeit die korrekten halben Paraden (S. 108). Das Pferd wird in den neuen Galopp hineingeriegelt und -gebolzt, ohne es vorher geradeauszureiten und ohne klare Innenstellung. Das aber sind die wichtigsten Voraussetzungen für das Angaloppieren nach einer Parade aus dem falschen Galopp.
Die Einwirkungen während des Galoppes sind, in verfeinerter Form, den vorbeschriebenen Hilfen zum Angaloppieren gleich. Für die Durchlässigkeit, Gleichmäßigkeit des Ganges, Ruhe und Ausdauer des Pferdes sind richtige Reiterhilfen und der ruhige, korrekte Sitz unerläßliche Voraussetzungen. Beim Sitz ist vor allem auf schmiegsame Bewegungen mit vorgeschobenem Gesäß zu achten. Ferner sind inneres Knie mit dem inneren Absatz tief herabgedrückt und die innere Hüfte deutlich vorgerichtet. Unter gleichzeitiger Mitnahme der äußeren Schulter muß das Zusammenspiel aller Hilfen bei jedem Galoppsprung erneut beachtet werden. Ein tiefer Sitz nach innen darf nicht zum Einknicken der inneren Hüfte führen. Damit würde das Gesäß nach außen verschoben und die Gewichtshilfe falsch einwirken. Die Knie und Fußgelenke bleiben federnd. Das Gesäß gleitet, wie am Sattel klebend, bei jedem Galoppsprung zur Sattelkammer tief nach vorn. Die innere Hand erhält die Kopfstellung des Pferdes und bleibt in dauernder Verbindung zum Pferdemaul, ohne sich festzuziehen.
Ein steifer Oberkörper des Reiters mit steifen Knie- und Fußgelenken führt zu einem stoßenden Sitz, d. h. der Reiter fällt hart in den Sattel und dem Pferde in den Rücken. Hier zeigen sich in übelster Form die Ausbildungsfehler beim Reiter, nämlich das klappende Gesäß durch falsches Anspannen der Muskeln, Steifmachen der Gelenke, Festklammern der Knie und Unterschenkel mit hämmernden Fäusten. Reiter mit vorgeneigtem Oberkörper hängen in den Zügeln und gehen nicht genügend in die Bewegung des Pferdes. Dieses Vorneigen hat nichts mit der entlastenden Gewichtshilfe zu tun (S. 102). Um schwungvolle Galoppsprünge zu erreichen, sind die Hilfen zum Angaloppieren während des Galoppes laufend zu erneuern. Besonders fördernd sind halbe Paraden zum äußeren Zügel. Nur ein geradegerichtetes Pferd – die leichte Innenstellung hat damit nichts zu tun –, das sich in einer seinem Gebäude entsprechenden Beizäumung und Aufrichtung selbst trägt, wird im raumgreifenden, weichen und ruhigen Galopp vorwärtsspringen.
Stets falsch anspringende Pferde oder solche, die sich durch verstärkten Trab dem Galopp zu entziehen versuchen, müssen erst wieder versammelt werden. Damit ist die Arbeit in versammelnden Übungen gemeint und nicht das »Durchprügeln«, was leider auch noch zu sehen ist. Nach wiedergewonnener Versammlung ist dem Pferd, durch überraschend kräftige ruhige Schenkelhilfen zum Angaloppieren, keine Zeit zu lassen, sich der verbesserten

Haltung abermals zu entziehen. Man kann sich auch vorübergehend solcher Lektionen bedienen, die den Vortritt des jeweils inneren Hinterfußes erleichtern, z. B. kurze Wendungen, Volten, Schlangenlinie durch die Bahn mit bis zu acht Bogen, Reiten der Acht. Diese Arbeit hat aber nur einen Sinn, wenn der innere Reiterschenkel auch vermehrt eingesetzt wird.

Stellt ein Pferd die Hinterhand nach innen und entzieht sich dadurch der normalen Belastung der Hinterhand, muß der Reiter mit dem äußeren Schenkel mehr vortreiben als hinter dem Gurt verwahren. Diese Unart ist die Folge einer zu starken Innenstellung und oft auch der mit den Händen *herangezogenen* Verkürzung des Tempos. Das vermehrte Vorgreifen des äußeren Hinterfußes veranlaßt auch den inneren Hinterfuß zum weiteren Untersetzen und erleichtert dem Reiter das Geraderichten des Pferdes.

Im Galopp auf der Vorhand gehende Pferde, mit gespanntem Rücken und mit hoher Hinterhand, sind erst in freierem Tempo zu galoppieren. Überbaute Pferde (S. 21) müssen zuvor durch versammelnde Trabarbeit eine höhere Halsstellung erreichen, um allmählich im Galopp die Hinterhand mehr belasten zu können.

Liegt ein Pferd stark auf der Hand, ist es durch halbe Paraden vom Zügel zu lösen und zum Höhertragen von Hals und Kopf zu veranlassen. Dadurch wird die Hinterhand herangeholt und allmählich zum vermehrten Aufnehmen der Last gezwungen (S. 107 und 113).

Zu hoch aufgerichtete oder schleppend galoppierende Pferde, die den Rücken durchbiegen oder die Hinterhand ungenügend untersetzen, sind durch tiefere Hals- und Kopfstellung sowie lebhafteres Tempo zu vermehrter Rückentätigkeit anzuregen. Wird mit dieser Maßnahme nichts erreicht, ist der Galopp zu unterbrechen und die Haltung des Pferdes erst zu verbessern (S. 108, halbe Paraden).

Ein auf gerader Linie fortstürmendes Pferd ist viel auf dem Zirkel zu reiten. Entsprechend der Wendigkeit des Pferdes ist der Durchmesser etwas kleiner. Um das Ausrutschen und Ausfallen der Hinterhand zu vermeiden, ist vorherrschend der äußere Zügel zu gebrauchen. Bitte hierbei die Zirkellinie genau ausreiten!

Häufiges Umspringen im Galopp beweist den unruhigen Sitz oder die fehlerhafte Aufrichtung. Aufgrund des durchgebogenen Rückens wird das Untersetzen des inneren Hinterfußes verhindert. Durch Tieferstellen von Hals und Kopf des Pferdes im freieren Tempo, zunächst im Trabe, wird dieser Fehler leicht beseitigt. Das Umspringen temperamentvoller Pferde kann nur durch ruhigen Sitz und mit Geduld dem Pferde abgewöhnt werden.

Oft wird im Wenden beim Galopp der Fehler begangen, durch zu starkes Ziehen am inneren Zügel die Hinterhand des Pferdes nach außen zu werfen und dadurch das Pferd zum Umspringen herauszufordern. Um das zu vermeiden, sind die Grundsätze für »Wendungen im Gange« (S. 139) besonders zu beachten.

Vom Galopp zum Trab oder Schritt wird mit aufeinanderfolgenden halben Paraden übergegangen. Dieser Übergang wird um so sicherer und fließender, je besser das Pferd an den Hilfen steht und geradegerichtet ist. Der Reiter schiebt mit beiden Schenkeln und angespanntem Kreuz das Pferd in den Trab hinein. Ist das Pferd im Trabe und galoppiert erneut an, sitzt der Reiter zu unruhig, klopft zu stark mit den Schenkeln oder hat sich im Zügel festgezogen. Das erneute Angaloppieren nach dem Trabe zeigt sich vor allem bei lebhaften Pferden. Durch eine *ganz geringe* Schultervor-Stellung (S. 154), die in den ersten Trabtritten beibehalten wird, kann der Fehler vermieden werden.

Bleibt es dem Reiter selbst überlassen, innerhalb welcher Strecke er sein Pferd zum Trabe pariert, muß er diese Strecke auch um so länger bemessen, je stärker Tempo und Gangart waren. Die besonders im starken Galopp bedingte Mehrbelastung der Vorhand muß allmählich, unter Beibehaltung elastischer und weicher Galoppsprünge, durch halbe Paraden auf die Hinterhand übertragen werden. Jeder *eigenmächtigen Parade des Pferdes,* die immer die Vorderbeine verprellt und überlastet, ist durch kräftig vortreibende, die Hinterhand unterschiebende Hilfen zu begegnen. Laurige Pferde neigen dazu, bei parierenden Einwirkungen plötzlich zu verhalten (S. 107, 242).

Zum Galoppwechsel pariert der Reiter sein Pferd unter verringerter Kopfstellung über den Trab zum etwas verkürzten Schritt und stellt es geradeaus. Der innere Schenkel muß hierbei den gleichseitigen Hinterfuß vermehrt vortreiben, um den Galoppsprung in der bisherigen Fußfolge beenden zu können. Durch die hierzu erforderliche halbe Parade bekommt der Reiter den inneren Hinterfuß vermehrt unter Kontrolle und kann ihn leichter als neuen äußeren Hinterfuß festhalten (darf nicht mehr zu weit untertreten). Erst jetzt sitzt der Reiter um, stellt sein Pferd um und entwickelt den neuen Galopp. Je ruhiger und fühlender dieser Übergang ausgeführt wird und je rittiger das Pferd ist, um so schneller kann der neue Galopp folgen.
Der einfache Galoppwechsel wird geritten, wenn der Reiter genügend Übung in der flüssigen und sicheren Ausführung der halben Paraden vom Galopp zum Trab und Schritt hat. Dazu wird das Pferd auf der Wechsellinie pariert. Während weniger Schritttritte sitzt der Reiter um, stellt sein Pferd um und galoppiert erneut gerade an. Durch fleißiges Üben müssen die Zwischentritte im Schritt so weit verringert werden, daß der Reiter bereits 2 bis 3 Tritte nach der korrekten halben Parade den Galoppwechsel ausführen kann. Danach erfolgt der Wechsel an der vorgeschriebenen Stelle, d. h. kurz vor dem Wechselpunkt beim Erreichen des neuen Hufschlages. Anschließend wird einfacher Galoppwechsel beim Reiten der Acht, von Schlangenlinien durch die ganze Bahn und beim Wechseln aus dem bzw. durch den Zirkel geübt.
Der Außengalopp – auch *Kontergalopp* genannt – ist die nächste und letzte Übungsstufe in der Gangart Galopp. Die Lektion wird einzeln im verkürzten und versammelten Tempo geübt und entwickelt sich aus dem Galopp aus der einfachen Schlangenlinie an der langen Wand. Hat das Pferd diese Übung begriffen, wird der Kontergalopp nach dem Aus-der-Ecke-Kehrt geritten. Dabei bleibt die vom Pferd angenommene leichte Innenstellung unverändert, so daß das Pferd nach der Wendung zur Bande zu gestellt ist. Wird der Außengalopp vom Pferd willig und fließend ausgeführt, kann jetzt auch entweder der Kontergalopp oder der einfache Galoppwechsel nach einer Kehrtvolte in der Mitte der langen und auch der kurzen Seiten geritten werden. Anschließend wird der einfache Wechsel von Außengalopp zu Außengalopp beim Wechseln aus dem Zirkel und durch die ganze Bahn ausgeführt (S. 148, Konterstellung).
Erst wenn der Reiter mit korrekter Stellung des Pferdes im Außengalopp die Ecken genau ausreiten kann, darf das Angaloppieren im Außengalopp geradeaus auf den langen Seiten geübt und auch einmal zu zweit oder dritt geritten werden.
Bevor jedoch der fliegende Galoppwechsel geritten wird, ist noch ein mühevoller Weg zurückzulegen, denn der fliegende Wechsel ist bereits die Hohe Schule (S. 171) und wird erst in Lektionen ab Klasse M verlangt.

5. Geraderichten – Biegen – Lösen und Versammeln

Beim Aufsitzen muß das Pferd ruhig stehen, bis der Reiter die Hilfe zum Anreiten gibt. Stellt sich ein Reiter nun so in eine Ecke des Reitvierecks, daß er die Pferde *genau* von rückwärts beobachten kann, erkennt er das Schiefgehen fast aller Pferde nach hinten rechts. Wie ist diese natürliche Schiefe zu erklären?
Die These von der Lage des Fohlens im Mutterleib ist umstritten. Neuere Erkenntnisse vermuten auch einen Zusammenhang mit der Herzlage auf der linken Körperseite. Stammesgeschichtlich bedingt hat sich der Fluchtreflex des Pferdes als unbedingter Reflex zur Erbanlage herausgebildet. Er veranlaßt das Pferd, bei drohender Gefahr zum Schutz der Herzseite nach links auszuweichen (S. 33). Dadurch muß der *rechte Hinterfuß* erhöhte Schubkraft entwickeln, weicht einer Mehrbelastung aus und folgt nicht der Spur des Vorderfußes. Der *linke Hinterfuß* aber, das ist die neuere Erkenntnis, muß hohen Anforderungen an die *Beuge*fähigkeit standhalten, um das gesamte Körpergewicht abzufangen. Diese Schiefe des Pferdes gilt es nun zu korrigieren!

Das Geraderichten des Pferdes geschieht im entschlossenen Vorwärtsreiten, nach dem noch heute gültigen Grundsatz von G. Steinbrecht: »Richte dein Pferd gerade und reite es vorwärts!«
Bei diesem Geraderichten wird die Vorhand auf die Hinterhand eingerichtet. Nur dann ist das Gleichgewicht gewährleistet, die Einwirkung der Hinterhand auf die Vorhand folgerichtig und die spätere Versammlung möglich. Das Schiefgehen stellt sich besonders auf dem Reitviereck und durch falsches Versammeln ein. Dadurch hat das Pferd keine gleichmäßige Anlehnung und ist nicht im Gehorsam. Begünstigt wird diese Schiefe noch durch die schmalere Vorhand des Pferdes. Besonders junge Pferde versuchen immer wieder, mit der Vorhand an die Bande zu kommen und Halt zu finden.
Das geradegerichtete Pferd soll stets mit seiner Längsachse der geraden oder gebogenen Hufschlaglinie folgen. Oft ist auch die fehlerhafte Einwirkung des Reiters an der Schiefe schuld. Viele Reiter ziehen zu stark am inneren Zügel und erschweren dem Pferd dadurch das weite Untertreten des inneren Hinterfußes oder es werden zu hohe Anforderungen an die Biegung dieses Hinterfußes gestellt. Beiden fehlerhaften Einwirkungen entzieht sich das Pferd dadurch, daß es die Hinterhand nach innen stellt, den Hals am Widerrist *verbiegt* und die äußere Schulter gegen die Bande drückt. Damit geht die Verbindung der Hinterhand zur Vorhand aus dem Pferd heraus, anstatt durch den Rücken, Hals und das Genick zum Pferdemaul, über die Zügel in die Zügelfäuste hinein. Aus dem schon erwähnten Abhängigkeitsverhältnis der Hilfen zu- und gegeneinander kann der Reiter auch nur bei richtiger Spurfolge die Hinterhand des Pferdes entsprechend belasten *und* biegen. Wichtig ist besonders die gleichzeitige Gewichts- und Zügeleinwirkung auf den gleichseitigen Hinterfuß.

Schief gehendes und geradegerichtetes Pferd: a) Zwangsseite, b) schwierige Seite

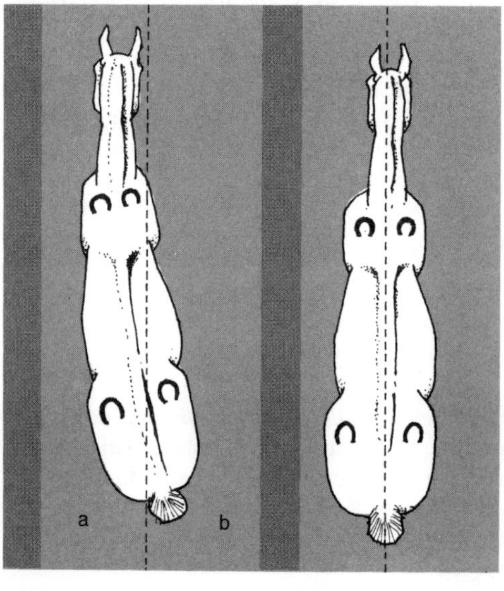

Bei etwa 98% der Pferde ist es der rechte Hinterfuß, der schwerer gerade vorwärts unter den Schwerpunkt treten kann.
Noch nicht ausgebildete Pferde versuchen deshalb immer, diesen Fuß rechts seitwärts zu setzen. Das *Pferd geht gegen den Schenkel,* nimmt den rechten Zügel nicht an und *fällt auf die Schulter* nach links. Diese Halsseite des Pferdes ist gewölbt, die rechte dagegen hohl. Als weitere Folge dieser Schiefe ist das Pferd zu Beginn der Ausbildung nicht auf beiden Seiten im gleichen Maße biegsam. Deshalb wird die linke Seite als *Zwangsseite,* die rechte als *schwierige Seite* bezeichnet, weil es dem Pferde schwerer fällt, den rechten Hinterfuß unterzusetzen und es gezwungenermaßen am linken Zügel eine Stütze sucht.

Das *Einrichten der Vor- auf die Hinterhand* bei einem rechts schief gehenden Pferd:

- *Der rechte öffnende Zügel,* d. h. die in normaler Fausthaltung waagerecht seitwärts führende Reiterhand, richtet die Vorhand des Pferdes nach rechts ein.
- *Der rechte Schenkel,* hinter dem Gurt, treibt seitwärts und führt damit das ausfallende rechte Hinterbein gegen und vor das linke. Dieser Schenkel muß außerdem *laufend verwahrend* wirken, bis der rechte Hinterfuß der Spur der eingerichteten Vorhand folgt.

- *Der linke Schenkel,* am Gurt, wirkt vortreibend und führt das Pferd an den *rechten* Zügel heran.
- *Der linke Zügel* wird *etwas tiefer gestellt* und verhindert das weitere Ausfallen der linken Schulter.

Diese Hilfen müssen fließend ineinander übergehen und sind bei dem nach links schief gehenden Pferde entsprechend umgekehrt. Erst wenn das Pferd nach erfolgreicher Korrektur geradegerichtet vorwärts geht, beginnt die lösende Arbeit.

Das Lösen des Pferdes ist erfolgversprechender, wenn am Beginn der Reitstunde in etwas verhaltenen, gleichmäßigen Tempi auf geraden Linien geritten wird. Die Lektionen sind kurz, genau und mit korrekten Hilfen auszuführen. Das Pferd muß die Anlehnung (S. 106) an das Gebiß nach vorn-unten suchen und finden. Es soll nur die Verkrampfung des Pferdes beseitigt werden, um die *Zwanglosigkeit* (S. 80) zu erreichen. Zwanglos heißt, das Pferd geht *am* langen Zügel (S. 107), ungezwungen sich selbst ausbalancierend, unter gleichmäßiger leichter Anlehnung, taktmäßig und geradegerichtet vorwärts. So gelangt der Reiter mit Hilfe der lösenden Lektionen *zur Losgelassenheit.* Dabei leisten uns die Kriterien der *Ausbildungsskala* gute Hilfe, d. h.:

- *Losgelassenheit:* Freies, ungezwungenes Zusammenwirken aller Muskelgruppen des Pferdes;
- *Anlehnung:* Gleichmäßig leichtes Anstehen beider Zügel (S. 106), Anlehnung *muß* weich, *kann* unterschiedlich sein;
- *Schwung:* Energische *Schub*kraft der Hinterhand mit federnd schwingendem Rükken, dabei weich in den Sattel;
- *Takt:* Gleichmäßige Bewegungen in allen Gangarten (S. 206);
- *Geraderichten:* Einrichten der Vorhand (s. o.) mit anschließendem geraderichtenden Biegen des Pferdes, um Durchlässigkeit und Gehorsam zu erreichen;
- *Durchlässigkeit:* Entwicklung der *Trag*kraft der Hinterhand durch vermehrtes Beugen und Vortreten unter den Schwerpunkt (S. 113).

Lösende Lektionen: Nach dem Geraderichten beginnt der Reiter mit der *Vorhandwendung.*

- Arbeitstrab
- Arbeitsgalopp
- Bodenrickarbeit
- Longieren (auch Versammeln)
- Leichttraben (verstärkter Arbeitstrab)
- Schenkelweichen
- Schlangenlinien (einfach und doppelt)
- Springen an der Hand (S. 228)
- Springen niedriger Hindernisse
- Schritt *mit* hingegebenen Zügeln.

Ein Pferd ist gelöst, wenn es beginnt, im Genick nachzugeben, sich auf dem Gebiß abzukauen, im Rücken zu schwingen und mit ruhigen, raumgreifenden Schritten, Tritten oder Sprüngen, ohne zu eilen, im Trabe vorwärts geht.

Schon bei diesen Lektionen muß außer dem Stellen auch das indirekte Biegen des Pferdes geübt werden. Jeder Reiter sollte sich bemühen, diese helfenden Einwirkungen auf sein Pferd so früh wie möglich zu erlernen. Es kostet Geduld!

Das geraderichtende Biegen im Fortschritt beginnt, wenn das Pferd gelernt hat, dem seitwärts treibenden inneren *und* gegenhaltenden äußeren Schenkel zu folgen, zu gehorchen und den Schwung seines Ganges aus dem Zusammenwirken der Hilfen willig zu entwikkeln. Dieses Biegen darf der Reiter *niemals mit dem Geraderichten des Pferdes* verwechseln. Zu oberflächliches und schnelles Vorgehen innerhalb der Lektionen ist immer falsch. Bleibt der für die Ausbildung wichtige Unterschied zwischen dem geraderichtenden Biegen und Geraderichten des Pferdes unbeachtet, wird mit Sicherheit das Gegenteil erreicht, nämlich das Herum*ziehen.* Das Biegen dient der Bekämpfung der Steifheit und Erhöhung der Geschmeidigkeit des Pferdes und nicht zuletzt auch des Reiters. Es kann *in seitlicher Richtung – indirektes oder Biegen ersten Grades* – und *in Längsrichtung – direktes oder Biegen zweiten Grades* – ausgeführt werden. Das Biegen soll den Gehorsam des

Pferdes auf die mehr seitlich wirkenden Zügel- und Schenkelhilfen erhöhen. Dadurch erreichen wir die Nachgiebigkeit auf die inneren mit dem Herangehen an die äußeren Hilfen in den Ganaschen, mehr Durchlässigkeit und Verbesserung von Haltung und Gang des Pferdes. Ferner werden gefördert das Biegen des inneren Hinterfußes, Reiten in Stellung, die Geschicklichkeit von Pferd und Reiter zum Reiten auf zwei Hufschlägen und aller Wendungen. In der Grundausbildung von Pferd und Reiter reicht die Biegung 1. Grades aus, um hauptsächlich die inneren Hilfen wirken zu lassen. Eine *das Pferd beeinflussende* Gegenwirkung der äußeren Hilfen ist noch nicht vorhanden.

Alle Übungen zu diesen so wichtigen Zielen sind wertlos, wenn Hals und Kopf des Pferdes auf der Stelle und nicht das *ganze* Pferd im Gange gearbeitet wird; und zwar im gemäßigten Trabe (nicht abgekürzter), weil das Pferd im Halten und Schritt leicht eines seiner Beine zu entlasten vermag. Im Trabe aber muß es vermehrt vorwärts gehen und unterstützt dadurch den Reiter aufgrund der Schubkraft und der Erhaltung des eigenen Gleichgewichtes von selbst.

Es darf erst mit dem Biegen begonnen werden, wenn das Pferd geradegerichtet ist, der Reiter eine gleichmäßige Zügelanlehnung gewonnen hat, der Hals des Pferdes am Widerrist feststeht (S. 136) und eine dem Dressurgrad entsprechende Beizäumung und Aufrichtung erreicht ist (S. 112).

Zur Biegung soll das Pferd auf den einseitigen Zügelanzug den Kopf willig wenden und sich im Genick seitlich biegen. Der innere Ganaschenrand liegt unter der Ohrspeicheldrüse an den Halsmuskeln an. Der Mähnenkamm kippt nach der inneren Seite über. Das ist die *richtige Ganaschenbiegung* (Abb. 1). Mit dem äußeren Zügel wird das Maß der Teilnahme des Halses an der Biegung begrenzt. Je weniger der Hals daran teilnimmt, um so mehr kann der Reiter den inneren Hinterfuß zur Biegung zwingen. Man darf aber auf der einen Seite niemals mehr Biegung fordern, als auf der anderen Seite gehalten werden kann. Wegen der Bedeutung der biegenden Arbeit mit dem Pferd und weil das Biegen immer

1

2

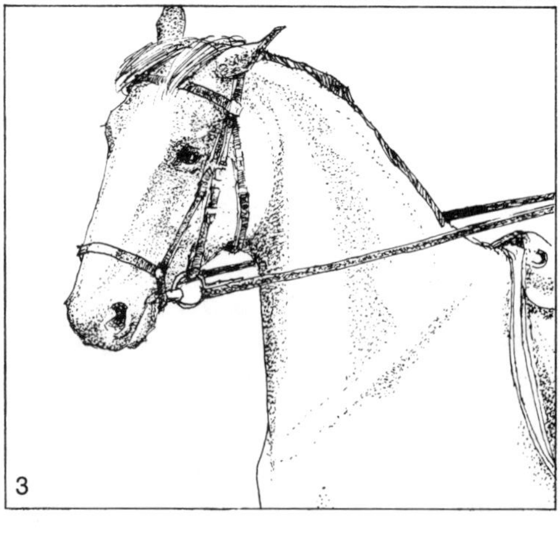

3

wieder falsch ausgeführt wird, soll näher darauf eingegangen werden.

Die seitliche (indirekte) Biegung ist die leichtere. Im Halten soll das Biegen nur zur Belehrung von Pferd und Reiter ausgeführt werden, um Richtung und Wirkung der Zügelanzüge, die das Pferd ohne Gewalt zum Nachgeben veranlassen, zu erlernen. Dabei ist wichtig, daß die Pferdebeine unbedingt ruhig stehen. Zunächst läßt der Reiter sein Pferd sich am Gebiß abkauen (S. 81), dann werden Hals- und Kopfstellung allmählich berichtigt. Der Hals soll beim Biegen aus dem Widerrist heraus vorwärts-aufwärts verlaufen, die Pferdenase steht etwas vor der Senkrechten und das Genick ist der höchste Punkt.

Nun setzt sich der Reiter deutlich nach innen. Dadurch wird verhindert, daß das Pferd sein Gewicht der Vorderhand auf den äußeren Vorderfuß verlegt. Der *innere Schenkel* liegt am Gurt, um den gleichseitigen Hinterfuß am Platz zu halten. Mit gleicher Aufgabe liegt der *äußere Schenkel* verwahrend hinter dem Gurt. Der *innere Zügel* wird verkürzt und die Hand wie zur Wendung eingedreht, d. h. der kleine Finger steigt zum Leibe des Reiters so, daß die mittleren Fingergelenke sich dem Leibe nähern. Mit zunehmender Nachgiebigkeit des Pferdes nach der biegenden Seite muß der innere Zügel weiter verkürzt werden, bis der Grad der Ganaschenbiegung entsprechend dem Gebäude und der Durchlässigkeit des Pferdes erreicht ist.

Zum Verkürzen des Zügels wird *übergefaßt,* wie auch in allen anderen Fällen, ohne das Pferd im Maul zu stören. Dazu ergreifen Daumen und Zeigefinger der rechten Hand den linken Zügel dicht über der linken Hand, diese faßt den Zügel kürzer (jeweils aber nur um *eine Fingerbreite*), die Faust wird geschlossen und wieder vorschriftsmäßig getragen. Verkürzen des rechten Zügels entsprechend umgekehrt.

Der *äußere Zügel* gibt anfangs etwas nach und wird sofort wieder angenommen, wenn das Pferd die geforderte Biegung erlangt hat. Diese Hilfe verhindert ein zu starkes Nachgeben des Pferdes auf den inneren Zügel. Ferner bewirkt der äußere Zügel das Vervollkommnen der Kopf- und Halsstellung, d. h. den Hals gebogen-geradezustellen und aufzurichten. Die Biegung der Ganaschen muß erhalten bleiben.

Beim Wechsel des Biegens nach beiden Seiten muß das Pferd erst ruhig geradeausgestellt werden. Die beim Biegen erkennbare geringe Tieferstellung des Kopfes (Abb. 2) wird beibehalten und mit der bisher äußeren Hand der Kopf zur anderen Seite gebogen. Diese wird im gleichen Moment zur inneren (S. 75). Erst wenn das Pferd bei dieser Umstellung kein Widerstreben zeigt, also gleichmäßig beiden Zügeln folgt, wird die Beizäumung und Aufrichtung verbessert.

Gut bewegliche Pferdehälse werden nur wenig gebogen. Bei schwer beweglichen biegt man den Hals am Widerrist ein wenig mit.

Versucht ein Pferd mit steifem Hals sich *nur am Widerrist* zu biegen, muß der äußere Zügel mit durchhaltender Hilfe (S. 106) diese falsche Biegung verhindern.

Ein Pferd *verwirft sich im Genick* (Abb. 3), wenn es beim Biegen ein Ohr tiefer hält als das andere. Das tiefer gestellte Ohr wird sofort höher genommen, indem der gleichseitige verkürzte Zügel dort an den Pferdehals gelegt wird, wo die Muskeln heraustreten. Das bedingt für kurze Zeit ein *Höherstellen dieser Zügelfaust.* Gibt das Pferd nach, wird die Hand wieder normal hingestellt und damit die Gebißwirkung vom Maulwinkel auf die Laden übertragen. Der äußere Zügel hält bei dieser Korrektur spannend durch. Oft wiederholtes Zügel-aus-der-Hand-kauen-Lassen im Trab und Galopp auf dem Zirkel, *ohne* Aufgabe der Verbindung, mit sofortiger Wiederaufnahme der Zügel, ist ein gutes Korrekturmittel.

Bei der biegenden Arbeit darf der Reiter niemals mit der inneren Faust über den Widerrist drücken. Dadurch würde das Pferd gezwungen, sich auf die äußere Schulter zu legen. Das ist oft zu sehen, wenn die Pferde von der geraden Linie abweichen. Diese Verschiebung der Faust ist ein grober Fehler und sehr oft die Folge zu langer Zügel.

Bei Anfängern ist es vorteilhaft, wenn der Reitlehrer vor dem Anreiten das Pferd auf der Stelle an der Hand unter dem Reiter biegt. Erst wenn das Pferd willig nachgibt, nimmt der Schüler die Zügel auf und reitet an. So bekommt der junge Reiter am besten das Gefühl der leichten Nachgiebigkeit des Pferdes.

Das seitliche Biegen kann auch im Schritt auf dem Zirkel, in der Volte und den Ecken geübt werden. Auf der Stelle und im Schritt aber nur auf kurze Belehrungen beschränken. Bei längerer Übungsdauer verkriechen sich die Pferde leicht hinter den Zügel und verlieren das freie Tempo. Bessere Erfolge zeigt das Biegen im Arbeits- und etwas verstärkten Trab. Das Pferd ist um den inneren Schenkel gebogen. Damit geht die seitliche Biegung in die Längsbiegung über.

In der Längsbiegung (direkte Biegung) geht das Pferd, unter Einwirkung der äußeren Hilfen, »gebogen-gerade« auf dem Hufschlag, deshalb direkte Biegung. Hierbei müssen vor allem Takt und Elastizität des Ganges erhalten bleiben, andernfalls hat der Reiter sein Pferd falsch gebogen oder zu hohe Anforderungen gestellt. Geschmeidigkeit und Elastizität des Pferdes sind von ausschlaggebender Bedeutung. Auch die Längsbiegung wird im Schritt nur zur Belehrung geübt, ansonsten im Arbeits- und etwas verstärkten Trab. Die Schenkelhilfen weichen von denen beim Biegen auf der Stelle erheblich ab. Die Zügelhilfen sind die gleichen.

Das *Höchstmaß der Längsbiegung auf gerader Linie* ist erreicht, wenn das Pferd mit dem *äußeren* Hinterfuß in Richtung zwischen die beiden Vorderfüße tritt. Der *innere* Hinterfuß muß der Spur des *inneren* Vorderfußes folgen. Nie zu lange auf einer Hand biegen und den Grad der Biegung oft mit Geradeausstellen wechseln. Um den Lernenden im eigenen Interesse zur richtigen und aktiven Hilfengebung zu erziehen, soll er sein Pferd auf einem nach außen begrenzten Hufschlag auch nach außen biegen. So ist der Reiter gezwungen, mit seinen Schenkel- und Zügelhilfen das Pferd auf einer bestimmten Linie zu reiten. Dadurch kann dem oft beim Biegen nach innen zu beobachtenden nachlässigen Einsatz dieser Hilfen begegnet werden. Höchstmaß auf *gebogener Linie* S. 144. Eine richtige Längsbiegung stellt an Pferd und Reiter erhöhte Anforderungen und *ist auf der rechten Hand anders zu reiten als auf der linken.* Folgender Leitgedanke ist zu beachten:

Aufgrund der natürlichen Schiefe fast aller Pferde von links vorn nach rechts hinten bezeichnen wir die rechte Seite als die für das Pferd schwierige (S. 128). Das Pferd geht mit hohler rechter Seite *gegen den* gleichseitigen *Schenkel.* Der Druck auf den rechten Zügel, d. h. das Annehmen des Zügels, ist gering (S. 150). Auf der linken Seite (Zwangsseite) belastet das Pferd, durch die Schiefe nach vorn links, seine Schulter mehr als auf der rechten. Der Druck auf den linken Zügel ist spürbar stärker als rechts. Die Schwierigkeit der Korrektur besteht bei der Längsbiegung in dem jeweils unterschiedlichen Einsatz der Hilfen.

Auf der rechten Hand wird das Pferd bei jeder Rechtswendung, also mindestens vor jeder Ecke, nach dem Annehmen des rechten Zügels die schon gebogene (hohle) rechte Seite noch stärker biegen. Dabei wird gleichzeitig die linke Schulter noch mehr belastet. Das Pferd folgt dem Zügelanzug zur Rechtswendung wegen der noch vorhandenen Spannung der schwierigen rechten Seite nur zögernd und stellt die Hinterhand nach innen. Manchmal weicht das Pferd sogar nach links aus, gegen die Bande. Umgekehrt gibt das Pferd dem linken Zügel noch nicht genügend nach. Durch stärkeres Gegenhalten des linken Zügels könnte der Reiter aber das Ausfallen der linken Pferdeschulter und die zu starke Halsbiegung nach rechts nicht verhindern, sondern würde es durch diese verhaltende Zügelhilfe noch verschlimmern. Dieses Verhalten im Tempo durch mehr treibende Schenkel zu korrigieren wäre wiederum falsch, weil das Pferd noch stärker durch versammelnde Hilfen eingespannt würde. Eine weitere Folge wäre der Verlust der Losgelassenheit. Deshalb *muß der linke Zügel* in den Wendungen *und* auf gerader Linie beim Reiten auf der rechten Hand *unbedingt passiv bleiben.* Er erhält lediglich eine ganz leichte Verbindung zum Pferdemaul. Dem Reiter bleibt also nur die Arbeit mit dem rechten Zügel wie beim Geraderichten (S. 128). Dieser Zügel wird, um die Verbindung zum Pferdemaul zu verbessern, ein wenig verkürzt. Jetzt führt *der rechte Zügel durch leicht »öffnende« Anzüge* die Vorhand nach vorn rechts vor die Hinterhand, bis der Hinterfuß wieder der Spur des Vorderfußes folgt. Von diesem Augenblick an muß der *rechte Schenkel* immer *verwahrend* wirken, um die Geraderichtung zu erhalten. Ist der Reiter hierzu wegen fehlender Kenntnis des richtigen Einsatzes der Hilfen noch nicht in der Lage, wird die Schiefe wieder eintreten, wenn die leicht öffnenden Zügelanzüge aufhören. Spätestens vor der nächsten Ecke wird der Reiter das Ausfallen der linken Pferdeschulter wieder spüren.

Um zu einem Erfolg zu kommen, muß der *hinter dem Gurt* liegende seitwärtstreibende *rechte Schenkel* das Pferd veranlassen, den rechten Hinterfuß vor und gegen den linken zu setzen. Der möglichst *dicht am Gurt* liegende *linke Schenkel* übernimmt die Aufgabe des Vortreibens *beider* Hinterbeine, um den gleichmäßigen Schwung und Takt zu erhalten.

<u>*Auf der linken Hand*</u> wird das nach rechts schief gehende Pferd bei der Linkswendung stets die stärker belastete linke Schulter nach innen schieben. Folglich wären hier nach links »öffnende« Zügelanzüge völlig falsch. *Der linke Zügel bleibt* deshalb *mit weicher Anlehnung am Pferdehals* liegen und deutet durch festeres Schließen der Finger die Richtungsänderung an. Aufgrund der stärker belasteten linken Schulter wird das Pferd in die Linkswendung hineineilen. Dem muß *der rechte Zügel mit leicht »öffnenden« Anzügen* entgegenwirken und gleichzeitig, mit vorgehender rechter Hand, das Dehnen der rechten Seite des Pferdes ermöglichen. Bei diesem Bemühen wird der *rechte Zügel noch vom linken Schenkel unterstützt,* der *seitwärts*treibend nur etwa eine *halbe Handbreit hinter dem Gurt* liegt. Der *rechte gut verwahrende Schenkel,* etwa *eine Handbreit hinter dem Gurt, drückt* den seitwärts ausweichenden *rechten Hinterfuß gegen den linken* und erreicht damit die dem Bogen der Wendung entsprechende Längsbiegung der Wirbelsäule. Der rechte Schenkel darf also in dieser Linkswendung *niemals vorwärtstreibend* wirken, *wenn das Pferd noch nicht richtig geradegerichtet-gebogen* ist. Andernfalls würde es noch mehr auf die linke Schulter fallen. *Erst wenn diese Längsbiegung erreicht* ist, *muß der rechte Schenkel* außer seiner verwahrenden Tätigkeit noch dafür sorgen, im richtigen Zusammenwirken *mit dem linken Schenkel gleichmäßiges Tempo* zu *halten.*

Begonnen wird die längsbiegende Arbeit im leichten Sitz. Dabei muß der Reiter bemüht sein, bei möglichst gleichmäßiger Gewichtsverteilung ruhig zu sitzen. Dadurch wird dem Pferd die Leistungsforderung dieser Lektionen verständlicher gemacht. Außerdem verschafft sich der Reiter eine gute Position, durch die beim leichten Sitz eintretende seitliche Gewichtsverlagerung (S. 98) den jeweils »öffnenden« Zügel zu unterstützen. Dadurch bewirkt die verlangte gleichmäßige Gewichtsverteilung den Gewichtsausgleich der Vorderbeine. Das gilt besonders bei der Korrektur der ausfallenden linken Schulter.

Die gesamte biegende Arbeit, vor allem die Hankenbiegung (S. 169), fördert einerseits die Geschicklichkeit mit guter Verbesserung des Gleichgewichtes des Pferdes und andererseits die erhöhte Versammlung mit weicher, elastischer Anlehnung. Hier zeigt sich wieder die wechselseitige Abhängigkeit der Reiterhilfen im Gesamterfolg. Bei aller Aufmerksamkeit in der Kleinarbeit muß der Reiter den Gesamtüberblick behalten und das Zusammenwirken der Hilfen gut kennen.

Bevor schwerere Lektionen geritten werden, ist das Pferd durch biegende Arbeit richtig zu lösen, um ihm alle Steifheiten zu nehmen. Wer diese Versteifungen unbeachtet läßt, reitet auf Kosten des Gleichgewichtes, der Leistungsfähigkeit, Geschicklichkeit und Geschmeidigkeit des Pferdes. Durch die fehlende Elastizität können bei heftigen Bewegungen des Pferdes sehr schnell Prellungen entstehen.

Aus all diesen Gründen erkennen wir, weshalb auf das Biegen – nicht das *Ver*biegen! – so großer Wert gelegt wird. Wie sagten unsere »Großen der Reiterei«?

»Lernt Theorie oder Ihr bleibt praktische Stümper!« und »Zu jedem Können gehört zunächst viel Wissen.«

Das Versammeln des Pferdes beginnt mit dem »Reiten in Stellung« und dem »Abbrechen« als Übergang zu schwereren Lektionen. *Zum »Reiten in Stellung«* muß der Reiter in der Lage sein, das im Gange befindliche Pferd in der beschriebenen Längsbiegung *erhalten* zu können. Der beim Biegen genannte oder ein geringerer Grad von Stellung ist stets erforderlich bei allen Hufschlagfiguren, dem Durchreiten der Ecken, der Galopparbeit, den Seitengängen und zur Versammlung des Pferdes. Der Grad der Stellung wird vom Maß der Versammlung, vom Tempo und der Biegung des Hufschlages bestimmt. Ein Kommando zum Reiten in Stellung ist stets erforderlich, wenn es als Lektion geritten wird. Das geschieht nur im Schritt und abgekürzten Trab. Das Kommando lautet:

»Die Pferde rechts(links)-stellen!« »Pferde geradeaus-stellen!« Oder kurz »Gerade-aus!« (S. 184, Kommando 27).

Damit sind Beginn und Ende der Übung festgelegt. Bei richtigem Sitz sieht der Reiter inneren Augen- und Nüsternrand schimmern. Die »Stellung« ist auf beiden Seiten gleichmäßig zu üben, und zwar im fließenden Wechsel, ohne daß das Pferd eilt oder stutzt. Geht das Pferd in verhaltenen Tritten, ist sofort frei geradeaus vorwärts zu reiten. Dann wird erneut in »Stellung«, u. U. auch in »Außenstellung« geritten (S. 148). Folgenschwere und häufigste Fehler beim Reiten in Stellung sind:

- Übertriebenes Verdrehen des Oberkörpers,
- eingeknickte Hüften (S. 92),
- zurückfallende Schultern sowie
- Ziehen und Festhalten am inneren Zügel.

Damit wird dem Pferd das weite Untersetzen des inneren Hinterfußes unmöglich gemacht. Es kann sich notgedrungen der zu starken Belastung dieses Fußes nur durch das Ausfallen der Hinterhand entziehen. Der Reiter kann nur durch gute Schenkeleinwirkung und andeutend wirkende Zügelhilfen die willige seitliche Genickbiegung seines Pferdes *(Ganaschenbiegung)* erreichen (S. 130, 208).
Das Reiten in Stellung darf erst erlernt werden, wenn der Reiter ohne jede Schwierigkeit bei den Vorhandwendungen, allen Wendungen in der Bewegung und im freien Gang sicher und gut auf sein Pferd einwirken kann. Diese Forderung ist notwendig, denn der Reiter muß beim Reiten in Stellung mit Gewicht, Kreuz, beiden Schenkeln und beiden Zügeln gleichzeitig, aber auf beiden Seiten unterschiedlich auf sein Pferd einwirken. Es ist streng darauf zu achten, daß die Reiterschultern mit den Pferdeschultern und die Reiterhüften mit den Pferdehüften beim Reiten in Stellung immer parallel verlaufen!
Diese etwas komplizierte Einwirkung des Reiters betrachten wir uns einmal beim Durchreiten der Ecke auf nebenstehendem Bild (S. 135):

1. Das Pferd befindet sich etwa eine Pferdelänge (6 Schritte) vor der Ecke. Hier fordert der Reiter von dem geradeausgestellten Pferd eine halbe Parade an beide Zügel. Die Schultern und Hüften von Pferd und Reiter verlaufen übereinstimmend parallel. Danach müssen folgende Hilfen gut aufeinander abgestimmt, sicher und schnell gleichzeitig wirken.

2. Das Pferd wird um den inneren Schenkel gebogen, der *verwahrend am* Gurt liegen

Rechts gestelltes Pferd

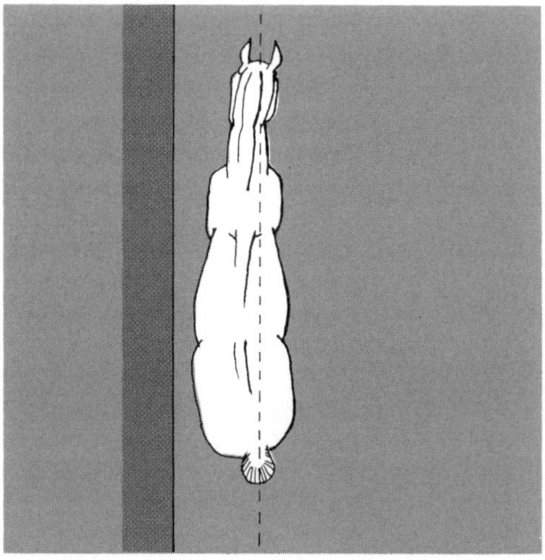

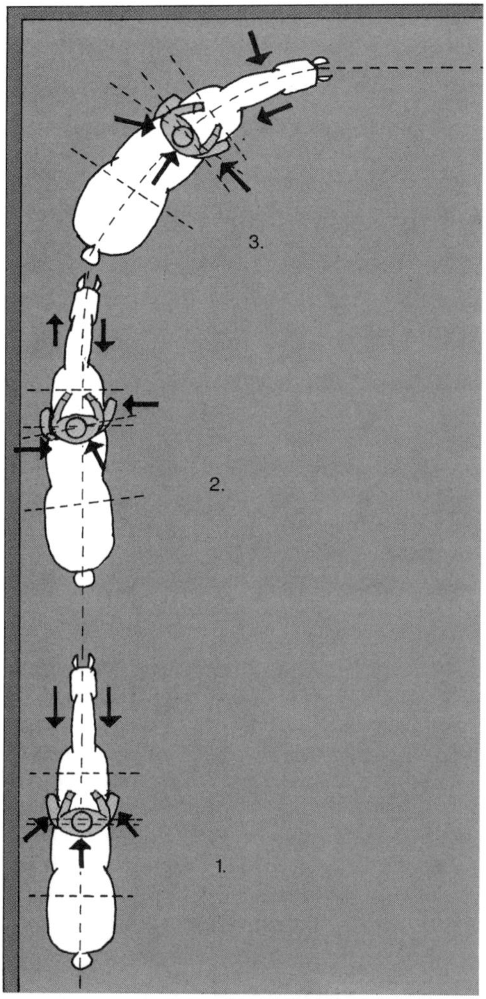

Stellen des Pferdes beim Durchreiten der Ecke

muß, *also passiv*. Würde der innere Schenkel beim Reiten in Stellung an den Pferdeleib gedrückt, müßte das Pferd in seiner ganzen Länge seitwärts treten. Bei einem Wegstrecken dieses Schenkels wäre das »Stellen« des Pferdes unmöglich. Währenddessen hat der Reiter seinen Schwerpunkt nach innen verlegt, seine innere Hüfte vorgeschoben und damit das innere Knie und den inneren Absatz gesenkt. Der äußere Schenkel liegt *hinter dem Gurt und drückt* die Hinterhand *aktiv* nach innen.

Der innere Zügel wird leicht angenommen, aber ohne sich festzuziehen (!), denn das würde mit Sicherheit ein Verwerfen zur Folge haben (S. 131).
Der äußere Zügel muß einleitend ein wenig nachgeben, indem der Reiter seine gleichseitige Schulter nach vorn nimmt. Dadurch kann das Pferd seine äußere Halsseite strecken und am Gebiß bleiben, ggf. muß der kleine Finger der äußeren Hand durch Nachgeben in Richtung des Pferdemaules dieses Strecken noch unterstützen.

3. Nachdem entsprechend Punkt 1 und 2 eine geringe Stellung des Pferdes erreicht ist, muß jetzt auch der äußere Zügel angenommen werden. Durch die Wirkung dieses Zügels in Richtung auf die Sehne des Kreisbogens der Ecke wird die »Stellung« des Pferdes verstärkt und das Ausfallen der äußeren Schulter verhindert. Gewicht, Kreuz und die Schenkel des Reiters in Verbindung mit dem inneren Zügel behalten ihre Wirkung bei, wie unter Ziff. 2 angegeben. Werden diese Maßnahmen befolgt, wird der Reiter feststellen, daß sein Pferd auf dem Hufschlag gebogen-geradegestellt durch die Ecke geht.
Ein verhängnisvoller Fehler wäre in diesem Augenblick, die innere Zügelfaust über den Widerrist zu drücken. Der Reiter muß von vorn beginnen, weil er alle mühsam errungenen Fortschritte am Widerrist des Pferdes herausgedrückt hat.
Nach solchem Fehler werden die Pferde meistens unruhig und gehen gegen den Zügel. Ruhe bewahren! Einmal um die Bahn im freien Arbeitstempo, dann neu in Stellung reiten.
Nachdem die Pferde die neue Stellung wieder erreicht haben, sorgt der innere Zügel für leichte Anlehnung. Der äußere Zügel erhält durch stärkere Anlehnung die Stellung des Pferdes.
Verwirft sich ein Pferd im Genick, muß es im freien Vorwärtsreiten korrigiert und wieder an die Hilfen gestellt werden (S. 110), erst dann darf die weitere Arbeit beginnen.

Für die Ausbildung junger Pferde und jedem Turnierreiter ist immer wieder zu empfehlen, einmal das Biegen und Geraderichten des jungen oder rohen Pferdes (S. 128) vom Biegen und geraderichtenden Biegen des fortgeschrittenen Pferdes (S. 129) klar zu unterscheiden und zum anderen, sich das seitliche Biegen, Längsbiegen und »Reiten in Stellung« wegen der nicht ganz einfachen Unterschiede im Einsatz der gut aufeinander abgestimmten Hilfen immer wieder einzuprägen, bis der Reiter sie kennt und kann.
Jeder erspart sich mit dieser Mühe viel Verdruß, wenn er die Unterschiede richtig auseinanderhalten kann.

Das Abbrechen – auch Abdrücken genannt – ist eine Steigerung der bisher geübten seitlichen Biegung mit den gleichen Forderungen. Im Abbrechen werden Stellung und Durchlässigkeit des Pferdes verbessert. Niemals darf bei dieser Übung der Pferdehals *verbogen* werden. Der Reiter muß sich vermehrt nach dem Durchlässigkeitsgrad und Gebäude des Pferdes richten, um es stets in der Hand zu haben. Auf diese Übung soll man zurückgreifen, wenn ein Pferd bei der Dressurarbeit *Schwierigkeiten in der »Stellung«* zeigt. Das Abbrechen darf *nur auf der Stelle* mit Geduld und Vorsicht geübt werden, weil zu hohe Anforderungen und übereiltes Vorgehen Ungehorsam verursachen. Der Reiter muß sich folgendes vor Augen halten und einmal durchdenken:
Bei vermehrter Stellung des Kopfes mit geradegestelltem Hals würde dem Pferd die regelmäßige Fußsetzung erschwert und die Reinheit des Ganges gefährdet. Man beginnt deshalb das Abbrechen auf der Stelle nur, wenn das Pferd im Gange an den Hilfen steht *und* auch im Halten durch Schenkelhilfen in leichter Versammlung an den Hilfen bleibt. Je kürzer und breiter das Genick und die Ganaschenränder, desto unangenehmer und schwerer ist die Übung für das Pferd. Ich darf hier nur geringe Forderungen stellen, muß dafür aber mehrmals üben. Vor dem Abbrechen muß das Pferd unbedingt mit der ihm gebotenen Beizäumung und Aufrichtung an den Hilfen stehen und geradegerichtet sein.
Begonnen wird das Abbrechen auf der Stelle mit nur geringer Aufrichtung, wie das Biegen auf der Stelle (S. 130). Dem Pferde ist sogar zu gestatten, den Hals ein wenig mitzubiegen. Erst allmählich wird die Halsbiegung verringert und die des Genicks bei richtiger Aufrichtung vermehrt. Sitz und Hilfen sind die gleichen wie beim Biegen. Gibt das Pferd in der richtigen Stellung nach, bleiben die Hände ruhig stehen und der Reiter versucht, sein Pferd kurze Zeit (etwa 10–15 Sek.) in dieser erhöhten Stellung zu halten. Merkt der Reiter, daß sein Pferd sich in den Ganaschen nicht biegt, aber den Hals am Widerrist *verbiegt,* muß das Abbrechen sofort aufhören. Das Pferd ist erst im freien Vorwärtstempo besser an die Hilfen zu reiten und der Hals am Widerrist festzustellen.
Das *Feststellen des Halses am Widerrist* wird oft ausgesprochen, aber selten praktiziert. Der Reiter nimmt dazu mit dem inneren Zügel in leichter Stellung den Kopf des Pferdes herum, wobei der äußere Zügel nur wenig oder nicht nachgibt. Dabei muß der Hals geradegerichtet bleiben, um die Durchlässigkeit zu sichern (S. 82, 208).
Das Versammeln des Pferdes erfordert ein vermehrtes Untersetzen der Hinterbeine. Das Pferd wird durch den elastisch gebogenen Rücken und die vermehrte Aufrichtung scheinbar kürzer. Die Versammlung ist Vorbedingung zur:

- Höheren Ausbildung des Pferdes ab Klasse L,
- Arbeit in den abgekürzten (versammelnden) Gängen,
- Ausführung von engen Wendungen,
- Gewöhnung an weiche, geschmeidige Paraden,
- vermehrten Hankenbiegung (S. 169) und
- erhöhten Gymnastik des Pferdes.

Eine gute und richtige Versammlung ist nur möglich, wenn der Reiter in der Lage ist, Gleichgewicht, Anlehnung und Geradestellung des Pferdes zu erhalten. Umgekehrt werden durch die Versammlung Gehorsam, Gleichgewicht, Haltung, Gang und Anlehnung des Pferdes verbessert (S. 105).

Versammelnde Lektionen sind:

- Mitteltrab
- Mittelgalopp
- Kurzkehrtwendungen
- Seitengänge
- Starker Schritt, Trab, Galopp
- Versammelter Schritt (versammeln in halben Tritten – S. 169), Trab, Galopp
- Wendungen auf der Hinterhand
- Paraden (ganze und halbe)
- Reiten in Stellung
- Rückwärtsrichten
- Angaloppieren aus dem Schritt
- Genaue Wendungen (jeder Art)

Durch diese Übungen wird die Hinterhand zum Tragen herangezogen und die Vorhand entlastet. Die Hinterhand muß an die durchhaltenden Zügelhilfen heran*geritten* werden, also durch treibende Hilfen von hinten nach vorn. Nicht umgekehrt mit ziehenden Zügeln! Nur das an die Hand herangerittene Pferd wird richtig untertreten. Der Reiter fühlt förmlich den gleichseitigen Hinterfuß im Zügel; daher der Ausdruck *»Das Pferd tritt in die Zügel«* (S. 113 und 124).
Hieraus ergibt sich die zwangsläufige Folge, daß das Pferd in der Bewegung versammelt werden muß! Versammeln im Halten nur, um das Pferd bei fortgeschrittener Arbeit einer Prüfung der Anlehnung und Durchlässigkeit zu unterziehen oder ihm die stärkeren Hilfen begreiflich zu machen. Was ist beim Versammeln im Gange zu tun und zu beachten?
Ein Pferd versammeln heißt, es vermehrt aufzurichten und zum vermehrten Untertreten der Hinterbeine anzuregen. Der so nach rückwärts verlegte Schwerpunkt entlastet die Vorhand des Pferdes. Die Hinterhand kann leicht und gut untertreten; die eigene Körperlast und die des Reiters gut aufnehmen, um sie kraftvoll wieder nach vorn zu schieben. Das Pferd lernt erhabenere Schritte, Tritte und Sprünge, es kadenziert (S. 116).
Die *Schubkraft* wird infolge der vermehrt aufzunehmenden Last und der dadurch sich stärker biegenden Hanken (S. 169) eingeschränkt, muß aber erhalten bleiben. Die *Tragkraft* der Hinterhand wird entwickelt.

Eine gute Versammlung ist nur möglich, wenn das Pferd vorher seine Losgelassenheit erreicht hat, geradegerichtet und richtig gestellt ist. Die Versammlung liegt nicht in der Kürze von Takt und Tempo, sondern in der Erhabenheit des Ganges. Niemals kann die Versammlung durch Ziehen am Zügel erreicht werden. Die Hauptsache bleibt immer die vermehrte Beanspruchung der Hinterhand und das Vorwärtsreiten. Diese Forderung ist besonders von Turnierreitern zu verlangen.
Das Biegen der versammelnden Arbeit ist stets eine Längsbiegung des ganzen Pferdes. Es soll vor allem die Beugefähigkeit der Hanken und das beiderseitige Nachgeben in den Ganaschen fördern.

Die Versammlung ist erreicht, wenn das Pferd losgelassen mit leichter Anlehnung und Selbsthaltung, vertrauensvoll den Einwirkungen des Reiters folgt und geradegerichtet, mit ausdrucksvollem Schwung, taktmäßig vorwärts geht (siehe Ausbildungsskala S. 129).

Hier muß noch einmal besonders auf die Losgelassenheit von Pferd und Reiter hingewiesen werden. Es ist abwegig, nach 10 Minuten zügelziehenden Abreitens, von einem Pferd versammelnde Lektionen zu fordern, wie es auch von »gestandenen« Reitern oft zu sehen ist. Gerade bei versammelnder Arbeit des Pferdes wird eine gewisse federnd-elastische Muskelanspannung verlangt, wie bei jedem anderen Sport.
Das hat nichts mit *Verspannen* zu tun!
Versammelnde Arbeit an der Hand Seite 210 ff. nachlesen.
Bei der Überforderung des Pferdes ist es gleichgültig, ob es sich um ein noch auszubildendes oder in der Ausbildung fortgeschrittenes Pferd handelt. Oft ist zu beobachten, daß Pferde psychisch und physisch einfach nichts zeigen können, wegen falscher Ausbildung. Für die Ausbildung des Pferdes gilt seit jeher der Grundsatz, daß derjenige am sichersten zum Ziele kommt, der vom Leichten zum Schwereren aufbaut, sich in Geduld faßt und

die umfangreichen Kenntnisse für eine Ausbildung von Pferd und Reiter besitzt (S. 10).
Falscher Ehrgeiz veranlaßt viele Reiter, ihr Pferd durch riegelnde Handbewegungen beizuzäumen (?) und zu versammeln (?).
An dieser Stelle muß einmal gesagt werden, daß auch ein *schnelles dauerndes Annehmen und Nachgeben* der Zügel *ohne treibende Hilfen ein Riegeln* bedeutet (S. 115).
Der so zusammengezogene Pferdehals vermindert die Beuge- und Tragfähigkeit der Hinterhand erheblich. Das Pferd kann die Hinterbeine nicht weit genug nach vorn untersetzen und sich nicht ausbalancieren. Die Folge ist immer ein fehlerhafter Gang. Setzt das Pferd beide Hinterbeine nicht richtig unter, sucht es, als Ausgleich des falsch gelagerten Schwerpunktes, eine Stütze in der Hand des Reiters und »legt sich auf den Zügel«. Ein anderes Pferd weicht dem dauernden Zügelziehen und Riegeln dadurch aus, daß es seinen Hals aufrollt, den »falschen Knick« annimmt (S. 205) und »hinter den Zügel geht« (S. 107, Abb. S. 64).
Entzieht das Pferd nur ein Hinterbein der falschen Belastung durch den Reiter, geht es zwangsläufig schief und setzt das überbelastete Bein kurz seitwärts, die *Hinterhand »fällt aus«* (S. 110).
Eine Korrektur dieser vom Reiter verschuldeten Rittigkeitsfehler ist nur durch energisches Vorwärtsreiten mit geradegerichtetem Pferd möglich. Das Pferd muß erneut zur Losgelassenheit gebracht und zum ruhigen, vertrauensvollen Herantreten an das Gebiß veranlaßt werden (S. 128 ff., 205).

6. Wendungen im Halten

Diese Wendungen werden auf der Vor- oder Hinterhand ausgeführt. Den Drehpunkt bildet der jeweils innere Vorder- oder Hinterfuß.

Die Vorhandwendung ist keine schulgerechte Lektion, weil sie die Hinterhand entlastet und das Pferd auf die Vorhand bringt. Als Aufgabe dient sie nur der ersten Bearbeitung des jungen Pferdes und dazu, dem jungen Pferd und Reiter die Wirkung der Gewichtshilfen, seitwärts treibenden und verwahrenden Schenkel- und Zügelhilfen zu lehren. Die Vorhandwendung sollte nie mehr als ein Hilfsmittel sein, z. B. beim Ungehorsam gegen den wendenden Zügel. Hier wirkt diese Wendung als Korrekturmittel sicher und schnell, aufgrund der Hebelwirkung des Pferdehalses gegen den übrigen Pferdekörper.
Zur Vorhandwendung wird das Pferd zunächst an die Hilfen und nach der Seite der Wendung gestellt. Der innere Schenkel liegt knapp hinter dem Gurt und drückt die Hinterhand Tritt für Tritt um die Vorhand herum. Dabei tritt stets zuerst der innere Hinterfuß vor den äußeren unter den Schwerpunkt. Dann folgt der äußere und tritt neben den inneren Hinterfuß.
Der äußere Schenkel, verwahrend hinter dem Gurt, fängt jeden zweiten Tritt bestimmt auf, um nach ganz kurzer Pause auf Druck des inneren Schenkels die nächsten zwei Tritte freizugeben. Auf diese Pause ist größter Wert zu legen.

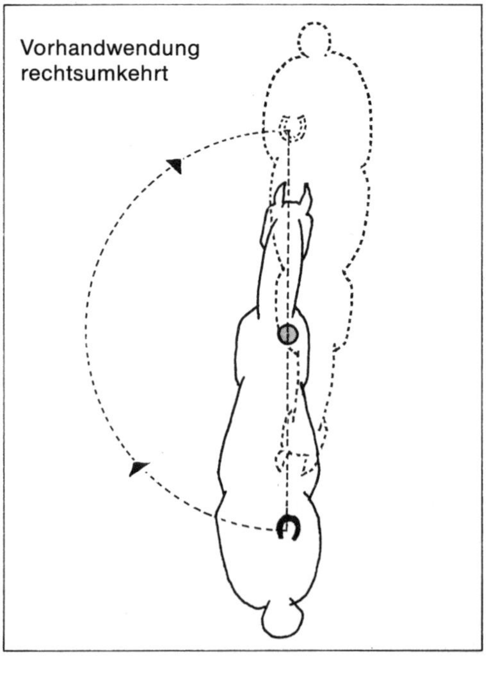

Ein Herumeilen der Hinterhand muß unbedingt vermieden werden. Tritt das Pferd dabei nach vorn, wird auch sofort die äußere Schulter ausfallen. Das muß der auswendige Zügel durch Gegenhalten verhindern. Ein Zurücktreten des Pferdes ist der geringere Fehler. Da die Bande anfangs bei der Übung stört, ist das Pferd auf den zweiten Hufschlag zu führen. Seitliches, stärkeres Biegen des Halses durch den inneren Zügel ist nur geboten, wenn das junge oder rohe Pferd den seitwärts treibenden Schenkel noch nicht kennt und wenn ältere Pferde sich der Einwirkung dieses Schenkels widersetzen (S. 157 Vorhandwendung in der Bewegung).

Zur Hinterhandwendung ist das Pferd bereits nach der Seite der Wendung und gut an die Hilfen gestellt.
Zur Wendung verlegt der Reiter sein Gewicht vermehrt nach innen. Der *innere Schenkel* liegt *vortreibend knapp hinter* dem Gurt des längsgebogenen Pferdes und hat die Aufgabe, den Takt der Hinterbeine zu erhalten, ihr Zurücktreten zu verhindern und sie zu taktmäßigem Vortreten anzuregen. Der *äußere Schenkel,* verwahrend ca. eine halbe Handbreit hinter dem Gurt, unterstützt diese Aufgabe und verhindert das Ausfallen des äußeren Hinterfußes. Das angespannte Kreuz unterstützt die vortreibenden Schenkel. Ein Zurücktreten des Pferdes in der Lektion ist immer ein grober Fehler.
Beide Hände wirken leicht seitwärtsweisend, *jedoch führt der innere Zügel* die Vorhand ruhig Tritt für Tritt in dem Augenblick herum, wenn die Hilfen zum Anreiten gegeben werden. Der *äußere Zügel* regelt das Maß der Stellung und darf nie über den Widerrist drücken. Während der Wendung muß der Reiter seine *äußere* Schulter gut mitnehmen. Ein Vortreten des Pferdes ist der geringere Fehler, der vom äußeren Zügel durch weiches *Gegenhalten* verhindert wird.
Die Hinterbeine müssen in der Wendung weitertreten. Dabei beschreibt der äußere Hinterfuß einen der Lektion angemessenen Kreis. Tritt der innere Hinterfuß taktmäßig auf kleinstem Kreise weiter, ist das kein Fehler. Ein absolutes Minus ist das Drehen des

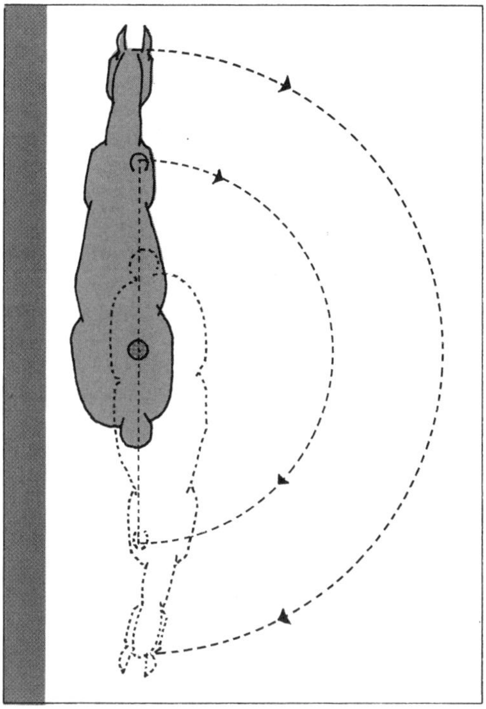

Hinterhandwendung (aus dem Halten) oder Kurzkehrt-Marsch (aus der Bewegung)

inneren Hinterfußes auf der Stelle. Da nach der Hinterhandwendung das Pferd um ca. eigene Körperbreite vom Hufschlag zum Bahninneren abgekommen und nach außen gestellt ist, muß es sofort umgestellt und vor-seitwärts *geradeaus* auf den Hufschlag zurückgeführt werden. Trotz unterschiedlicher Hilfen der Hinterhandwendung zum Kurzkehrt *gilt für beide:* Die *Wendung* wird *grundsätzlich in Schritttritten* ausgeführt (S. 145)!

7. *Wendungen im Gange*

Wendungen im Gange verlangen ein gebogen-geradegerichtetes Pferd (S. 132 ff.). Nur wenn das Pferd eine der Wendung entsprechende, gleichmäßige Längsbiegung hat, kann es genaue Wendungen im Gange richtig ausführen. Durch die Längsbiegung wird das Pferd gezwungen, in der Wendung mit der

Hinterhand genau dem Hufschlag der Vorderhand zu folgen. Die engste Wendung für das Pferd ist der Kreis der Volte (S. 144).
Eine fast schon in Vergessenheit geratene Lektion ist die in ihrer Wirkung einmalige *»Vorhandwendung in der Bewegung«*, auch *»Volte im Schwenken«* genannt. Nicht nur als Vorübung zum Schulterherein (S. 120) hervorragend geeignet, macht sie auch das Schenkelweichen überflüssig (S. 144, 157 und S. 184, Kommando 25).
Ein Pferd kann nur dann richtig wenden, wenn es seine Körperlast mit dem inneren Hinterfuß vermehrt stützt. Deshalb muß dieser Hinterfuß vom inneren Reiterschenkel gut zum Untertreten veranlaßt werden und ist es dem Pferde möglich, sich unter dem Reiter im Gleichgewicht zu halten. Vor jeder Wendung im Gange wird das Reitergewicht nach der Seite der Wendung verlegt und das Pferd durch halbe Paraden versammelt. Diese Versammlung muß um so höher sein, je enger die Wendung und je stärker die Gangart ist. Entsprechend größer ist der Wendebogen in freieren Gängen, weil sich das Pferd mehr streckt und deshalb weniger biegsam ist.
Zum Wenden wird das Pferd nach der Seite der Wendung gestellt. Bei allen Wendungen ist es wichtig, daß der Reiter die innere Hüfte mit tiefem Knie vorschiebt und seine äußere Schulter, parallel zu den Pferdeschultern, mitnimmt. So ist er in der Lage, das Pferd mit den Zügeln richtig zu führen und das Ausfallen mit der Hinterhand zu vermeiden. Ferner wird der Reiter dann auch nicht den Fehler begehen, mit der inneren Hüfte einzuknikken, sein Gesäß nach außen zu verschieben und dadurch mit seinem Gewicht falsch einzuwirken. Der innere Zügel führt das Pferd in die Wendung und wird dabei vom gleichseitigen Schenkel unterstützt, der den inneren Hinterfuß gut vortreibt. *Die Zügelführung der inneren Hand* geschieht beim Reiten auf Trense derart, daß der kleine Finger durch Eindrehen gegen die innere Brustseite des Reiters steigt. Die äußere Hand gibt nur so viel nach, daß das Pferd dem Anzuge folgen kann und bestimmt dadurch die Größe der Wendung. Zügelführung in einer Hand S. 185, Kommando 30.
Auch hier gilt die Mahnung, die Zügelhände unbedingt auf ihren Seiten stehen zu lassen. Über den Widerrist gedrückte Hände verderben viel Mühe des Reiters und wirken in jedem Falle ihrem Zweck entgegen, weil dieser Zügelanzug das Pferd am Widerrist verläßt und nicht bis zum gleichseitigen Hinterfuß »durchkommt«.
Der äußere Zügel bestimmt durch Gegenhalten das Maß der Wendung und Kopfstellung des Pferdes und verhindert mit dem verwahrenden äußeren Schenkel das Ausfallen des gleichseitigen Hinterfußes. Je geschickter der Reiter während der Wendung den inneren Hinterfuß zum Stützen vortreibt und den äußeren zum Vortreten *in Richtung* zwischen die Vorderfüße bestimmt, um so schneller und enger gelingt die Wendung. Ist die neue Linie nach der Wendung erreicht, wird die Wirkung des inneren Zügels vermindert, mit dem äußeren Zügel der Kopf des Pferdes geradeausgestellt und auf der neuen Linie geritten.
Da fast alle Pferde im Biegen und Beugen der rechten Seite schwieriger sind, neigen sie dazu, in der Rechtswendung mit dem inneren Hinterfuß nach innen vom Hufschlag abzuweichen. Der Reiter muß daher in dieser Übung *den rechten Hinterfuß* besonders *zum weiten Untertreten* heranhalten. Umgekehrt ist fast immer die linke Seite weniger biegsam, so daß die Pferde die Linkswendung nicht mit hohler, sondern mit gewölbter innerer Seite ausführen. Hier ist mit *bestimmt verwahrendem rechten Hinterfuß* mehr auf die Nachgiebigkeit und Biegsamkeit hinzuwirken (S. 130–133).
Auf Trense ist beim Wenden im Gange der übermäßige Gebrauch des inneren Zügels fehlerhaft, weil das meistens ein Ausfallen der Hinterhand zur Folge hat. Das Wenden auf Kandare siehe S. 194 ff.

Das Durchreiten der Ecke unter dem Gesichtspunkt des »Reiten in Stellung« ist auf Seite 134 beschrieben.
Beim Durchreiten der Ecken müssen alle Wendungen fließend sein. Das Pferd darf im Gange nicht stutzen oder gar verhalten. Vor Beginn der Wendung wird eine halbe Parade geritten, vornehmlich zum äußeren Zügel

(S. 108). Dann wirkt der Reiter mit dem treibenden inneren Schenkel mit tiefem Knie so ein, als wolle er geradeaus reiten. Gleichzeitig wird das Pferd gestellt und mit dem inneren Zügel auf einem Viertel-Voltebogen durch die Ecke gewendet. Je nach Gangart, Tempo und Rittigkeit des Pferdes und Geschicklichkeit des Reiters ist der Kreisbogen genau oder flacher auszureiten. Der äußere Schenkel liegt verwahrend hinter dem Gurt. Der äußere Zügel gibt etwas nach, erhält aber Haltung und Stellung des Pferdes und verhindert im Zusammenwirken mit dem gleichseitigen Schenkel ein Ausfallen der Hinterhand. Mit zunehmender Durchlässigkeit auf den inneren Zügel gibt der äußere nicht mehr nach. Beide Schenkel erhalten Takt und Tempo. Drei Schritte nach der Ecke kommt das Pferd wieder auf die gerade Linie. Sofort wirkt der innere Zügel schwächer. Mit dem äußeren Zügel richtet der Reiter sein Pferd auf die Gerade ein und verhindert so ein *Ausfallen der äußeren Schulter* gegen die Bande. Diesem Fehler, der sich besonders auf der rechten Hand zeigt, kann durch gutes Vorrichten der äußeren Pferdeschulter bei der halben Parade vor der Ecke und im Augenblick der Wendung vorgebeugt werden. Auf der linken Hand ist dem Ausfallen des *äußeren Hinterfußes* in dem Moment verwahrend entgegenzuwirken, wenn die halbe Parade vor der Ecke geritten wird (S. 134, Ziff. 1).

In beiden Wendungen versuchen die Pferde immer wieder, den Bogen der Ecke abzuflachen oder den *inneren* Hinterfuß weit nach innen zu setzen. Innerer Schenkel und äußerer Zügel müssen dem entgegenwirken. Widersetzt sich ein Pferd der richtigen Wendung, muß der Reiter die Lektion zunächst im etwas verkürzten Schritt üben. Dabei werden die Hilfen mehr nacheinander gegeben. Ein grober Fehler und völlig falsches Einwirken ist, wenn hierbei das Pferd mit nach außen drückender innerer Hand zu tief in die Ecke geritten wird, um dann mit nach innen über den Widerrist drückender äußerer Hand die Vorhand in Konterstellung (S. 148) aus der Ecke herauszuführen. Wenn ein *Pferd durch die Ecke eilt,* zieht der Reiter zu stark am inneren Zügel, anstatt richtige Hilfen zu geben. Halbe Paraden, vermehrt zum äußeren Zügel, und ein wenig kürzeres Tempo vor der Ecke korrigiert das Eilen.

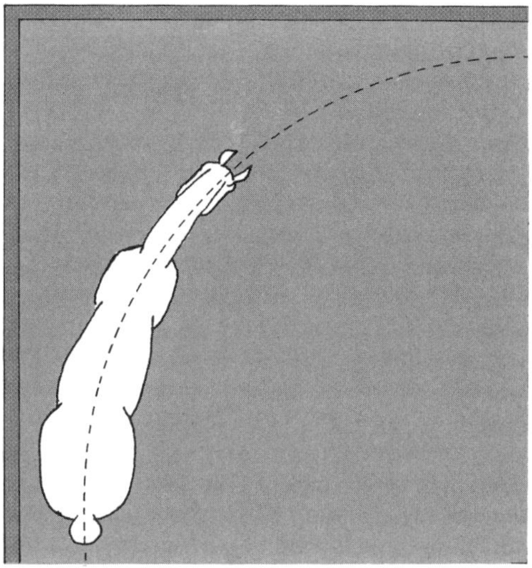

Durchreiten einer Ecke (vergleiche Abbildung S. 135 »Reiten in Stellung«)

Besonders bei fehlender Bande versuchen die Pferde, sich der stärkeren Biegung zu entziehen. Auf der rechten Hand drücken die Pferde dann stark nach außen, fallen mit der Hinterhand aus und außerdem auch mit der linken Schulter. Eine typische Fluchtbewegung. Auf der linken Hand versuchen diese Pferde stets, mit ausfallender linker Schulter die Ecke abzuflachen. Deutlich verwahrende, d. h. gegenwirkende Hilfen müssen unbedingt das Pferd gebogen-geradegerichtet auf dem Hufschlag halten.

Wechseln und Wendungen durch die Bahn sind u. a. gute Übungen, um das Herangehen des Pferdes an die beiderseitigen Hilfen zu verfeinern und zu überprüfen.

Bei den Wendungen zum Wechseln durch die Bahn muß das Pferd gut nach innen gestellt und richtig gebogen sein. Innerer Schenkel und äußerer Zügel müssen verhindern, daß das Pferd nicht bereits aus der Ecke heraus, sondern *erst am Wechselpunkt* in die Wendung geht, und zwar *nach Aufforderung des Reiters.*

Nach dem Abwenden muß der Reiter beiderseits gleichmäßige, gut vortreibende Hilfen einsetzen, um das Pferd auf der Wechsellinie gerade zu halten.
Dem Ausweiten der Wendung nach außen, besonders bei fehlender Bande, müssen äußerer Schenkel und Zügel entgegenwirken, um das Ausfallen der äußeren Schulter zu verhindern. Mit diesen Hilfen muß der Reiter bei allen Wendungen vom oder zum Hufschlag, jedes unkorrekte Verhalten seines Pferdes sofort berichtigen. Das gilt besonders beim Abwenden nach dem Anreiten aus der Abteilung.

Das Zirkelreiten bereitet die Pferde auf Wendungen, den Galopp und auf die Seitengänge vor. Es ist eine Lektion, die den inneren Hinterfuß des Pferdes vermehrt zum Stützen der Körperlast fordert und dadurch stärker beugt. Genaues Reiten auf dem Zirkel verlangt fortgesetztes Wenden in der entsprechenden Längsbiegung. Besonders wichtig ist, den Hals des Pferdes am Widerrist festzustellen und die Hinterhand genau der Spur der Vorderhand folgen zu lassen. Die Zirkellinie fordert von Pferd und Reiter eine Schwerpunktverlagerung in senkrecht gerader Körperhaltung nach innen, um der Zentrifugalkraft entgegenwirken zu können.
Der Übergang auf den Zirkel erfolgt am Paradepunkt *vor* der kurzen Seite. Bei Rückkehr auf den Hufschlag der ganzen bzw. halben Bahn wird am Zirkelpunkt *nach* der kurzen Seite wieder geradeaus geritten. Grundsatz beim Zirkelreiten ist: Die Biegung und Stellung der Hinterhand wird von den Reiterschenkeln, der Vorhand von der Zügelführung, beide unterstützt durch die Gewichtshilfen des Reiters, erhalten. Diese richtig aufeinander abgestimmten Hilfen führen das Pferd auf der gut auszureitenden Zirkellinie.
Vor dem Abbiegen auf den Zirkel sitzt der Reiter vermehrt nach innen und fordert von seinem Pferd eine halbe Parade, mit tiefem Knie und leicht angespanntem Kreuz.
Hier und auch bei allen Wendungen ergibt sich die beste Gelegenheit für den interessierten Reiter, das *einseitige Anspannen seines Kreuzes* fortlaufend trainieren zu können.

Der *innere Schenkel* liegt am Gurt und treibt den gleichseitigen Hinterfuß vor, hilft die Biegung erhalten und soll auch noch das Hereindrängen des Pferdes verhindern. Mit dem *inneren Zügel* wird das Pferd »gestellt« und am Paradepunkt auf die Zirkellinie geführt. Dabei muß der Reiter *Augen- und Nüsternrand* des Pferdes *schimmern* sehen – nicht den Pferdehals hereinziehen! *Äußerer Schenkel und Zügel* verhindern das Ausfallen der Hinterhand, *der Zügel* begrenzt *außerdem* noch die Stellung des Pferdes. Der *innere Zügel* führt. *Ein durch Ziehen am inneren Zügel* übermäßig nach innen »gestelltes« Pferd fällt mit der äußeren Schulter aus und drängt aus dem Zirkel heraus. Dieses Pferd muß erst wieder korrekt gebogen-geradegerichtet auf den Kreisbogen der Zirkellinie »gestellt« werden, weil hier die begrenzende *und* erhaltende Funktion *des äußeren Zügels,* unterstützt vom *äußeren Schenkel,* versagt hat. *Gleichzeitig* muß der *äußere Schenkel,* mehr *am* Gurt liegend, den äußeren Hinterfuß zu vermehrtem Vortreten anregen.
Widersetzt sich ein Pferd der inneren Biegung, wird es meistens mit der Schulter nach innen drängen, weil es den inneren Hinterfuß mehr in Richtung des äußeren Vorderfußes setzt. Zur Korrektur muß der gut am Gurt liegende *innere Schenkel* den inneren Hinterfuß zu vermehrtem *Vortreten* veranlassen. Hierzu fordert die *innere Zügelfaust* eine etwas stärkere Innenstellung. Da auch die Hinterhand in diesem Falle etwas ausfällt, müssen *äußerer Schenkel und Zügel* die Stellung und Biegung verbessern.
Der stets *führende innere Zügel,* mit aufmerksamer Unterstützung des *inneren Schenkels und äußeren Zügels,* hält das Pferd auf der Kreislinie.
Zirkel verkleinern ist eine Vorübung für engere Wendungen, deren erhöhte Anforderungen dem Pferd durch diese Lektion verständlicher werden. Der Reiter setzt sich vermehrt nach innen und führt das Pferd mit dem inneren Zügel, unterstützt vom äußeren Schenkel, vor-seitwärts travers*artig* (S. 158) zum Zirkelmittelpunkt. In dieser Stellung muß das Pferd den Kreisbogen einer Volte erreichen. Der gut treibende innere Schenkel erhält die Vor-

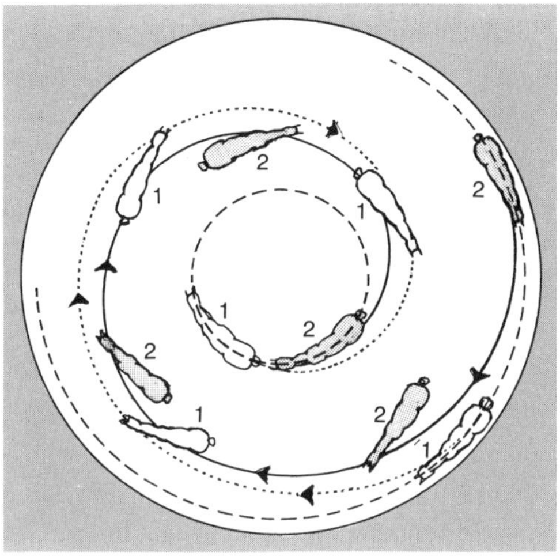

Zirkel verkleinern

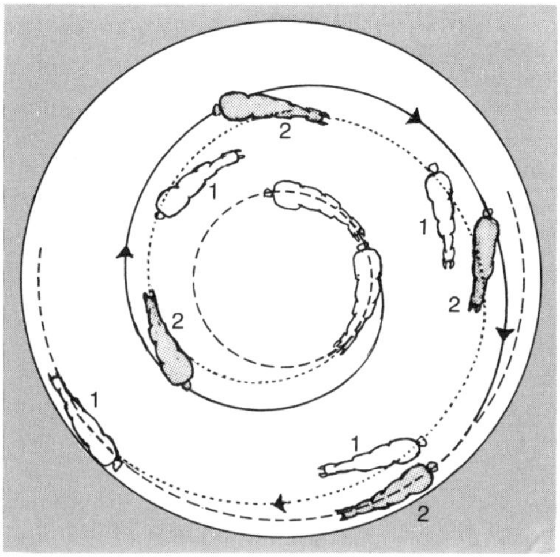

Zirkel vergrößern

wärtsbewegung, äußerer Schenkel und äußerer Zügel bestimmen gemeinsam die Längsbiegung des Pferdes. Die beiden letzteren haben ferner die Aufgabe, das Ausfallen der äußeren Schulter zu verhindern.
Beim Abteilungsreiten ist darauf zu achten, daß die Lektion stets gleichmäßig ausgeführt wird, die Pferde müssen ruhig und stets mit der Vorhand *etwas* vorausgerichtet bleiben. Mit der verstärkten Biegung auf dem kleinsten Zirkelkreis, der Volte, steigert der Reiter gleichzeitig die Versammlung des Pferdes. Bei nach außen abweichender Schulter und nach innen ausfallender Hinterhand des Pferdes müssen äußerer Zügel und innerer Schenkel vermehrt herangenommen werden, um den inneren Hinterfuß zum weiten Vortritt aufzufordern.
Beim Abteilungsreiten verkürzen sich die Abstände am Zirkelmittelpunkt. Ist die Abteilung bei maximal vier Pferden auf einen Schritt aufgerückt, muß jeder Reiter, um das Stehenbleiben der Pferde zu vermeiden, in Richtung der äußeren Hüfte des Vorderpferdes reiten. Dabei darf die Stellung und Biegung während der Übung nie aufgegeben oder vernachläßigt werden.
Die Lektion wird im Schritt und Arbeitstrab ausgeführt. Jedoch ist das Tempo durch halbe Paraden bis zum *verkürzten Trab* zu verringern, je mehr sich die Reiter der Zirkelmitte nähern. Die Abbildungen dieser Seite zeigen das deutlich, wie auch die Gleichzeitigkeit und Gleichmäßigkeit der Lektion.
Zirkel vergrößern ist sehr gut geeignet für Pferd und Reiter, die Entwicklung des Galopps besser verstehen und lernen zu können. Der Reiter muß umsitzen und sein Pferd umstellen, denn jetzt führen *äußerer Zügel und innerer Schenkel* das Pferd allmählich wieder auf die Zirkellinie schulterherein*artig* (S. 154) zurück. Das Pferd wird vermehrt an die äußeren Hilfen herangeritten. Die Hilfen gleichen denen des Schulterherein.
Ein sehr grober Fehler, der alle mühsam erarbeitete Versammlung zerstört, ist die über den Widerrist nach außen drückende innere Zügelhand.
Auch Zirkel vergrößern wird im Schritt und Arbeitstrab ausgeführt. Der Übergang vom *verkürzten* zum Arbeitstrab ist so aufzubauen, daß die Pferde den Arbeitstrab und die vorgeschriebenen Abstände auf der Zirkellinie erreicht haben.
In beiden Lektionen ist besonders aufmerksam auf travers*artig* bzw. schulterherein*artig* zu achten. Die Hilfen sind zwar dem Travers (S. 158) bzw. Schulterherein (S. 154) gleich, aber die Abstellung des Pferdes ist *wesentlich geringer.* Sind Travers oder Schulterherein

beim Zirkel verkleinern oder vergrößern *deutlich zu erkennen,* wird die Aufgabe ungenau und damit *falsch* geritten!

Das Aus-dem(den)-Zirkel(n)-Wechseln ist eine Übung zum Hufschlagwechsel auf dem Reitviereck.

Beim Reiten dieser Lektion ist der Halbkreisbogen der offenen Zirkelseite mit gut einwirkender innerer Schenkel- und äußerer Zügelhilfe genau auszureiten. Wird auf beiden Zirkeln geritten, treffen sich die Reiter paarweise in ihrer Reihenfolge genau am Paradepunkt der offenen Zirkelseiten – Punkt X. Die Reiter reiten auf der rechten Hand rechts und auf der linken Hand links bei X aneinander vorbei. An dieser Stelle muß das Pferd, vor dem Übergang auf die andere Hand, erst *eine Pferdelänge geradeaus* geritten werden. Der Reiter muß dabei umsitzen, umfassen, sein Pferd umstellen und es damit in die neue Biegung führen.

Beim Durch-den(die)-Zirkel-Wechseln muß am Paradepunkt *vor* der *offenen Seite* abgewendet und unbedingt der Mittelpunkt des Zirkels durchritten werden. Deshalb ist der Anfangsbogen nicht zu groß auszureiten, um vor dem Handwechsel drei Schritte vor bis drei Schritte nach dem Zirkel-Mittelpunkt *eine Pferdelänge senkrecht* zur kurzen Seite *geradeaus* reiten zu können. Dabei wiederum umsitzen, umfassen und das Pferd umstellen (Abb. S. 91).

Das Lehrreiche des richtigen Zirkelreitens liegt in dem sich fortlaufend erneuernden Wechsel der Gewichtsverlagerung sowie dem Zusammenspiel der treibenden inneren und verwahrend biegenden äußeren Hilfen – stets an die richtigen halben Paraden denken!

Die Volte fordert von Pferd und Reiter die genaue Biegung in den engeren Wendungen. Die Hilfen sind denen beim Reiten auf dem Zirkel und Abwenden von der geraden Linie gleich, ausgenommen die Vor- und Hinterhandwendung. Das Voltereiten stellt an Pferd und Reiter erhöhte Anforderungen. Dieser Kreis hat einen Durchmesser von 5 m (6 Schritte) und verlangt das *Höchstmaß der Längsbiegung* des Pferdes *auf gebogener Linie* (auf gerader Linie S. 132). Wird die Volte kleiner geritten, leidet der Gang auch des gut gerittenen Pferdes, weil es seine Längsbiegung dem zu engen Bogen des Kreises nicht anpassen kann.

Zur Volte steigert der Reiter durch eine halbe Parade die Versammlung des Pferdes, verlegt sein Gewicht nach innen und führt sein Pferd mit dem inneren Zügel in die Volte. Der innere Schenkel sorgt für gutes Vortreten des inneren Hinterfußes. Äußerer Schenkel und Zügel verwahren die Hinterhand zur exakten Spurfolge. Eine sehr gute Belehrung für das Pferd ist, hin und wieder 2–3 Volten auf *einer Stelle hintereinander* zu reiten.

Die *Vorhandwendung in der Bewegung,* auch *Volte im Schwenken* genannt (S. 157), erfordert die gleichen Hilfen.

Zu enge Volten verleiten zum inneren Zügelziehen. Dadurch bewirkt der *Reiter* das Ausfallen der Hinterhand, hält seinen eigenen Oberkörper der Wendung voraus und verhindert jede korrekte Hilfengebung. In diesem Fall können die Hinterbeine, außerhalb der Spur der Vorderbeine, das Pferd nicht genügend unterstützen, es wird in die Volte hineineilen. Eine geringere »Stellung« und korrekte halbe Paraden, vornehmlich zum äußeren Zügel, vermeiden dies. Pferde, die aufgrund körperlicher Mängel schwierig in »Stellung« und Biegung zu reiten sind und deshalb die Hinterhand *hereinstellen,* müssen vermehrt an den äußeren Zügel und Schenkel herangeritten werden. Die *innere Hand* darf hier *etwas tiefer* stehen, aber niemals auf dem Oberschenkel oder Knie liegen (S. 112, 196).

Die Volte wird im Schritt, bei höherer Gangart im verkürzten oder abgekürzten Tempo geritten. Größere Volten oder Kreise können auch im Arbeitstrab oder -galopp geritten werden.

Die Kehrtwendung (-volte) ist ein halber Voltebogen mit einer anschließenden *geraden* Linie schräg zum Hufschlag zurück. Beim Hineinreiten in die Kehrtwendung werden die Hilfen wie zur Volte gegeben. Nach dem halben Voltebogen ist das Pferd sofort geradeaus zu stellen. Auf der schrägen Linie zum Hufschlag muß der Reiter wieder umsitzen, umfassen und sein Pferd umstellen, so daß es mit

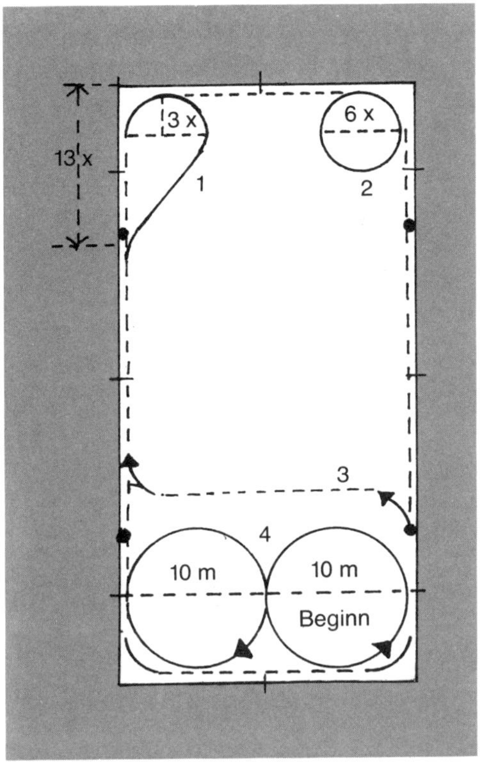

richtiger Stellung auf die andere Hand kommt.
Eine in der Ecke auszuführende Kehrtwendung (-volte) ist die Lektion *Aus-der-Ecke-kehrt* (S. 189 und Abb. oben, Ziff. 1). Bei dieser Übung ist oft zu beobachten, daß nach der halben Volte in Richtung Wechselpunkt zum Hufschlag zurückgeritten wird. Das ist falsch. Die schräg vorwärts zu reitende Linie endet auf dem Hufschlag höchstens einen Schritt hinter dem Zirkelpunkt.
Die Kehrtwendung wird in den Tempi der Volte geritten. Kreise mit mehr als 6 Schritt Durchmesser empfehlen sich bei Reitern, denen die Fähigkeit der richtigen treibenden Hilfen noch fehlt. Das gilt für alle Wendungen im Gange.

Die Schlangenlinien fördern vor allem den Gehorsam des Pferdes auf die wendenden Reiterhilfen, weil vorrangig das Reitergewicht zur Richtungsänderung einwirken soll. Weiches Umsitzen und weicher Wechsel sorgen für eine stets gebogene Hufschlaglinie. Innerhalb aller Schlangenlinien (S. 183) dürfen niemals Ecken entstehen. Die Pferde würden sofort stutzen und im Tempo verhalten. In den Schlangenlinien durch die Bahn wird bei jedem Wechsel des Bogens auf der Mittellinie grundsätzlich eine Pferdelänge geradeaus geritten (S. 91, Abb. 4). Dabei wieder umsitzen, umfassen und umstellen. Diese Umstellung wird nicht ausgeführt, wenn im Kommando »Ohne Stellungswechsel« angesagt ist. Es ist demnach ein Bogen mit Innenstellung, der folgende in Konterstellung (S. 148) zu reiten. Tempi wie bei der Volte.

Die Acht wird ähnlich dem Wechseln durch den Zirkel geritten, d. h. sie wird aus der *zweiten* Ecke (*nicht* aus der *ersten*) der kurzen Seite heraus begonnen oder an beliebiger Stelle (s. nebenstehende Abb. Ziff. 4).
Das Zusammenwirken innerer Schenkel – äußerer Zügel muß besonders vor und nach dem Berührungspunkt der Kreise zum Ausdruck kommen. Der Stellungswechsel an dieser Stelle, an der das Pferd kurz geradeaus zu stellen ist, soll deutlich erkennbar, flüssig und geschmeidig sein, ohne daß die Pferde stutzen. Da die Acht im fortgeschrittenen Stadium zweimal hintereinander geritten werden soll, liegt die Lehre für den Reiter im wiederholten Umsitzen, Umfassen und Umstellen. Der Nutzen für das Pferd ist das Training der Längsbiegung und Ganaschenbiegung.
Die Acht wird einzeln nur in verkürzten und versammelten (abgekürzten) Tempi geritten. Der Kreisdurchmesser beträgt 10 m oder etwa 12 Schritte.

Kurzkehrtwendungen sind Kehrtwendungen auf der Hinterhand aus der Bewegung heraus. Eine vollendete Kurzkehrtwendung werden nur wenige Reiter ausführen können. Die Gangarten in der mittleren Dressur sind Schritt oder versammelter Trab.
Im versammelten Galopp wird diese Lektion in der höheren Dressur *halbe Pirouette,* bei Wendungen um 360 Grad *ganze Pirouette* genannt.

Zur Ausführung der Übung ist die absolut korrekte Versammlung notwendig, weil das Pferd sich mit erhabener Vorhand in Schritttritten bzw. Galoppsprüngen auf dem inneren Hinterfuß herumdrehen muß. Beschreibt dieser Hinterfuß dabei einen kleinen Kreis, ist das kein Fehler. Das Kleben dieses Fußes am Boden ist ein grober Fehler. Die Einwirkungen des Reiters entsprechen denen im versammelten Galopp (S. 124). Kurz vor der Wendung fordert der Reiter vom Pferd, über den *äußeren* Zügel in Richtung auf den *inneren* Hinterfuß, eine halbe Parade. Sie darf das Pferd *nur* im Gange *aufhalten,* es aber *nicht zum Halten* veranlassen. Diese Parade bewirkt das Feststellen des inneren Hinterfußes und damit die erhöhte Versammlung. Das Unterbrechen der Vorwärtsbewegung und das Herumführen in die Wendung müssen *sofort* ineinander übergehen. Jede Unterbrechung nach der Parade würde die durch sie erreichte Versammlung aufheben. Nun führen *beide* Zügel und äußerer Schenkel, unter gut treibenden Hilfen, die Vorhand des Pferdes um die Hinterhand herum. Der Reiter muß vor allem einen sehr guten Sitz nach innen haben und die äußere Schulter »mitnehmen«. Da diese Lektion eine Hinterhandwendung in der Bewegung ist, sind auch fast alle Reiterhilfen und das Zurückführen auf den Hufschlag ähnlich denen der Hinterhandwendung (S. 139).

Der *Unterschied zwischen der Kurzkehrt- und Hinterhandwendung* ist folgender: Bei der Hinterhandwendung werden nach dem Halten die Hilfen zum Anreiten gegeben. Aus der Bewegung zur Kurzkehrtwendung ist erst eine (evtl. mehrere) halbe Parade(n) zu reiten, aber ohne das Pferd zum Stehen zu bringen.

Sehr oft wird zuviel am inneren Zügel gezogen, um möglichst rasch zu wenden. Dieses Übereilen und das Drücken der Hände über den Widerrist werfen die Hinterhand aus der Wendung und bringen den Reiter aus dem Takt der Bewegung.

Als Vorübung ist eine travers*artig* gerittene, sich allgemein verkleinernde Kehrtwendung (die Passade, S. 165) von großem Nutzen. Pferde, die nicht gern die Hinterhand untersetzen, werden vorsichtig auf der Stelle versammelt, um die Hinterbeine mehr zu biegen. Sind die Hinterbeine gut an den Schwerpunkt herangestellt, muß der Reiter versuchen, sie auf der Stelle zu halten und die Wendung ruhig und ohne Unterbrechung auszuführen. Beide Lektionen – Kurzkehrt- und Hinterhandwendung – werden in der gleichen Weise ausgeführt. Wichtigster Grundsatz für beide ist, daß sie immer in der Bewegung erfolgen müssen. Auch bei der Hinterhandwendung wirken nach dem Halten zuerst die vortreibenden Hilfen, dann werden die wendenden eingesetzt. Die *Wendung selbst* wird in beiden Übungen *immer in Schritttritten* ausgeführt. War das Pferd vorher im Trabe oder Galopp, kann die Wendung nur ein »Kurzkehrt« sein. In diesem Falle wird das Pferd *sofort* umgestellt nach der Wendung und im vorherigen Tempo weitergeritten.

8. Das Rückwärtsrichten (Rückwärtstreten)

Diese Bewegung entspricht nicht der natürlichen Gangart des Pferdes. Ihre Ausführung muß aber bekannt sein, weil sie zum Nachweis des Gehorsams und der Durchlässigkeit des Pferdes verlangt wird. Die Lektion sollte erst begonnen werden, wenn das Pferd *alle* Paraden willig durchläßt. Das Rückwärtsrichten wird vom Pferd auch in diagonaler Fußfolge ausgeführt. Die Übung soll Durchlässigkeit, Gehorsam und Haltung verbessern und die Hinterhand vermehrt biegen. Dem Reiter soll klar werden, wie der Zügelanzug durch das Pferd auf den Hinterfuß wirkt.

Noch rohe und junge Pferde werden anfangs mit den vier Beinen wie im Schritt wechselseitig rückwärts*treten*. Das geschieht aus Unkenntnis des Pferdes. Der Reiter übersieht diesen Fehler, beendet die Übung und lobt sein Pferd. Wenn er nun die Übung innerhalb der Stunde bis dreimal in Abständen wiederholt, wird das Pferd schon genauer und freiwillig diagonal zurücktreten. Doch stets bedenken, daß Gebäude, Temperament und Rittigkeit mitbestimmend sind.

Beginn des Rückwärtsrichtens

Die Länge der Rückwärtstritte muß in jedem Fall, auch bei gut gerittenen Pferden, eingeschränkt sein, weil eine Schwebephase nicht vorhanden ist. Die Vorderbeine würden auf den Hinterfuß der gleichen Seite treffen, dessen Platz aber noch nicht frei ist.

Zum Rückwärtsrichten wird das Pferd geradeaus »gestellt«. Mit angespanntem Kreuz versammelt der Reiter sein Pferd in guter Haltung. Bei leicht vorgeneigtem Oberkörper und mit beiderseits gleichzeitig gerade auf die Hinterbeine wirkenden Zügelhilfen des Reiters wird das Pferd willig zurücktreten. Ein gut auf den vier Beinen und an den Hilfen stehendes Pferd wird auf diese Einwirkungen stets ruhig mit einem diagonalen Beinpaar beginnen. Die Reiterschenkel liegen verwahrend am Pferdeleib. Sie verhindern, daß das Pferd seitlich ausweicht und gegen den Zügel geht. Das passiert mit Sicherheit, wenn der Reiter nur links und rechts am Zügel herumzieht, anstatt richtige annehmende Zügelhilfen zu geben. Verwahrende Reiterschenkel sind *passiv,* niemals treibend, was leider oft zu beobachten ist. Mit Beginn dieser Lektion muß der Reiter schon ein gutes Maß an *Reitergefühl* (S. 109) besitzen.

Das Rückwärts*richten* ohne Unterbrechung darf höchstens sechs Schritte betragen. Sonst wäre es ein Rückwärts*treten* (S. 203) als Strafe. Damit aber sollte jeder Reiter sehr sparsam sein. Jedes gewaltsame Einwirken und zu früher Beginn der Lektion bringen mehr Schaden als Nutzen. Wer sein Pferd kennt und weiß, daß es einseitig noch etwas steif ist oder mit einem Hinterfuß immer ausweicht, kann dies durch eine ganz geringe Kopfstellung des Pferdes nach der betreffenden Seite verhindern. Der Hinterfuß dieser Seite wird dadurch auf die gerade Linie eingerichtet. Bei stärkerem Ausweichen kann eine etwas breitere, »öffnende« Zügelführung (S. 128) geboten sein.

Zum Halten aus dem Rückwärtsrichten hören die annehmenden Zügelhilfen auf. Die bisher verwahrenden Schenkelhilfen des Reiters wirken *vorsichtig* vortreibend, bis das Pferd ruhig steht.

Aus dem Rückwärtsrichten zum Vorwärtsreiten ohne Halt müssen die Reiterschenkel gut, beiderseits gleichmäßig vortreibend wirken. Der Reiter muß bestrebt sein, die im Rückwärtsrichten erreichte Versammlung zu erhalten. Das gelingt am sichersten, wenn im Augenblick der vortreibenden Schenkel auch nur die beiden kleinen Finger der Reiterhände in Richtung Pferdemaul vorgehen. Besonderes Einfühlungsvermögen verlangt hier *die Schaukel,* d. h. mehrmaliges Rückwärtsrichten *und* Vorwärtstreten *ohne* Zwischenpause. Die Lektion wird in der Dressur-Klasse S verlangt.

Wenn dem Eindrehen der Handgelenke zur annehmenden Zügelhilfe keine Rückwärtsbewegung folgt, sind die Zügel wegen fehlender Beizäumung (S. 112) zu verkürzen. Bei dieser fehlerhaften Stellung kann nur ein richtiges Formen des Pferdehalses im freien Vorwärtsreiten mit viel biegender Arbeit das Pferd dazu bringen, die Zügelanzüge auf die Hinterbeine wieder durchzulassen. Niemals darf die Halsstellung des Pferdes im Rückwärtsrichten zu hoch sein, denn auch sie belastet die Hinterhand und erschwert dem Pferd das Abfußen der Hinterbeine.

Das Verweigern der Lektion ist entweder eine fehlerhafte Kopf- und Halsstellung oder das Pferd stemmt die Hinterbeine nach rückwärts. Beides schaltet jede Einwirkung der annehmenden Zügel auf die Hinterbeine aus.

Bei Verweigerung des Rückwärtsrichtens darf der Reiter nicht zu stark einsitzen, weil die Belastung des Pferderückens das Rückwärtstreten der Hintergliedmaßen erschwert. Der Reiter soll, was bereits gesagt wurde, seinen Oberkörper leicht vorneigen und sein Kreuz leicht anspannen.

Das Gegenstemmen der zurückgestellten Hinterhand ist eine Widersetzlichkeit des Pferdes, die sofort und konsequent abgestellt werden muß. Das Pferd ist durch vortreibende, versammelnde Hilfen zu veranlassen, *einen* Hinterfuß so weit unterzusetzen, daß das Schienbein senkrecht steht. Erst dann ist der Reiter in der Lage, durch vorherrschendes Annehmen des gleichseitigen Zügels seine Aufforderung zum Rückwärtsrichten energisch durchzusetzen. Bei stärkerer Widersetzlichkeit in diesem Falle ist dem Reiter vom Reitlehrer Unterstützung zu geben. Er greift den inneren Zügel und klopft mit der Gerte dicht hinter dem Gurt unter den Bauch des Pferdes, bis es den Widerstand aufgibt und ein Hinterbein weit vorstellt.

Die dritte Möglichkeit, ein Pferd, das die Hinterbeine zurückstemmt, zum Rückwärtsrichten zu bewegen, ist eine auf der gleichen Stelle auszuführende Vorhandwendung mit sofort anschließendem Rückwärtsrichten. Selbstverständlich muß das Pferd nach jeder Übung bzw. Korrektur immer erst wieder genau auf dem Hufschlag stehen.

Die Zügelhilfen müssen stets einsetzen, wenn ein Hinterfuß vom Boden abhebt. Aus erzieherischen Gründen *muß* das Pferd mindestens einen halben bis einen Schritt zurücktreten, auch wenn die Ausführung schlecht ist.

9. Reiten in Konterstellung

Das »Reiten in Stellung« ist auf S. 134 ausführlich beschrieben. Als Konterstellung bezeichnen wir die Stellung des Pferdes nach außen, d.h. das Pferd ist in seiner ganzen Länge gleichmäßig geradegebogen zur Bande »gestellt«. *In- und auswendige Seite* usw. stets aus der Sicht der *Konter*stellung betrachten. Die Lektion soll Gehorsam und Aufmerksamkeit des Pferdes auf die äußeren Hilfen fördern, das »Reiten in Stellung« festigen und das Pferd auf den Renvers vorbereiten (S. 164).

Mit der Konterstellung kann man dem Ausfallen der bisherigen äußeren Schulter begegnen und dadurch auch ein Abweichen von der vom Reiter gewünschten Richtung verhindern (S. 199, Scheuende Pferde). Durchreiten der Ecken und Wendungen in Konterstellung werden nur bei der fortgeschrittenen Dressur verlangt.

Sitz und Hilfen der Konterstellung sind denen des »Reiten in Stellung« gleich.

Wer Ecken und Wendungen in Konterstellung reitet, muß bedenken, daß die *äußeren* Füße sich auf einem *kleineren* Kreisbogen bewegen. Der mehrbelastete innere Hinterfuß muß den längeren Weg zurücklegen. Der Reiter muß deshalb mit dem *führenden äußeren Zügel* das Vortreten der äußeren Pferdebeine beschränken. Außerdem muß der Reiter, um die Reinheit des Ganges zu erhalten, die Konterstellung leicht verringern und gleichzeitig mit dem gut vortreibenden inneren Schenkel den stärker belasteten inneren Hinterfuß zum weiten Vortreten veranlassen.

Reiten in Konterstellung, das Pferd ist zur Bande gestellt

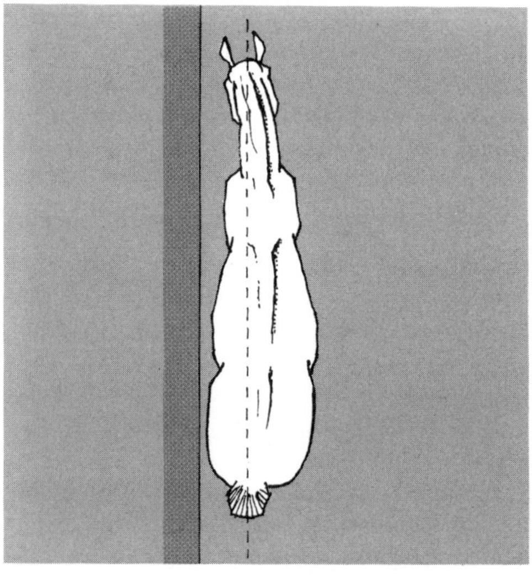

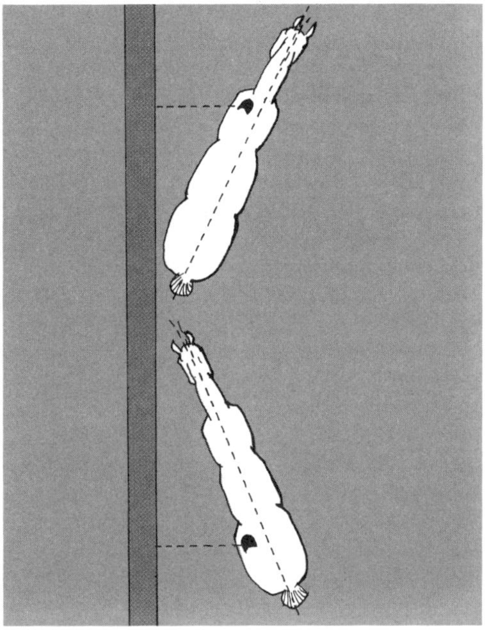

Schenkelweichen

Einer der häufigsten Fehler ist die zu starke Biegung in der Konterstellung. Der Hals des Pferdes wird herumgezogen, aber die Hinterhand mit dem äußeren Schenkel nicht hereingestellt. Dadurch wird das Ausfallen der äußeren Pferdeschulter begünstigt und geradezu herausgefordert. Sehr oft werden die Wendungen in Konterstellung zu eng geritten.
Der Übergang aus der »Stellung« in die »Konterstellung« muß fließend und weich geschehen. Die Pferde dürfen im Tempo weder eilen noch verhalten.
Bei dieser nicht ganz einfachen Übung sollte niemals die naturgegebene höchstmögliche Biegung des Pferderückens im Voltebogen übersehen oder gar vergessen werden.

10. Reiten auf zwei Hufschlägen

Bei den bisherigen Lektionen wurde besonders auf die Spurgleichheit der Vor- und Hinterhand hingewiesen. Beim Reiten auf zwei Hufschlägen bewegt sich das Pferd auf parallelen Hufschlaglinien. Dabei tritt ein gleichseitiges Beinpaar vor und/oder über das andere. Die Vorhand geht der Hinterhand soviel voraus, daß Verletzungen der Beine vermieden, die natürliche Fußfolge und der reine Gang nicht gestört werden. Biegung und Stellung sind unterschiedlich, je nach Lektion.

Das Schenkelweichen ist, wie die Vorhandwendung, mehr Mittel zum Zweck. Reiter und Pferd sollen den Gebrauch der einseitigen Hilfen erlernen. Vor allem sollen dem Pferd Verständnis und Gehorsam auf die deutlicher wirkenden verwahrenden Hilfen beigebracht werden. Besser geeignet ist die *Vorhandwendung in der Bewegung* (S. 157).
Das Schenkelweichen ist keine die Hinterhand fördernde Lektion und wird deshalb nur in kurzen Reprisen geübt. Die Tempi sind der Schritt und *verkürzter* Arbeitstrab. Ecken dürfen im Schenkelweichen nicht durchritten werden. Das Pferd ist nach der Seite des zu weichenden Schenkels zu stellen. Diese Seite ist immer die innere, auch wenn sie der Außenbande zugekehrt ist (S. 75). Auf dem Reitviereck darf das Pferd auf den langen Seiten dem dem Inneren der Bahn und dem der Bande zugekehrten Schenkel weichen. Auf dem Zirkel *nur* dem der Zirkelmitte zugekehrten Schenkel *und nur* an der offenen Zirkelseite. *Beim Weichen vor dem dem Bahninneren zugewandten Schenkel* wird nach dem Durchreiten der Ecke vor dem Wechselpunkt durch die Bahn eine halbe Parade geritten (S. 108). Am Wechselpunkt wird das Pferd wie zur Volte einen kleinen Schritt in das Innere der Bahn geführt. Sofort nach dem Abwenden eine weitere halbe Parade reiten, um die Hinterhand auf dem Hufschlag zu halten und das Schenkelweichen zu beginnen. Das Pferd geht mit nur geringer Stellung auf zwei Hufschlägen in einem Winkel von ca. 45°. Die *Hinterhand* ist *auf dem Hufschlag* der ganzen Bahn zu halten. Die inneren Füße treten gleichmäßig vor und über die äußeren. Der Reiter sitzt vermehrt auf dem inneren Gesäßknochen. Der innere Schenkel liegt knapp *hinter* dem Gurt und drückt die Hinterhand in dem Au-

genblick seitwärts, in dem der innere Hinterfuß vom Boden abhebt. Dieser Druck muß vielleicht Tritt für Tritt wiederholt werden. Der äußere Schenkel, *verwahrend* hinter dem Gurt, verhindert das Eilen des Pferdes und Ausfallen der Hinterhand. Der äußere Zügel führt die Vorhand auf ihrem Hufschlag und unterstützt den äußeren Schenkel. Der innere Zügel erhält die Stellung und unterstützt den gleichseitigen seitwärtstreibenden Schenkel.

Dieses Schenkelweichen wird durch *Einrichten der Vor- auf die Hinterhand* beendet und das Pferd auf einfachem Hufschlag weitergeritten (S. 128).

Bei *jedem Schenkelweichen ist das Pferd gegen die Bewegungsrichtung gestellt.*

Das Weichen vor dem der Bande zugekehrten Schenkel wird oft mit »Vor dem *äußeren Schenkel . . .«* bezeichnet. Das ist falsch! Das Pferd weicht aufgrund seiner »Stellung« nur dem »inneren« Schenkel (S. 184, Kdo. 26).

Bei dieser Lektion wird die halbe Parade vor der zweiten Ecke der kurzen Seite geritten. Diese Ecke ist flacher auszureiten, weil der Reiter bereits *in der Mitte der kurzen Seite* umsitzen, die Zügel umfassen und sein Pferd umstellen muß. Kurz bevor der Pferdekopf die Bande der langen Seite erreicht, nochmals eine halbe Parade und, mit der *Vorhand auf dem Hufschlag,* das Schenkelweichen einleiten. Danach die Hilfen wie bei der vorherigen Lektion.

Diese Übung wird durch das *Einrichten der Hinter- auf die Vorhand* beendet, das Pferd im flachen Bogen auf den Hufschlag zurückgeführt und geradeaus weitergeritten. Demzufolge ist das Pferd beim »Einrichten« nach der Lektion entweder umzustellen oder in Konterstellung zu reiten.

Schenkelweichen vor dem der Zirkelmitte zugekehrten Schenkel wird genauso ausgeführt, wie das Weichen vor dem Schenkel zum Bahninneren. Diese Übung ist schwieriger als an der langen Seite, weil auf dem Zirkel die Hinterhand stärker gebeugt wird. Die vortreibenden und verwahrenden Hilfen müssen deutlicher sein. Aus gleichem Grunde darf nur das Weichen vor dem der Zirkelmitte zugewandten Schenkel an der offenen Zirkelseite geritten werden, aber bitte nicht nur auf der bequemen Hand. Stets auf beiden Händen das Pferd gleichmäßig arbeiten.

Das Pferd *muß* mit der *Hinterhand auf der Zirkellinie* bleiben, um nicht traversartig in den Zirkel ausweichen zu können.

Bei allen Lektionen muß der Reiter herausfühlen lernen, wann er mit seinen Hilfen durchgekommen und ob sein Pferd durchlässig (S. 112/113) ist; eventuell die Übung vorübergehend, als Belohnung, unterbrechen. Der Gehorsam auf den treibenden Schenkel wird nur erreicht, wenn er *wirklich treibt* und dabei vom gleichseitigen Zügel (annehmend, nachgebend) unterstützt wird. Nach diesem Grundsatz kommt ein Reiter, dessen Pferd hartnäckig *gegen den äußeren Schenkel* geht, am sichersten zum Ziel, wenn er sein Pferd umstellt und Schenkelweichen reitet. Dann muß und wird das Pferd *dem* Schenkel weichen, dem es sich vorher entgegenstellte (S. 128, 160).

Viereck verkleinern und vergrößern ist eine weitere Lektion, um das Gefühl für die inneren und schon deutlicher wirkenden äußeren Hilfen und den Gehorsam des Pferdes auf diese Einwirkungen zu erhöhen. Das Tempo ist ebenfalls der Schritt und *verkürzte* Trab. Das Pferd geht mit geringer Kopfstellung, parallel zur Bande, vor-seitwärts in Richtung Mittellinie. Das Herangehen des Pferdes an die äußeren Hilfen bestimmt *die Abstellung,* das ist der Winkel der Längsachse des Pferdes zur langen Wand. Dabei sind die Hufschläge der Vor- und Hinterhand ca. ½ Schritt voneinander entfernt. Das Pferd geht mehr vor- als seitwärts. Ausbildungsstand von Pferd und Reiter bestimmen, wie weit in die Bahn geritten wird. Maximal bis zur Mittellinie.

Viereck verkleinern beginnt am Wechselpunkt der ganzen Bahn. Nach Durchreiten der ersten Ecke der langen Seite wird das Pferd umgestellt. Das Reitergewicht belastet die neue innere Seite. Vor dem Wechselpunkt eine halbe Parade reiten und das Pferd mit dem *kurz hinter* dem Gurt liegenden *inneren* Schenkel vor-seitwärts in die Bahn drücken. Der innere Zügel erhält die Stellung, unterstützt vom inneren Schenkel. Der äußere Schenkel liegt verwahrend *und treibend* hinter dem Gurt, verhindert das Ausfallen der Hin-

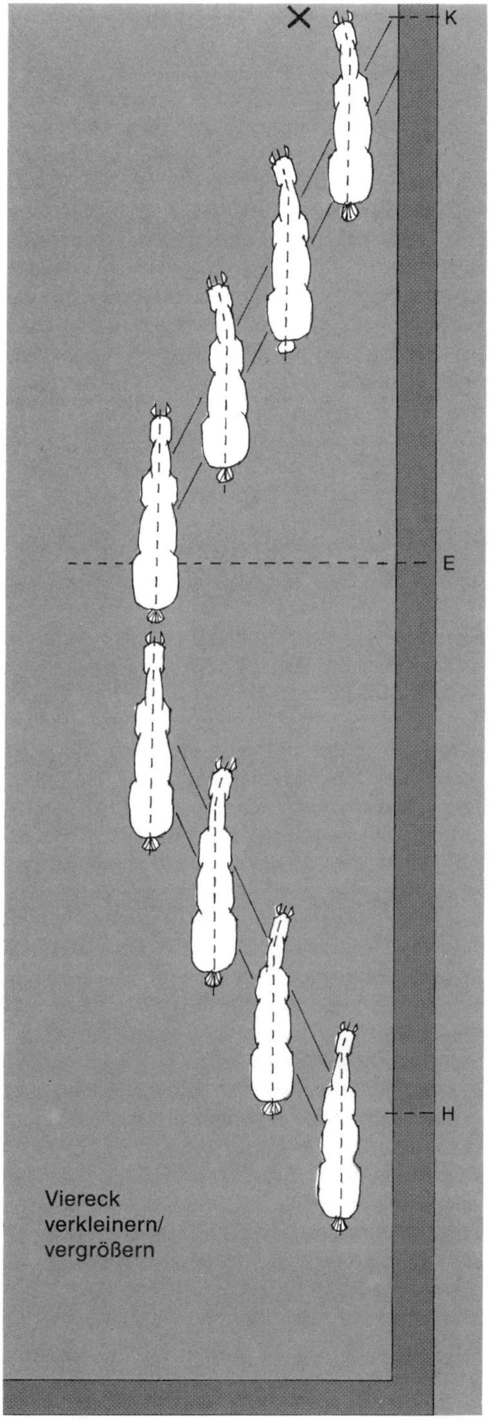

Viereck verkleinern/ vergrößern

terhand und unterstützt den äußeren Zügel, der das Pferd führt. Etwa eine Pferdelänge vor dem Hufschlag der halben Bahn wird die Vorhand auf die Hinterhand eingerichtet und das Pferd geradeaus gestellt. Das Viereck verkleinern ist beendet.

Nun muß der Reiter umsitzen, umfassen und sein Pferd umstellen. Nach einer Pferdelänge hinter der Linie der halben Bahn muß das Pferd in der nach dem Bahninneren gerichteten neuen Stellung gehen. Gleichzeitig setzen die oben beschriebenen Hilfen ein. Es ist darauf zu achten, daß durch die »Umstellung« des Pferdes auch die Seitenbezeichnung umgekehrt ist. Der vom inneren zum äußeren gewechselte linke Schenkel des Reiters ist jetzt wieder innerer Schenkel. Dieser ist jetzt der nach außen treibende.

Am Wechselpunkt vor der kurzen Seite muß der Hufschlag erreicht und die Übung beendet sein. Das Pferd wird geradeaus korrekt durch die Ecke geritten.

Dem fortschreitenden Gehorsam auf die einseitigen inneren Hilfen werden die immer stärker verwahrend wirkenden äußeren Hilfen entgegengesetzt, um das Pferd besser biegen und versammeln zu können. In der Folgezeit ist das Pferd an die leichte Versammlung in den gegebenen Lektionen (S. 134) zu gewöhnen.

Dann beginnt das Reiten der Seitengänge.

Die Seitengänge können und sollten nur geritten werden, wenn das Pferd im völligen Gehorsam auf die einseitigen Hilfen steht. Ferner sollte auch, durch Übungen auf gebogenen Linien oder Rückwärtsrichten, ganze Paraden und Verkürzen des Arbeitstrabes bis zum versammelten Trab, ein gewisser Grad von Selbsthaltung des Pferdes erreicht sein. Der Reiter muß imstande sein, durch dauernde Wechselwirkung der inneren und äußeren Hilfen, die Vor- und Hinterhand nicht nur auf den Hufschlägen des Seitenganges zu halten. Er muß sie auch *zueinander* gerichtet so *erhalten,* daß die Schubkraft der Hinterhand zwar gemäßigt wird, aber doch schwungvoll bleibt. Für die Dressurausbildung des Pferdes haben die Seitengänge große Bedeutung. Sie stellen an das Können und Gefühl des Reiters erhebliche Anforderungen. Er muß z. B. nicht nur sein Gewicht in die Bewegungsrichtung des Pferdes verlegen. Auch die Gewichtsverteilung und der Sitz sind so auf das Pferd einzurichten, daß die vier Pferdebeine *gleichmäßig* belastet werden. Hüften und Schultern des Reiters müssen stets parallel zu denen des Pferdes verlaufen. Dies geschieht sozusagen automatisch, wenn der Reiter die korrekte Ausführung des Seitenganges kennt, seine Schenkel entsprechend richtig einsetzt und seine Schultern durch eine leichte Drehung aus der Hüfte der Stellung der Pferdeschultern angleicht (S. 135). Nur in dieser Haltung kann der Reiter das gebogen-geradegerichtete seitwärts gehende Pferd versammeln. Ziel und Zweck der Seitengänge sind:

- Versammeln des Pferdes durch gymnastische Ausbildung;
- Vervollkommnen der Längsbiegung (S. 132);
- Erhöhen der Nachgiebigkeit auf die Hilfen, die gleichzeitig die Schulterfreiheit des Pferdes fördert und
- Festigen des Gleichgewichts.

Die gymnastische Ausbildung der Hinterhand beruht auf der bedingten Einschränkung der *Schubkraft* der Hinterbeine. Diese Abstellung ermöglicht es, die Tragkraft und Biegsamkeit der Hinterhand vermehrt zu beanspruchen. Der Reiter kann mit einem nutzbringenden Erfolg bei der Ausführung des Seitenganges nur rechnen, wenn er bereits vorher sein Pferd richtig gestellt und versammelt hat. Besonders nützlich ist die Arbeit auf dem Zirkel und der Volte. Insbesondere muß der Pferdehals an den Schultern (Widerrist) festgestellt bleiben (S. 136). Die Hinterhand wird nämlich nicht durch das Übertreten an sich gebogen und zum vermehrten Tragen befähigt, sondern erst durch die Längsbiegung des Rückens und durch erhöhte Versammlung.
Die Abstellung und Längsbiegung müssen gegeneinander ausgeglichen sein. Je größer die Abstellung ist, desto stärker muß die Längsbiegung sein und wird die Versammlung; weniger Abstellung also auch schwächere Längsbiegung und Versammlung.

Da aber das Pferd in der Fußsetzung naturgegeben nur halbseitwärts treten kann, darf die Abstellung in allen Seitengängen nur so groß sein, daß die Hufschläge der Vor- und Hinterhand höchstens bis zu einem Schritt voneinander entfernt sind. Nur so können Nachgiebigkeit auf Schenkel- und Zügelhilfen erreicht, die Schulterfreiheit des Pferdes gefördert und das Gleichgewicht des Pferdes gefestigt werden.
Seitengänge werden z. T. in allen drei Gangarten geritten, wie halber Travers, Traversalen (S. 153) und Renvers (S. 164). Im Schritt und *abgekürztem* (versammelten) Trab werden Schulterherein (S. 154) und Travers geritten; *nur im Schritt* im rechten Winkel seitwärts aus dem Halten ist der ganze Travers gestattet (S. 163). Äußerste Vorsicht ist geboten!
Das geeignetere Tempo ist abgekürzter Trab, weil er die Geschicklichkeit des Pferdes fördert und das Pferd sich nicht so leicht wie im Schritt den Einwirkungen des Reiters entziehen kann. Im Schritt sollen Reiter und Pferd nur die Lektionen und erforderlichen Hilfen kennenlernen. Der Takt muß in den Seitengängen erhalten und geübt werden, wie beim Reiten auf einem Hufschlag.
Jedes Reiten von Seitengängen ist fehlerhaft und schädlich, wenn das Pferd vorher auf gerader Linie im Schritt und versammelten Trab noch nicht genügende Beizäumung, Durchlässigkeit und Selbsthaltung erlangt hat.
Seitengänge werden in kurzen Reprisen und anschließend wieder freiere Tempi geritten, um die Gehlust des Pferdes anzuregen. Gut ist es, nach einem Seitengang etwa eine kurze Seite im abgekürzten Trab auf einem Hufschlag zu reiten. Hierbei ist am besten zu erkennen, ob die erhöhte Versammlung erreicht ist. Das folgende freiere Tempo muß Energie und Geräumigkeit des Ganges zum Ausdruck bringen. Seitengänge in der Abteilung sollte der Reitlehrer auf sich zureiten sowie die Übung einzeln beginnen lassen und die zu reitende Strecke bestimmen, z. B.: »Nach der zweiten Ecke der kurzen Seite einzeln eine halbe lange Seite Schulterherein.« So hat der Reitlehrer gute Übersicht, kann Korrekturen geben, das anschließende freiere

Tempo wird einzeln und korrekt eingeleitet. Seitengänge sind für die Dressur nur Mittel zum Zweck!

Einige *psychologische Hinweise,* auch bezüglich des *Pferdewechsels,* sollten deshalb bedacht werden. Wie schon auf S. 20 erwähnt, sind kleine körperliche Mängel des Pferdes eher zu überbrücken als Temperamentfehler. Jeder Reiter muß versuchen, sich in das Wesen seines Pferdes hineinzudenken; er muß dessen Stärken und Schwächen kennen und in der Lage sein zu sagen, warum er ganz bestimmte Übungen gerade in dieser Stunde von dem Pferd fordert. Dieser Reiter wird immer versuchen, aus den Stärken seines Pferdes dessen Schwächen zu beseitigen. Auch bei den Seitengängen ist Einzelausbildung im Durcheinanderreiten besser als monotones Abteilungsreiten. Der Gehorsam eines Pferdes muß um so ausgeprägter sein, je temperamentvoller es ist. Nur so ist es möglich, dieses Pferd an Temperamentsausbrüchen zu hindern. Jeder weiß, daß solche Pferde sich ausdrucksvoller zeigen als temperamentlose, die sicher alle Forderungen willig ausführen, ihr Bild jedoch wirkt langweilig. Derartige Unterschiede zwingen zu einer grundverschiedenen Ausbildung. Die Temperamentvollen müssen laufend geistig *und* körperlich beschäftigt werden, um Übermut und »dumme Gedanken« zu zügeln. Durch beruhigende Einwirkungen müssen diese Pferde zum geistigen Gehorsam erzogen werden. Ein langwieriges, schwieriges Stück Arbeit. Aber nur durch konsequente, wohl durchdachte Forderungen werden solche Pferde sich allmählich unterordnen.

Ein guter, ruhiger Reiter gehört darauf, sonst »gehen beide in die Luft!« Also auch hinsichtlich der Bereiter sind wichtige Fakten zu bedenken. Umgekehrt wird ein ruhiger Reiter auf ruhigem Pferd nie »etwas zeigen« können, beide wirken bald einschläfernd. Hierin und in der Tatsache, daß manche Reiter eine Abneigung gegen bestimmte Pferde haben *und umgekehrt,* liegt der tiefere Sinn eines Pferdewechsels innerhalb der Abteilung.

Reiter *und* Ausbilder müssen stets darauf achten, daß die Pferde in willigem Gehorsam gut vorwärts-seitwärts gehen. Das Seitwärtstreten muß deutlich sichtbar sein – dauernd kontrollieren!

Untenstehende Tabelle zeigt den Unterschied der einzelnen Seitengänge.

Seitengänge

Schulterherein	– Vorhand in die Bahn gestellt, Hinterhand auf dem Hufschlag.	Schritt und versammelter Trab
Travers	– Vorhand auf dem Hufschlag, Hinterhand in die Bahn gestellt.	
Traversale (Traversalverschiebung) mit der Abstellung wie beim Travers, und zwar:		
Halbe Traversale (Halber Travers)	– von der Mittellinie zur langen Seite *oder* umgekehrt;	
Doppelte halbe Traversale	– von der langen Seite zur Mittellinie *und* zurück *oder* umgekehrt;	
Ganze Traversale	– von Wand zu Wand durch die ganze Bahn;	
Doppelte halbe *und* doppelte ganze Traversale (nur Viereck *20 × 60 m*)	– z. B. KXH oder MXF bzw. VXS oder RXP. Die doppelte ganze Traversale KBH oder MEF. Und umgekehrt;	Schritt, versammelter Trab und versammelter Galopp
Zickzacktraversale	– beiderseits der Mittellinie, wobei die seitliche Entfernung von der Mittellinie angegeben wird;	
Renvers	– Vorderhand in die Bahn gestellt, Hinterhand auf dem Hufschlag;	
Ganzer Travers	– von Wand zu Wand auf der Querlinie.	Schritt (aus dem Halten)

Vorbereitende Übungen für Seitengänge sind Vorhandwendungen (S. 138) und Schenkelweichen (S. 149). Diese beiden nichtklassischen Übungen sollen aber nur, als belehrende Übergänge, Hilfsmittel sein. Die Vorstufe aller Seitengänge ist das *Schultervor,* d. h. die Längsbiegung des Pferdes im Seitengang. Dabei tritt der *innere* Hinterfuß in Richtung zwischen die Vorderfüße, der *äußere* Hinterfuß in die Spur des *äußeren* Vorderfußes (S. 132: *Gegensatz und Höchstmaß* der Längsbiegung auf *gerader Linie*). Die Hilfen sind die des Schulterherein.

Das Schulterherein setzt ein korrekt nach innen gestelltes Pferd in gut versammelter Haltung und Aufrichtung voraus. Zweck der Lektion ist eine erhöhte Versammlung und Hankenbiegung (S. 169), Verbessern der Anlehnung und Schulterfreiheit. Die Übung ist bedeutsam für das Geraderichten des Pferdes (S. 128) und die Grundlage aller weiteren Seitengänge. Das Pferd geht mit entgegengesetzter Kopfstellung auf zwei Hufschlägen vor/seitwärts. Die inneren Füße treten vor die äußeren. Der innere Hinterfuß tritt vermehrt unter den Schwerpunkt (S. 57) und wird mehr zum Tragen veranlaßt. Gleichzeitig entlastet er die Schultern und gestattet der Vorhand ein freieres Vortreten. Über den Grad der Abstellung des Pferdes bestehen zwei Meinungen.

In alten Reitbüchern wird gesagt, die inneren Füße treten *vor/über* die äußeren. Es entstehen vier Hufschlaglinien. Hier muß besonders darauf geachtet werden, daß der äußere Hinterfuß nicht ausfällt, sich der Biegung entzieht und nur eine Art Schenkelweichen geritten wird (siehe Abb. oben).

Die neuere Literatur erklärt, die inneren Füße treten nur *vor* die äußeren. *Innerer* Hinterfuß folgt der Spur des *äußeren* Vorderfußes. Es entstehen also drei Hufschlaglinien. Dieses Schulterherein führt aber sehr oft dazu, was auch zugegeben wird, daß die Lektion nur angedeutet ist. Das Pferd hat nur vermehrte Innenstellung, der innere Hinterfuß tritt ungenügend unter den Schwerpunkt. Dadurch geht der oben genannte Zweck der Übung völlig verloren.

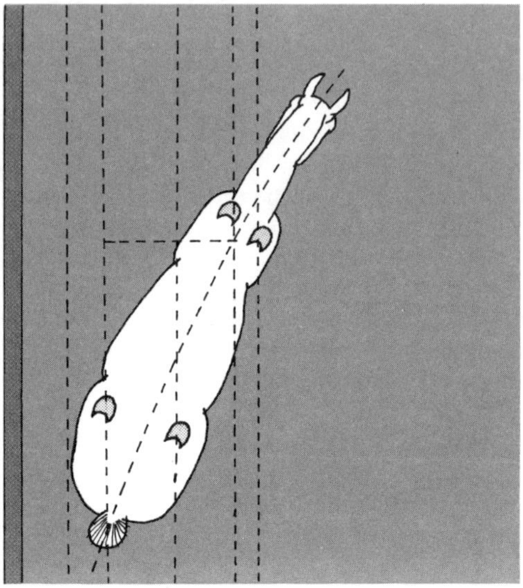

Schulterherein

Was ist nun richtig? Tatsache ist, daß jedes Pferd die Schulter der einen Seite – meistens der linken – leichter hereinstellt. Auf der entgegengesetzten Seite wird das gleiche Pferd aber versuchen, dem Schulterherein durch *Verbiegen* des Halses auszuweichen. Daraus folgt, daß man nicht nur eine der vorgenannten Meinungen vertreten und darüber polemisieren sollte, sondern nur streng darauf achtet, daß die Lektion *auf beiden Händen gleichmäßig* ausgeführt wird. Jede ungleichmäßige Ausbildung der einen zur anderen Seite des Pferdes ist falsch und wertlos. Der Reiter beweist damit, daß er die Übung nicht reiten kann, sondern nur »das Angebot seines Pferdes« annimmt.

Zum Schulterherein ruht das Reitergewicht vermehrt auf dem inneren Sitzbein. Das richtig schulterherein gerittene Pferd setzt den Reiter zwangsläufig nach innen. Er muß nur in der Bewegung des Pferdes gut mitgehen. Der *innere Zügel* wird verkürzt und das Pferd nach innen gestellt. Nach Durchreiten der Ekke fordert der Reiter vor *dem Wechselpunkt* eine halbe Parade und wendet wie zur Volte nach innen. Um die geforderte Abstellung der Vorhand von höchstens einem Schritt zum äußeren Hinterfuß nicht zu überschreiten, verhindert *der äußere Zügel sofort,* durch eine halbe Parade, weiteres Vortreten des Pferdes und führt es im Seitengang vor-seitwärts weiter. *Innerer Zügel und Schenkel* sorgen für die Stellung, das Einhalten der beiden Hufschläge und verhindern das *Hereinwerfen* der Hinterhand. *Äußerer Zügel und Schenkel* regeln die Biegung und Aufrichtung und führen das Pferd. Der *innere Schenkel, wenig* hinter dem Gurt, veranlaßt den inneren Hinterfuß zum weiten Vortritt und sorgt, *unterstützt vom äußeren Zügel,* für den Vorseitwärtsgang. Liegt dieser Schenkel zu weit zurück, wirkt er nur seitwärts, kann die Biegung nicht unterstützen, und der gymnastische Zweck der Lektion wird nicht erreicht. Der *äußere Schenkel,* hinter dem Gurt, treibt den äußeren Hinterfuß vor und verhindert das Ausfallen der Hinterhand. Diese Hilfen sind so oft zu erneuern wie notwendig, um das Pferd in richtiger Stellung, im gleichmäßigen Tempo, freien Vortritt und richtig gebogen während der Lektion in Bewegung zu halten.

Der Reiter kann *Vorwärtsdrang und Gehorsam* des Pferdes *prüfen.* Dazu unterbricht er das Schulterherein und reitet das Pferd auf einfachem Hufschlag *in Richtung der Abstellung geradeaus* (Abb.). Der Reiter führt das Pferd im freien Tempo, mindestens im verstärkten Arbeitstrab, schräg bis zum Hufschlag der gegenüberliegenden langen Seite. Im gleichen Tempo wird die kurze Seite durchritten. Kurz vor der zweiten Ecke dieser kurzen Seite wird zum *abgekürzten* Trab pariert und die Lektion kann nach der Ecke oder an anderer Stelle neu begonnen werden.

Der *Übergang zur Volte aus dem Schulterherein* ist eine weitere Möglichkeit zur Gehorsamsprüfung. Hier ändert sich die Biegung des Pferdes nur geringfügig derart, daß die Hinterhand zur Vorhand spuren muß. *Innerer Schenkel und Zügel* führen das Pferd in die Volte, wobei der innere Hinterfuß gut unter den Schwerpunkt treten muß. Wegen der erhöhten Versammlung gibt der äußere Zügel ein wenig nach, um dem Pferd den Übergang zur Volte zu erleichtern. Diese Kombination zwingt den Reiter, wie auch beim Abwenden zur gegenüberliegenden Seite, mit seinem äußeren Schenkel den gleichseitigen Hinterfuß des Pferdes gut vorzutreiben. Nach der Volte kann entweder in einem freieren Tempo geradeaus geritten oder erneut zum Schulterherein übergegangen werden.

Die Volte ist während des Erlernens der Lektion und zur Erleichterung für das Pferd in einer Ecke zu reiten (Abb. auf S. 156 oben).

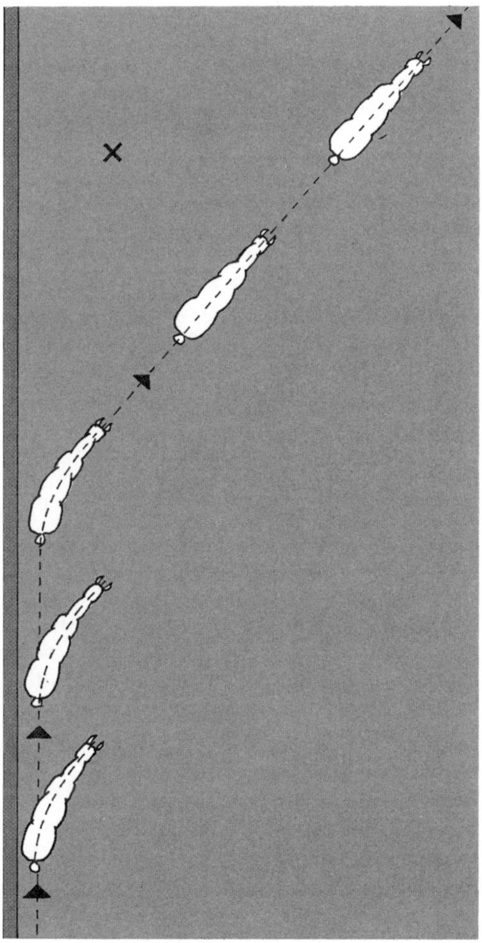

Aus Schulterherein zum Geradeaus auf einfachem Hufschlag

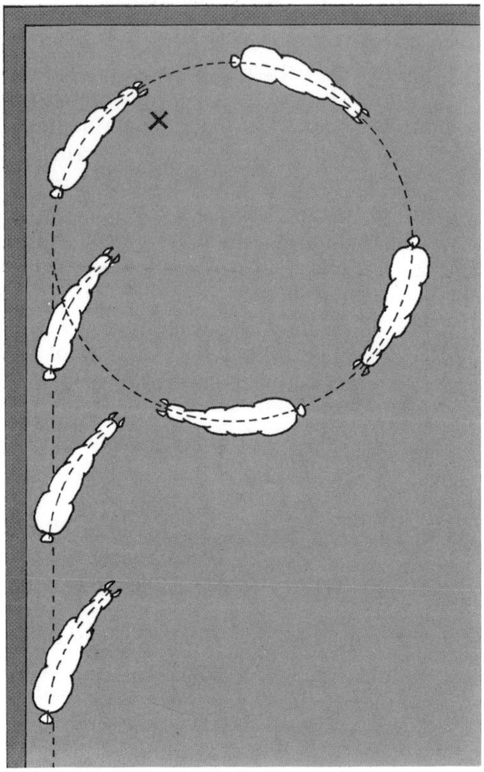

Aus Schulterherein zur Volte

Schulterherein über eine ganze lange Seite, durch die Ecke und auf Linien ohne Bande kann erst gefordert werden, wenn das Pferd in der Lage ist, sich im gleichmäßigen Tempo vor-seitwärts zu bewegen. Hierfür dem Pferd Zeit lassen, genauso dem Reiter. Vollkommenheit kommt mit der Übung. Dafür aber unbedingt darauf achten, daß das Pferd

- die Abstellung so lange beibehält, bis der Reiter die Übung beendet;
- mit der Hinterhand auf dem vorgeschriebenen Hufschlag bleibt und *nur* die Schulter hereinnimmt. Niemals die Schulter nur halb herein- und die Kruppe halb hinausstellen und
- nicht die Schulter zur Bande drängt, um sich die eigene Arbeit zu erleichtern.

Der Reiter darf sich vom Pferd auch nicht dadurch täuschen lassen, daß es seinen Hals verbiegt und nicht die Schulter hereinnimmt.

Durchreiten der Ecke im Schulterherein ist eine den Gehorsam des Pferdes und die Geschicklichkeit von Pferd und Reiter sehr fördernde Lektion (Abb. unten). Die Vorhand legt dabei den kürzeren Weg zurück. Sie muß deshalb vor der Ecke an beide Zügel pariert werden, um sie zu verhalten. Vorherrschend ist der innere Zügel, der das Pferd stellt und die Schulter hereinhält. Der Reiter muß also eine fortlaufende Hinterhandwendung im Gange ausführen. Wird statt dessen die Hinterhand um die Vorhand herumgedrückt, ist damit die Versammlung aufgehoben, die Lektion Schulterherein unterbrochen und die biegende Arbeit des inneren Hinterfußes wertlos. In neuerer Literatur kann man hin und wieder lesen, daß Ecken im Schulterherein nicht durchritten werden sollen. Auch diese Frage sollte nicht zur Weltanschauung erhoben, sondern dem guten Pferd und Reiter überlassen werden. Vorsichtig und richtig geritten, ist die Lektion eine sehr gute gymnastische Übung für die fortgeschrittene Dressur.

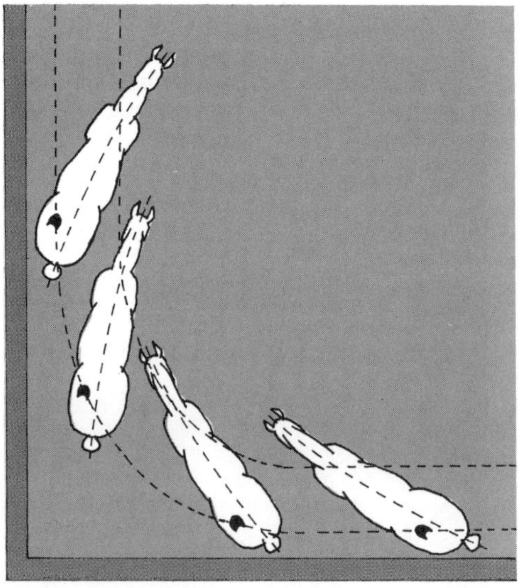

Durchreiten der Ecke im Schulterherein

Die am häufigsten vorkommenden Fehler sind: das Ausfallen der Schulter oder eines Hinterfußes, Gegen-den-Schenkel- bzw. Hinter-den-Zügel-Gehen, Wegeilen, ungleiches Treten und das Verwerfen.

Im Schulterherein rechts ist vor allem das Ausfallen der *äußeren* Schulter zu beobachten. Ursache ist der zu stark angezogene innere Zügel und die dadurch bedingte vermehrte Halsbiegung. Fast alle Pferde neigen dazu, um sich der richtigen Biegung und Versammlung zu entziehen. Der Reiter korrigiert sein Pferd durch Gegenhalten des gleichseitigen Zügels und stärkeres Vortreiben des gleichseitigen Hinterfußes – hier also linker Zügel und Schenkel. Wegeilen, ungleiches Treten und Verwerfen nach innen ist fast immer mit diesem Fehler verbunden. Korrektur: Das Pferd erst auf einfachem Hufschlag im Wechsel von Arbeitstrab und abgekürzten Trab geraderichten und versammeln. Hat das Pferd sich beruhigt und losgelassen, darf der Seitengang neu begonnen werden. Versucht das Pferd beim Schulterherein rechts, sich den Hilfen durch »Verwerfen« (S. 131) nach außen zu entziehen, muß eine gute Ganaschenbiegung (S. 130) rechts beachtet werden.

Schulterherein links fällt dem Pferde leichter, deshalb treten diese Fehler seltener auf. Hier neigen die Pferde dazu, mit dem äußeren Hinterfuß auszufallen. Der verwahrende äußere Reiterschenkel, unterstützt vom gleichseitigen Zügel, verhindert das Ausfallen.

Im Schulterherein auf beiden Händen drückt das Pferd mitunter gegen den jeweils inneren Schenkel. Dieser muß dann, mit halben Paraden zum leicht verkürzten inneren Zügel unterstützt, mehr treiben; bis die Hinterhand auf dem Hufschlag bleibt. Auch ein kurzes Schenkelweichen vor dem inneren Schenkel ist eine gute Korrektur (S. 150).

Geht ein Pferd im Schulterherein trotz treibender Hilfen hinter den Zügel (S. 107), muß es erst in freieren Gängen an die Hand geritten (S. 98) werden. Dazu erst die Vorhand auf die Hinterhand einrichten.

Zum Halten aus dem Schulterherein wirken die äußeren Hilfen vorrangig.

Die Vorteile des Schulterherein seien wie folgt zusammengefaßt:

Verbessern der Tragfähigkeit der Hinterhand durch Hankenbiegen. Dadurch bessere Elastizität und mehr Schulterfreiheit des Pferdes durch weites Vortreten der Hinterbeine. Das hat leichteren Gang und weiche Anlehnung zur Folge. Ferner können ausgeprägtere Trabtempi, wie beim Prüfen des Vorwärtsdranges und Übergang zur Volte erwähnt, erzielt werden. Die Lektion unterstützt gerades Angaloppieren, beeinflußt positiv den unregelmäßigen Trab und diejenigen Pferde, welche häufig unaufgefordert angaloppieren.

Diese ausführlichen Erläuterungen zum Schulterherein sind notwendig, weil die Lektion das Fundament aller Seitengänge ist. Das *richtig* gerittene Schulterherein ist die beste Ausbildungsgrundlage.

Als gute Vorübung wird die *Vorhandwendung in der Bewegung,* auch »Volte im Schwenken« genannt, empfohlen. Sie gibt dem Pferd die Zwanglosigkeit und läßt es nach dem Lösen mit einseitig inneren Hilfen von allein die äußeren suchen und finden. Bei dieser Übung verhindert der äußere Zügel *nicht* das Vortreten, sondern nur das Ausfallen der äußeren Schulter und erhält, mit dem *treibenden* äußeren Schenkel, das Geraderichten in der Wendung. Sie wird, nach dem Umstellen des Pferdes, wie im Halten eingeleitet. Die Vorhand beschreibt einen kleinen Kreis. Ruhiger, ausgeglichener Sitz werden gefördert (S. 184, Kommando 25).

Schon die alten Meister – von Xenophon (4. Jh. v. Chr.) über Pluvinel (1555–1620), Guérinière († 1751, beste deutsche Übersetzung seiner klassischen »École de cavalerie« von Oberst v. Haugk 1943), Frhr. v. Löhneysen (1590), Pinter von der Aue (1664), Winter v. Adlersflügel (1675), Frhr. v. Sind (1775), Ludwig Hünersdorf (1748–1813), Luis Seeger († 1865) bis Gustav Steinbrecht (1808–1885), Federico Caprilli (1868–1907), Oskar M. Stensbeck (1858–1939) und Gustav Rau (1880–1954), um nur die wichtigsten zu nennen – erkannten, daß ein gutes Schulterherein auch bei ausgebildeten Pferden alle kleine »Fehlerchen« beseitigen hilft. Diese Meister ritten das Schulterherein im Galopp, den sogenannten *Plié-Galopp,* als Korrektur zum Geraderichten auf gebogener Linie und Aktivieren der Hinterhand unter erhöhter Versammlung des Pferdes.

Der Travers sollte vornehmlich *zur Korrektur* der ohnehin meistens nach rechts hinten schief gehenden Pferde geritten werden. Diese Pferde sind mit einer kleinen List zum Nachgeben zu erziehen (S. 163). Man reitet auf der rechten Hand (meistens hohle Seite) anfangs nur Schulterherein rechts, auf der linken Hand (meistens steife Seite) den Travers links, z. B. die Lektion:

> Schulterherein rechts nach der zweiten Ecke der kurzen Seite. Etwa am Wechselpunkt *vor* der nächsten kurzen Seite eine Kehrtvolte *oder* zum Aus-der-Ecke-Kehrt, um daraus einen Travers links abermals bis zur kurzen Seite zu entwikkeln. Dann geradeaus im mäßig verstärkten Tempo etwa eine halbe Bahn.

Dadurch wird die richtige Biegung der steifen linken Seite und das Geraderichten der hohlen rechten Seite erreicht. Bei links schief gehenden Pferden ist es umgekehrt.
Im Travers ist das Pferd nach der Seite gestellt, nach der es vor-seitwärts tritt. Die *Vorhand* geht fast gerade auf dem Hufschlag. Die äußeren Füße treten vor die inneren, der äußere Hinterfuß folgt der Spur des inneren Vorderfußes. Das ist die neuere Version, bei der sich drei Hufschläge bilden. Die Abb. zeigt die Lektion in stärkerer Biegung und Abstellung. Es sind klar vier Hufschläge zu erkennen (vgl. S. 154, Schulterherein). Zweck des Travers ist, die Versammlung, Ganaschen-, Längs- und Hankenbiegung zu vervollkommnen. Die Reprisen müssen kürzer sein als beim Schulterherein, weil das Vortreten in Richtung der Stellung dem Pferd mehr Kraft abverlangt. Der Pferdehals ist nur leicht mitgebogen und muß an den Schultern (am Widerrist) festgestellt *bleiben.* Ein aufeinanderfolgender Wechsel von Schulterherein/Travers verbessert vorteilhaft die Übergänge zum Gangart- und Tempowechsel. Der Travers kann entweder aus der Ecke, dem Schluß einer Volte heraus oder auch an anderer Stelle der Bahn geritten werden.
Besonders vorteilhaft ist ein Travers aus der 2. Ecke der kurzen Seite, wenn an dieser kurzen Seite Schulterherein geritten wurde. Das Pferd hat dann bereits die erforderliche Versammlung und Biegung, es kommt aus der Ecke heraus mit der Hinterhand nicht mehr auf den Hufschlag der ganzen Bahn.
Zum Travers rechts aus der Ecke setzt sich der Reiter vermehrt nach innen und reitet, wenn der Pferdekopf die Bande der langen Seite erreicht, eine halbe Parade (Abb. S. 159 oben). Der *innere Schenkel,* am Gurt, veranlaßt den inneren Hinterfuß zum weiten Vortritt und bewirkt, *unterstützt vom inneren Zügel,* die Biegung und Stellung des Pferdes. Der *äußere verwahrende Schenkel und innere Zügel* erhalten die Vorseitwärts-Bewegung. *Außerdem* müssen der *äußere Schenkel und der äußere Zügel* die Biegung und Stellung begrenzen.
Beim Travers werden, entgegen dem Schulterherein, Versammlung und Biegung durch den vorherrschenden *inneren* Schenkel erreicht. Nicht im *Übertreten* des *äußeren* Hinterfußes, sondern im weiten *Vortritt* des *inne-*

Der Travers

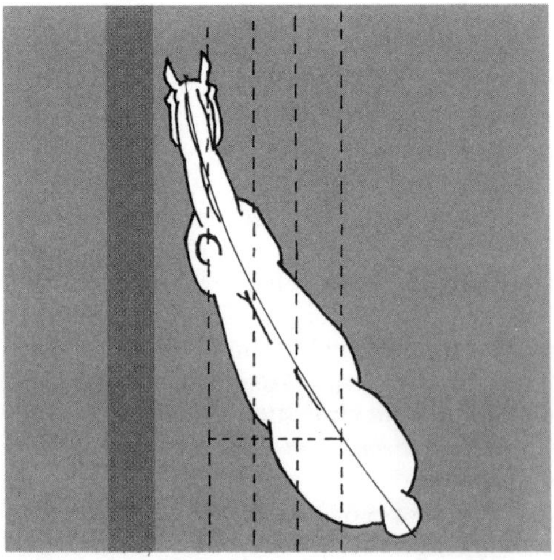

ren Hinterfußes liegt der gymnastische Wert, weil letzterer das gesamte Gewicht auffangen muß und dadurch stärker gebeugt wird.

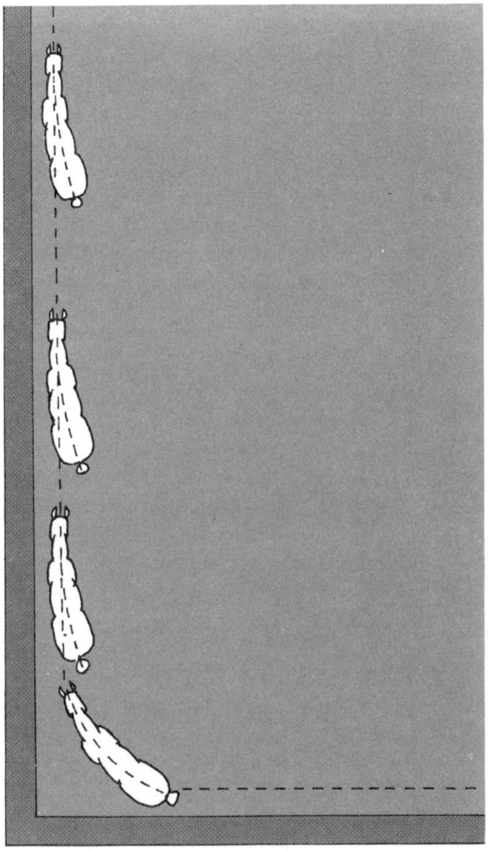

Travers rechts aus der Ecke

Zum Halten aus dem Travers wird erst die Hinterhand auf die Vorhand eingerichtet und dann eine ganze Parade an beide Zügel geritten. Vor allem wirkt der innere Schenkel, bis die Hinterhand gerade auf dem Hufschlag geht. Erst dann darf das Pferd gleichmäßig und gerade zum Stehen gebracht werden.

Bei rechts schief gehenden Pferden besonders auf korrekte Ganaschen- und Längsbiegung achten. Eine noch so geringe Abstellung ist hier nicht mit einem schief gehenden Pferd vergleichbar, weil dem schiefen Pferd die Längsbiegung fehlt. Dieses Pferd ist *verbogen.*

Das Durchreiten der Ecken im Travers muß ohne Stocken im taktmäßigen Gang und ruhigen Tempo geschehen. Nachdem der Reiter sich richtig hingesetzt hat, reitet er kurz vor der Ecke eine halbe Parade. Dann wird das Pferd, je nach dem Grad seiner Ausbildung, auf mehr oder weniger flachem Kreisbogen durch die Ecke geführt. In untenstehender Abbildung ist erkennbar, daß hierbei die Hinterhand den kleineren Kreisbogen beschreibt. Der Reiter wendet sein Pferd auf dem inneren Hinterfuß als beweglichen Drehpunkt, ohne daß dieser Fuß zum Stehen kommt. Wenn die Vorhand den neuen Hufschlag erreicht hat, wird das Pferd mit beiden Schenkeln an die Zügel herangeritten. Das Pferd geht nun wieder in der bisherigen Abstellung auf geradem Hufschlag vorwärts.

Aus dem Travers zur Volte überzugehen, bietet die gleichen Vorteile wie die Volte aus dem Schulterherein (S. 155).

Vom Travers zum Reiten auf einem Hufschlag drücken beide Schenkel das Pferd aus der Vorseitwärts-Bewegung deutlich vorwärts. Der innere Schenkel muß zwangsläufig stärker wirken; Takt, Haltung und Biegung müssen erhalten bleiben.

Am häufigsten vorkommende Fehler beim Travers sind *verbogene* und *verstellte* Pferde.

Durchreiten der Ecke im Travers

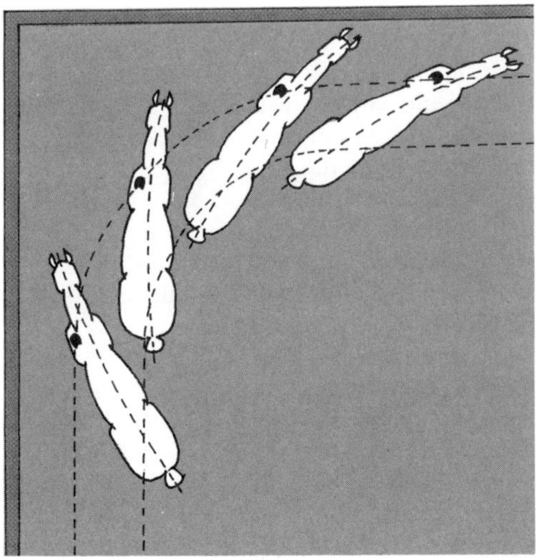

Der verbogene Pferdehals am Widerrist ist das Ergebnis des Zügelziehens. Der Reiter stellt das nicht gerade gebogene Pferd zu steil zum Hufschlag. Dadurch muß das Pferd mit den äußeren Füßen über die inneren treten, sie also kreuzen. Das beeinträchtigt den Gang und führt leicht zu Beinschäden durch *Streichen* oder *Klopfen* (S. 38). Hier fehlt wieder einmal die Begrenzung der »Stellung« durch den äußeren Zügel mit gegenhaltender Unterstützung des inneren Schenkels. Beide stellen den Pferdehals gerade, wobei der äußere Zügel auch noch die äußeren Pferdebeine verhalten muß. Wichtig: Die Ganaschen biegen (S. 130, 133), *nicht* den Pferdehals *verbiegen!*
Geht das Pferd im Travers gegen den äußeren Schenkel, es wehrt sich gegen den Schenkeldruck, muß der vermehrt annehmende (nicht ziehende) äußere Zügel den äußeren Schenkel unterstützen. Hartnäckiger Widerstand wird am leichtesten durch vorübergehendes Umstellen und Schenkelweichen beseitigt (S. 128, 150). Gibt das Pferd nach, wird sofort wieder Travers geritten.
Ist im Travers die Hinterhand zu stark hereingestellt, entzieht sich das Pferd der Biegung des inneren Hinterfußes. Zur Korrektur muß der innere Schenkel den inneren Hinterfuß mehr zum *Vortreten* anregen. Ferner sind gute Gegenlektionen das Biegen im Gange auf gerader Linie (S. 132) und Schulterherein (S. 154).

Die Traversale – auch *Traversal-Verschiebung* oder *halber Travers* genannt – zeigt am deutlichsten die Vorseitwärts-Bewegung des Pferdes, das Treten der äußeren Pferdebeine vor und leicht über die inneren, die Abstellung des Pferdes zur Bande und das Vorausgehen der Vorhand. Reiter und Ausbilder müssen gleichermaßen darauf achten, daß das Pferd seine Richtung nicht selbst wählt. Der Grund hierfür ist wieder die hohle, meistens rechte Seite, nach der die Pferde eine Lektion täuschend leicht, aber raffiniert mogelnd ungenau und falsch ausführen. Sehr oft bewegt sich das Pferd so weit seitwärts, daß es fast wegeilt. Diese Unart muß der Reiter durch relative Aufrichtung (S. 83) und gute »Stellung« des Pferdes unbedingt vermeiden. Nicht zuletzt ist das Wegeilen des Pferdes der Grund für ungenaues Reiten und die Forderung, Lektionen genau an bestimmten Punkten der Reitbahn auszuführen. Die Forderung nach dem unbedingten Gehorsam des Pferdes ist Voraussetzung für fehlerfreies Reiten. Deshalb werden auch Lektionen, die nicht korrekt an den vorgeschriebenen Paradepunkten beginnen oder enden, in den Wettbewerben als schlecht ausgeführt bewertet. Der Reiter hat versagt, das Pferd ist dem Reiter eigenmächtig zuvorgekommen.
Traversalen werden im Schritt, versammelten Trab oder versammelten Galopp geritten. Sie können geritten werden:

- *auf kurzen Linien:* Aus-der-Ecke-Kehrt oder Kehrtvolte, Travers bis zur Bande;
- *auf längeren Linien:* Halber Travers aus der (oder umgekehrt bis zur) Mitte und Zickzack-Traversale und
- *auf langen Linien:* Doppelte halbe Traversale oder Ganze Traversale von Wand zu Wand oder Doppelte halbe/ganze Traversale (letztere nur auf Viereck *20 × 60 m* aufgrund längerer Linienführung).

Der halbe Travers (die halbe Traversale) wird am zweckmäßigsten gelehrt und geübt mit »Aus-der-Ecke-Kehrt! Travers bis zur Bande!«. Das Pferd hat bereits die richtige Stellung und in dieser Übung den kürzesten Weg zurückzulegen. Wie bei allen Lektionen verlegt der Reiter sein Gewicht nach innen, d. h. *in Richtung* der Bewegung. Das wird anfangs etwas ungewohnt sein. Der Reiter muß besonders sein inneres Knie tief nach unten drücken, weil er sonst leicht nach außen rutscht und dadurch völlig falsch einwirkt. Das ist in allen Seitengängen zu beachten, mit Ausnahme des Schulterherein – hier ist das Pferd *gegen* die Bewegungsrichtung gestellt und entsprechend sitzt auch der Reiter. Ist er einmal weggerutscht, vor allem wenn statt vorwärts mehr seitwärts geritten wird, muß der innere Schenkel zwar gut vortreiben, jedoch die Hinterhand verhalten. Gelingt dem Reiter das Verhalten der Hinterhand nicht, muß er das Pferd etwas mehr abstellen. Dann sofort mit verstärkten treibenden Hilfen ver-

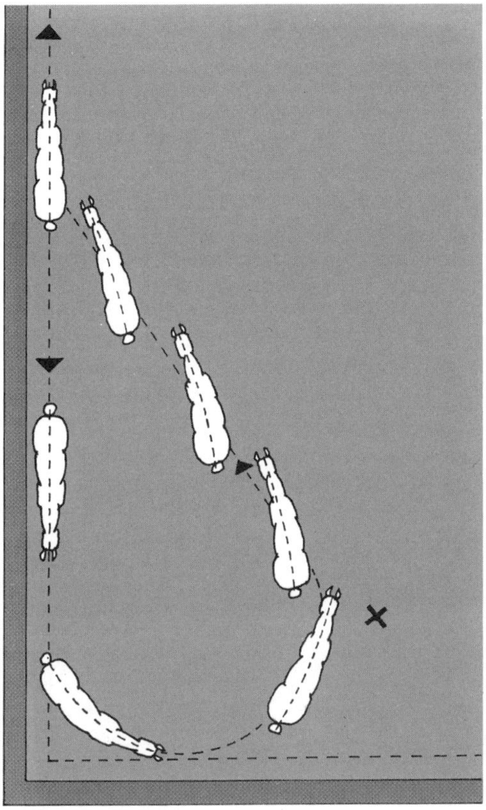

Aus der Ecke kehrt!
Zum Travers bis zur Bande!

suchen, weiteres Wegeilen des Pferdes durch gut annehmende Zügelhilfen zu unterbinden. Auf korrekte Biegung und Stellung ist besonders zu achten.

Zum »Aus-der-Ecke-Kehrt! Travers bis zur Bande!« führt der *innere Zügel* das Pferd in die halbe Volte und wird dabei vom *inneren Schenkel* unterstützt. Der *äußere Schenkel* zusammen mit dem *äußeren Zügel* verhindert das Ausfallen der Hinterhand. Außerdem haben *beide* die Aufgabe, die Biegung und Stellung des Pferdes zu begrenzen. Die richtige Biegung des Pferdes führt gleichmäßig um den *inneren Reiterschenkel,* der zum weiten Untertreten des gleichseitigen Hinterfußes antreibt. Ist der *Kulminationspunkt* (Punkt des größten Durchmessers) der Volte erreicht, unterbrechen *innerer Schenkel und äußerer Zügel* die Volte. *Sofort* übernimmt der *innere Zügel,* unterstützt von *beiden Schenkeln,* die Führung des Pferdes in Richtung und fast paralleler Abstellung zur Bande. Für die Vorseitwärts-Bewegung sorgen hauptsächlich *äußerer Schenkel und Zügel, mit* gleichzeitig vortreibendem *inneren Schenkel.* Der schräg vorwärts führende Hufschlag muß etwa 12 Schritt nach der Ecke beendet sein. Grundsätzlich darf nur soviel Kopfstellung genommen werden, wie das Pferd in seiner ganzen Länge gebogen ist. Eine überforderte Kopfstellung unterbricht die Feststellung des Halses am Widerrist und hindert das Pferd an freien, federnden Bewegungen. Kurz vor der Bande wird das Pferd umgestellt und im freien Tempo geradeaus geritten. Hat das Pferd die Lektion begriffen und führt sie ohne größere Schwierigkeiten aus, d. h. es darf weder wegeilen, verhalten, stutzen, gegen einen Schenkel noch gegen einen Zügel gehen, kann der Reiter allmählich mit der Übung »Halber Travers aus der Mitte« beginnen.

Zum halben Travers aus der Mitte ist das Pferd z. B. bei C auf die Mittellinie zu führen und wird nach drei Schritten geradeaus im halben Travers nach B oder E geritten. Diese drei Schritte geradeaus müssen dem Pferd abverlangt werden, sonst gibt es Überraschungen. Denn haben die Pferde die Lektion begriffen, gehen sie oft sofort nach dem Abwenden in den Seitengang, ohne die Reiterhilfen zu beachten. Hat das Pferd mit der Nasenlinie den Punkt G (Abb. S. 162 links) erreicht, unterstützt der treibende *innere Schenkel* den *führenden inneren Zügel* in Richtung B oder E *und verhindert außerdem* das *Hereinfallen* der Hinterhand. Der seitwärts treibende *äußere Schenkel* unterstützt den *äußeren Zügel* in der Begrenzung von Biegung und Stellung. *Außerdem* muß der *äußere Zügel* den *inneren Zügel* im Einhalten der Bewegungsrichtung *unterstützen.* Trotz der vielseitigen Aufgaben des äußeren Zügels (begrenzen, verhalten, verwahren und unterstützen der Vorwärtsbewegung) darf der Reiter niemals einen nach der Seite wirkenden Zügeldruck auf den Pferdehals ausüben. Jedes Verschieben einer Zügelfaust über den Widerrist wirkt immer falsch.

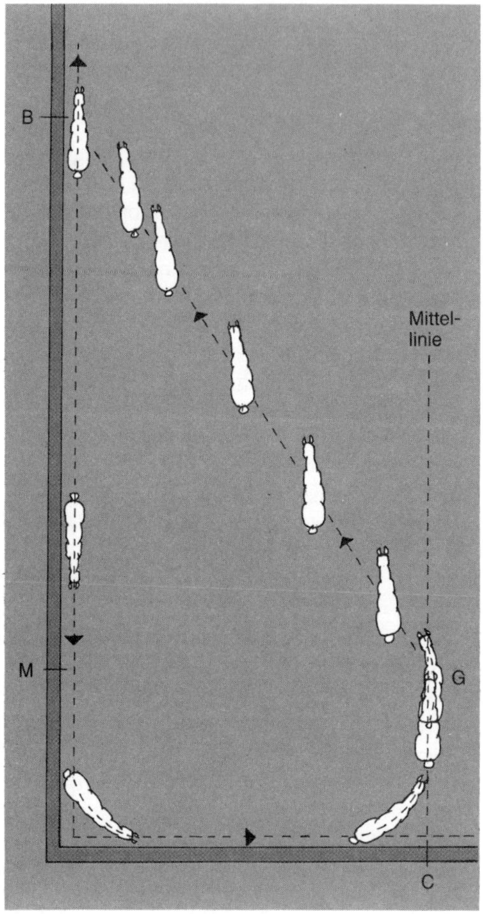

Halber Travers aus der Mitte

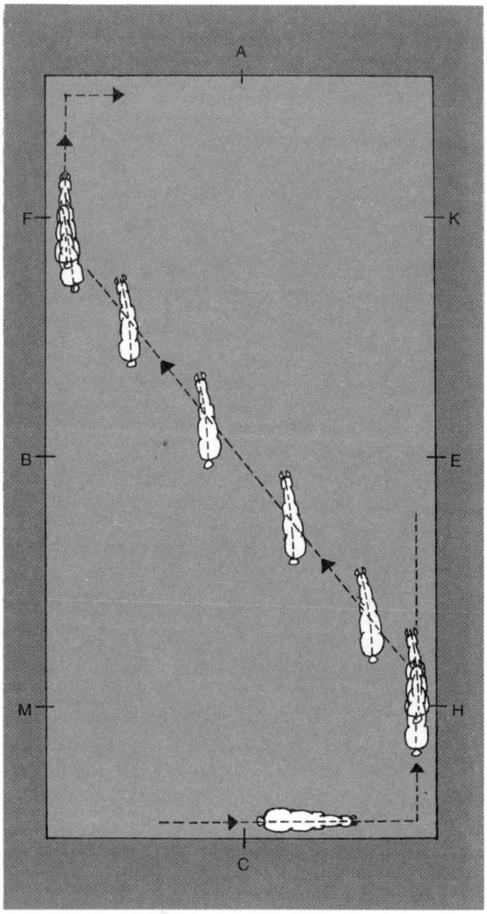

Ganze Traversale

Die doppelte halbe Traversale verläuft vom Wechselpunkt der langen Seite bis zum Mittelpunkt X und zurück zur gleichen langen Seite oder umgekehrt. Auf der *Mittellinie* ist drei Schritt vor bis drei Schritt nach X *geradeaus* zu reiten, umzusitzen und das Pferd in die neue Biegung umzustellen.

Die ganze Traversale von Wand zu Wand wird begonnen, wenn das Pferd den halben Travers aus der Ecke und der Mitte fließend kann. Die zu reitende Linie läuft von Wechselpunkt zu Wechselpunkt der ganzen Bahn. Nach der ersten Ecke der langen Seite wird das Pferd bis vor den genannten Punkt geradeaus geführt! Kurz davor setzt sich der Reiter mit deutlich *tiefem inneren Knie* in die Bewegungsrichtung und führt das Pferd mit dem *inneren Zügel* auf der Wechsellinie zur gegenüberliegenden Wand. Die Einwirkungen des Reiters mit Gewicht, Schenkeln und Zügeln gleichen denen des halben Travers.

Der Reiter muß gut darauf achten, daß das Pferd fast parallel zur langen Seite geht, Stellung und Biegung eingehalten werden und die Vorhand auf der ganzen Linie (!) der Hinterhand vorausgestellt bleibt. Bei ruhigen, gleichmäßigen und taktvollen Tritten muß stets eine weiche Anlehnung des Pferdes spürbar bleiben.

Legt sich das Pferd auf den Zügel oder ist die Anlehnung stärker als gewohnt, sind Biegung und Geschmeidigkeit verlorengegangen. Die

Hinterhand tritt dann ungenügend unter den Schwerpunkt. Spürt dies der Reiter zu Beginn der Traversalverschiebung, ist die Hinterhand sofort auf die Wechsellinie zu führen und im freien Tempo auf einfachem Hufschlag durch die Bahn zu wechseln. Das Pferd muß erst wieder an die Hilfen herangeritten werden.

Die doppelte halbe und doppelte ganze Traversale wird in der Dressur-Klasse S verlangt und ist nicht mit dem ganzen Travers zu verwechseln. Die Linienführung der ganzen Traversale kann auch allmählich kürzer werden. Der Reiter führt sein Pferd dann an einen Punkt der gegenüberliegenden Seite, der zwischen B oder E und dem Wechselpunkt der ganzen Bahn liegt. Auf dem Dressur-Rechteck 20 × 60 m läuft die doppelte *ganze* Traversale über die Linien KBH oder MEF und umgekehrt; die doppelte *halbe* Traversale siehe S. 153.

Bei allen Traversalverschiebungen auch mit kleinen Anfangserfolgen zufrieden sein. Die Vollkommenheit kommt mit dem Üben. Gerade die Seitengänge verlangen Aufmerksamkeit, erhöhte Anstrengung und vermehrtes Können von Pferd und Reiter. Vor allem aber auch gegenseitiges Verständnis. Besonders der jeweils äußere Schenkel bereitet manchem interessierten Reiter anfangs Schwierigkeiten. Es gilt, ein feines Gefühl dafür zu erlernen, daß dieser Schenkel einmal verwahren muß und andererseits auch gleichzeitig seitwärts treiben soll. Der Reiter muß bestrebt sein, sein Pferd an den nur eine halbe Handbreit hinter dem Gurt liegenden, verwahrenden Schenkel zu gewöhnen.

Um die »Drückeberger« unter den Pferden (S. 160, Traversale), die sich ihre Richtung selbst wählen wollen, »hereinzulegen«, greifen wir wieder zu einer kleinen List (S. 158, Travers). Der Reiter führt sein Pferd in die ganze Traversale bis zur Mittellinie, reitet hier zwei Pferdelängen geradeaus, setzt nun entweder die ganze Traversale fort oder reitet eine halbe Traversale zurück zur langen Wand. So weiß das Pferd nie, wohin nach dem Geradeausreiten die weitere Traversalverschiebung geht und *muß* dem Reiter die notwendige Aufmerksamkeit schenken. Auf diese Art hat man auf dem Viereck 20 × 40 m mit dem halben Travers acht verschiedene Möglichkeiten, Gehorsam und Rittigkeit seines Pferdes zu überprüfen.

Der ganze Travers wird nur aus dem Halten und nur zur Seite ausgeführt. Die äußeren Füße treten über die inneren. Die Lektion ist eine für das Pferd ungewohnte Fußsetzung. Aus dem Halten wird mit den Hilfen zum Anreiten begonnen. Im Augenblick des Abhebens des rechten Vorderbeines (Abb.) führt der *innere Zügel* die Vorhand nach der Seite, nach der traversiert werden soll. Der *äußere Zügel* verhindert das Vortreten *und unterstützt* den *äußeren Schenkel* im Seitwärtstreiben. Der *innere Schenkel* verhindert durch leichtes Vortreiben das Zurücktreten, ermöglicht die Stellung und Biegung, erhält das Vorausgehen der Vorhand und hat verwahrend gegen die Hinterhand zu wirken. Die Seitwärtsbewegung gebietet Ruhe, Umsicht und Vorsicht! Zum Halten aus dem ganzen

Der ganze Travers

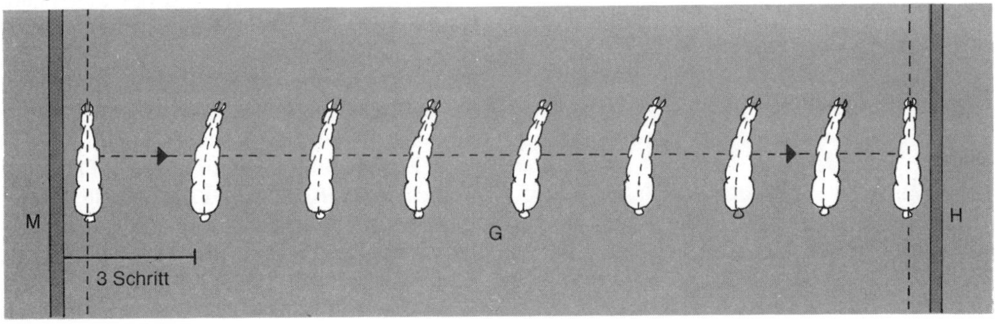

Travers verhalten *beide Zügel* leicht annehmend. Der *äußere Schenkel* beendet das Seitwärtstreiben mit *Unterstützung des inneren Schenkels* durch Gegenhalten. Der Reiter stellt das Pferd geradeaus unter Einrichten der Vor- auf die Hinterhand (S. 128).
Der ganze Travers wird von Wand zu Wand der langen Seiten an einer vom Reiter bestimmten Stelle geritten. Da das Pferd naturgegeben nur halbseitwärts treten kann, wird von ihm in dieser Übung eine unnatürliche Bewegung verlangt. Deshalb das Pferd weder beim Erlernen der Lektion noch später überfordern (S. 137). Ein sich anschließender allmählich steigernder Trab bis zum Mitteltrab ist nicht falsch.

Der Renvers ist nach dem Schulterherein die nächstbessere Übung zur Fortbildung von Pferd und Reiter. Zweck und Ziel sind erhöhte Gewandtheit des Pferdes, geschicktere Führung und Einwirkung des Reiters. Man kann den Renvers auch als Umkehrung des Travers betrachten. Im Renvers ist das Pferd auch in die Bewegungsrichtung gestellt. Die äußeren Beine treten vor die inneren und die *Hinterhand* geht *fast* gerade auf dem Hufschlag. Die Lektion stellt an Pferd und Reiter höhere Anforderungen als der Travers und das Schulterherein. Zunächst muß die Vorhand mit dem *inneren Zügel* in die Bahn geführt werden. In diesem Augenblick wird das Pferd umgestellt und dadurch die bisher äußere Seite zur inneren. Die Vorhand ist bis zu einem Schritt vom Hufschlage des jetzt inneren Hinterfußes abgestellt. Hat die Vorhand den neuen Hufschlag erreicht, sind Sitz und Hilfen die gleichen wie beim Travers (S. 158), ausgenommen das Durchreiten der Ecken.
Auch beim Renvers ist darauf zu achten, daß der seitwärts treibende äußere Schenkel *nicht zu weit* hinter dem Gurt liegt, um gut treiben zu können.
Eine andere Möglichkeit ist die Entwicklung des Renvers aus der Konterstellung (S. 148). In diesem Falle wendet der Reiter die Vorhand durch eine ca. Achtel-Hinterhandwendung ohne Stellungswechsel in die Bahn. Hat die Vorhand die richtige Abstellung erreicht (bis zu einem Schritt von der Hinterhand – immer daran denken!), wird eine halbe Parade geritten und der Reiter beginnt den Renvers.
Das Durchreiten der Ecken ist auch eine fortlaufende Teilwendung auf der Hinterhand ohne Stellungswechsel mit beweglichem Drehpunkt vornehmlich auf dem *äußeren* Hinterfuß. Die Hilfen werden wie beim Wenden in der Konterstellung in Verbindung mit dem »Reiten in Stellung« gegeben (S. 148, 134).
Zum *Halten aus dem Renvers* wird die Vorauf die Hinterhand eingerichtet. Mit dem Reiten einer ganzen Parade wird das Pferd zum Halten gebracht. Vorrangig wirken innerer Schenkel *und* äußerer Zügel.
Beim Einzelreiten ist nach dem Einrichten der Vorhand das Pferd umzustellen und auf einfachem Hufschlag weiterzureiten.
In der Abteilung wird in diesem Falle auf einfachem Hufschlag in Konterstellung weitergeritten, bis zum Kommando »Geradeaus!«. Im Renvers zeigen sich die gleichen Fehler wie im Travers (S. 159). Immer wieder zu korrigieren ist das Ausfallen der Hinter-

Der Renvers

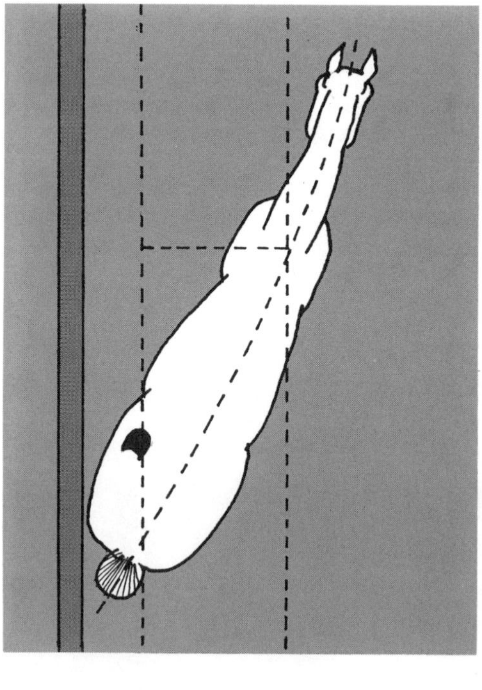

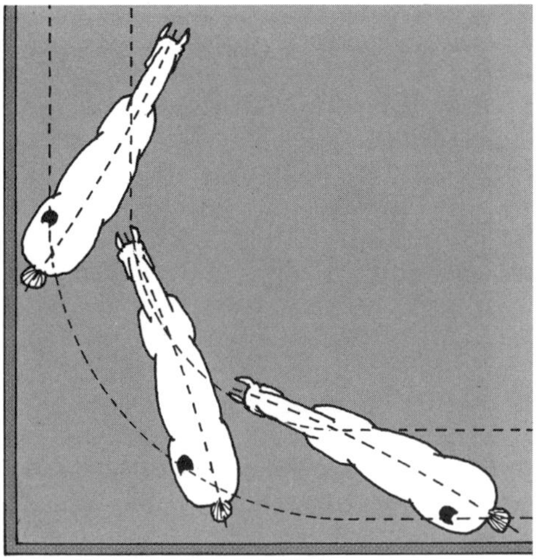

Durchreiten der Ecke im Renvers

hand aufgrund zu starker *Halsbiegung*. Vor allem aber auch, wenn das Pferd nicht an die Hilfen heran*geritten,* sondern heran*gezogen* wurde. Um unserem Pferd das Erlernen des Renvers zu erleichtern, können wir diesen Seitengang aus einer Passade beginnen. Der Reiter erspart sich viel unnötigen, oft selbstverschuldeten Ärger.

Die Passade ist ein stark verkleinertes Aus-der-Ecke-Kehrt (S. 145) und, richtig geritten, eine die Gelenkigkeit und Wendigkeit fördernde Übung. Dabei ist die Hinterhand hereingestellt und beschreibt einen kleineren Bogen als die Vorhand. Die Passade ist im Schritt eine *Vorübung zur Kurzkehrtwendung* (S. 145) und im Galopp *zur halben Pirouette* (S. 172). Es ist besonders darauf zu achten, daß vor, während und nach der Passade die drei Grundgangarten im richtigen Takt geritten werden.

Am zweckmäßigsten wird dem Pferd die Lektion auf dem *großen* Zirkel gelehrt. Später ist sie an der langen Seite oder aus der Ecke heraus zu reiten. *Zur Ausführung* gut nach innen setzen. Aufpassen! »Rutschgefahr« nach außen und damit völlig falsche Gewichtseinwirkung! Der am Gurt liegende *innere Schenkel* sorgt für fließende Bewegung und treibt das Pferd in die Wendung nach vorn. Der *innere Zügel* führt das Pferd in die kurze Wendung. Der gut angestellte *äußere Zügel* begrenzt die Stellung und *unterstützt* den hinter dem Gurt liegenden seitwärts treibenden *äußeren Schenkel,* der auch das Ausfallen der Hinterhand verhindern muß.

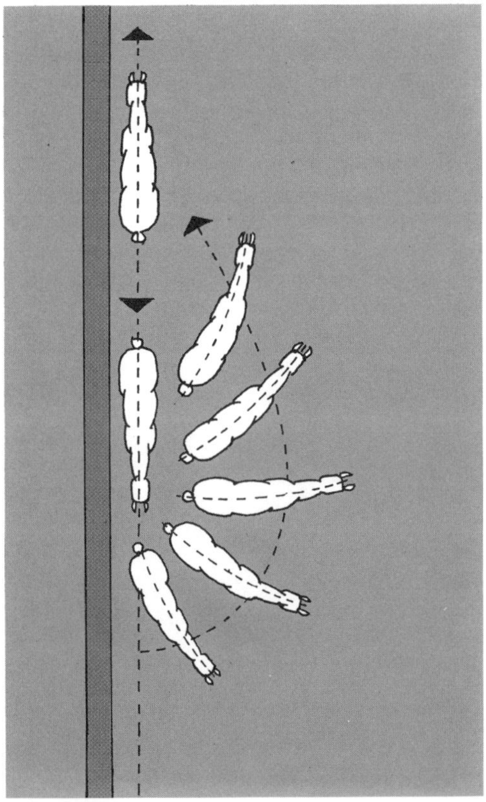

Die Passade

Nach der Passade wird das Pferd auf einfachem Hufschlag geradeaus geritten. Weitere Möglichkeiten folgen im nächsten Abschnitt. Ein sofort an die Übung anschließender verstärkter Arbeitstrab fördert auch hier den Vorwärtsdrang des Pferdes.

Übergänge von Seitengang zu Seitengang sollen das Pferd aufmerksamer gegenüber den Reiterhilfen und geschickter machen. Sehr oft kann man kleine Fehler in einem Seitengang durch einen folgenden anderen Seitengang

verbessern. Der Reiter kann es sich einfacher und ein wenig leichter machen, wenn er Übergänge wählt, bei denen sich die Längsbiegung des Pferdes nicht verändert. Vorübergehend können aber auch Übergänge mit wechselnder Biegung angewandt werden, z. B. die Korrektur einer falschen Biegung bei extrem schief gehenden Pferden (S. 158, Travers).
Die Kombinationen innerhalb der Seitengänge sind vielgestaltig. Der denkende, interessierte Reiter hat viele Gelegenheiten, sein Wissen und Können auszuschöpfen. Dazu einige Beispiele:
Aus der Passade zum Renvers läßt der Reiter sein Pferd mit der Vorhand, nach Erreichen der neuen Richtung, nicht bis zum Hufschlag der langen Seite kommen. Das verhindert der *äußere Zügel* und bewirkt damit, *unterstützt durch den äußeren Schenkel,* die Stellung und das Hineingehen in den Renvers. Der *innere Schenkel,* am Gurt, veranlaßt den gleichseitigen Hinterfuß zum weiten Vortritt und sorgt außerdem, *zusammen mit dem inneren Zügel,* für die richtige Biegung und Stellung. Der *äußere Schenkel*, hinter dem Gurt, *und* der *innere Zügel* erhalten die Vorseitwärts-Bewegung des Pferdes.

Passade zum Renvers

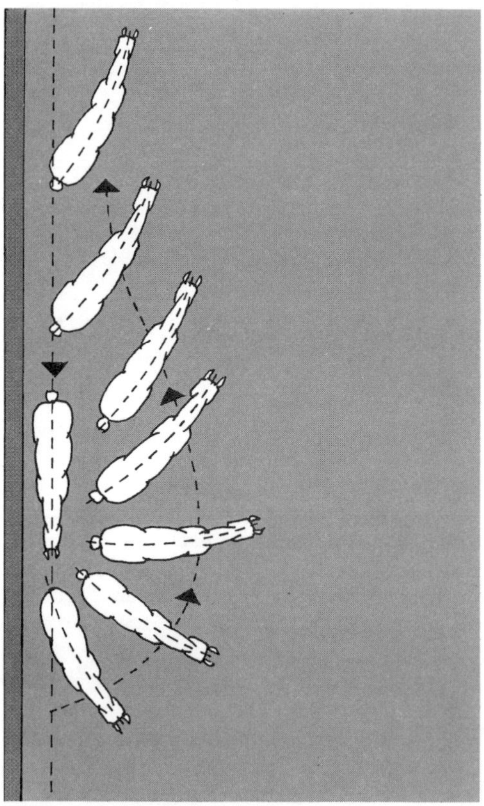

Aus Schulterherein an der kurzen Seite zum Travers aus der 2. Ecke der kurzen Seite. Bei dieser Übung wird die genannte Ecke abgeflacht. Das Pferd muß gut auf diese Linie gestellt sein. *Nicht* im Schulterherein durch die Ecke! Sobald der Kopf des Pferdes den Hufschlag der langen Seite erreicht, wird sofort der Travers eingeleitet.

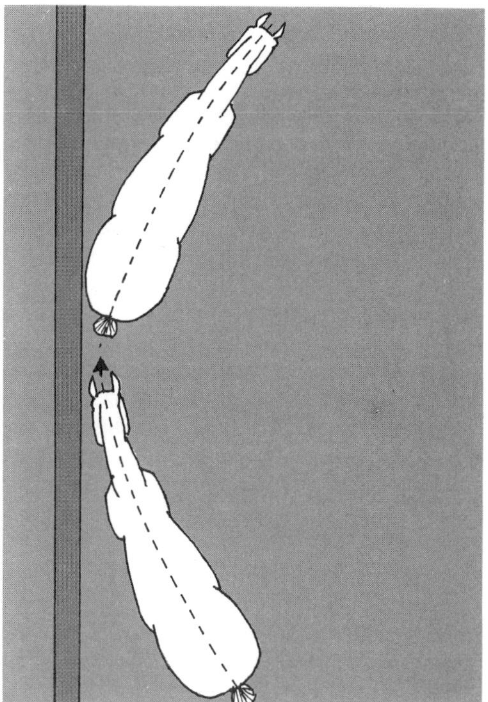

Travers zum Schulterherein

Aus dem Travers zum Schulterherein wird das Pferd mit beiden Schenkeln und Zügeln wie zur Volte in die Bahn geführt. Hat die Vorhand die richtige Abstellung erreicht, setzen die Hilfen zum Schulterherein ein. Um die

Lektion gleichzeitig und gleichmäßig zu beginnen und zu beenden, kann sie beim Einzel- und Zweierreiten nach folgender Ansage geritten werden, z. B. heißt es dann auf der linken Hand (Einzelreiten) bei M:

»An der nächsten langen Seite Travers links aus der Ecke – Bei E Schulterherein links – Bei K geradeaus – Nächste *kurze und lange Seite* verstärkter Arbeitstrab!«

Beim Zweierreiten *hinter*einander ist stets der erste Reiter für Beginn und Ende der Lektion verantwortlich. Der zweite Reiter hat auf Gleichmäßigkeit zu achten – also Augen auf! –, *Ansage wie* beim *Abteilungsreiten.* Beim Zweierreiten (½ Bahn Abstand) liegen Beginn und Ausrichtung *genau* bei den angesagten Punkten.
Anders sieht die Übung *beim Abteilungsreiten* aus, wenn der Übergang nacheinander ausgeführt werden soll:

- Reitbahn 20×40 m maximal drei Pferde;
- Reitbahn 20×60 m maximal vier Pferde.

Ist im vorgenannten Fall – linke Hand – der Anfangreiter bei M, lautet die Ansage z. B.:

»An der nächsten langen Seite *einzeln* Travers links aus der Ecke – Bei E Schulterherein links – Bei K geradeaus – Nächste *lange und kurze Seite* verstärkter Arbeitstrab!«

Beginn und Ausrichtung einzeln an den genannten Punkten.
Es ist besonders auf den unterschiedlichen Beginn des verstärkten Trabes zu achten, weil auf den letzten Reiter der Abteilung gewartet werden muß. Dadurch kann die Abteilung dieses Tempo gleichzeitig und gleichmäßig beginnen.
Aus dem Travers zum Renvers wird sinngemäß der Kurzkehrtwendung (S. 145) übergegangen. Dementsprechend sind auch die Hilfen zu geben.
Wie die obige Abbildung zeigt, darf die Kurzkehrtwendung aber nicht bis zum Schluß ausgeführt werden. Hat das Pferd die für den

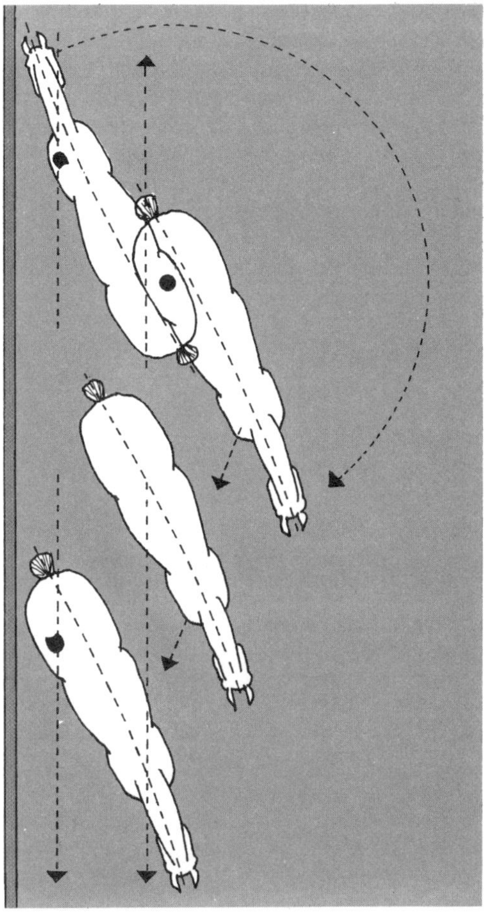

Travers zum Renvers

anschließenden Renvers richtige Abstellung erreicht, führt es der Reiter in schräger Richtung vorwärts, bis die Hinterhand auf dem Hufschlag geht. In diesem Augenblick wird in der nun gewonnenen Renversstellung weitergeritten.
Aus dem Schulterherein zum Renvers kann durch das *Wechseln der Hilfen* des Reiters übergegangen werden. Das Pferd bleibt dabei in der gleichen Bewegungsrichtung und auch in der gleichen seitlichen *Abstellung.* Wurde z. B. Schulterherein rechts geritten, war das Pferd rechts gestellt und gebogen. Wechselt nun der Reiter seine Hilfen, indem er sein Pferd nach links stellt und biegt, befindet er

sich im Renvers links (S. 164). Takt und Tempo bleiben unverändert.
Diese Übung ist ein ausgezeichnetes Mittel zur »Feinabstimmung« der Reiterhilfen.
Schulterherein über die Passade zum Renvers ist wie der Übergang aus der Passade zum Renvers zu reiten (S. 165). Hier muß vor allem der schon stärker treibende innere Schenkel das Verhalten im Tempo und das Hereinfallen der Hinterhand in die Passade verhindern.

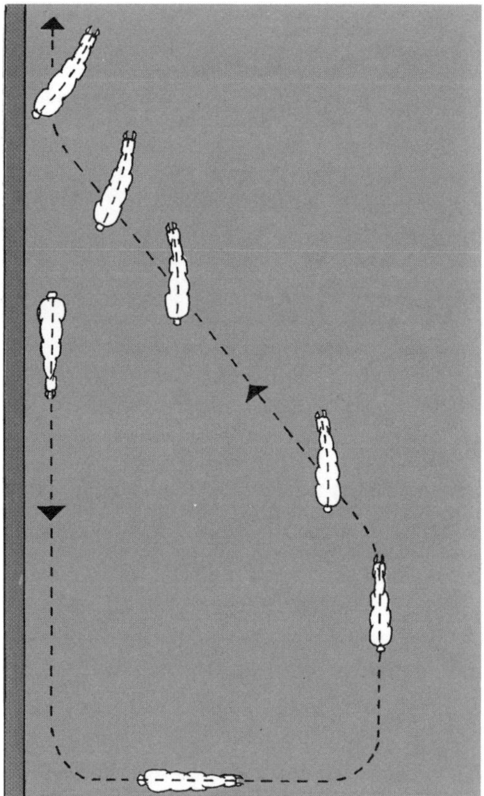

Halber Travers zum Renvers

Vom halben Travers aus der Mitte zum Renvers kann gewechselt werden, bevor das Pferd im Travers die lange Seite erreicht hat. Hierzu wird, kurz bevor der halbe Travers beendet ist, die Vorhand vom *bisher äußeren Zügel* so geführt, daß sie den Hufschlag der langen Seite *nicht* erreicht. *Gleichzeitig* drückt der *bisher äußere Schenkel* die Hinterhand vor-seitwärts auf den Hufschlag der langen Seite. Ist diese erreicht, wird das Pferd sofort im Renvers weitergeführt. Es wird also nicht, wie gewöhnlich im halben Travers aus der Mitte, geradeaus weitergeritten (S. 160).
Die Renversvolte ist kein Übergang in den Seitengängen im eigentlichen Sinn. Sie dient mehr der Förderung der Gelenkigkeit von Pferd und Reiter und soll deshalb nicht unerwähnt sein.
Zur *Renversvolte rechts* sitzt der Reiter vermehrt nach innen, nimmt die äußere Schulter ein *wenig zurück,* um mit dem äußeren Schenkel die Hinterhand hereinhalten zu können. Dann wird das Pferd aus dem Renvers mit dem äußeren Schenkel und beiden Zügeln in die Renversvolte geführt. Dabei begrenzt der äußere Zügel die Stellung. Der innere Schenkel sorgt für guten Vortritt des inneren Hinterfußes. Das Pferd geht mit der Hinterhand auf dem Hufschlag der Volte vor-seitwärts. Die Vorhand, ein wenig vorausgehend, beschreibt den kleineren Kreis.
Aufpassen! Es besteht vermehrt »Gefahr« für den Reiter, nach außen zu rutschen (S. 165, Passade).

Hier *eine Frage zum Nachdenken:* Welche Seite ist bei der *Lektion* Renversvolte die innere und welche die äußere? Diese Übung ist sehr anstrengend für das Pferd. Aber auch vom Reiter wird einiges verlangt. Größte Aufmerksamkeit ist auf leichte und gleichmäßige Tritte zu legen. Der Reiter muß aus einem sicheren, ruhigen Sitz heraus gut treiben können. Das Pferd darf nicht aus dem Takt gebracht werden. Nach der Lektion niemals das etwas freiere Tempo vergessen. Mindestens einen verstärkten Arbeitstrab der Volte unmittelbar folgen lassen, in der Reitbahn etwa einmal herum.

Das Thema Seitengänge abschließend, soll nochmals vor der übereilten Ausbildung von Pferd und Reiter in diesen Disziplinen gewarnt werden. Seine verheerende Unkenntnis beweist ein Reiter, der ab Stall nach zehn Minuten Arbeit (?) seinem Pferd Traversalen

und fliegende à-tempo-Wechsel (S. 172) abverlangt oder es Hindernisse von 1,10 m und höher springen läßt. Das ist unreiterliches Verhalten höchsten Grades.
Die am häufigsten vorkommenden Ausbildungsfehler des Pferdes und ihre »Gegenmittel« sollte der Reiter *kennen* (S. 205), um sie richtig und aufmerksam einsetzen zu *können*.
Und nun noch die Antwort auf die oben gestellte Frage: Der Reiter sitzt der *Lektion* Renvers entsprechend nach innen (links); der

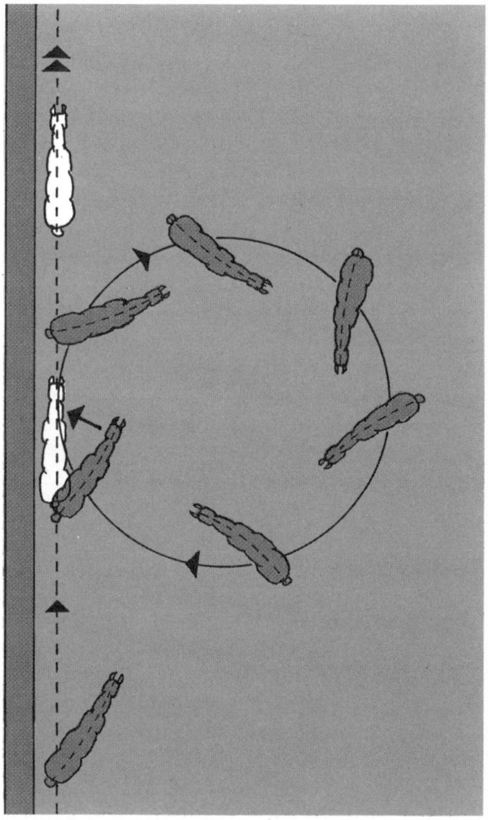

Renversvolte rechts zum Geradeaus

Aufgabe *Renversvolte* gemäß aber nach außen. Bei einer Erklärung der Lektion hat der Renvers Vorrang, dann folgt als Zwischenaufgabe die Renversvolte. Aus der »Stellung« des Pferdes ergeben sich »innen« und »außen« (S. 75). Da hier ein Renvers links geritten wird, ist links die innere Seite.

11. Das Hankenbiegen

Hankenbiegen ist das vermehrte Biegen im Hüft-, Knie- und Sprunggelenk (den Hanken) des Pferdes, im Zusammenspiel mit den anderen Gelenken der Hinterhand. Diese dem Gebäude des Pferdes angepaßte höchstmögliche Biegsamkeit kann erst erreicht werden, wenn das Pferd sich bei der durch Paraden, Rückwärtsrichten, Seitengänge, abgekürzten Trab und Galopp erzielten Biegung der Hinterhand selbst trägt. Dabei nimmt die Hinterhand den größeren Teil der Last auf und gewinnt dadurch die Möglichkeit, die Last mit größerer Kraft abzufedern. Diese Gelenkbiegung kann durch die Hebelwirkung von Hals und Kopf aber nur dann richtig erreicht werden, wenn das Pferd seinen Schwerpunkt gut unterstützt. Dazu muß es die Hinterbeine an oder vor eine durch den Hüftknochen gefällte Senkrechte heranstellen. Vor allem muß der jeweils innere Hinterfuß gut untertreten, um durch das vermehrte Abstützen der Körperlast sich auch vermehrt zu biegen. Auf den Zuruf (das Kommando): »Die Pferde in halben Tritten versammeln! – Gangart!« oder »Halt!« (wenn auf der Stelle geübt wird), veranlaßt der Reiter das versammelte, geradegerichtete Pferd,

Hankenbiegen

in halben Tritten vorwärts zu gehen. Durch wechselseitige, anregende Schenkelwirkung müssen die Hinterbeine nahe an die Schwerlinie herantreten. Gleichzeitig wird die Last der Vorhand, durch wiederholtes Annehmen und Nachgeben der Zügelfäuste, vermehrt der Hinterhand zugeschoben. Durch *leichtes* Zurücknehmen des Oberkörpers kann der Reiter diese Biegung unterstützen. Versucht das Pferd seitwärts auszuweichen, müssen Schenkel und Zügel der Seite, nach der das Pferd ausweicht, vorherrschend wirken. Je taktmäßiger und energischer *das Pferd* tritt und *sich* dabei *»setzt«,* um so erfolgreicher ist die Übung. Der Reiter wird fühlen, daß sein Pferd im Gange schwungvoller und in der Hand leichter wird. Kunstgerechte Reiter werden mit der Zeit der Übung in der Lage sein, das Hankenbiegen auf der Stelle auszuführen.

Bei Pferden, die sich dieser Lektion gewaltsam zu entziehen versuchen, wurde entweder zuviel an den Zügeln gezogen, die Übung zu lange ausgedehnt oder das Pferd durch die vorhergehende Versammlung ungenügend bzw. falsch vorbereitet (S. 101).

Die Ansprüche dürfen nur vorsichtig und allmählich gesteigert werden. Bei Unachtsamkeit in der Ausbildung und Überforderung sind Widersetzlichkeit und Schäden an den Gelenken der Hinterhand (Spat, Gallen) die Folgen.

Normal gebaute Pferde zeigen beim richtigen Training der Hankenbiegung keine Schwierigkeiten.

Pferde mit Säbelbeinen (stark gewinkelte Sprunggelenke) werden aber oft den Hauptanteil der Übung auf diese Gelenke verlegen. Dadurch wird die gewünschte Elastizität nicht erreicht, geht der Raumgewinn des Ganges verloren und sind die Sprunggelenke zu starkem Verschleiß ausgesetzt. Mit diesen Pferden oft das Versammeln an der Hand üben (S. 210) und Abkauenlassen an der Hand (S. 208).

Das gilt auch bei Pferden mit steilgestellten (offenen) Sprunggelenken (S. 16). Erst allmählich durch Training die vermehrte Hankenbiegung verlangen und durch die Arbeit an der Hand die Sehnen geschmeidig machen.

Äußerst vorsichtiges und geduldiges Vorgehen ist bei diesen Pferden geboten.

Wird eine Hankenbiegung nicht richtig geübt, d. h. werden Hüft-, Knie und Sprunggelenk nicht gleichmäßig an der Biegung beteiligt, wird nie die erforderliche Elastizität, Trag- und Federkraft der Hinterhand erreicht. So wie ein ungefederter Wagen holpernd über das Pflaster fährt, werden auch die Bewegungen des Pferdes hart und stoßend sein, wenn es wenig oder keine Hankenbiegung besitzt.

12. Das Schließen

Darunter verstehen wir die Korrektur eines zu großen Zwischenraumes der aufmarschierten Abteilung. Das Schließen wird aus dem Halten und nur mit wenigen Schritten ausgeführt. Pferd und Reiter bewegen sich, unter Beibehaltung ihrer Frontrichtung, seitwärts. Der Kopf des Pferdes ist nach *der* Seite gestellt, wohin es treten soll. Die Vorderhand geht der Hinterhand voraus.

Begonnen wird das Schließen mit einer Achtelwendung auf der Hinterhand. Dann wird das Pferd sofort zum Seitwärtstreten aufgefordert, bis die Lücke geschlossen ist. Durch eine Achtel*wendung auf der Vorhand mit entgegengesetzter Kopfstellung* wird das Pferd in die verlangte Richtung gestellt.

Auf das Kommando »Abteilung rechts (links) schließt Euch – Marsch!« wird das Pferd in versammelter Haltung mit nur geringer Kopfstellung nach rechts (links) gestellt. Der Reiter setzt sich dabei nur ein wenig nach innen, um anschließend eine Achtelwendung auf der Hinterhand halbrechts (halblinks) auszuführen. Dann veranlaßt der hinter dem Gurt liegende *äußere Schenkel* das Pferd, im gleichmäßigen und ruhigen Schritt seitwärts zu treten. Der *innere Zügel* führt das Pferd und erhält die Kopfstellung. Der *äußere Zügel* muß durch mehr oder weniger starkes Annehmen das Überschreiten der Frontlinie verhindern und außerdem, durch halbe Paraden gegen den äußeren Hinterfuß, das Weichen vor dem äußeren Schenkel unterstützen. Der am Gurt liegende vortreibende *innere Schenkel*

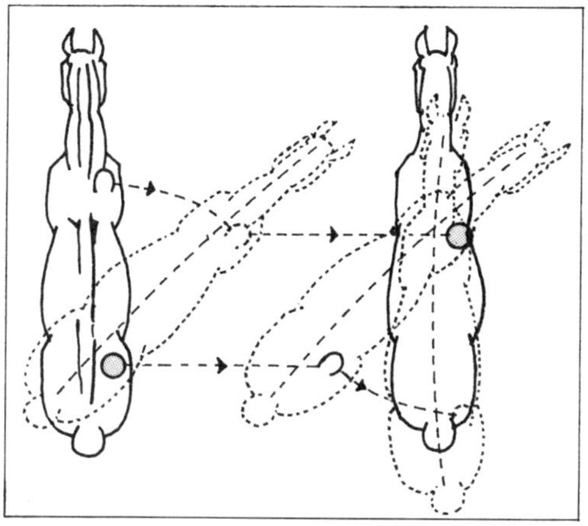

Schließen

verhindert ein Zurückkriechen des Pferdes. *Zusätzlich* muß er, unter vorherrschendem Gebrauch zusammen mit beiden Zügeln, das Pferd parieren. Das geschieht, wenn der Kopf des schließenden die Schulter des bereits stehenden Pferdes erreicht hat. Durch eine Achtelwendung auf der Vorhand halblinks (halbrechts) mit entgegengesetzter Kopfstellung wird das Pferd senkrecht hingestellt. Abschließend muß der Reiter sein Pferd etwa 1 Schritt vordrücken, weil es durch die Lektion hinter der einzuhaltenden Linie steht.
Bei der *Wendung auf der Vorhand mit entgegengesetzter Kopfstellung* ist folgendes zu beachten. Die Wirkung der Schenkel ist entgegengesetzt denen der einfachen Vorhandwendung:
Beim *Schließen nach rechts* z. B. muß der Reiter, wenn er das Seitwärtstreten des Pferdes pariert hat, mit dem Pferd eine Achtelwendung auf der Vorhand – mit entgegengesetzter Kopfstellung – nach halblinks ausführen. Die rechte Seite bleibt aber die innere. Dann drückt der Reiter mit dem *äußeren (linken) Schenkel,* hinter dem Gurt, die Hinterhand herum. Der *äußere (linke) Zügel* unterstützt diese Schenkelhilfe durch sanftes Annehmen gegen den gleichseitigen Hinterfuß und muß außerdem gut gegenhalten, um zu verhindern, daß sich das Pferd auf die äußere Schulter legt. Der *innere (rechte) Schenkel,* am Gurt, fängt *jeden Tritt* der Hinterhand auf.
Der *innere (rechte) Zügel* erhält die Stellung. Das Zurücktreten des Pferdes – *hier grober Fehler* – verhindern energisch heranhaltende beiderseitige Schenkelhilfen.
Hiermit ist die mühevolle Kleinarbeit des Schul-(Dressur-)reitens abgeschlossen. Eine »Kunst des Schulreitens«, beginnend mit der Kategorie C Klasse E und A bis Kategorie B Klasse A, L und Anfangsstufe M, ist aber noch lange keine »Reitkunst«. Sie soll nachfolgend kurz erwähnt werden.

13. Die »Reitkunst« – Hohe Schule

An der Schwelle der höheren Dressur der Kategorie A Klasse M und S soll, zur Vervollständigung des Wissens, nur kurz darauf hingewiesen werden. Die Hohe Schule erfaßt Lektionen *auf* und *über* der Erde und zwar

- *auf der Erde:* Fliegender Galoppwechsel, Pirouette, Piaffe und Passage;
- *über der Erde:* Pesade, Levade, Mezair, Courbette, Ballotade, Croupade und Kapriole.

Diese Lektionen sollen nur umrißartig erwähnt sein, um sie in ihrer höchsten Anforderung und Ausführung kennen zu lernen. Interessierten Reitern steht gute Fachliteratur zur Verfügung.

Der fliegende Galoppwechsel muß fließend nach vorn auf geradem Hufschlag geritten werden. Der Reiter muß wissen, daß das Pferd diesen Wechsel nur in der Schwebephase ausführen kann. Mit der Übung erst beginnen, wenn der *einfache Wechsel* in guter Versammlung, Anlehnung, Beugung der Hinterhand und im freiwilligen Vorwärtsgehen des Pferdes klappt. Das ist erreicht, wenn das Pferd nach ein bis zwei klaren Schritttritten, jeweils nach nur einem Galoppsprung, in ruhiger Anlehnung den Galoppwechsel annimmt.
Um die *Schwebephase im Galopp (S. 55) nutzen* zu können, muß man die Fußfolge des Pferdes genau kennen und wissen, daß im

Rechtsgalopp die Schwebephase *sehr kurz* nach dem Auffußen des rechten Vorderbeines, im Linksgalopp des linken Vorderbeines, folgt. Aufgrund dieser schnellen Folge wird der fliegende Galoppwechsel *nur* mit Schenkel- und Zügelhilfen – unterstützt durch die Gewichtshilfe – *ohne Parade geritten!* Außerdem darf der jeweils äußere Unterschenkel nur ½ Handbreit hinter dem Gurt liegen, um kurz vor dem Wechsel sofort *am* Gurt zu sein.
Im Linksgalopp muß der Reiter also, unmittelbar mit dem Aufsetzen des linken Vorderbeines, den bisher am Gurt liegenden linken Schenkel verwahrend mit etwas verstärktem Druck zurücklegen, um das Umspringen dem Pferd »anzusagen«. Der im gleichen Moment *an den Gurt* nach vorn gelegte rechte Schenkel sorgt für den Schwung und das Geraderichten. Gleichzeitig spannt der Reiter seine rechte Kreuzseite und stellt sein Pferd um, ohne den beim Wechsel besonders ausgeprägten Galoppsprung zu stören. Wird das Pferd dabei eiliger, muß es sich im Weitergaloppieren erst völlig beruhigen, bevor der nächste Wechsel folgt. Beruhigt sich das Pferd in Kürze nicht, muß auf den nächsten Galoppwechsel verzichtet werden!
Bei eigenmächtigem Wechsel, das Pferd *sofort* mit einer Schrittparade verwarnen, ggf. beruhigen und dann erst wieder zum nächsten fliegenden Wechsel angaloppieren. Erst wenn das Pferd hierbei völlig ruhig und geradegerichtet bleibt, können mehrfache Wechsel mit bestimmter Anzahl von Sprüngen erarbeitet werden. Ist das Pferd absolut sicher an den Hilfen, sind *à-tempo-Wechsel,* d. h. Wechsel von Sprung zu Sprung, möglich. Dieser Wechsel ist *keine* besonders fördernde Lektion für das Pferd. Gravierende Fehler beim fliegenden Wechsel sind verspätete Hilfen der oft zu weit zurückliegenden Unterschenkel, zu grobe und ziehende Hilfen des Reiters und das auffällige Herumwerfen seines Oberkörpers.
Diese Mängel des Reiters bringen das Pferd aus dem Gleichgewicht und stumpfen die Empfindlichkeit des Pferdes auf Schenkel-, Zügel- und Gewichtshilfen ab. Der Reiter sitzt schlecht (S. 92 ff.) und er hat kein Reitergefühl (S. 109).

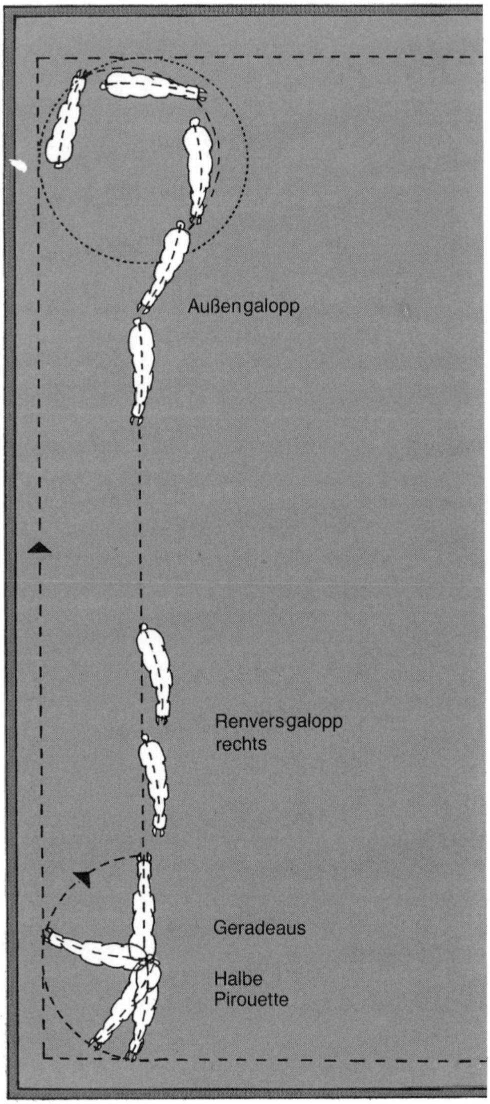

Die Pirouette wird aus der Travers- oder Renversstellung heraus vorbereitet. Die Vorderbeine beschreiben dabei einen größeren Kreis als die Hinterbeine. Die Übung verlangt ein Pferd in hoher Versammlung und Aufrichtung mit sehr kurzen Sprüngen, aber größtem Schwung. Der Reiter verlegt sein Gewicht auf den inneren Hinterfuß des Pferdes, d. h. gut rückwärts belastend! Schultern und Hüften

von Pferd und Reiter müssen parallel verlaufen. Innerer Zügel führt und innerer Schenkel erhält den stabilen Schwung. Äußerer Zügel begrenzt die Stellung und Biegung, äußerer Schenkel verhindert das Ausfallen der Hinterhand. Das Ausfallen ist desto größer, je kleiner der Kreis der Hinterhand wird. Beide Hinterbeine müssen die Last stützen. Besonders der äußere Hinterfuß, weil er das Gesamtgewicht auffängt und zur Wendung dreht. Ungeübte Pferde springen gern in den Kreuzgalopp. (Abbildung der Pirouette auf Seite 119.)
Eine Möglichkeit zum Üben der Pirouette für Pferde mit kräftiger Hinterhand und gutem, natürlichen Schwung ist die Passade (S. 165) oder aus der Traversvolte.
Die zweite Methode und empfehlenswerter ist das Pirouettieren aus der Kehrtvolte oder dem Aus-der-Ecke-Kehrt (gegenüberliegende Abb.). Diese Übung wird in der zweiten Ecke der langen Seite mit einer etwas (!) verkleinerten Volte trav*ersartig* begonnen. Aus der Volte ist, ca. drei Schritt vom Hufschlag entfernt, außen anzugaloppieren (in der Abb. also rechts) und im Außengalopp parallel zur langen Seite zurückzureiten. Vor der nächsten Ecke wird vermehrt versammelt, dadurch der Galoppsprung kürzer, lebhaft-schwungvoller und erhabener.
Die letzten 3–4 Galoppsprünge vor der kurzen Seite werden, durch vorsichtiges Herüberführen des Pferdes, im Renversgalopp rechts geritten. Die Ecke verhindert das Fortstürmen des Pferdes und das Sich-von-den-Hilfen-Lösen. Nach der Pirouette wird auf einfachem Hufschlag weitergeritten. Pferde, die wegeilen oder auf die innere Schulter fallen, verlieren Takt und Biegung. In dem Falle sofort verwahrende innere Schenkelhilfen an *etwas höhergestellter innerer Zügelfaust.* Reagiert das Pferd nicht, wird ruhig zum Schritt pariert und die Übung in einer Wendung auf der Hinterhand beendet. Erst danach wieder angaloppieren, ruhig versammeln und neu beginnen. Während dieser Ausbildung wiederholt die »Arbeit an der Hand« (S. 210) einplanen.
Die Piaffe ist eine in der Fußfolge des Trabes ausgeführte Bewegung auf der Stelle, bei der die Schubkraft der Hinterhand restlos in eine Trag- und Federkraft umgesetzt wird. Diese Formulierung nach Seunig beweist, daß die Piaffe kein Trab auf der Stelle ist, weil der Trab eine Schwebephase und den bestimmten Raumgewinn haben muß. Bei der erhabenen »Trabbewegung« der Piaffe ist der Unterarm des Pferdes bis zur Waagerechten erhoben. Das diagonale Hinterbein wird kraftvoll-federnd angehoben, bis die senkrecht nach unten zeigende Hufzehenspitze die Fesselkopfmitte des stützenden Hinterfußes erreicht hat. Der Reiter muß fühlen, daß die vermehrt gebeugte Hinterhand sich senkt und die Vorhand erhaben getragen wird. Eine sichere, leichte und gleichmäßige Anlehnung sind Grunderfordernisse dieser schwierigen Lektion.
Das Pferd soll gleichmäßig treten, darf mit der Hinterhand nicht schaukeln, mit der Kruppe nicht nach oben ausweichen und das abhebende Beinpaar muß im höchsten Punkt ein wenig aushalten. Auffallender Raumgewinn ist fehlerhaft. *Nur* beim *Anpiaffieren* ist ein Raumgewinn um eine Hufbreite gestattet. Bei fortschreitender Ausbildung des Pferdes kann es sehr guten Reitern gelingen, den Takt der Piaffe durch unsichtbares Schließen und Öffnen der Zügelfäuste selbst zu bestimmen. Die meisten Schwierigkeiten entstehen beim Übergang von der Piaffe zur Passage. Hier muß besonders viel Schwung entwickelt sein und beim Übergang mit hinübergenommen werden.
Die Passage, auch *Spanischer Tritt* genannt, ergibt sich aus der Piaffe, wenn das Pferd im gleichen Takt mit entsprechendem Raumgewinn vorwärtsgeht. Die Trag- und Federkraft der Hinterhand wird in der Passage durch die

Die folgende Doppelseite zeigt Aufnahmen aus der Spanischen Hofreitschule Wien

Ein junges Pferd an der Longe. Linksgalopp Phase 4

Einüben der Levade in den Pilaren

Im Renvers rechts

Der starke Trab

Die Arbeit am langen Zügel

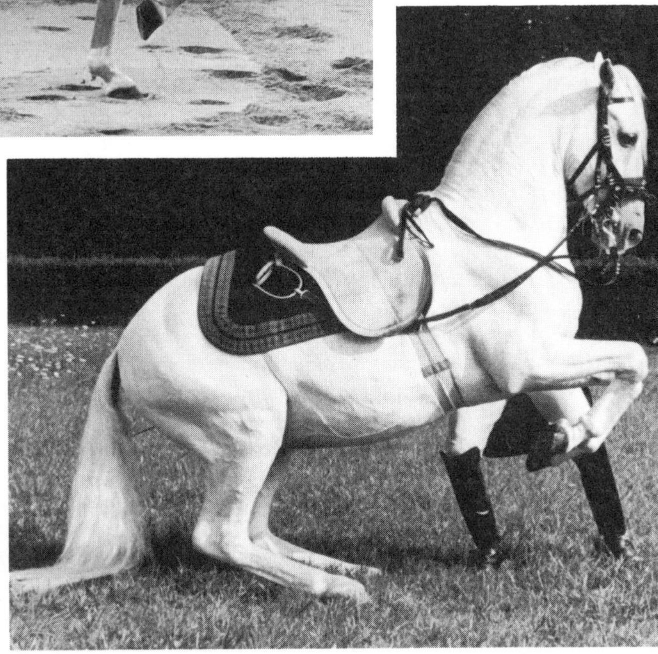

Die Levade an der Hand

Der Arbeitsgalopp auf der rechten Hand in der Phase 3

Hilfen des Reiters zum Teil wieder in leicht federnde, energische Schubkraft umgewandelt. Durch diese vor-aufwärts wirkende Schubkraft und die schwingende Rückentätigkeit des Pferdes hält das jeweils abfußende Beinpaar in der Waagerechten einen kurzen Moment aus. Die Anlehnung, Aufrichtung und Haltung der Vor- und Hinterhand sind denen der Piaffe gleich. Im Augenblick des Überganges aber muß um wenige Millimeter nachgegeben werden, weil das Pferd vortreten soll. Auch in der Passage kann der Reiter Erhabenheit und Takt der Aktion selbst bestimmen, wenn er den aus den Hanken über Rücken, Hals und Genick des Pferdes in die Hände des Reiters verlaufenden Schwung kennt und zu nutzen versteht. Die Durchlässigkeit und Rittigkeit eines Pferdes bestimmen die Grenzen. Die Entwicklung der Passage erfolgt überwiegend aus einem schwungvollen Mitteltrab, mit steigernder Versammlung zum verkürzten Trab. Aus diesem Trab wird mit dem Zeitmaß der Passage angepaßten halben Paraden die Passage erreicht. Der Reiter muß vor allem weich und ruhig sitzen. Beim Übergang Piaffe-Passage-Piaffe soll besonders die Kadenz (S. 116) erkennbar bleiben.

Mit der Passage ist die Ausbildung in der Hohen Schule *auf der Erde* beendet. Den Übergang zu Schulsprüngen, d. h. Hohe Schule *über der Erde,* bilden die Levade und

Die Passage

Pesade. Alle Schulsprünge werden ohne Bügel geritten.

In der Levade senkt das Pferd die Hinterhand so tief, daß die Sprunggelenke den Boden fast berühren. Mit angewinkelten Vorderbeinen wird die Vorhand weniger vom Boden abgehoben als in der Pesade. Der Winkel hat etwa 22 Grad. Das Gesamtgewicht wird nur auf den sehr stark gebeugten Hinterbeinen ausbalanciert. Vorbereitung durch die Piaffe.

Im Mezair zeigt das Pferd mehrere Levaden hintereinander. Nachdem die erste Levade kurz ausgehalten ist, fußt das Pferd für einen Moment auf, setzt die Hinterhand nach, um anschließend die nächste Levade zu zeigen. Charakteristisch für diese Übung ist der Raumgewinn nach dem Wiederaufsetzen. Aufgrund dessen kann man den Mezair auch als leichtere halbe Courbette betrachten (am Schluß beschrieben).

Zur Pesade wird das Pferd durch die Piaffe vorbereitet, um die Tragkraft der Hinterhand zu fördern. Zeigt ein Pferd Talent für die Ausbildung zur Hohen Schule, wird allgemein mit der Pesade begonnen, um dann die Levade zu erlernen. Jede weitere Ausbildung muß äußerst sorgfältig in den Pilaren (S. 174, 177) geprüft werden.

In der Pesade erhebt sich das Pferd im Winkel von 45 Grad zum Erdboden. Die Vorderbeine sind dabei angezogen. Bei temperamentvollen Pferden vorsichtig vorgehen, um eigenmächtiges Steigen zu vermeiden.

Levade, Mezair und Pesade bilden die Grundlage zu den weiteren Schulsprüngen.

Die Ballotade wird aus der Piaffe heraus entwickelt. Diese Übung ist ein Luftsprung auf der Stelle. In der Schwebe sind die Vorderbeine angewinkelt, wie bei der Kapriole. Die Hinterbeine sind ebenfalls angezogen, mit leicht gewinkelten, fast senkrecht stehenden Röhrbeinen. Das Pferd zeigt die *nach hinten* gerichteten Eisen, darf aber nicht ausschlagen.

Die Croupade ist der Ballotade ähnlich. Der Unterschied liegt in der Haltung der Hinterbeine. Aus der Piaffe entwickelt, sind die Vorder- und Hinterbeine ebenfalls angezogen; die Hinterbeine aber so stark unter den Bauch, daß die Eisen *nach unten* zeigen.

Die Kapriole ist, allein von der Ausführung her gesehen, der wirkungsvollste Schulsprung. Besonders Pferde, die bei Peitschenhilfen ausschlagen, sind für die Übung geeignet.
Dieser schwierige Schulsprung über der Erde ist folgendermaßen aufzubauen: Zuerst muß das Pferd willig und fehlerlos piaffieren. Dann wird das Pferd vom Reiter aus der Piaffe in die Pesade gebracht, um sofort anschließend herausgefordert zu werden, eine sehr kraftvolle und besonders hohe Ballotade auszuführen. Durch Vorarbeit in den Pilaren ist vor allem die Konzentration und Aufmerksamkeit des Pferdes sowie vertrauensvolle Ruhe während dieser Arbeit in den Pilaren herauszubilden. Durch das Herausfordern des Pferdes zum »Streichen« (Ausschlagen) geht es in die Kapriole über. Dieser sehr schnelle Bewegungsablauf erweckt den Eindruck des Ausschlagens im Luftsprung. Die Übung verlangt äußerste Konzentration.
Die Courbette, schwierigster Schulsprung, soll die Hohe Schule beschließen. Pferde mit Eignung und Begabung für diese Lektion sind sehr selten. Die Entwicklung geht auch von der Piaffe zur Pesade. Aus der vollen Aufrichtung bis 45 Grad führt das Pferd dann 2–6 Sprünge auf der Hinterhand aus. Die Vorhand darf erst danach wieder den Boden berühren.
Die Übungen von der Piaffe bis zur Courbette können unter dem Reiter oder »an der Hand« gearbeitet werden. Außerdem sind Piaffe, Pesade, Levade und Kapriole auch in den *Pilaren* möglich. Das sind zwei im Boden verankerte Pfosten, zwischen die das Pferd gestellt und mit den Zügeln in Ringen festgemacht wird. Sehr oft herrschen über die Pilaren-Arbeit völlig falsche Vorstellungen. Nicht Peitsche und Gerte dominieren in den Pilaren, nur viel Lob mit warnender Strafe sichern den ehrlichen Erfolg.
Der Pilar wurde von *Antoine de Pluvinel,* Reitlehrer König Ludwigs XIII. von Frankreich, erfunden. Im Jahre 1623 erschien sein Lebenswerk der Reiterei: »Le Manège Royal« (Königliche Reitschule).

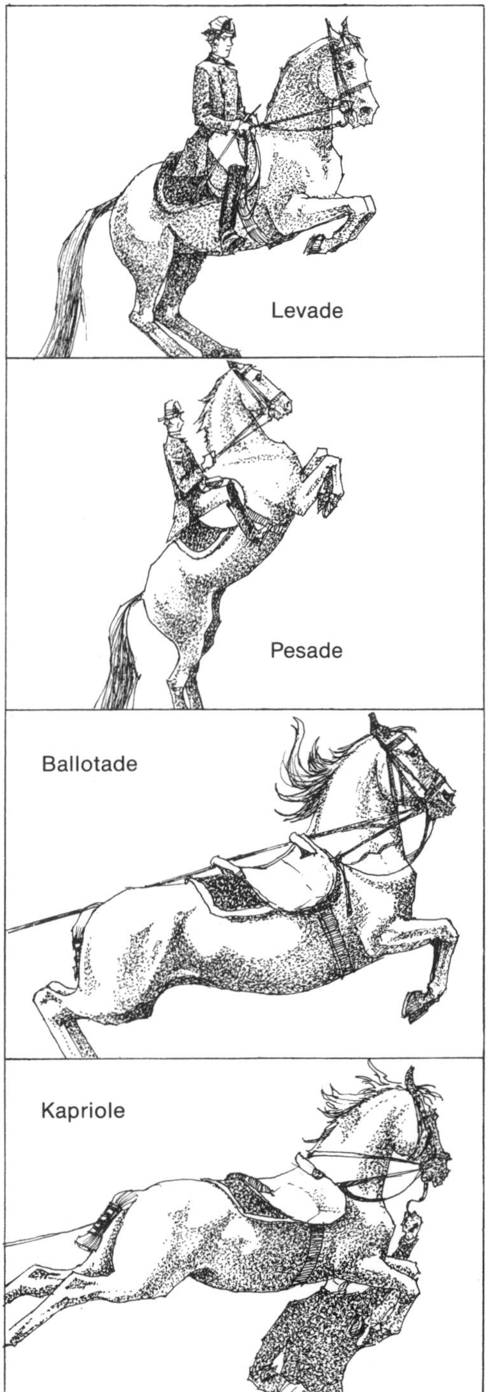

Hohe Schule über der Erde ►

Kommandos – Ausführung und Zweck

Ein Kommando (nachfolgend Kdo.) oder Zuruf ist für die Arbeit und »Verkehrslenkung« auf dem Reitviereck unumgänglich. Zurufe des Reitlehrers sind in der Regel beim Einzel- und Durcheinanderreiten am Platze. Beim Abteilungsreiten sind Kommandos notwendig, um allen Reitern zu sagen, was verlangt wird. So können alle Reiter die Übung gleichzeitig und gleichmäßig ausführen. Kommandos werden laut, klar und deutlich gegeben, ohne zu schreien. Die Pause zwischen Ankündigungs- und Ausführungs-Kdo. muß der Reiter heraushören können, um sich und sein Pferd auf die Lektion vorzubereiten. Kenntnis und Ausführung der Kommandos sind erforderlich, weil bei Dressurprüfungen das Vorreiten meistens nach Kommandogabe geschieht. Kommandos für Hufschlagfiguren und Gangarten sind immer getrennt zu beachten. Sie werden erst durch ein Gegenkommando des Reitlehrers widerrufen. Von dieser Grundregel ist nur diejenige Lektion ausgenommen, welche zwangsläufig das Tempowechseln verlangt, z. B. »Kurzkehrt-Marsch!« aus dem Trabe. Dabei muß jeder Reiter nach dem Ausführungskommando »Marsch!« *sofort,* ohne weitere Zwischen-Kdos., zum Schritt parieren, *sofort* die Kurzkehrtwendung ausführen und *sofort* wieder antraben.

Zur Bahndisziplin und -ordnung sind noch einige Erläuterungen zu den Hufschlagfiguren (S. 90–91) erforderlich.

Der Hufschlag am äußeren Rande einer Reitfläche ist der ca. 50–60 cm breite Weg, auf dem sich die Pferde bewegen. Der zweite und dritte Hufschlag liegt jeweils in gleicher Breite nach der Innenbahn zu, neben dem ersten bzw. zweiten Hufschlag. Die weiteren vorgeschriebenen Wege des Reitvierecks – die Hufschlagfiguren – sind von jedem Reiter unbedingt einzuhalten. Sie verhindern Unfälle und gegenseitige Störungen.

Korrektes Einhalten der Hufschlagfiguren wird bei allen Reiterwettbewerben und Dressurprüfungen hoch bewertet, weil es sicheren Aufschluß gibt über die Einwirkung des Reiters auf sein Pferd.

Befinden sich mehrere Reiter in der Bahn, dürfen nur die auf der S. 91 aufgezeigten Figuren geritten werden. Sie sind für jeden Reiter ausreichend, um sein Pferd korrekt in allen Lektionen bis zur Klasse L reiten zu können. Wortlaut, Ausführung und Zweck der Kommandos werden nachfolgend erläutert. Die Abkürzungen bedeuten:

K – Kommando (– ca. 2 Sek. Pause zwischen Ankündigung und Ausführung);

A – Ausführung der Übung und

Z – Zweck der Lektion.

Eines gilt für alle Lektionen: Der Reiter muß grundsätzlich mit dem jeweils äußeren Knie am Wechsel- bzw. Paradepunkt abwenden oder ankommen. Beim Halten befindet sich das äußere Knie genau an diesen Punkten. Zum Halten bei D, L, X, I und G steht das Pferd so auf der Mittellinie, daß *der Reiter* sich genau über diesen Punkten befindet.

Kommandogabe

❶ **K** Fertigmachen zum Aufsitzen!
Auf – – gesessen! *Oder*
Fertigmachen zum Absitzen!
Ab – – gesessen!
A Seite 77
Z Schulmäßiges Auf- und Absitzen mit/ohne Bügel auf Kommando. Training für Reiter und Gehorsamsübung für Pferde.

K Fertigmachen zum Aufsitzen!
Aufsitzen! *Oder*
Fertigmachen zum Absitzen!
Absitzen!
A Wie vorher.
Z Freies Auf- und Absitzen wie vorher auf Zuruf, Gewöhnung an Ruhe.

❷ **K** Im Mittelschritt, Abteilung zu einem rechts (links) brecht ab – – Marsch!
A Der rechte (linke) Reiter, wie auch jeder folgende, reitet im Schritt *senkrecht* zur gegenüberliegenden Wand oder Reitplatzseite. Angeritten wird in dem Augenblick, wenn die Kruppe des weggehenden Pferdes eine Pferdelänge vom Kopf des eigenen Pferdes entfernt ist. Drei Schritte vor dem Hufschlag wendet jeder Reiter in einer Viertelvolte rechts (links) und folgt dem Vorderreiter. So erreichen alle den richtigen Abstand von zwei Pferdelängen (6 Schritte).
Beim Anreiten im Trabe oder Galopp wird erst eine knappe Pferdelänge *im Schritt* vor- und dann im angewiesenen Tempo geritten.
Ausnahme: In Lektionen der fortgeschrittenen Dressur ab Kl. L muß auch aus dem Halten angetrabt oder angaloppiert werden.
Z Üben des richtigen Einsatzes der Reiterhilfen und Gehorsamsübung für die Pferde.

❸ **K** Anfang rechts (links) dreht, links (rechts) marschiert auf – – Marsch!
A Auf »Marsch!« wendet der Anfangreiter auf einer Viertelvolte *senkrecht* zur gegenüberliegenden Seite. Jeder folgende Reiter wendet etwa vier Schritte hinter dem Abwendepunkt des Vorderreiters in gleicher Weise ab. Auf »Anfang – – Halt!« pariert der Anfangreiter ruhig zum Halten. Jeder nachfolgende Reiter richtet sich beim Einrücken in die Abteilung selbständig aus.
Beim Aufmarschieren aus dem Trabe oder Galopp muß dem Anfangreiter das Kdo. so früh gegeben werden, daß er eine gute Pferdelänge vor der Linie, wo gehalten werden soll, allmählich zum Halten übergehen kann. Die übrigen Reiter gehen zum Schritt über, *kurz bevor* der Kopf ihres Pferdes die Kruppe des bereits stehenden Pferdes erreicht hat.
Grundsätzlich wird im Schritt eingerückt und mit drei Schritt Zwischenraum aufmarschiert. Andere Zwischenräume müssen angewiesen werden.
Z Üben der treibenden und verhaltenden Reiterhilfen und Prüfen des Gehorsams der Pferde zum Geradeausgehen, wenn der Vorderreiter abbiegt.

❹ **K** Abteilung – – Haalt!
A Seite 108 Paraden. Das Kdo. fordert zum Halten aus allen Gangarten auf. Besonders auf das Ausführungs-Kdo. achten. In der Ecke und in Wendungen wird niemals gehalten, weil das Pferd ungleichmäßig belastet ist. Stets nach der gebogenen Linie in gerader Stellung halten. Deshalb gibt es auf dem Zirkel kein Halt!
Z Kreuztätigkeit des Reiters (S. 94) und Herantreiben des Pferdes an die durchhaltenden Zügelhilfen (S. 106) üben.

5 **K** Abteilung – – Marsch!
A Seite 115 Schritt. Dieses Kdo. veranlaßt alle Reiter zum *gleichmäßigen* Anreiten in den Schritt.
Z Festigen der Kreuztätigkeit, Balance, Losgelassenheit und Mitgehen des Reiters in die Bewegung des Pferdes (S. 94 ff.).

---

6 **K** Abteilung im Arbeitstempo – – Terab!
A Seite 116. Wiederum *gleichzeitiges* Antraben aller Reiter aus dem Halten, Schritt oder einer anderen Gangart zum Arbeitstrab. Die Gleichzeitigkeit weich und flüssig, nicht ruckartig, ist hierbei wichtig, sonst gibt es eine »Ziehharmonika«.
Z Erziehung des Pferdes zur Aufmerksamkeit. Üben korrekter, einfühlsamer und deutlicher Hilfengebung des Reiters.

---

7 **K** Leicht – – traben!
A Seite 121. Beim Schulreiten wird im Trabe grundsätzlich ausgesessen. Erst nach Ansage wird leicht getrabt. Jeder Reiter geht *sofort* dazu über – in der Bahn auf den inneren Hinterfuß achten.
Z Erlernen der Einwirkungen wie Kdo. 5 – im Leichttraben.

Bendet wird die Übung mit dem
K Aus – – sitzen!
Z Verbessern der Haltung des Pferdes durch halbe Paraden (S. 108) nach dem Einsitzen in den Sattel.

---

8 **K** Abteilung – – Scheritt, Mittelschritt!
A Seite 115. *Gleichzeitiges* Parieren aus höherer Gangart.
Z Wie vorher und Heranreiten des Pferdes an die Reiterhilfen.

Nur das
K Mittel – – scheritt!
A veranlaßt den *gleichzeitigen* Übergang aus einem *anderen Schrittempo* zum Mittelschritt.
Z Wie vorher und Kdo. 5.

---

9 **K** Auf der rechten (linken) Hand rechts (links) abgebrochen Abteilung bilden – – Gangart!
A *Vor* diesem Kdo. sind Anfangreiter und Reihenfolge der übrigen zu bestimmen (Zuruf). Nach dem Ausführungs-Kdo. begibt sich der 1. Reiter in angewiesener Gangart auf die bestimmte Hand und ruft laut »Anfang hier!«. Danach sucht jeder in richtiger Reihenfolge und Gangart *nacheinander* auf kürzestem Wege seinen Platz, ohne die Mitreitenden zu stören.
Z Erziehung von Pferd und Reiter zur Ordnung und Ruhe *nach vorher bestimmter Reihenfolge.*

---

10 **K** Auf der rechten (linken) Hand hinter (Name des Pferdes oder Reiters) Abteilung bilden – – Gangart, Anfang rechts (links) schwenkt – –Marsch!
A Hier darauf achten, daß *alle Reiter sofort* die angewiesene Gangart annehmen. *Der Anfangreiter* verhält sich *bei »Marsch!«* als 1. Reiter wie bei Kdo. 9, dann ordnen sich alle beliebig ein.
Z Wie vorher *ohne vorher bestimmte Reihenfolge.*

⑪ **K** Auf dem Viereck rechte (linke) Hand – – geritten, Gangart! *Oder*
Auf dem Viereck beide Hände, oberer Zirkel rechts / unterer Zirkel links – – geritten, Gangart!
A Jeder Reiter begibt sich unmittelbar auf den der Weisung entsprechenden Hufschlag. Die Abstände sind unregelmäßig.
Z Prüfen des vom Reiter selbst bestimmten Taktes und Tempos, falls die Gangart nicht angewiesen wurde. Wie auf einer Hand oder beiden Händen zu reiten ist, bitte Seite 86–87 nachlesen.

---

⑫ **K** Halbe – – Bahn!
A Seite 91 Abb. Das Ausführungs-Kdo. erfolgt vor der 2. Ecke der kurzen Seite und führt vom Hufschlag der ganzen Bahn oder des Zirkels auf die Linie B–E. Die gedachten Ecken bei B und E sind in einer Viertelvolte, die Linie B–E ist schnurgerade korrekt auszureiten. Diese Bahnführung gilt bis zum Kdo. eines anderen Hufschlages.
Z Gewöhnung der Pferde an unterschiedliche Linienführung und das Geradeausgehen ohne seitliche Begrenzung.

---

⑬ **K** Ganze – – Bahn!
A Das Ausführungs-Kdo. wird gegeben, wenn der Anfangreiter den Zirkelpunkt der kurzen Seite erreicht hat. Die Pferde müssen sich, vor allem bei B und E, der neuen Linie ruhig anpassen.
Z Wie vorher und Verbessern der Einwirkungen des Reiters.

---

⑭ **K** Auf einen (2 . . .) Schritt Abstand aufgerückt – – Gangart!
A Das Kdo. erfolgt an x-beliebiger Stelle der Reitbahn. *Aufgerückt* wird *entweder* in der nächsthöheren *oder* bisherigen Gangart.
Im 1. Fall behält der Anfangreiter, *ohne besonderes Kdo.,* die gerittene Gangart bei, z. B. *im Trabe:* . . . aufgerückt – – im Arbeitstempo *Galopp marsch!*
Im 2. Fall muß *der Anfangreiter* zur nächstniedrigeren Gangart *aufgefordert* werden, z. B. Abt. *im Trabe:* . . . aufgerückt – – im Arbeitstempo Terab, *Anfang Scheritt, Mittelschritt!*
Der 2., 3. usw. Reiter darf erst aufrücken, wenn der Vorderreiter den neuen Abstand erreicht hat.
Z Verbessern der Gewichts- und Schenkelhilfen in Verbindung mit halben Paraden.

---

⑮ **K** Vorwärts zwei (3 . . .) Schritt Abstand genommen – – Gangart!
A Abstandnehmen vorwärts *stets in der nächsthöheren Gangart* und auch an beliebiger Stelle. Besonders auf gleichmäßiges Tempo achten. Jeder Reiter geht erst in die nächsthöhere Gangart über, wenn er den neuen Abstand erreicht hat.
Z Wie vorher und Training für den »geschlossenen« Sitz (S. 94).

---

⑯ **K** Durch die ganze Bahn – – wechseln!
A Seite 141. Kommandogabe in der Mitte der kurzen Seite. Am Wechselpunkt abwenden und diagonal mit geradegestelltem Pferd zum schräg vorn liegenden Wechselpunkt der gegenüberliegenden Seite reiten. Die Übung wird in allen Gangarten ausgeführt, Ecken und Wendungen korrekt ausreiten. Bei Mitteltempi werden die Ecken abgerundet. In der Abteilung genau Vordermann halten.
Z Vertiefen der Reiterhilfen und exaktes Geradeausgehen des Pferdes ohne seitliche Begrenzung.

⑰ **K** Durch die halbe Bahn – – wechseln!
A Seite 91 Abb. *Im Prinzip* wie Kdo. 16, *aber* die Endpunkte der Wechsellinien liegen bei B oder E. Das geradegestellte Pferd wird nach dem Abwenden *genau auf diese Punkte zu* geritten. Ausführung in den Grundgangarten, im Trab und Galopp soll das Tempo etwas *ver*kürzt sein.
Z Wie vorher.

⑱ **K** Durch die Länge der Bahn – – wechseln! *Oder* . . . – – geritten!
A Seite 91 Abb. Das Kdo. erfolgt *vor* der kurzen Seite. Gangarten und Tempi wie Kdo. 16, abgewendet wird an den Zirkelpunkten der kurzen Seiten. Auch hier die gedachten Ecken korrekt ausreiten (Kdo. 12). Auf der Mittellinie Vordermann halten. Beim Kdo. ». . . – – geritten!« nach der Mittellinie auf der gleichen Hand weiterreiten.
Z Wie Kdo. 16.

⑲ **K** Auf dem Zirkel – – geritten!
A Der geschlossene Kreisbogen des Zirkels wird von den Paradepunkten der langen Seiten, der kurzen Seite und der Quermittellinie begrenzt. Nur an diesen Punkten kommen die Pferde auf den Hufschlag der ganzen und halben Bahn. Auf dem Zirkel wird in den Grundgangarten vom Arbeits- bis zum versammelten Tempo geritten. Die Reiter wenden deutlich von Zirkelpunkt zu Zirkelpunkt ab. Der Hufschlag der ganzen und halben Bahn wird in den Ecken beim Zirkelreiten *nicht* berührt. Bleibt diese Forderung unbeachtet, verliert das Zirkelreiten seinen Wert (S. 142).
Der Beginn des Zirkels liegt am Paradepunkt *vor* der kurzen Seite. Das Ausführungs-Kdo. erfolgt *vor* Punkt B oder E. *Beendet* wird der Zirkel an der geschlossenen kurzen Seite. Vor diesem Paradepunkt muß das nächste Kdo. gegeben sein.
Z Geraderichtendes Biegen und Herangehen des Pferdes an die äußeren Hilfen.

⑳ **K** Auf zwei Zirkeln – – geritten!
A *Vor* dem Kdo. muß der Anfangreiter des zweiten Zirkels durch Zuruf bestimmt werden. Dieser Reiter antwortet laut: »Anfang zweiter Zirkel!« Weil ein Zirkel stets am Zirkelpunkt *vor* der kurzen Seite beginnt, wird das Kdo. gegeben, wenn der *Anfangreiter des zweiten Zirkels* sich vor dem Punkt B oder E befindet. Der *Anfangreiter des ersten Zirkels* ist dann, je nach Anzahl der Reiter, schon an der kurzen Seite. Er muß nun noch *bis zum zweiten Zirkelpunkt der folgenden langen Seite* und dort auf die Zirkellinie abwenden.
Beide Anfangreiter richten ihre Zirkel zueinander aus. Dazu muß der eine Zirkel das Tempo etwas verstärken, der andere verhalten. *Grundsätzlich* reitet der *erste Zirkel verstärktes,* der *zweite verhaltenes Tempo.* Spätestens nach Beginn des zweiten Umlaufes begegnen sich die 1., 2. usw. Reiter am Paradepunkt der offenen Zirkelseite, also bei X.
Z Wie vorher und beständiges Halten des Taktes und Tempos üben.

㉑ **K** Aus dem(n) Zirkel(n) – – wechseln!
A Seite 144. Das Kommando zum Wechseln ist am Zirkel-(Parade-)punkt der geschlossenen kurzen Seite zu geben. Die Abteilung wird in einer gebogenen Linie (Abb. S. 91), am Punkt X vorbei, auf die andere Hand im Zirkelreiten geführt. *Etwa zwei Schritt vor X reitet jeder eine Pferdelänge geradeaus,* faßt um, sitzt um und stellt sein Pferd um. Den Wechsel der Schenkellage in der neuen Linienführung nicht vergessen!
Der Wechsel aus zwei Zirkeln wird in gleicher Weise ausgeführt. Die Anfangreiter führen ihre Zirkel außen aneinander vorbei, d. h. auf der *rechten Hand* nach *rechts,* auf der *linken Hand* nach *links* vorbeireiten, in der Reihenfolge 1/1, 2/2 usw. am Punkt X.
Z Verbessern des kurz aufeinanderfolgenden Wechsels der Hilfen.

㉒ **K** Durch den (die) Zirkel – – wechseln!
A Seite 144. Hiermit wird der Wechsel *innerhalb* des Zirkels gefordert. Das Kdo. erfolgt ebenfalls am Paradepunkt der geschlossenen kurzen Seite. Es wird nur in verkürzten oder versammelten Tempi der Grundgangarten geritten. Am Zirkelpunkt *nach* der kurzen geschlossenen Seite wendet der Anfangreiter im Halbkreis von ca. 10,0 m ∅ ab und führt die Abteilung in Richtung Zirkel-Mittelpunkt auf die Mittellinie. Genaues Reiten auf Vordermann ist wichtig. Kurz vor dem Mittelpunkt steht das Pferd senkrecht zur geschlossenen kurzen Seite und wird eine Pferdelänge geradeaus geritten. Dabei wiederum umsitzen, Zügel umfassen (stets durch *über*fassen, S. 131) und das Pferd in die neue Richtung stellen. Auf einem Halbkreis wie zuvor erreicht das Pferd die Zirkellinie auf der anderen Hand an dem Zirkelpunkt, der dem Abwendepunkt genau gegenüberliegt.
Z Wie vorher, besonders im Hinblick auf den losgelassenen, geschmeidigen und ausbalancierten Sitz.

㉓ **K** Nächste lange Seite – – einfache (doppelte, dreifache) Schlangenlinie!
A Seite 145. Das Kdo. erfolgt in der Mitte der kurzen Seite. Nach der Ecke wendet jeder Reiter *vor* dem 1. Wechselpunkt so ab, daß er bei der *einfachen* Schlangenlinie den weitesten Abstand von der Bande mit 6 Schritt am Punkt B oder E erreicht. Nach dem Schlußbogen kommt der Reiter mit seinem Knie *am* 2. Wechselpunkt der langen Seite wieder auf den Hufschlag. Das Pferd muß *zweimal* umgestellt werden. Auf der linken Hand z. B. mit Linksstellung in die Schlangenlinie, nach 3 Schritt Entfernung vom Hufschlag Rechtsstellung über den weitesten Punkt hinweg bis 3 Schritt vor den Hufschlag, dann wieder in Linksstellung zur ganzen Bahn.
Geritten wird in den drei Grundgangarten nach folgenden Tempi:
- Einfache Schlangenlinie im Arbeits-, *etwas* verstärkten oder verkürzten Tempo *als lösende Lektion;*
- *doppelte/dreifache im Mittelschritt und nur* verkürzten und abgekürzten Trab/Galopp (*Versammlung*).

In der *doppelten* Schlangenlinie liegt der weiteste Punkt des 1. Bogens etwas *hinter,* des 2. etwas *vor* dem Zirkelpunkt der langen Seite, 3 Schritt von der Bande entfernt; das Pferd wird hierbei weich und fließend *viermal* umgestellt.
Die *dreifache* Schlangenlinie ist *aus der Ecke heraus zu beginnen!* Das Pferd wird laufend *sechsmal* umgestellt, weil die weitesten Entfernungen von der Bande nur 2 Schritt betragen. Sie liegen *genau* in Höhe der beiden Zirkelpunkte u. bei B oder E.
Z Verbessern aller Reiterhilfen und der biegenden Arbeit des Pferdes.

㉔ **K** Anfang – – Schlangenlinie durch die Bahn, 3 (4, 5 . . .) Bogen!
A Seite 145. Kommando *vor* der ersten Ecke der kurzen Seite. Jeder Reiter beginnt *am Mittelpunkt der kurzen Seite.* Die Linien führen quer durch die Bahn. Schnittpunkt der einzelnen Bogen, die eine birnenförmige Ausweitung zeigen, ist die Mittellinie. Deshalb muß wie o. a. begonnen werden, andernfalls wären vier Bogen nur drei. Je 2 Schritt vor bis nach der Mittellinie wird das Pferd geradegestellt, der Reiter faßt um, sitzt um und stellt sein Pferd um. Diese Schlangenlinie ist von A–C oder C–A eine gebogene Linie ohne abgerundete Ecken, bis auf die 4 Schritt geradeaus über der Mittellinie. Die Bogenzahl entspricht der Bahngröße und dem Ausbildungsstand von Pferd und Reiter. Im Leichttraben und Galopp ist an der Mittellinie »der Fuß zu wechseln«. In höheren Klassen kann auch »Ohne Wechsel« oder »Mit fliegendem Wechsel« verlangt werden.
Beachten: Wird eine *un*gerade Bogenzahl (1, 3, 5 . . .) angesagt, bleibt die Hand, auf der geritten wird, *un*berührt (rechte Hand begonnen – rechte Hand beenden).
Bei gerader Bogenzahl (2, 4, 6 . . .) ergibt sich stets ein Handwechsel (rechts begonnen – links beenden).
Z Wie vorher in aufeinanderfolgendem Wechsel.

25 **K** Auf der Vorhand rechtsum (linksum) – – Marsch!
A Seite 138. Kommando zum Halten auf der langen Seite. Nach der Wendung steht das Pferd senkrecht zur Bande. Zum Weiterreiten muß entweder das gleiche Kdo. oder das entgegengesetzte folgen. Noch ungeübte Reiter führen ihre Pferde vorher auf den 2. Hufschlag.

Nach dem
K Auf dem zweiten Hufschlag – – geritten!
A schräg nach vorn.
Z Üben der einseitigen inneren und verwahrenden äußeren Hilfen.

Mit dem
K Auf der Vorhand rechtsum*kehrt* (linksum*kehrt*) – – Marsch!
A/Z Wie vorher steht das Pferd nach der Wendung schon entgegengesetzt.

Die *Vorhandwendung in der Bewegung* sollte so früh wie möglich geübt werden. Das Pferd beschreibt dabei mit der Vorhand einen kleinen Kreis in guter Innen-Stellung (S. 140, 157).
K Auf der Vorhand rechtsum*kehrt* (links-) *im Schwenken* – – Marsch!

26 **K** Die Pferde den rechten (linken) Schenkel – – weichen lassen!
A Seite 149. Das Kommando erfolgt, wenn der Anfangreiter die Mitte der kurzen Seite erreicht. Besonders auf den Beginn der Lektion und darauf achten, daß jeder Reiter einzeln an der gleichen Stelle beginnt (S. 150). Die Pferde gehen mit nur geringer Kopfstellung ohne Längsbiegung mehr vor- als seitwärts auf zwei Hufschlägen, die etwa einen Schritt voneinander entfernt sind. Die Übung wird im Schritt und etwas verkürzten Arbeitstrab geritten.
Z Festigen der einseitigen Einwirkungen des Reiters, seines Sitzes und des Gehorsams des Pferdes.
Beachten: Allgemein werden die Ecken im Schenkelweichen *und auch* in den Seitengängen *nicht* durchritten. Nur im Einzelreiten können gute Reiter auf gut durchgerittenen Pferden diese Lektionen kurz einschalten. Dabei ist auf *absolut genaue* Stellung und Biegung zu achten, andernfalls wird den Pferden Schaden zugefügt.

27 **K** Anfang Gerade – – aus! *Oder*
Gerade – – aus!
A Nach dem ersten Kommando werden die Pferde *nacheinander*, beim zweiten *gleichzeitig* auf den geraden Hufschlag zurückgeführt. Dabei wird, je nach gerittener Lektion, entweder die Vorhand auf die Hinterhand oder umgekehrt eingerichtet.
Z Gleichzeitiges oder einzeln folgendes Beenden einer Lektion. Wurden diese Kommandos nicht gegeben, stellt jeder Reiter sein Pferd *ohne* besondere Aufforderung *vor* der Ecke geradeaus und durchreitet diese in korrekter Stellung und Biegung (siehe Zusatz Kdo. 26 und Seite 134).

28 **K** Rechtsum (linksum) – – Marsch!
A Seite 139 und Abb. S. 91. Das Kdo. muß für den Anfangreiter spätestens am 2. Zirkelpunkt der langen Seite gegeben werden. Jeder Reiter wendet in einer Viertelvolte zur gegenüberliegenden Seite ab. Drei Schritte vor dieser Seite wird auf die andere Hand abgewendet, d. h. bei »Rechtsum – – Marsch!« gegenüber auf die linke Hand und umgekehrt. Folgt also nach dem Abwenden kein anderes Kommando, *ergibt sich immer ein Handwechsel.*
Wird dagegen auf der Mittellinie eine Volte verlangt, ist diese stets nach *der* Seite zu reiten, von der abgewendet wurde. Bei der Rechtswendung also die Volte auf der

Mittellinie nach rechts, sofort anschließend geradeaus zur gegenüberliegenden Seite und 3 Schritt vor dieser Stelle nach links abwenden – denn wir kamen von rechts –. Dann wird geradeaus weitergeritten.

Z Übung für korrektes Wenden, Geradeausreiten, Biegen und Umstellen des Pferdes, ohne seitliche Anlehnung.

---

(29) **K** Abteilung im Arbeitstempo Galopp – – Marsch!

A Seite 123. Mit diesem Kdo. wird die Abteilung aufgefordert, aus dem Halten, Schritt oder Trab *gleichzeitig* anzugaloppieren. Das geschieht auf dem Hufschlag der ganzen Bahn, wenn der Anfangreiter sich *vor* der 1. Ecke einer kurzen Seite befindet und auf dem Zirkel, wenn er den Zirkelpunkt *vor* der kurzen Seite erreicht hat.

Z Erziehung des Pferdes zum ruhigen Angaloppieren, vermehrten Untertreten des inneren Hinterfußes und Herangehen an die Hilfen.

---

(30) **K** Zügel – – in die linke Hand! – Auf Trense *Oder*
Trense – – durchziehen! – Auf Kandare, Seite 70 und 194 ff.

A Seite 64. Beim Reiten auf Trense legt die rechte Hand ihren Zügel von oben über den Zeigefinger auf den linken Zügel. Beide Zügel werden in der linken Hand gehalten, die *vor der Mitte des Leibes* steht. Das linke Zügelende fällt über den Zeigefinger nach *vorn* unten zwischen rechten Zügel und Pferdehals. Das rechte Zügelende nach unten, auch zur rechten Halsseite des Pferdes. Weiteres bitte Seite 64 nachlesen. Bei *allen* Wendungen besonders auf die Mitwirkung des *äußeren* Zügels achten, und zwar auf Trense wie folgt:
Zur Wendung nach rechts dreht der Reiter die Zügelfaust so ein, daß sich die *mittleren Fingergelenke* der Mitte seines Leibes nähern *und der kleine Finger* steigt aufwärts. Dann wird die Faust noch etwas stärker eingedreht, so daß der kleine Finger in Richtung *der rechten Brustseite* des Reiters steigt.
Zur Wendung nach links wird die Zügelfaust so eingedreht, daß sich der *kleine Finger* dem Leibe des Reiters nähert *und der Daumen zur linken Pferdeschulter* überfällt. Es folgt wieder die stärkere Eindrehung der Zügelfaust und der kleine Finger steigt in Richtung *der linken Brustseite* des Reiters.
Beim Reiten auf Kandare, bitte wie oben angegeben nachlesen.

Z Prüfen der Selbsthaltung des Pferdes und Geschicklichkeit des Reiters.

Die Lektionen der bisher genannten Kommandos dienen hauptsächlich dem Lösen des Pferdes, sind aber auch bei der versammelnden Arbeit aus gymnastischen Gründen einzuflechten. Die folgenden Lektionen dienen der Versammlung des Pferdes und sollten nur geritten werden, wenn das Pferd *wirklich auf beiden Seiten* gleichmäßig gelöst ist. Die bisherigen und nachfolgenden Kommandos haben seit Jahrzehnten unverändert ihre Daseinsberechtigung bewiesen. Trotzdem sind sie nicht dogmatisch zu sehen. Es bleibt dem Reitlehrer unbenommen, bei besonderen Anlässen selbst einen Zuruf oder ein Kommando zu formulieren. Nur sollte es klar, kurz und deutlich sein. Vor allem ist es *bei jeder Ansage* zu einer Lektion notwendig, unzweideutig ein Ankündigungs- und ein Ausführungs-Kommando zu geben. Einige dieser gebräuchlichen Ausnahmen sind auch im vorliegenden Text zu finden, z. B. für

- die Marschordnung, das Rudel, die Reihe S. 253,
- das »Reiten in Stellung« S. 134,
- die Übergänge in den Seitengängen S. 165 ff.,
- die Pferde in halben Tritten versammeln S. 169 und
- das »Schließen« der Abteilung S. 170.

---

31 **K** Abteilung Mittel – – terab!
A Seite 116. Alle Reiter sollen *gleichzeitig* aus einer anderen Gangart den Mitteltrab *entwickeln. Nicht* aus dem bisherigen Tempo *herausgeschossen kommen,* sondern allmählich auf kurzer Strecke (etwa 3–6 Schritte) zulegen. Dazu vermehrt das Kreuz anspannen, gleichmäßig treibende Schenkelhilfen *und* nur ganz leicht nachgebende Zügelhilfen. Takt und Schwung müssen erhalten bleiben. Geht die Anlehnung verloren, »fällt das Pferd sofort auseinander« (S. 116), d. h. von vorn beginnen!
Die Ecken werden schon ab verstärktem Trab, falls vorher kein anderes Kommando erfolgt, entsprechend abgeflacht. Bei allen starken Tempi immer nur *eine* lange Seite, kurze Seite parieren und noch einmal eine lange Seite reiten.
Z Verbessern des treibenden, »geschlossenen« Sitzes und weichen Mitgehens »in die Bewegung« des Pferdes (S. 94 ff.).

Auf das
K Nächste lange Seite Mittel – – terab!
A wird *einzeln* aus dem Arbeits- oder anderen Trabtempo, aus der 2. Ecke der kurzen Seite heraus, das erhöhte Tempo entwickelt. Auch bei dieser Lektion muß sich das Tempo kurz und bestimmt aufbauen, ohne Haltung und Takt des Pferdes aufzugeben. Meistens geschieht dies, wenn die Reiterhilfen fehlen. Das Pferd muß erst erneut ruhig an die Hilfen geritten werden.
Bei dem Entwickeln nach diesem Kdo. muß sich der Abstand zum Vordermann nach der 2. Ecke der kurzen Seite zwangsläufig vergrößern. Diese Distanz gleicht sich nach der Parade vor der nächsten kurzen Seite wieder aus, wenn die Reiter, besonders die Anfangreiter, ihre Pferde gut parieren und richtige Tempi reiten können (S. 244).
Z Wie vorher und Gehorsamsprüfung für die Pferde.

32 **K** Im Arbeits – – tempo!
A Seite 116 und Kdo. 6. Alle Reiter gehen *gleichzeitig* aus einem höheren Trabtempo zum Arbeitstempo über. Auf den Übergang ist besonders zu achten, wenn aus einem Tempo über dem Mitteltrab das Arbeitstempo angewiesen wird. *Auf keinen Fall,* z. B. aus dem Mittel- oder starken Trab, *sofort* zum Arbeitstrab parieren, sondern erst 2–3 Tritte etwas verkürzen und dann Arbeitstrab.
Z Festigen des Gehorsams des Pferdes auf die halben Paraden und vermehrtes Beugen der Hinterhand.

33 **K** Abteilung im versammelten Tempo – – Terab!
A Seite 121. Die Abteilung soll *gleichzeitig* aus dem Halten oder Schritt im versammelten Trab anreiten.
Z Verstärkte, weiche Hilfen des Reiters, um Takt, Tempo und Schwung zu erreichen. Schwerpunktverlegung rückwärts (S. 102).

Nur das
K Im versammelten – – Tempo!
A veranlaßt den *gleichzeitigen* Übergang der Abteilung aus dem Arbeits- oder Mitteltrab zum versammelten Trab.
Z Wie vorher.

34 **K** Starker – – Terab!
A Seite 116. Das Mitteltempo wird bis zum starken Trab gesteigert. Der Reiter muß versuchen, dieses Tempo aussitzen zu können. Damit hat er den Beweis des korrekten und guten Treibens. Die hohen Anforderungen an Pferd und Reiter gebieten, dieses Tempo nur auf *einer* langen Seite zu reiten. Durchreiten der Ecken wird im starken Trab nicht verlangt, wohl aber im starken Galopp.
Z Wie Kdo. 31 mit Entwicklung von Schwung und Raumgriff.

Auf das
K Im Arbeits(Mittel) – – Tempo! wird entsprechend Kdo. 32 pariert.
A Vorsichtig, aber bestimmt, um Prellungen der Vorhand zu vermeiden.

Während der Ausbildung kann das
K Stärker! oder: Kürzer!
A gegeben werden, bis Pferd *und* Reiter starke oder versammelte Tempi korrekt ausführen können. Die Hilfen des Reiters müssen, wie S. 114 ff. beschrieben, treibend *und* verhaltend einwirken.
Z Prüfen der Durchlässigkeit des Pferdes. Üben der parierenden Einwirkungen des Reiters.

---

35 **K** Versammelter (Starker) – – Scheritt!
A Seite 115. *Gleichzeitiger* Übergang aller Reiter in das angegebene Tempo. Beide Tempi werden ab Klasse M verlangt.
Z Vermehrtes Beugen bzw. Strecken der Hinterhand bei gleichmäßigem Takt und Tempo. Die Erhabenheit der Tritte im versammelten Tempo – die Kadenz, S. 116 – muß deutlich erkennbar sein.

Bei dem
K Mittel – – scheritt!
A gleich*mäßiges* Parieren des *Einzel*reiters bei Gleich*zeitigkeit aller* Reiter der Abteilung. Die Pferde dürfen weder stutzen noch trippeln oder zackeln.
Z Festigen der Kreuztätigkeit und Losgelassenheit des Reiters mit dem Herangehen des Pferdes an die Reiterhilfen.

---

36 **K** Mittel – – galopp!
A Seite 124. Das Kdo. wird aus dem Arbeits- und versammelten Galopp in der Mitte der kurzen Seite gegeben. Der Tempoaufbau erfolgt allmählich aus der folgenden Ecke heraus – siehe Kdo. 31.
Z Üben der halben Paraden. Mitgehen des Reiters in die Bewegungen des Pferdes bei guter Balance des Sitzes.

---

37 **K** Im Arbeits – – Tempo!
A Mit unauffällig aufeinanderfolgenden halben Paraden aus einem höheren Tempo einer höheren Gangart zum Arbeitstempo parieren. Der Übergang muß weich und flüssig sein, die Bewegung der Abteilung gleichmäßig – *keine* »Ziehharmonika«!
Z Biegende Gymnastik der Hinterhand und die Durchlässigkeit des Pferdes verbessern.

---

38 **K** Abteilung im versammelten Tempo Galopp – – Marsch!
A Seite 124. Das Kdo. führt die Abteilung *gleichzeitig* aus dem Halten, Schritt oder versammelten Trab zum versammelten Galopp.
Z Vermehrtes Beugen der Hinterhand, Verbessern des Schwunges und Taktes.

Nur das
K Im versammelten – – Tempo!
A fordert den (die) Reiter auf, aus einem anderen Galopptempo zum versammelten Tempo zu parieren. Die durchhaltenden und annehmenden Reiterhilfen müssen um so deutlicher sein, je stärker das vorhergehende Tempo war. *Nicht am Zügel ziehen!*
Z Wie vorher.

39 **K** Starker – – Galopp!
A Seite 124. Hiermit wird die höchste Steigerung im Schulgalopp gefordert. Der Reiter muß sich, um gut in die Bewegung des Pferdes mitgehen zu können, ein ganz klein wenig nach vorn neigen. Das Gesäß darf dabei nicht aus dem Sattel kommen. Die Ecken sind der Geschicklichkeit des Pferdes entsprechend abzurunden (Kdo. 31).
Z Das Strecken des Pferdes, ohne die Haltung zu verlieren. Freie, raumgreifende Sprünge in steter Anlehnung.

Bei dem
K Im Arbeits(Mittel) – – Tempo! und
K Stärker! oder: Kürzer!
} sinngemäß wie starker Trab – Kdo. 34.

40 **K** Volte – – Marsch! *und* Doppelvolte – – Marsch!
A Seite 144. Das Ausführungs-Kdo. spätestens, wenn der Anfangreiter sich am Wechselpunkt vor der kurzen Seite befindet. Es wird *gleichzeitig* und *-mäßig* gewendet. Der einzelne Reiter muß an seinem Abwendepunkt wieder auf den Hufschlag kommen. Bei Reitanfängern hat die Volte einen ∅ von ca. 6,50 m (8 Schritt). Folgendes ist wichtig bei 9 Pferden auf einer Reitbahn 20 x 40 m, bei 2 Pferdelängen Abstand, z. B. linke Hand. Beim Kdo. zur Volte befindet sich der Anfangreiter genau *vor* der Ecke der kurzen Seite A und reitet die Volte in dieser Ecke. Der 2. Reiter hat keine Platzschwierigkeiten. Die bekommen der 7. und 9. Reiter, wenn sie nicht aufpassen! Ihre Vordermänner sind nämlich gerade *in* den Ecken der kurzen Seite C. Deshalb haben Reiter 7 und 9 keinen Platz und *müssen ihren Vordermännern folgen,* um die Volte ausreiten zu können. Bei 1 Pferdelänge Abstand hat nur der 9. Reiter diese Schwierigkeit, aber die Volten überschneiden sich. Dazu gehört schon etwas Übung.
Z Vermehrtes Herantreten der Hinterhand, besonders des inneren Hinterfußes, und Heranreiten an die äußeren Hilfen.

Für das
K Volte im Schwenken – – Marsch!
gelten die Ausführungen zur Vorhandwendung Seite 184, Kdo. 25.

41 **K** Zirkel verkleinern! – Zirkel vergrößern!
A Seite 142. Das Kdo. wird in der Mitte der kurzen Seite gegeben. In der Abteilung (höchstens vier Pferde auf einem Zirkel) müssen die Reiter *gleichzeitig* beginnen und auf das unterschiedliche Trabtempo achten.
Beim Verkleinern ist besonders an die *traversartige* und beim Vergrößern an die *schulterhereinartige* Stellung zu denken.
Z Belehrung von Pferd und Reiter über die erhöhten Forderungen zur Ausführung engerer Wendungen.

42 **K** An der nächsten langen Seite – – Viereck verkleinern/vergrößern!
A Seite 150. Auch dieses Kommando ist in der Mitte der kurzen Seite zu geben. Nach der 2. Ecke der kurzen Seite erst eine Pferdelänge geradeaus und am ersten Wechselpunkt die Lektion beginnen. Hierauf und auf die nur sehr geringe Abstellung des Pferdes ist besonderer Wert zu legen. Die Aufgabe wird ebenfalls im Schritt und verkürzten Arbeitstrab geritten.
Z Förderung des Gefühls des Reiters für die seitwärtstreibenden Einwirkungen und Festigung des Gehorsams des Pferdes auf diese Hilfen.

43 **K** Abteilung kehrt – – Marsch!
A Seite 145. Mit diesem Kdo. wird jeder Reiter zu einer Wendung im Gange aufgefordert. Über einen halben Voltebogen wird das Pferd in die entgegengesetzte Richtung geführt und kommt drei Pferdelängen (9 Schritte) hinter dem Abwendepunkt auf den Hufschlag zurück. Das Kommando sollte gegeben werden, wenn sich die Abteilung auf dem Hufschlag der langen Seite befindet.
Z Biegung und Stellung des Pferdes verbessern und die Geschmeidigkeit in Wendungen zu fördern.

44 **K** Anfang aus der Ecke – – Kehrt!
A Seite 145. Das Kdo. erfolgt in der Mitte der langen Seite. Alle Reiter folgen dem Anfangreiter, der das Kdo. in der ersten Ecke der kurzen Seite ausführt. Schräg vorwärts *geradeaus* erreichen sie zwölf Schritte hinter der Ecke (kurz hinter dem Zirkelpunkt) den Hufschlag in entgegengesetzter Richtung.
Z Wie vorher und Gewöhnung des Pferdes an das Aneinander-Vorbeireiten.

45 **K** Auf der Hinterhand rechtsum (linksum) – – Marsch!
A Seite 139. Das Kommando wird nur aus dem Halten an beliebiger Stelle des Reitvierecks gegeben. Die Übung ist also eine Wendung auf der Stelle. Nach der Ausführung stehen die Pferde senkrecht zum Hufschlag. Um erneut anreiten zu können, muß entweder das entgegengesetzte oder nochmals das gleiche Kommando folgen.
Z Erlernen der beidseitigen Einwirkungen des Reiters und Erziehung des Pferdes zur willigen Annahme dieser Hilfen.

Auch das
K Auf der Hinterhand rechtsum*kehrt* (linksum*kehrt*) – – Marsch!
A wird in der gleichen Weise aus dem Halten ausgeführt. Jedoch ist hierbei eine halbe Wendung auszuführen, bei der das Pferd nach dem Herumtreten um etwa eigene Körperbreite zum Bahninneren steht. Beim erneuten Anreiten muß das Pferd umgestellt und auf schräger Linie vorwärts auf den Hufschlag geführt werden.
Z Wie vorher.

Bisher wurde in den Reitlehren die Hinterhandwendung *nur* als versammelnde Lektion betrachtet und entsprechend in der Ausbildung praktiziert.
Nach neuerer Auffassung, der ich uneingeschränkt zustimme, sollte diese Lektion schon dem jungen Reiter (Anfänger) so früh wie möglich erklärt und von ihm geübt werden. Die Begründung ist verständlich, denn gerade die Vor- und Hinterhandwendung ist geeignet, das Gefühl des Zusammenwirkens der vor- und seitwärtstreibenden Einwirkungen des Reiters zu fördern. Gleichzeitig werden Verständnis und Bereitschaft des Pferdes zum willigen Gehorsam auf diese Hilfen ausgebildet und gefestigt.

46 **K** Kurzkehrt – – Marsch!
A Seite 145. Das Kdo. verlangt eine Wendung aus der Bewegung im Schritt und verkürzten bzw. abgekürzten Trab. Im abgekürzten Galopp gerittene Kurzkehrt-Wendungen um 180° werden halbe, um 360° ganze Pirouetten genannt und nur in der höheren Dressur geritten. Zu den Ausführungen S. 145 ist besonders auf die unterschiedliche Einwirkung und den grundsätzlichen Unterschied zwischen der Hinterhand- und Kurzkehrtwendung zu achten.
Z Vermehrte Biegung der Hinterhand, Förderung von Geschicklichkeit und Geschmeidigkeit und erhöhte Forderungen an den Gehorsam.

(47) **K** Eine Pferdelänge (x Tritte) rückwärts richtet Euch – – Marsch!
A Seite 146. Die Reiter werden hiermit aufgefordert, *gleichzeitig* eine Pferdelänge oder eine bestimmte Anzahl von Tritten ihr Pferd rückwärts zu richten. Danach müssen die Pferde ruhig stehen, bis zum nächsten Kommando. In den Prüfungen wird in Kl. A und überwiegend auch Kl. L eine Pferdelänge, in den Kl. M/S eine bestimmte Anzahl von Tritten gefordert. Höchstens sollten jedoch, auch in den höheren Klassen, zwei Pferdelängen Rückwärtsrichten verlangt werden.
Z Vermehrte Durchlässigkeit und Festigen des Gehorsams, nachdem das Pferd die ganzen Paraden willig annimmt und befolgt. Ferner soll die Haltung des Pferdes verbessert und die Hinterhand vermehrt gebogen werden.

Auf das
K Halt!
A wird die Übung von allen Reitern *gleichzeitig* beendet, ganz gleich, ob alle Pferde die angewiesene Strecke zurückgetreten sind oder nicht.
Das Kommando *muß* folgen, wenn vorher kein bestimmtes Streckenmaß des Rückwärtsrichtens angegeben wurde.
Z Wie vorher.

(48) **K** Anfang – – Schulterherein!
A Seite 154 (Zusatz nach Kdo. 26 beachten). Diese Lektion wird erst ab Kl. M verlangt. Der Anfangreiter beginnt am Wechselpunkt nach der Ecke, alle übrigen Reiter an der gleichen Stelle. Das Kdo. erfolgt, wenn der Anfangreiter die Mitte der kurzen Seite erreicht. Die Übung wird beendet durch das Einrichten der Vor- auf die Hinterhand nach dem Kommando »Gerade – – aus!«
Z Erhöhte Versammlung und Hankenbiegung, Geschicklichkeit, Geschmeidigkeit, Verbessern der Anlehnung und Schulterfreiheit des Pferdes.
Die Übung ist von großer Bedeutung für das Geraderichten des Pferdes und die Ausbildung von Reiter und Pferd in den anderen Seitengängen.

Nach dem
K Schulterherein – – Marsch!
A muß die Lektion von allen Reitern *gleichzeitig* begonnen werden.
Z Wie vorher.

(49) **K** Anfang – – Travers!
A Seite 158. Wiederum beginnend vom Anfangreiter, alle übrigen nacheinander an der gleichen Stelle. Im Gegensatz zum Schulterherein wird der Travers *aus der Ecke heraus* eingeleitet, wenn das Pferd mit der Vorhand den Hufschlag der langen Seite erreicht. Beendet wird der Travers durch das Vordrücken der Hinterhand in Richtung. Vorhand, nach dem Kdo. »Gerade – – aus!«, wie beim ganzen Travers, aber *ohne* zu halten (S. 163).
Z Einzelheiten bitte dem angegebenen Seitentext entnehmen.

Auf das
K Travers – – Marsch!
A beginnen auch hier alle Reiter *gleichzeitig* mit der Lektion.
Z Wie vorher.

---

(50) **K** Anfang – – Renvers!

A Seite 164. Auch dieses Kdo. gilt dem Anfangreiter mit der Verpflichtung aller anderen Reiter, an der gleichen Stelle zu beginnen. Diese Übung beginnt wieder am Wechselpunkt. Besonders zu beachten ist die unmittelbare Umstellung des Pferdes nach dem Abwenden am Wechselpunkt. Die Lektion stellt wesentlich höhere Anforderungen an Reiter und Pferd. Auf »Gerade – – aus!« ist *hier wieder die Vor-* auf die Hinterhand einzurichten.

Z Weiterbildung der Gewandtheit des Pferdes, Erlernen und Üben einer geschickteren Führung und Einwirkung des Reiters.

Das

K Renvers – – Marsch!

A leitet, wie bei den anderen Seitengängen, den *gleichzeitigen* Beginn der Übung aller Reiter ein.

Z Wie vorher.

Der Renvers kann auch begonnen werden auf das

K Anfang aus der Ecke zum Renvers – – Kehrt! *Und*

K Abteilung zum Renvers kehrt – – Marsch!

A Beim ersten Kdo. ist die Ausführung *ähnlich* der Lektion »Anfang aus der Ecke – – Kehrt!«;
beim zweiten Kdo. der Lektion »Abteilung kehrt – – Marsch!«.
Der Unterschied ist die Biegung und Stellung des Pferdes zum Renvers *bereits aus der halben Volte (ohne Umstellung* nach dem Kulminationspunkt (S. 161) der Volte).
Einzelheiten sind auf Seite 164 »Durchreiten der Ecken« im Renvers und Seite 148 »Reiten in Konterstellung« nachzulesen.

Die Lektionen der Seitengänge (Kdo. 48–50) werden entweder auf das Kommando »Gerade – – aus!« oder am Endpunkt der im Kommando angegebenen Distanz beendet.
Beispiel: »Schulterherein – – Marsch!«
Jeder Reiter beginnt sofort die Lektion und beendet sie auf das Kommando »Gerade – – aus!" *Oder*
Der Anfangreiter befindet sich in der Mitte der kurzen Seite und erhält das Kommando »Eine halbe lange Seite, Anfang – – Schulterherein!«
Jeder Reiter beginnt, wie der Anfangreiter, die Lektion aus der Ecke heraus am Wechselpunkt und beendet sie *ohne weiteres Kommando* am Punkt B oder E der langen Seite.

Reiten auf Kandare

Der Reiter sollte nie vergessen, daß die Kandare für das Pferd einen Eingriff in seine bisherigen Gewohnheiten bedeutet. Die Devise heißt auch hier:

> Vorwärts mit Eifer, dem selbstgesteckten Ziel entgegen!
> Vorwärts im Sattel, mit Überlegung für das anvertraute Pferd!
> Vorwärts beim Erkennen eines Leistungsstillstandes! Er bedeutet mindestens den *Beginn* eines Rückschrittes!

Vor Erreichen des gewählten Zieles sollte sich jeder Reiter hin und wieder »umsehen«. Er erkennt den zurückgelegten Weg und muß auch erkennen, ob er eventuelle Schwierigkeiten wirklich überwunden hat. Der Reiter muß wissen, daß auch kleinste nicht korrigierte Fehler später immer unangenehme Überraschungen bringen. Er wird bei seiner Rückschau lernen, daß überlegtes Vorwärtsreiten niemals Zeitverlust, aber immer Gewinn bedeutet. Erinnern wir uns an die überlieferten Worte eines exzellenten Reiters – Richard Wätjen (1891–1966). Er pflegte seinen Reitschülern gleich zu Beginn des Reitenlernens immer zu sagen:

> »Nicht derjenige, der ständig für die eigenen Fehler Ausreden findet, sondern derjenige, der unbeirrt der wirklichen Leistung gegenübersteht und mit echter Passion und Liebe zum Pferd durchhält, kann nach langer mühevoller Arbeit dem angestrebten Ideal nahekommen.«

1. Allgemeines

Das Reiten mit Kandarenzaum ist vorsichtig zu beginnen. Über die Zäumung selbst, die Zügelhaltung und -führung wurde bereits im Teil 1 S. 60–70 gesprochen. Das Kandarenzeug muß vor allem richtig passen. Junge Pferde sollten erst am Schluß ihrer Ausbildung, d. h. Ende des zweiten Ausbildungsjahres, unter Kandare gehen. Umgekehrt sollte aber auch das voll ausgebildete Schulpferd immer wieder einmal auf *Trense* geritten werden. Die Durchlässigkeit und Weichheit des Pferdemaules werden dadurch laufend gefördert.

Die Lage des Gebisses, Fehler der falsch getragenen und unruhigen Zügelfaust in der Wirkung auf das Pferdemaul, die Zügelhaltung und die Tätigkeit der Reiterhände bei den Zügelhilfen sind im *Unterricht am Pferde genau* zu besprechen. Jeder Reiter muß die Hebelwirkung der Kandare kennen und wissen, daß sie viel stärker wirkt als die Trense, und deshalb ein feineres Einfühlungsvermögen der Reiterhand verlangt.

In den ersten Stunden läßt der Reiter die Kandarenzügel nur leicht anstehen und reitet mit angefaßter Trense (S. 69). Das Pferd muß sich erst einmal an die neue Zügelführung gewöhnen, deshalb in den ersten Tagen im freien, aber kontrollierten Tempo vorwärtsreiten. Nach gelegentlich verkürztem Tempo sofort wieder zulegen, um die Anlehnung im Schwung zu erreichen. In jedem Falle dürfen so lange keine Seitengänge oder Lektionen der höheren Dressur geritten werden, bis das Pferd die neue Kandarenführung »angenommen« hat. Der Reiter muß, um zum Erfolg zu kommen, sozusagen alle Arbeiten der bisherigen Ausbildung in stark verkürzter Zeit noch einmal durchlaufen. Und trotzdem wird er, wie überall im Leben, ein Auf und Ab im

Reiten auf Kandare mit losgelassener Trense

Gesamtbild feststellen. Diese fast immer unvermeidlichen Rückschläge sollte jeder Reiter nicht nur früh genug erkennen, sondern auch wissen, wie er diesen Schwankungen begegnen kann.

Es ist immer richtig, Korrekturen mit Überlegung, Vernunft und Geduld erst dann zu beginnen, wenn das Pferd im Temperament und Gehorsam wieder in Ordnung ist. Angst des Pferdes vor seinem Reiter, der Gerte oder Peitsche sind der beste Beweis für eine falsche Ausbildung.

Allein das dauernde Nachfassen in der Zügelführung unterstreicht die wesentlich höheren Anforderungen an den Reiter. Er muß eine von der Bewegung seines Oberkörpers absolut unabhängige, tragende Zügelfaust haben. Ob der Reiter diese Forderung erfüllt, kann beim Reiten auf Kandare *mit losgelassener Trense* (S. 69) geprüft werden. Diese Zügelhaltung läßt in ihrer Wirkung auf Gang und Haltung des Pferdes erkennen, ob der Reiter unabhängig von den Zügeln sitzen kann. Wir erkennen, wieder dominiert der richtige Sitz als Ausgangspunkt allen Gelingens.

2. Sitz und Wirkung der Kandare

Der Sitz des Kandarenzaumzeuges ist im Teil 1 S. 61 beschrieben. *Die Wirkung* dieser Zäumung verlangt vom Reiter wesentlich mehr Aufmerksamkeit und Sorgfalt. Es gibt verschiedene Arten von Kandaren, deren Modell ihre Wirkung bestimmen. Die Bezeichnung als Stangen- bzw. S-Kandare ist in der Form der »Anzüge« begründet. Unter der Wirkung der Modelle muß das Längenverhältnis des Obergestelles zum Anzug verstanden werden, d. h. kurze Anzüge wirken schnell und mild; lange Anzüge hingegen langsamer und schärfer. Das Längenverhältnis Obergestell : Anzug soll 1 : 1,5 bis 1 : 2 betragen.

Das Obergestell muß so lang sein, daß die Augen – das sind die Ringe am Obergestell – an denen auch die Kinnkettenhaken befestigt sind, sich über den Maulwinkeln befinden. Bei dieser Lage können die Augen nicht ins Maul gezogen werden. Auch auf die Mundstückbreite ist zu achten. Bei einer zu breiten Kandare wirkt der Druck der Kinnkette ungleichmäßig und die Zungenfreiheit liegt auf den Laden. Auch die Kinnkette rutscht dann hin und her, was zu schmerzhaften Scheuerstellen führen kann. Die richtige Mundstückbreite wird festgestellt, indem man dem Pferd ein Holzstäbchen über die Zunge durch das Maul legt und die Breite mit dem Fingernagel markiert. Die Länge der Kinnkette ergibt sich aus der Maulbreite und der Höhe der Laden. Als Richtmaße können gelten:

Maulbreite : Länge der Kinnkette = 1 : 1,25.

Die Wirkung der Kinnkette ist richtig, wenn sie bei angenommenen Kandarenzügeln in der Mitte der Kinnkettengrube liegt und beim Annehmen nicht hochrutscht.

Unter der Zungenfreiheit liegt im Pferdemaul die Zunge, die Ballen liegen auf den Laden. Die Größe der Zungenfreiheit ist von mehreren Gegebenheiten abhängig, z. B. vom Temperament des Pferdes, von der Hand des Reiters, der Form der Zunge und Laden. Eine niedrige Wölbung der Zungenfreiheit verringert den Druck auf die Laden, eine hohe ver-

schärft ihn. Beim Verpassen des Kandarenmundstücks muß auf die Zungenstärke des Pferdes geachtet werden, weil es sonst die empfindliche Zunge über das Gebiß zieht. Die Zunge ist empfindlicher als die Laden, die aber wiederum leicht verletzbar sind, weil der Unterkieferknochen dicht unter der Haut liegt. Auch hier gilt wieder, daß eine niedrige Zungenfreiheit die Laden weniger beschädigt als eine höhere.
Dem Hochziehen der Zunge folgt oft das Heraushängenlassen, *das Zungenstrecken.* Als Erbfehler ist dieses Übel kaum zu beseitigen. Als Untugend (meistens angewöhnt durch falsches Anreiten!) kann das Zungenstrecken dem Pferd durch ein gut passendes Kandarenmundstück und Verschnallen des Nasenriemens abgewöhnt werden. Der Nasenriemen muß jedoch so lang sein, daß das Pferd die Zunge wieder unter das Gebiß legen kann. Das wird erreicht, wenn das Pferd bei gut treibenden Hilfen und leichter Zügelführung an das Gebiß herangeritten und zum Abkauen herausgefordert wird. Auf diese Weise kann der Reiter zumindest versuchen, gegen das Zungenstrecken Abhilfe zu schaffen (S. 21, 207).
Kandaren mit gebrochenem Mundstück verhindern eine korrekte Einwirkung auf die sichere Führung des Pferdes.

3. Reiten von Wendungen

Bei allen Wendungen muß darauf geachtet werden, den äußeren Kandarenzügel zu verlängern, um dem Pferd das Eingehen in die Wendung zu ermöglichen. Wendungen beim Reiten auf Kandare *mit angefaßter Trense* (S. 69) werden im allgemeinen nach den Regeln wie auf Trense geritten (S. 139, Wendungen im Gange).
Beim Reiten *mit durchgezogener* Trense, also *Reiten mit einer Hand,* muß kurz vor der Wendung das Pferd erst durch Verkürzen des inneren Trensenzügels in die Richtung der Wendung »gestellt« werden, um es dann in die Wendung zu führen. Dies geschieht aus der Grundhaltung heraus mit vorherrschen-

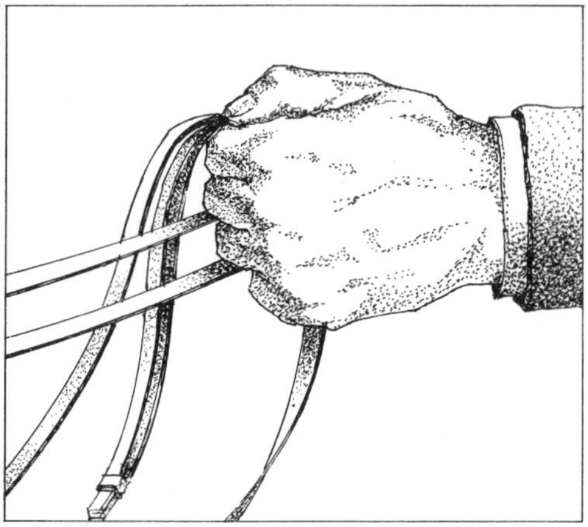

Kandare mit losgelassener Trense (Grundhaltung)

der Einwirkung der Trensenzügel. Die Kandarenzügel, vor allem der äußere, sind evtl. durch Herausziehen mit der rechten Hand ganz wenig zu verlängern. So wird das Klemmen der äußeren Seite der Kandare vermieden.
Zur Stellung rechts (gegenüberliegende Seite, Abb. 1) wird die Zügelfaust derart nach rückwärts eingedreht, daß sich *die mittleren Fingergelenke* der Mitte des Leibes des Reiters nähern und der kleine Finger nach aufwärts steigt.
Nun wird zur *Einleitung* der *Wendung rechts* (Abb. 2) die erforderliche gegenhaltende Einwirkung des äußeren Zügels dadurch erreicht, daß die Hand sich noch etwas stärker eindreht. Gleichzeitig steigt, zur *Ausführung* der Rechtswendung, unter Beteiligung des Unterarmes, der kleine Finger gegen die rechte Brustseite des Reiters (S. 106, 140). Zum besseren Verständnis zeigen alle Abbildungen die Zügelführung in einer Hand mit losgelassener Trense.
Zur Stellung links (Abb. 3) dreht der Reiter die Hand so ein, daß *der kleine Finger* sich dem Leibe des Reiters nähert *und der Daumen* in Richtung zur linken Pferdeschulter überfällt.
Wieder wird zur *Einleitung* der *Wendung links* (Abb. 4) die erforderliche gegenhaltende Einwirkung des äußeren Zügels durch vermehr-

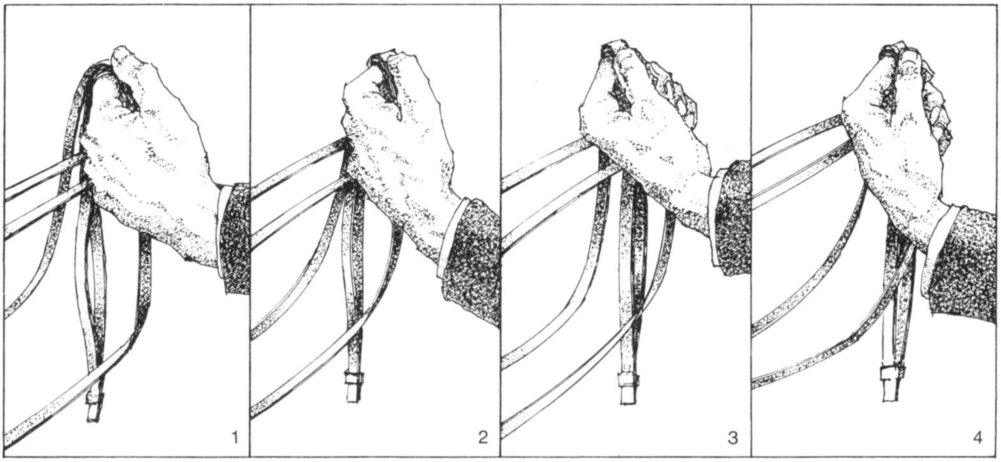

1 Stellung rechts, 2 Wendung rechts, 3 Stellung links, 4 Wendung links

tes Eindrehen der Hand erreicht. Gleichzeitig steigt jetzt, zur *Ausführung* der Linkswendung, wieder unter Beteiligung des Unterarmes, der kleine Finger gegen die linke Brustseite des Reiters. Zu diesen Übungen müssen die Trensenzügel gut anstehen, die der Kandare dagegen nur leicht.

Die Kopfstellung des Pferdes muß für die Dauer der Wendung erhalten werden. Erst danach geht die Reiterhand in die Normalhaltung zurück. Dem noch ungeübten Reiter kann beim Reiten auf Kandare mit *durchgezogener* Trense nicht oft genug gesagt werden, immer wieder auf das richtige Zügelmaß zu achten und vor jeder Wendung die Zügel neu zu ordnen. Das gilt vor allem für die Rechtswendung. Die Zügelfaust darf auf keinen Fall, was immer wieder zu beobachten ist, seitlich verschoben werden. Dem Durchgleiten der Zügel während der Arbeit muß man durch häufiges Nachfassen begegnen. Niemals die Zügelhand fest zusammen*pressen*, das führt mit Sicherheit zur steifen Zügelfaust! Zu lange Zügel verführen zu einem übermäßig zurückgelegten Oberkörper oder zum Einziehen des Bauches mit zu hoch gelüftetem Gesäß. Beides sind grobe Fehler, denn der Reiter bleibt hinter der Bewegung des Pferdes zurück.

Bekanntlich soll beim Reiten auf Kandare die linke Hand vor der Mitte des Leibes stehen. Wird diese Hand zu weit links des Widerristes wie bei der Trensenführung getragen, kommt der rechte Kandarenzügel vermehrt zum Anstehen. *Einseitiges Nachfassen der* Zügel beim *Reiten auf Kandare* würde vorwiegend verkürzend auf den einen und lockernd auf den anderen Kandarenzügel wirken. Auch beim Reiten mit angefaßter Trense träte dies ein, wenn der Reiter den rechten Trensenzügel zu stark annimmt. In beiden Fällen geht das Pferd vorherrschend am linken Kandaren- und rechten Trensenzügel. Diese ungleiche Zügeleinwirkung zieht die Nase des Pferdes herum und macht es, besonders gegen den rechten Kandarenzügel, noch steifer, als es naturbedingt auf dieser Seite schon ist (vergleiche S. 128). Wir erschweren uns die Wendungen durch falsches Reiten.

Mit Beginn des Reitens auf Kandare muß der Reiter soweit sein, daß er folgende Hinweise über die Abweichungen von der Normalstellung der Zügelfäuste richtig versteht, nämlich als helfende Ausnahmen.

Weites Auseinanderstellen der Zügelfäuste kann geboten sein, um das seitliche Ausweichen der Hinterbeine, z. B. beim Rückwärtsrichten, leichter zu verhindern. Auch Widerstände des Pferdes im Genick, können auf diese Art besser beseitigt werden.

Das Höherstellen ist oft und gut angebracht, wenn die Zügeleinwirkung auf Rücken und

Hinterhand verstärkt werden soll. Also meistens beim Versammeln und Biegen des Pferdes.

Ein Tieferstellen ist hilfreich, wenn Hals und Kopf des Pferdes tiefergestellt werden müssen, z. B. beim Tempowechsel. Hier muß vor dem Tiefer*drücken* gewarnt werden. Das ist ein grober Fehler, der stets den Gegendruck des Pferdes herausfordert.

Geteilte Zügel auf Kandare sind zu empfehlen, um eine beiderseits gleichmäßige Anlehnung zu erreichen, evtl. auftretende Schwierigkeiten im Genick des Pferdes zu überwinden und zur besseren Zügelführung bei Widersetzlichkeiten (S. 69).

4. »Reiten in Stellung«

Beim »Reiten in Stellung« auf Kandare muß besonders der *äußere* Kandarenzügel die Stellung ermöglichen. Die Kandare darf an der auswendigen Seite niemals klemmen. Das gilt vor allem beim Reiten mit losgelassener Trense (S. 69, 193). Der auswendige Kandarenzügel muß in dem Maße nachgeben, wie der inwendige angenommen wird. Mit Sicherheit klemmt die Kandare, wenn der Reiter das Ordnen der Zügel vor dem Stellen des Pferdes vergißt.

Die Hilfen sind sinngemäß die gleichen wie beim Biegen und Wenden auf Kandare. Bei jedem Stellungswechsel sind die Zügel *ohne* besondere Aufforderung *immer* neu zu ordnen.

5. Biegen und »Abbrechen«

Diese Übungen (S. 129 ff.) sollten auf Kandare *nur mit angefaßter Trense* geritten werden (S. 69). Stets leitet der jeweils inwendige Trensenzügel, mit nachgebendem auswendigen Kandarenzügel, die Übungen ein. Die inwendigen Zügel, entsprechend verkürzt, erhalten die Stellung und Biegung. Die beiden gleichseitigen Zügelpaare unterstützen sich gegenseitig in unterschiedlicher Einwirkung. Der *Unterschied* der Haltung der *Zügelfäuste beim Biegen* und Abbrechen *gegenüber dem Wenden* auf Kandare ist genau zu beachten.

Zum Biegen und Abbrechen nach rechts wird die rechte Zügelfaust ein wenig eingedreht wie auf Trense. Der rechte Kandarenzügel wird von der linken Hand durch eine Drehung wie zur Rechtswendung verkürzt. Die Wirkung des auswendigen Kandarenzügels wird durch *etwas* stärkeres Annehmen der linken Zügelfaust in Richtung der äußeren Hüfte des Reiters erreicht. Um aber den rechten inwendigen Kandarenzügel vorherrschend wirken zu lassen, darf der Reiter seinen linken Ellenbogen am Leibe ein wenig zurücknehmen. Wenn ein Pferd auf den annehmenden inneren Kandarenzügel nicht willig nachgibt, kann der Reiter durch Unterlegen des linken Zeigefingers oder durch Überfassen (S. 131) mit der rechten Hand diesen Zügel verkürzen.

Leichtes und vorsichtig wiederholtes Annehmen des rechten Trensenzügels wird die geforderte Biegung gewinnen helfen. Die linke äußere Zügelfaust braucht dann nur noch gegenzuhalten, um eine bessere Beizäumung und auch Aufrichtung zu erreichen.

Nach links wird das Biegen und Abbrechen vom linken Trensenzügel, durch Eindrehen dieser Zügelfaust wie bei der Links*stellung,* eingeleitet. Dadurch gibt der äußere rechte Kandarenzügel entsprechend nach. Dann wird die linke Zügelfaust weiter wie zur Links*wendung* eingedreht. Die linke Hand erhält mit stark eingerundetem Gelenk die Biegung mit dem linken *inneren Kandaren*zügel, während der rechte *äußere Trensen*zügel durch Gegenhalten die Biegung begrenzt. Gibt das Pferd nach, müssen die biegenden Hilfen aufhören.

Wird die Biegung durch Eindrehen der linken Hand nicht erreicht, muß der linke Kandarenzügel durch Überfassen verkürzt werden. Um dann den rechten äußeren Kandarenzügel zur gegenhaltenden Wirkung zu bringen, wird die linke Hand zur äußeren rechten Reiterhüfte ganz wenig zurückgenommen. Je nach Temperament und Rittigkeit des Pferdes wird der rechte äußere Trensenzügel mehr oder weniger stark gegen die rechte Brustseite des Reiters angenommen, um Kopf und Hals des Pferdes hochzustellen.

6. Reiten auf zwei Hufschlägen

Die Lektionen hierzu sind auf den Seiten 149 ff. eingehend beschrieben. Auf Kandare sind diese Übungen *nur mit angefaßter Trense* zu reiten. Nach neuerer Auffassung wird empfohlen, aufgrund der wesentlich höheren Forderungen an Pferd und Reiter, alle Lektionen auf zwei Hufschlägen *mit geteilten Zügeln* zu reiten. Auch sieht man bei höheren Dressuren oftmals, daß in der Zügelhaltung die Kandarenzügel vom Ringfinger *oder* Mittelfinger geteilt werden.
Für die Hilfen und die Zügelführung gelten die in den vorherigen Ziffern 3, 4 und 5 gegebenen Hinweise.

7. Das Springen

Beim Springen auf Kandare und im Gelände wird stets mit geteilten Zügeln (S. 69) geritten. Die angefaßte oder durchgezogene Trense auf Kandare erfordert wesentlich mehr Geschicklichkeit und Erfahrung des Reiters und ein gutrittiges Pferd.
Auch der versierte Reiter sollte den Schieber der Kandarenzügel vor dem Ritt ins Gelände bis in die linke Hand vorschieben und so die leichte Anlehnung der Kandare stabilisieren.

8. Das »Abkauen an der Hand«

Im Gegensatz zum Abkauenlassen auf Trense (S. 81, 208), bei dem in einer tieferen Haltung von Kopf und Hals begonnen wird, muß auf Kandare die Arbeit sofort in der für das einzelne Pferd besten Haltung von Kopf und Hals begonnen werden. Ist diese Haltung zu tief, d. h. das Pferd kommt mit der Nase hinter die Senkrechte, wirkt die Kandare nur noch auf den Hals und nicht mehr auf das ganze Pferd. Es ist sofort zu unterbrechen und die Arbeit neu zu beginnen.
Zum »Abkauen an der Hand« stellt sich der Reiter, mit Blick zum Pferdehals, an die linke Pferdeschulter.
Die linke Hand nimmt die Trensenzügel über den Pferdehals herunter und wird in Höhe vor der Pferdenase gehalten. Die Zügel werden so kurz gefaßt, daß man das Zurückkriechen des Pferdes verhindern kann. Außerdem müssen die Trensenzügel Kopf und Hals des Pferdes nach Bedarf aufrichten. Es ist also immer zu beachten, daß die Trensenzügel nicht nur horizontal, sondern auch vertikal auf das Maul und Genick wirken (linke Hand führt an der Stirnseite aufwärts).
Die rechte Hand ergreift die Kandarenzügel. Sie werden, durch den Zeigefinger geteilt, etwa eine Handbreit hinter den Trensenringen mit festem Griff gehalten. Mit leichten Zügelanzügen wird das Abkauenlassen begonnen. Niemals dürfen die Zügel in immer gleicher Stärke wirken. Mit leichten, kurzen Anzügen und sich laufend wiederholendem Nachgeben kann auch die Nachgiebigkeit im Genick erreicht werden. Schon beim ersten Nachgeben die Zügel lockern, Pferd loben! Dann wieder von vorn beginnen, *etwas mehr* verlangen und in dieser Weise weiterarbeiten.
Auf richtiges Kauen des Pferdes ist zu achten. Es *darf nicht* mit dem Unterkiefer, *sondern muß* kauend im Genick nachgeben und das Gebiß loslassen. Der Reiter soll die Zügelanzüge geschickt und leicht so lange aushalten, bis die volle Nachgiebigkeit erreicht ist und das Pferd bei fast geschlossenem Maule ruhig kaut. Das ist der Beweis richtiger Arbeit.

Ungehorsame Pferde, Strafen und Belohnen

Durch sachgemäße Reitausbildung wird der Gehorsam dem Pferd so zur Gewohnheit, daß ernstliche Widersetzlichkeiten zu den Ausnahmen gehören. Um aber dem Widerstreben des Pferdes ein richtiges Verfahren entgegensetzen zu können, muß der Reiter wissen, wie er sich bei jeder Art von Ungehorsam zu verhalten hat. Treten im Laufe der Reitausbildung bei einzelnen Pferden Widersetzlichkeiten auf, so ist das richtige Korrekturverfahren auch für die übrigen Reiter der Abteilung zum Gegenstand der Belehrung zu machen.

In den meisten Fällen sind fehlerhafte Einwirkungen des Reiters und ungenügende Vorbereitungen des Pferdes die Ursache des Ungehorsams. Die Pferde benutzen mitunter auch äußere Umstände, um sich von den Hilfen loszumachen und sich dadurch der ihnen unbequemen Biegung des Genicks oder der Hinterbeine zu entziehen. Der Reiter soll daher nicht nur darauf bedacht sein, seinen Willen durchzusetzen, sondern er muß auch die wirklichen Ursachen des Ungehorsams zu erkennen und mit den entsprechenden Korrekturen abzustellen versuchen.

Wenn durch vorherrschende oder fehlerhafte Einwirkungen der Zügel oder mangelnde Schenkeltätigkeit Widersetzlichkeiten hervorgerufen worden sind, muß die planmäßige Korrektur in erster Linie darin bestehen, daß man energisch vorwärtsreitet und das Pferd dadurch wieder gleichmäßig an die Hilfen stellt.

Nötigen die Umstände dazu, den Gehorsam durch Kampf zu erzwingen, so muß der Reiter trotz der dabei unentbehrlichen Energie stets seine Ruhe und Überlegung bewahren.

Etwa notwendige Strafen müssen ohne jede Leidenschaft und Erregung erteilt und schon beim geringsten Entgegenkommen des Pferdes mit Lob vertauscht werden. *Strafe und Lob* bilden ein wichtiges Verständigungsmittel zwischen Mensch und Tier. Alle Strafen müssen indessen mit einem gewissen Nachdruck erteilt werden. Viele Reiter geben dem Pferd bei einem Ungehorsam zuviel Zeit. Dadurch steigern sie die Widerstandskraft des Pferdes und ziehen den Kampf oft bis zur eigenen Ermüdung in die Länge. Das ist falsch! (S. 35, 5–10 Sek.)

Bei der Korrektur ungehorsamer Pferde ist die sonst gebotene Losgelassenheit des Reiters nicht am Platze. Die Zügel lassen sich nur dann in der bei allen Widersetzlichkeiten erforderlichen Spannung erhalten, wenn der Reiter selbst wachsam-gespannt sitzt. Er wird so auch energischer einwirken und allen Zufälligkeiten besser begegnen können.

Jeder Zügelanzug muß auf den gleichseitigen Hinterfuß wirken. Niemals dürfen die Hände beim Wenden nach außen oder innen über den Widerrist drücken. Es muß stets vorherrschend mit dem inneren Zügel gewendet werden. Deshalb ist z. B. unbedingt erforderlich, beim Reiten auf Kandare gut auf den jeweils äußeren Kandarenzügel zu achten. Wenn der Reiter sich angewöhnt, beim Reiten auf Kandare im Gelände die Kandarenzügel grundsätzlich zu teilen, kann er sich eine Menge Ärger ersparen (S. 69). Bei Korrekturen von Ungehorsam oder Widersetzlichkeiten sind die *Hände so auseinanderzustellen,* daß der Zügelanzug jederzeit dem Ausweichen eines Hinterfußes begegnen kann. Die bei der Zügelführung auf Kandare mit angefaßter Trense vorkommenden Fehler sind bei Korrekturen besonders zu beachten und zu vermeiden (S. 69, 137). Sie sind in vielen Fällen die alleinige Veranlassung zum Ungehorsam. Wie der Reiter dem Verweigern des Vorwärtsgehens in eine bestimmte Richtung, dem Stehenbleiben, Wegbrechen oder dem Umkehren zu begegnen hat, ist im Abschnitt »Ungehorsam beim Springen« S. 241 eingehend geschildert.

1. Verhalten auf ungehorsamen Pferden

Scheuende Pferde müssen mit Geduld und Nachsicht behandelt werden, da das Sehvermögen dieser Pferde in vielen Fällen gestört ist. Gelangt der Reiter auf gütlichem Wege der Korrektur nicht zum Ziele oder zeigt das Pferd hartnäckigen Widerstand, stellt er *den Kopf des Pferdes dahin, wohin es ausweichen will.* Scheut ein Pferd z. B. vor einem auf seiner linken Seite befindlichen Gegenstand, wird es versuchen, nach rechts auszuweichen oder umzukehren. Es wird mit seinen linken Beinen nach rechts seitwärts schieben. Durch eine starke Kopfstellung oder auch schulterhereinartige Stellung nach rechts wird die seitwärts schiebende Kraft der linken Gliedmaßen gebrochen. Der Reiter kann dann das Pferd mit dem äußeren linken Zügel und treibenden rechten Schenkel, je nach Bedarf in stärkerer oder geringerer Abstellung, an dem Gegenstand der Furcht vorbeireiten. Die Abbildung macht den Vorgang deutlich.

Richtiges Verhalten beim Scheuen des Pferdes

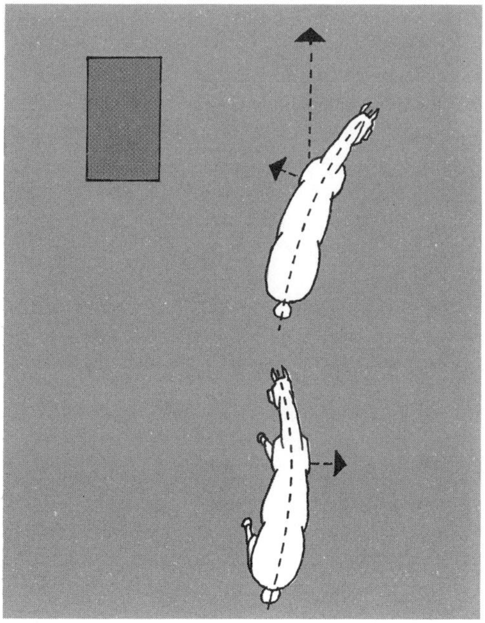

Bockende Pferde werden durch vortreibende Schenkelhilfen zum Vorwärtsgehen angeregt. So sind die bockenden Bewegungen des Pferdes leichter auszusitzen. Die *etwas höhergestellten Zügelfäuste* versuchen, Kopf und Hals des Pferdes durch kräftig hebendes Annehmen ebenfalls höherzustellen. Das Gesäß muß im Sattel bleiben. Um den Stößen bei stark bockenden Pferden zu entgehen, stellt sich der Reiter mit etwas nach vorn gestreckten Beinen in die Bügel. Die Hände wirken, wie schon erwähnt, energisch nach oben oder fassen in die Mähne. Wird das Pferd bei dieser Unart kräftig vorwärtsgeritten, hat der Reiter meistens gewonnen.

Sattelzwang ist oft die Folge falscher Behandlung beim ersten Anreiten, vor allem junger Pferde. Sie zeigen nach dem Aufsitzen Empfindlichkeit im Rücken und neigen zum Bokken. Unüberlegte, gewaltsame Einwirkungen sind hier völlig unangebracht. Sie steigern nur die Spannung und das Unbehagen des sich auch zu Boden legenden Pferdes. Zeigt sich der Sattelzwang nach dem Aufsitzen, muß dem Pferd das Antreten durch Vorneigen des Oberkörpers bei weicher Führung erleichtert werden. Jeder Druck mit den Schenkeln ist in dieser Phase unbedingt zu vermeiden. Pferde dieser Art sind möglichst längere Zeit vor dem Aufsitzen zu satteln. Den Sattelgurt nur soviel anziehen, daß der Sattel nicht herunterfällt, und in nicht zu kurzen Abständen jeweils um ein Loch nachgurten.

Das Steigen ist eine gefährliche Untugend, die sofort abgestellt werden muß. Es zeigt sich besonders häufig bei Pferden, die

- ängstlich, scheu und verspannt sind;
- sich vom Zügel losmachen und das Vorwärtsgehen in eine bestimmte Richtung verweigern;
- ohne Ganaschen- oder Genickbiegung hinter den Zügel gehen;
- mit zu harter Hand geritten werden;
- durch rohe Behandlung keinen anderen Ausweg finden und die
- sich einer Schmerz verursachenden, zu scharfen Zäumung zu entziehen versuchen.

Zum Steigen tritt die gesamte Streckmuskelpartie (S. 103), vor allem der Hinterhand, in Aktion. Da das Pferd nur aus dem Stand zu steigen vermag, sollte man es stets energisch vorwärtsreiten. Gelingt dies nicht mehr, kann man das Steigen durch starkes Abbiegen des Pferdes nach der nachgiebigen Seite hin (meistens rechts) noch verhindern. Ohne Bedenken kann der Reiter den Kopf des Pferdes mit der Pferdenase bis an sein Knie herumbiegen. Dadurch wird das Zusammenwirken der Streckmuskulatur unterbrochen und dem Pferd das Steigen unmöglich gemacht. Hebt das Pferd sich trotzdem, muß der Reiter mit seinem Oberkörper stets senkrecht zur Erde bleiben. Die Hände sollten die Anlehnung erhalten, dürfen aber niemals rückwärts wirken, um ein Überschlagen oder seitliches Zusammenbrechen zu vermeiden. Verliert das Pferd das Gleichgewicht, versucht der Reiter sich seitwärts vom Pferd abzuschwingen. Das Tiefstellen der Hände, das man bei unerfahrenen Reitern immer wieder sieht, ist kein Mittel, um das Pferd am Steigen zu hindern.
Durch Hochhalten von Kopf und Hals des Pferdes und die dadurch bedingte Senkung des Rückens kann das Steigen unmöglich gemacht und dem Pferd abgewöhnt werden. Beim Reiten auf Kandare ist diese im Augenblick des Steigens sofort auszuschalten. Um einerseits das Steigen zu verhindern, andererseits das Pferd wieder an die Hand zu bringen, muß der Reiter *beide Hände so hoch nehmen,* daß die mit vorgestreckten Armen gespannt gehaltenen Trensenzügel in Verlängerung der Maulspalte verlaufen. In dieser Stellung hält er so lange gegen, bis das Pferd im Genick nachgibt und nicht zu steigen versucht. Wenn es den Anzügen nachgibt und die Wirkung des Gebisses wieder auf die Laden übertragen werden kann, ist das Vorwärtstreten durch treibende Hilfen gesichert (S. 207).
Mit Geduld und Zähigkeit kann der Reiter das Steigen des Pferdes durch Hochhalten von Kopf und Hals wirksam bekämpfen und mit der Zeit ausschalten. Allerdings erfordert dieses niemals versagende Mittel gegen das Steigen, wenn es richtig praktiziert wird, ein gutes Reitergefühl, reiterlichen Takt und einen völlig unabhängigen Sitz.

Bei sich anlehnenden oder klebenden Pferden ist daran zu denken, daß das Pferd von Natur an ein rudelartiges Zusammenleben gewöhnt ist. Es ist daher immer richtig, diesen Tieren das Alleingehen und Weggehen von anderen Pferden mit Nachsicht und Geduld allmählich anzuerziehen (S. 207). Lehnt sich ein Pferd z. B. mit seiner linken Seite an die Bande, eine Mauer oder dergleichen, stemmt es sich mit den rechten Gliedmaßen dagegen und macht sich rechts hohl (Abb.). Stellt jetzt der Reiter sein Pferd sofort nach links, also gegen die Bande, bricht er die Schubkraft der rechten Seite und kann das Pferd durch ein Schenkelweichen links von der Bande oder Mauer wegführen.
Klebt ein Pferd, verweigert es also das Herausgehen aus der Abteilung, wird es zuerst vermehrt an die Zügel gestellt. Dann wird das

Schenkelweichen links korrigiert das sich an der Bande anlehnende Pferd

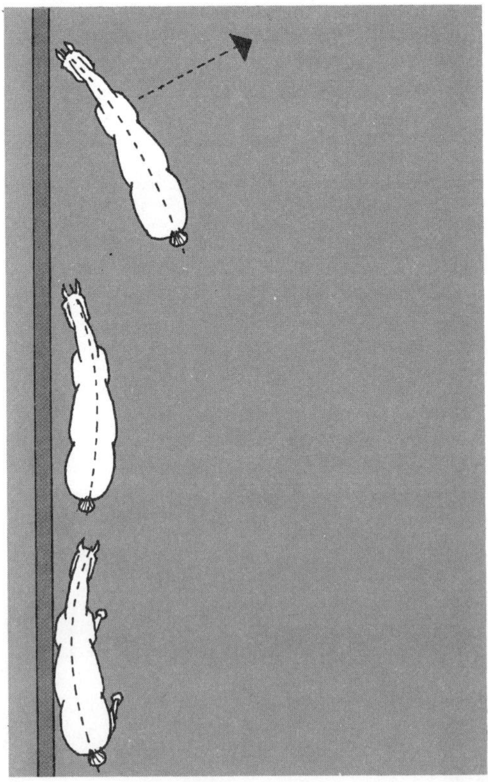

Pferd, wenn es sich gegen sein Nebenpferd stemmt, sofort nach dieser Seite gestellt und mit gut treibendem inneren Schenkel vorwärts geritten. Gelingt dies nicht, nimmt der Reiter sein Pferd einige Schritte zurück und sucht bei höchster Anspannung des Kreuzes und gespannten Zügeln den Gehorsam durchzusetzen. Ein Gebrauch der Sporen hat bei dieser Korrektur zu unterbleiben, um nicht die übrigen Pferde durch Ausschlagen zu gefährden. Erscheinen *Sporenhilfen ausnahmsweise* geboten, dürfen sie nur *vor dem Gurt* gegeben werden.
Weigert sich ein Pferd hartnäckig, muß ein Helfer versuchen, es am Backenstück aus der Abteilung vorzuziehen. Die gröbsten Fehler beim Herausreiten sind das Übereilen des Reiters, Vortreiben nur mit Schenkeln ohne Anlehnung und Vornüberfallen des Reiters.

Durchgehende Pferde versteifen sich im Hals und »beißen« sich auf dem Gebiß in der Höhe oder Tiefe fest. Andere wiederum rollen den Hals zusammen und entziehen sich so den Einwirkungen des Reiters.
Es wäre völlig falsch, diese Pferde durch dauerndes Festhalten und Ziehen am Zügel oder Hintenüberneigen des Oberkörpers aufhalten zu wollen. Durch das Festhalten und Ziehen legt sich das Pferd noch mehr auf das Gebiß und durch das Zurückneigen wird es noch mehr vorwärts getrieben.
Richtig sind nachdrückliche und kurze annehmende Zügelhilfen. Zwischen diesen Anzügen muß der Reiter immer wieder nachgeben, um die Maultätigkeit des Pferdes anzuregen. Die Zügel sind zu teilen, besonders auf Kandare. Bietet die Umgebung genügend Platz, muß der Reiter versuchen, das Pferd auf einen großen Kreis zu führen und diesen allmählich verkleinern.

2. Das Strafen

Die Strafen haben zweifellos eine erzieherische Bedeutung, wenn man einen etwas höheren Ausbildungsstand erreichen möchte. Sie sollen aber zum Wohle des Pferdes und zur Ehre der Reiterei in Maßen eingesetzt werden. Ein Reiter darf die Bedeutung der Strafen niemals höher bewerten als die Hilfen, was leider noch zu oft geschieht. Das Thema Strafen ist eines der umstrittensten Kapitel in der fast dreitausendjährigen Geschichte des Pferdes. Dem denkenden Reiter stehen eine Anzahl Strafmittel zur Verfügung. Er ist also in der Lage, jederzeit das richtige Gegenmittel bei Ungehorsamkeiten einsetzen zu können. Es treten z. B. bei ungenügendem Vorwärtsgehen Schenkel, Gerte, Sporen oder Schulpeitsche in Aktion. Um den Widerstand gegen Paraden zu bekämpfen, werden die durchhaltenden Zügel eingesetzt. Zu diesen Strafmitteln, die die oberste Grenze darstellen, sollte sich der Reiter aber erst entschließen, wenn keine andere Möglichkeit zum Erfolg gegeben ist, z. B. das Lehren oder Üben neuer Aufgaben.
Für die unterschiedlichsten Erziehungsmethoden der früheren Zeit legen heute noch die Marterwerkzeuge in den Museen beredtes Zeugnis ab. Bemühten sich die Griechen im Altertum, ihre Pferde psychologisch zu erfassen und mit Geduld und Liebe zu erziehen, so taten das Gegenteil die Reitmeister des Mittelalters. Mit ihren harten, rüden Methoden bemühten sie sich gar nicht erst, die Pferde sich ihrem Willen unterzuordnen. Diese Methoden wollten die Unterwerfung. Erst *Pluvinel*, Reitlehrer König Ludwigs XIII. von Frankreich (1601–1643), lehnte sich gegen diese Ausbildung von Pferden auf. Lange blieb sein Kampf erfolglos, bis sich nach seinem Tode seine humaneren Methoden endgültig durchsetzten. Sie waren die Grundlage der späteren Lehren Guérinières. Über Jahrhunderte hinweg haben ihre psychologischen Methoden die Reiterei nachhaltig beeinflußt. Die heutige Zeit der allgemeinen kulturellen Verflachung hat leider auch den Reitsport erfaßt. Die Strafen des Pferdes treten wieder spürbar in den Vordergrund. Turniere aller Gattungen zeigen dies deutlich in aller Öffentlichkeit. So mancher Reiter stellt die Bedeutung der Strafen über die der Hilfen. Welche Methoden wenden wohl Reiter dieser Art an, wenn sie mit ihren Pferden unter Ausschluß der Öffentlichkeit arbeiten? Jede Stra-

fe ist falsch, wenn der fachlich geschulte Beobachter keinen Grund erkennt. Wie soll dann das Pferd wissen, wofür und warum es bestraft wird!?
Eine weitere Tatsache ist: Ein Reiter geht mit seinem Pferd um so gröber um, je größer der persönliche Ehrgeiz und je geringer sein Können ist. Dieser Reiter wird immer versuchen, seinem Pferd mit Gewalt das beizubringen, was er mit den zur Verfügung stehenden Hilfen nach klassischen Grundsätzen nicht erreichen kann. Das Thema Strafen ist in erster Linie eine moralische Frage.

Die Anwendung der Strafen zwingt jeden Reiter, sich vorher drei Grundsatzfragen zu stellen:
Ist eine Bestrafung notwendig? Die Antwort gibt allein die Überlegung, ob das Pferd tatsächlich ungehorsam ist, es den Reiter nicht versteht oder ob es dem Willen des Reiters gar nicht nachkommen konnte. Wenn z. B. der Reiter am rechten Zügel zieht, *verhindert er* das Untertreten des rechten Hinterfußes. In diesem Zweifelsfall ist ein Verzicht auf Strafe stets besser als eine ungerechtfertigte. Es heißt also ruhig überlegen. Unverstandene und ungerechte Bestrafung führt schnell zur Widersetzlichkeit, hemmt durch Angst die Ausbildung und erschüttert das Vertrauen zum Menschen. Niemals darf die Furcht des Pferdes (naturbedingte Ängstlichkeit) mit Strafe bedacht werden, weil dann zur Furcht noch die Angst vor Strafe hinzukommt. Auf ein Kräftemessen aber sollte es der Reiter nie anlegen, denn dabei ist er immer der Verlierer.
Wann soll die Strafe gegeben werden? Immer wieder muß gesagt werden, daß die Strafe unmittelbar nach dem Ungehorsam (bis höchstens 10 Sek. – S. 35) erfolgen muß, sonst ist sie wirkungslos. Kann die Strafe, aus welchen Gründen auch immer, nicht sofort erteilt werden, wird jeder gute Reiter darauf verzichten. Ein Reiter, der sich nach einer Unart erst zurechtsetzt, die Zügel mehr aufnimmt und dann erst das Pferd straft, ist sehr schlecht beraten. Derartige Bestrafungen kommen viel zu spät, denn das Pferd weiß nicht mehr, wofür es bestraft wird.

Welche Art der Strafe ist angemessen? Um das zu wissen und zu entscheiden, welches Ausmaß die Strafe erreichen soll, muß der Reiter Empfindlichkeitsgrad und Temperament seines Pferdes genau kennen. Er muß außerdem die Auffassungsgabe und den erreichten Ausbildungsgrad des Pferdes berücksichtigen. Nur wenn er diese Fakten genau kennt, kann er die Angemessenheit der Strafe bestimmen. Temperamentvolle, fleißige und übereifrige Pferde müssen schwächer, dagegen faule und gleichgültige kräftiger bestraft werden. Erstere empfinden oft schon eine verstärkte Hilfe als Strafe.
Die Ausbildung fördernd und ihren Zweck erfüllend ist eine richtig bedachte und abgestimmte Strafe in jedem Falle. Hingegen wird die unüberlegte, zu strenge oder zu grobe Strafe immer das Gegenteil bewirken.

Die Arten der Strafen sind vielseitig und erstrecken sich, wie bereits erwähnt, von den Hilfen über die Sporen, Gerte, Schulpeitsche bis hin zum Ruck mit dem Zügel.
Die meisten Hilfen, u. a. auch die Schenkelhilfe, können bis zur Strafe gesteigert werden, wenn nämlich das Pferd dem Schenkeldruck und dem leicht klopfenden Schenkel keine Folge leistet. Der Reiter wird dann mit den Schenkeln kräftiger einwirken und gleichzeitig die Sporen zu Hilfe nehmen. Er muß unbedingt darauf achten, daß der Knieschluß gewahrt bleibt. Holt der Reiter so weit aus, daß die Knie sich vom Sattel entfernen, verliert er bei der sich anschließenden heftigen Bewegung des Pferdes die Balance. Dadurch ist er nicht mehr fähig, nach der Strafe die Schenkel wieder zur Hilfe einzusetzen. Die Wirkung der Strafe ist verfehlt, das Pferd spürt dies und wird die Schwäche des Reiters für sich ausnutzen.
Die Sporen werden als Strafe mit kurzem Stoß hinter dem Gurt eingesetzt (Ausnahme S. 201) und erfordern den gleichen Sitz wie bei der Schenkelhilfe. Kurz hinter dem Gurt deswegen, weil die Pferde sonst zum Ausschlagen oder zu anderen Unarten herausgefordert werden. Nach den Sporen schlagende Pferde erhalten so lange kurze Sporenstöße, bis das Pferd die Strafe widerstandslos hin-

nimmt. Der Reiter muß die Schärfe des Sporns und die Empfindlichkeit seines Pferdes kennen und die Sporenstrafe entsprechend abstimmen. Sie darf niemals Blutspuren hinterlassen und muß sofort aufhören, wenn der Erfolg erreicht ist. Immer muß der Reiter daran denken, daß der Sporn als Strafe *und* als Hilfe der letzte Ausweg ist (S. 109).
Die Gerte wird am Pferdekörper dicht hinter dem Unterschenkel des Reiters angesetzt. Ausnahmsweise, z. B. bei jungen Pferden, auch an der Schulter, aber nie am Kopf oder Hals. Die Grenze zwischen Strafe und Hilfe ist beim Gebrauch der Gerte ebenfalls verschwommen. Ist die leicht klopfende oder angelegte Gerte noch eine Hilfe, muß der kurze Schlag schon als Strafe empfunden werden.
Die höchste Steigerung der Gertenstrafe ist der Schlag mit der ausholenden rechten Hand dicht hinter dem Schenkel. Dieses Maß ist nur, um das Pferd nicht zu verängstigen oder abzustumpfen, bei wirklicher Widersetzlichkeit und grober Ungezogenheit anzuwenden, denn dieser Hieb zeigt ein höchst unreiterliches Bild. Reiten aber soll immer schön wirken.
Umgekehrt ist *ein* kräftiger Schlag, wenn er unumgänglich wird, wirkungsvoller als mehrere kraftlose Schläge. Solche Halbheiten sind meistens nutzlos und ohne Einfluß.
Die Schulpeitsche ist noch mehr als der Sporn die äußerste Grenze der Strafe. Auch die Peitsche ist ein Hilfsmittel und nur in seltenen Fällen ein Strafmittel. Eine Peitschenstrafe wird unumgänglich sein, wenn das Pferd, mit einer Peitschen*hilfe* zum Vorwärtsgehen aufgefordert, stehen bleibt und ausschlägt. Dann *muß* die Peitsche *sofort* strafend gebraucht werden, um ihr den nötigen Respekt zu verschaffen. Das Pferd bekommt einige Hiebe mit dem Peitschenriemen, dem sogenannten »Schlag«, bis es vorwärts geht und nicht mehr ausschlägt. Dabei ist mit dem Schlag von oben nach unten zu strafen. Umgekehrt wird das Pferd zum Ausschlagen herausgefordert. Niemals dürfen Peitschenstrafen gegen die Vorhand, den Kopf oder Hals geführt werden.
Um dem Pferd sofort wieder die Furcht vor der Peitsche zu nehmen, wird kurz nach der Bestrafung einige Male mit der Peitsche geschnalzt, ohne aber das Pferd zu treffen. Dann nähert sich der Reiter dem Pferd mit hinter dem Rücken versteckter Peitsche. Er lobt und klopft es und berührt es unter beruhigendem Zureden mit dem Peitschenstiel. Er kann auch einige Schritte zurücktreten und das Pferd auf sich zukommen lassen. So behandelt, bekommt es Vertrauen zur Peitsche. Ein Pferd, das beim Anblick der Schulpeitsche erschrickt und zu fliehen versucht, gibt den sicheren Beweis dafür, daß die Peitsche falsch gebraucht wurde.
Der Ruck mit dem Zügel muß erwähnt werden, weil es ihn in der Ausbildung gibt. Es muß ja nicht unbedingt eine »Krümperparade« sein, d. h. rohes Zurückreißen der Zügel wie bei manchem Leinenführer. Diese Strafe sollte wirklich zu den allerseltensten gehören und kann nur dort angewandt werden, wo

- alle nachgebenden und annehmenden Zügelhilfen versagen,
- ein kräftiges Abdrücken (S. 136) wirkungslos bleibt,
- das Pferd sich ungewöhnlich stark auf den Zügel legt und
- das Pferd *versucht* durchzugehen.

Vor dieser Strafe muß eindringlich gewarnt werden, weil sie die bereits vorhandene Anlehnung aufhebt und sich sehr schädlich auf die Hinterbeine auswirken kann.

Gemäßigte Strafen sind in jedem Falle besser und ihre Wirkung nachhaltiger als volle Strafen mit ihren vielfältigen Nachteilen. Es gehören allerdings ein wenig Geduld, Einfühlungsvermögen und auch Nachsicht, kurz gesagt ein bißchen »Pferdeverstand« dazu.
Intelligente Pferde empfinden schon als gemäßigte Strafe, wenn eine falsch ausgeführte Übung wiederholt wird. Das Rückwärts*treten* – nicht Rückwärts*richten* – bis zu sechs Schritt ist noch eine gemäßigte, schon wirksamere Bestrafung, weil es dem Pferd in der Hinterhand Schmerzen verursacht. Gegen übertriebenes Rückwärtstreten wird sich das Pferd mit Sicherheit wehren. Auch wiederholtes Parieren zählt zu den gemäßigten Strafen, wenn es richtig mit Kreuz und Schenkeln geritten

wird. Ein lauteres Ansprechen – nicht Anbrüllen – empfindet das Pferd sehr oft schon als Strafe.

Beendet werden die Strafen in jedem Falle, wenn ihr Zweck erreicht ist. Eine anschließende Belohnung fördert das Vertrauen des Pferdes sehr. Alle Strafen sind konsequent, jedoch niemals aus Zorn oder Ärger auszuführen. Das sollte selbstverständlich sein. Der Reiter darf die leicht zu beeinflussende Angst und das gute Gedächtnis des Pferdes nicht vergessen. Hauptgrundsatz der gesamten Ausbildung des Pferdes ist und bleibt, sein Vertrauen und seine Leistungsbereitschaft zu gewinnen.
Nicht Unterwerfung, sondern freiwillige und vertrauensvolle Unterordnung des Pferdes ist die Devise. Das kann, mit kluger Überlegung, Besonnenheit und Selbstdisziplin, bei jedem Pferd erreicht und ihm anerzogen werden.

3. Das Belohnen

Mit Befremden ist festzustellen, daß in vielen Reitbüchern die Strafen ausführlicher behandelt werden als das Belohnen. Aber gerade dafür hat jeder Reiter mindestens die gleichen Möglichkeiten. Das fängt mit Schmeichelei an und hört beim Leckerbissen auf.
Immer wieder ist die Strafe sofort bei der Hand. Die Belohnung für eine gute Leistung des Pferdes wird vergessen und als selbstverständlich betrachtet. Ein gedankenloser großer Fehler?! Hörbar lautes Abklatschen des Pferdehalses spricht selten für den ehrlichen Pferdefreund.
Gerade umgekehrt ist es richtig, um die Arbeitsfreude und das Vertrauen des Pferdes zum Reiter zu fördern. Jeder denkende Reiter wird sehr bald merken, daß das Pferd für eine Belohnung nicht nur dankbar ist. Es wird auch angeregt, seinem Reiter in der nächsten Reitstunde wieder gehorsam zu folgen und ihn zufriedenzustellen. Diesen unschätzbaren Erziehungswert kann man noch durch unmittelbar dem Anlaß folgende Belohnung festigen. Der Reiter verrät durch die Art seiner Belohnung *seine eigene* charakterliche Qualität und geistige Wendigkeit.
Die einfachste Belohnung ist das weichschmeichelnde Abklopfen und Loben mit warm klingender Stimme. Nicht ein weithin hörbares Abklatschen des Pferdes, das meistens doch nur für die Umstehenden gedacht ist.
Nach besonders gut gelungener Übung und anstrengender Arbeit ist eine Schrittpause *mit* hingegebenen Zügeln (S. 107) sehr wirksam. Aufgrund des gut ausgebildeten Tastsinnes des Pferdes und seines Erinnerungsvermögens wird es diese Schrittpause sehr schnell als Belohnung empfinden. Es bemüht sich, bei der nächsten Arbeit in den gleichen Genuß zu kommen.
Leckerbissen (Apfel, Möhre, trockenes Brot u. ä.) soll das Pferd stets als Belohnung betrachten. Deshalb immer während und nach der Arbeit in Maßen geben. Wann und womit der Reiter belohnt, richtet sich auch nach dem Charakter des Pferdes. Aufgeregte, sensible Geschöpfe werden mit einem beruhigenden Streicheln zufrieden sein. Energische und materialistische Pferde hingegen verzichten gern auf Schmeicheleien zugunsten eines Leckerbissens.

Korrektur von Ausbildungsfehlern beim Pferd

Erste Voraussetzung für die Korrekturarbeit ist, daß der Reiter selbst mit seinen Hilfen durchkommt und über einen losgelassenen, geschmeidigen Sitz verfügt. Jeder sollte, wenn er selbst in seiner Ausbildung noch nicht soweit ist, immer einem erfahrenen Reiter die Korrektur seines Pferdes überlassen. Wenn irgend möglich, unter Aufsicht eines Fachmannes reiten, der die Arbeit mit dem Pferd genau beobachtet und richtige Korrekturanweisungen geben kann. Dazu sollte der Reitlehrer sich nicht nur mit Zurufen zufriedengeben. Erfolg kann sich erst dann einstellen, wenn der unerfahrene Reiter vorher den entsprechenden theoretischen Unterricht bekommt. Dann setzt sich der Ausbilder auf das Pferd des Reiters und reitet es vor.
Trotz guter Ausbildung von Pferd und Reiter stellen sich aufgrund leichtsinniger reiterlicher Mängel oder körperlicher Schwierigkeiten des Pferdes immer wieder Fehler ein. Bevor man aber das Pferd auf die Aufgaben der Klasse A vorbereitet, müssen folgende, am häufigsten vorkommende zehn Ausbildungsfehler des Pferdes *konsequent und systematisch* korrigiert werden:

- Über-den(Gegen-den)-Zügel-Gehen
- Hinter-den-Zügel-Gehen
- Auf-die-Hand(den-Zügel)-Legen
- Kopfschlagen
- Kopf-nach-unten-Stoßen
- Stechende, strampelnde Bewegungen
- Taktfehler
- Zungenfehler
- Kleben
- Steigen

Je früher solche Fehler erkannt werden, desto leichter ist die Korrekturarbeit, die sich schlimmstenfalls über Monate und Jahre erstrecken kann.

1. Über-den(Gegen-den)-Zügel-Gehen (S. 107, 216)

Dieser Fehler hat *zwei Hauptursachen:*

1. Der Reiter läßt den Schwung der Hinterhand nicht in die ruhige, beständige Hand einfließen oder
2. der Reiter treibt nicht genug und riegelt das Pferd in die Beizäumung. Das Pferd wird hart im Maul und entzieht sich den Reiterhilfen.

Korrektur: In beiden Fällen erst den Reiter korrigieren (ungenügender Sitz). Dazu das Pferd ausbinden. Zur Kontrolle zeitweilig ohne Ausbinder reiten und sehen, ob das Pferd an den Hilfen bleibt.
Weitere Ursachen sind Ganaschenschwierigkeiten oder ein völlig verrittenes Pferd.
Korrektur: Durch Schlaufzügel, aber nur vorübergehend unter einem guten Reiter! Durch Ausschalten des Schlaufzügels laufend überzeugen, ob die bisherige Arbeit Erfolg zeigt. Dauerndes Ziehen am Schlaufzügel setzt den Pferdehals zurück, das Pferd wird zu eng im Hals! Die Folge ist der sogenannte »falsche Knick« am dritten Halswirbel. Der Reiter hat durch falsche Korrektur den folgenden zweiten Rittigkeits-Fehler selbst verschuldet (Abb. S. 64).

2. Hinter-den-Zügel-Gehen (S. 107)

Bei dieser Unrittigkeit wird die Verbindung Reiterhand-Pferdemaul-Hinterhand gestört und zeitweilig aufgelöst.
Das *Pferd rollt sich auf,* dehnt sich nicht an das Gebiß heran, hält sich im Rücken fest und entzieht sich so den Einwirkungen des Reiters.

Korrektur: Das Pferd muß längere Zeit bestimmt vorwärts in die Tiefe geritten werden, um den Schwung der Hinterhand neu zu entwickeln. Dabei ist mit gefühlvoller Hand vorsichtig die Verbindung zum Pferdemaul immer wieder zu suchen. Der Reiter muß gut treiben können.

3. Auf-die-Hand(den-Zügel)-Legen
(S. 107)

Diese Unart stellt sich stets bei laurigen, faulen Pferden ein. Solche Pferde sind noch nicht ausbalanciert und wollen sich der harten Hand des Reiters entziehen.
Korrektur: Durch dauernde halbe Paraden, mit bestimmt wirkenden Kreuz- und Schenkelhilfen, das Pferd weich an die Hand heranreiten *nach vorn, nicht* heranziehen *von vorn.* Das Ausbalancieren wird durch Bodenrickarbeit sehr gefördert. Auch das Reiten auf gebogenen Linien mit vermehrtem Herantreten der Hinterhand ist eine gute Korrektur. Dabei immer wieder mit der Hand nachgeben und dem Pferd damit die Möglichkeit nehmen, sich auf die Hand zu legen. Gebogene Linien vor allem auch auf der schwierigen Hand (meistens rechts, S. 128) reiten und nicht nur auf der angenehmeren Hand. Hierbei muß das Pferd durch verstärkt treibenden inneren Schenkel dazu gebracht werden, *beide* Zügel anzunehmen (S. 105). Ein richtig in Kopfstellung gerittenes Pferd hält beide Ohren immer in gleicher Höhe. *Eine* Folge des sich auf die Hand legenden Pferdes ist das *Verwerfen.* Die Korrektur hierzu bitte Seite 131 nachlesen.

4. Das Kopfschlagen

Dieser Fehler ist *entweder* die Folge eines noch nicht ausgeglichenen Temperaments *oder* das Pferd ist noch verspannt.
Korrektur: Das Pferd einige Zeit mit so lang geschnalltem Martingal reiten, daß nur ein starkes Kopfschlagen abgefangen wird. Der Reiter muß die Absicht des Pferdes schon im Ansatz erkennen, um sofort mit halben Paraden und energischem Vorwärtstreiben dem Kopfschlagen zu begegnen.

5. Das Kopf-nach-unten-Stoßen
(S. 80)

Dies ist ein Zeichen ungenügender Losgelassenheit des Pferdes. Man sagt, das Pferd »nimmt dem Reiter die Hand«.
Korrektur: Halbe Paraden bei gutem Gegensitzen und aktiv treibenden Schenkeln mit gut angespanntem Kreuz.

6. Stechende oder strampelnde Bewegungen

Bewegungen solcher Art im Trabe sind Beweise mangelnder Rückentätigkeit. Die Hufe treten nicht dorthin, wo sie hinzeigen. Die Gliedmaße wird etwas zurückgenommen, um auffußen zu können. Das Pferd zeigt zwar einen »forschen« Gang, tritt aber ohne bzw. nur mit wenig Raumgriff (S. 123).
Ein weiterer Grund kann die Überforderung sein.
Korrektur: Zuerst muß die Losgelassenheit des Pferdes erreicht sein. Dann allmählich, mit korrekten halben Paraden (S. 108), unter ständiger Beobachtung der Bewegung des Pferdes, es wieder an die taktmäßigen Gänge gewöhnen.

7. Taktfehler (S. 75, 129)

Taktfehler sind Folgen zu frühzeitiger Beizäumung. Paßartiger Schritt (S. 114), ungleicher Takt im Trabe und Galopp zeigen sich meistens, wenn zu stark mit der Hand geritten wird.
Korrektur: Bodenrickarbeit in Schritt und Trab mit richtigen halben Paraden (S. 99,

108), Reiten über unebenes Gelände (S. 244) und Klettern (S. 247). Im Galopp mit vorgehender Hand jeden Sprung energisch herausspringen lassen (S. 123).

8. Zungenfehler (S. 21, 194)

Sie werden verursacht durch unruhige Hände, einseitige Anlehnung, falsch verschnallte und scharfe Zäumungen. Die Zunge liegt über dem Gebiß, hängt nach unten oder seitlich heraus. Der Reiter spürt dies, wenn plötzlich die gute Verbindung zwischen Hand und Pferdemaul nachläßt und das Pferd hinter den Zügel geht.
Korrektur: Zungenfehler lassen sich schwer beheben. Der Reiter muß in jedem Falle absitzen und die Zunge wieder unter das Gebiß bringen. Das Reithalfter kann vorübergehend etwas enger geschnallt werden. Aktivieren der Hinterhand, gute halbe Paraden mit weicher Verbindung zum Pferdemaul zeigen allmählich Erfolg. Schlimmstenfalls kann eine ungebrochene Gebißstange mit Zungenstrekker eingelegt werden. Alle anderen Knebelungen sind Tierquälerei.

9. Das Kleben (S. 200)

Kleben ist *kein Ungehorsam,* sondern ein unbedingter Reflex (S. 34) des natürlichen Herdentriebes.
Korrektur: Beim ersten Anzeichen sofort energisch vorwärtsreiten mit kräftiger Schenkel- und Kreuzeinwirkung. Leichte Unterstützung mit der Gerte (S. 72) beseitigt diese Unrittigkeit. Aber nur bei richtigem Einsatz der Gerte.

10. Das Steigen (S. 199)

Das Steigen ist eine *gefährliche Untugend,* die nur von erfahrenen Reitern beseitigt werden kann.
Korrektur: Wie beim Kleben, mit noch intensiverer Schenkel- und Kreuzeinwirkung, aber *ohne* Gerte *und nicht* im Sattel mit Gesäß und klopfendem Schenkel wippen, was sehr oft zu beobachten ist. Steigt das Pferd trotzdem, sofort mit den Händen nachgeben und in die Mähne oder um den Hals fassen. Neigt das Pferd zum Steigen, was der Reiter wissen sollte, ist ein Halsriemen angebracht. Bei Gefahr des Überschlagens sofort den Kopf des Pferdes abbiegen, notfalls die Pferdenase bis zum Reiterknie. Dadurch wird die Muskelverbindung zwischen Vor- und Hinterhand unterbrochen, das *Pferd ist gezwungen,* wieder aufzusetzen.

Das Arbeiten des Pferdes ohne Reiter

Außer der mühevollen Kleinarbeit des Schulreitens auf dem Pferd muß der Reiter wissen, daß man sich bei der Dressur sowohl der Arbeit des Pferdes an der Hand als auch der Longe mit Nutzen bedienen kann. Es ist jedoch stets zu bedenken, daß das Arbeiten des Pferdes ohne Reiter durch Abkauenlassen, Biegen und Versammeln an der Hand nur eine belehrende Ausbildungshilfe sein kann. Anzuwenden ist es bei jungen Pferden oder zur Korrektur älterer verrittener Pferde. Die Dressur auf dem Pferd ist und bleibt vorrangig!

1. Abkauenlassen an der Hand

Die meisten Schwierigkeiten bei der Dressur gehen vom Genick des Pferdes aus. Doch der erste Widerstand wird mit Sicherheit von der Muskulatur des Unterkiefers einsetzen, weil das Gebiß unmittelbar auf diesen Kiefer wirkt. Durch den mehr oder weniger starken Druck auf die Laden (S. 26) kann dieser Widerstand überwunden werden, wenn man die Kiefermuskulatur entsprechend bearbeitet. Das Abkauenlassen an der Hand auf Trense kann bereits angewendet werden, wenn die Pferde noch nicht angeritten sind und noch keinerlei Hilfen kennen.
Zum Abkauenlassen tritt der Reiter *vor* das Pferd. Dicht an den Trensenringen erfaßt die linke Hand den rechten und die rechte den linken Trensenzügel, Zügelenden in der linken Hand. Dann versucht der Reiter, weich beginnend, mit gleichmäßig wechselndem Druck auf die Laden das Pferd zum Nachgeben gegen das Gebiß und Zurücknehmen des Unterkiefers zu bewegen.
Das Pferd wird zunächst sein Maul etwas öffnen und dann den Kopf zurücknehmen. Letzteres *muß sofort* durch Nachlassen des Druckes verhindert werden, um das Pferd zu veranlassen, sein Maul wieder zu schließen. Dieses wiederholt leichte Öffnen und Schließen des Maules bewirkt ein geringes Zurück- und Vorgehen des Unterkiefers – das Abkauen. Nach kurzer Zeit setzen die Muskeln des Unterkiefers einem geringen Druck auf die Laden keinen Widerstand mehr entgegen. Außerdem reizt dieses Kauen (Kaubewegung des losgelassenen Unterkiefers) die Speicheldrüsen zu vermehrter Speichelabsonderung, das *Pferdemaul schäumt* (S. 81).
Gibt das Pferd dem Druck nicht nach, muß dieser *etwas* verstärkt werden. Jetzt sehr wachsam das Gefühl der eigenen Hand und den Kopf des Pferdes genau beobachten. Schon beim geringsten Nachgeben des Pferdes *sofort* loben und belohnen! Dazu das Pferd *am Gebiß* stehen lassen, indem man beide Zügel hinter dem Kinn vorsichtig in eine Hand nimmt, um einen Leckerbissen geben zu können.

2. Biegen an der Hand

Nach der Gewöhnung an den Gebißdruck auf die Laden beginnt das Biegen an der Hand. Es fordert das Pferd heraus, zunächst dem einseitigen Zügel nachzugeben. Der andere Zügel wirkt gleichzeitig nach vorn, um das Langmachen dieser Halsseite zu ermöglichen. Dadurch werden die Halsmuskeln nachgiebiger, *der Hals* durchlässiger und er *bleibt am Widerrist festgestellt* (S. 82, 136). Die Ausführung der Lektion bietet zwei Möglichkeiten, bei denen darauf zu achten ist, daß der Reiter, wegen *seiner* Stellung zum Pferd, mit seinen Händen in umgekehrter Seitenbezeichnung arbeitet.

Der Reiter steht vor dem Pferd, erfaßt die Zügel wie beim Abkauenlassen und beginnt die Biegung, z. B. nach rechts (innere Seite). Die linke Hand nimmt Kopf und Hals nach der rechten inneren Seite. Die rechte Hand gibt, um die äußere Halsseite zu dehnen, in Richtung Pferdemaul nach. Damit nimmt die innere Hand die Biegung und die äußere sorgt *in ausgewogener Anlehnung* für das geradegerichtete Langmachen des Pferdehalses. Die Folge ist ein *Überkippen des Mähnenkammes* nach innen. In diesem Augenblick ist die Biegung *des Halses* beendet, weil die weitere Biegung mehr in den Ganaschen (S. 130) erfolgen muß. Bei diesem Vorgang legt sich der innere Ganaschenrand mehr *unter die* Ohrspeicheldrüse an die Halsmuskeln (S. 12). Im gleichen Maße wird der äußere Ganaschenrand von den Halsmuskeln abgehoben. Dieses Überkippen, bei dem die innere Halsseite flach wird und sich zwei Längsrinnen bilden, muß deutlich sichtbar sein. Die äußere Halsseite ist gewölbt.

Der Reiter steht neben dem Pferd in Spreizstellung an der Seite, nach der er das Pferd biegen will, z. B. nach links (innere Seite – Abb. unten links). Zunächst wird der innere Trensenzügel dicht am Trensenring erfaßt, der äußere um zwei Handbreit länger. Dann schiebt die innere Hand, bei durchgleitendem stets anlehnenden Zügel, gegen die Ohrspeicheldrüse. Dabei muß dieser Zügel in der Verlängerung der Maulspalte bleiben. Der äußere Zügel wird gleichzeitig in Verlängerung dieser Richtung nach vorn *und* zur Seite der Kopfstellung hin angenommen. In dieser Stellung wird mit vorherrschender innerer Hand ausgehalten, bis das Pferd nachgibt. Je nach seinem Widerstand erfordert das eine gewisse Zähigkeit. Diese in Verlängerung der Maulspalte gegen die Ganasche gerichteten Anzüge zwingen das Pferd zur Genickbiegung. Es muß die Nase herunternehmen, auch wenn es den Kopf vorübergehend hoch aufgerichtet hat. Beginnt das Pferd sich seitlich im Genick zu biegen, muß das Gegenhalten aufhören, jedoch in leichter Anlehnung bleiben.

Gibt das Pferd nicht nach und drückt gegen die biegende Hand, endet sofort das Gegenhalten, um ganz kurz danach erneut und verstärkt zu wirken. Das wird so oft wiederholt, bis das Pferd zu kauen beginnt und der Biegung folgt. Das Loben nicht vergessen!

Wird das Pferd allmählich in seiner Bereitschaft williger, läßt man die innere Hand mehr auf die Laden als auf den Maulwinkel wirken (Abb. unten rechts). Beim kleinsten Widerstreben die Wirkung sofort auf den Maulwinkel zurückrichten. Ein Zurücktreten des Pferdes verhindert das nach vorn und in-

Biegen an der Hand

nen wirkende Annehmen des äußeren Zügels. Es unterstützt auch wesentlich die Ganaschenbiegung (S. 130, 134). Weicht das Pferd mit der Hinterhand aus, wird es zum Biegen an die Bande gestellt. Nachdem das Pferd diese Zügelanzüge begriffen hat und sie auf die Laden übertragen werden können, sollte im weiteren Fortschritt der Grad des Biegens nach der ersten Methode dieses Abschnittes erreicht werden. Das Abkauenlassen an der Hand auf Kandare bitte S. 197 nachlesen.

3. Versammelnde Arbeit an der Hand

Zweck und Anwendung dieser Arbeit an der Hand ist, dem Pferd Verständnis beizubringen für

- das Zusammenwirken der vortreibenden und verhaltenden Hilfen durch Gerte, Schulpeitsche und Reiterhand;
- das Herantreten an das Gebiß, sich daran abzustoßen wie auch vermehrt zu versammeln;
- höheres Aufrichten und Genickbiegen;
- das Hankenbiegen (S. 130, 134, 169), das durch die vermehrt untertretende Hinterhand und die gegenwirkenden halben Paraden der Reiterhand mit der Gerte oder Peitsche bewirkt wird.

Die Zweckmäßigkeit und Vorteile für den Reiter liegen darin, daß er im Verlauf der Arbeit

- die Haltung des Pferdes kennen und verbessern lernt;
- sein Gefühl in der Hand verfeinern kann und
- besseres Verständnis für die Versammlung des Pferdes gewinnt.

Die Anwendung der Handarbeit ist schon bei jungen Pferden möglich, wenn sie keine besonderen Schwierigkeiten zeigen. Sie lernen schneller, sich in der notwendigen Gebrauchsform zwanglos zu bewegen. Besonders angebracht ist die Arbeit an der Hand bei Pferden, denen es wegen ungünstigen Gebäudes oder aus erkennbarer Schwäche schwer wird, sich zu versammeln. Für nachzuarbeitende und Korrekturpferde ist die Methode erfolgversprechender als eine verlängerte Arbeit unter dem Reiter, weil Überanstrengungen vermieden werden. Auch das Temperament wird regulierbar. Faule, laurige Pferde (S. 107, 242) werden lebhafter; nervöse, heftige und empfindliche dagegen werden durch die Arbeit an der Hand ruhiger und handfromm.

Begonnen wird die Arbeit an der Hand zweckmäßig am Anfang der Reitstunde für etwa 10 Minuten auf beiden Händen. Auch beim Einzelreiten kann auf diese Art gearbeitet werden. Mit jungen Pferden übt man, bis sie die Arbeit kennen, am besten in den Erholungspausen der Ausbildungsstunden. Nach Ruhetagen, wenn die Pferde noch Stallmut zeigen, ist die Arbeit an der Hand nicht zu empfehlen.
Zur praktischen Anwendung wird das Pferd an die Bande gestellt. Der Reiter befindet sich in Kopfhöhe des Pferdes an der inwendigen Seite mit Blick zur Kruppe. Der äußere Trensenzügel wird etwa zwei Handbreit hinter die Ohren über den Hals gelegt und von der Backenseite aus durch den inneren Trensenring gezogen. Das Ende dieses leicht anstehenden Zügels wird nach oben zurückgeschlagen, auf den anderen Zügelteil gelegt und mit der vollen Hand gehalten. Der innere Zügel wird ebenfalls in diese Hand so hineingelegt, daß er nicht herunterhängt (Abb. S. 211 oben). Die andere Hand führt die Gerte, die längs dem Pferdeleib liegt (Abb. S. 211 unten). Der Reiter geht parallel zum Hufschlag rückwärts und veranlaßt mit Stimme und Zungenschlag das Pferd zum Vorwärtsgehen, notfalls mit leichtem Gerten*druck*.

In den ersten Übungsstunden soll sich das Pferd ruhig an die vortreibende Hilfe der Gerte gewöhnen. Kopf und Hals dürfen anfangs keinesfalls eingeengt werden. Die Führhand der Zügel zieht in dem Sinn vor, daß sie in die Vorwärtsbewegung hineingeht, um »stets vor dem Pferdemaul« zu sein. Hat sich das Pferd hieran in aller Ruhe gewöhnt, beginnt die eigentliche Arbeit.

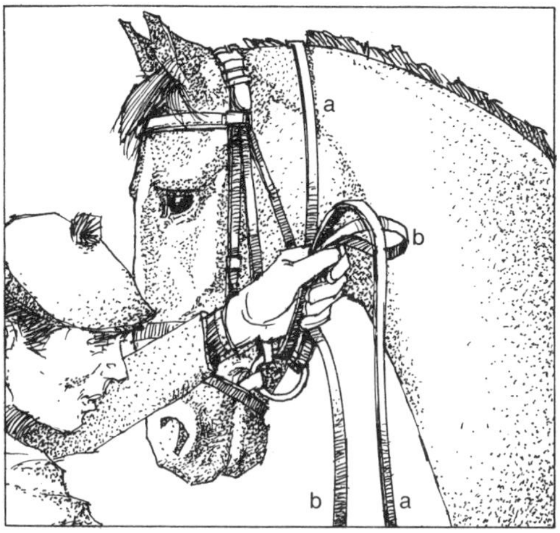

a) Äußerer Zügel, b) innerer Zügel

Anfangs wird in freiem, später in versammeltem Schritt und möglichst bald in verkürztem Trab gearbeitet. Erst *viel später* darf das Pferd in piaffeartigen halben Tritten vorwärtsgehen. Bei *Nichtbeachtung dieses Grundsatzes* verkriechen sich die Pferde sehr schnell mit steifem Rücken hinter den Zügel. Nur sofortiges kräftigeres Vortreiben mit der Gerte oder Peitsche kann diesen, *vom Reiter verschuldeten Fehler* beseitigen. Sollte das Pferd bei diesen Hilfen ausschlagen, ist das kein Nachteil und vor allem keine Widersetzlichkeit! Im Gegenteil, diese Reaktion löst die Rückenmuskeln des Pferdes. Die allmählich stärker vortreibenden Gertenhilfen regen das Pferd zu lebhafteren Tritten an. Ein Fortstürmen verhindern die nach aufwärts-rückwärts *gegen das Genick wirkenden* halben Paraden der Zügelhand. Diese mit Reitergefühl (S. 109) abgestimmten Hilfen veranlassen die Versammlung, denn gleichzeitig sorgt die Zügelhand mit dem äußeren Zügel für das Geraderichten des Pferdes. Hierzu wird die Vorhand, wenn die Schulter des Pferdes zur Bande ausweicht, etwas in die Bahn geführt. Der Reiter muß immer versuchen, mit möglichst schwachen Hilfen auszukommen, besonders mit der Gerte. Ihre Führung muß, wie auch die Zügelhand, sehr weich sein. Nur die *Gertenspitze* berührt das Pferd unmittelbar hinter dem Gurt, am inneren Hinterschenkel oder über den Rücken hinweg am äußeren Kruppenteil. Oft genügt schon ein leichtes Drohen mit der Gerte. Alle Hilfen, auch Stimme und Zungenschlag, sind zu dosieren. Ihre Stärke bestimmt das Temperament des Pferdes. Laufend gleichmäßige Hilfen stumpfen immer ab. Hier kommt uns der Aufbau bedingter über die unbedingten Reflexe (S. 34) sehr zugute. Mit zunehmender Gewandtheit des Pferdes wird bald eine »erinnernde Gertenhilfe« genügen, um das Pferd zu lebhafter Bewegung anzuregen. Sobald es gehorsam und willig arbeitet, wird eine kurze Pause eingelegt und das Pferd gelobt. Die Arbeitsreprisen dürfen nicht zu lang sein.

Niemals von hinten mehr vortreiben, als man vorn aufnehmen kann *oder* umgekehrt,
niemals vorn zusammenziehen, wenn hinten nicht vorgetrieben wird!

Das richtig aufeinander abgestimmte Zusammenwirken der treibenden zu den verhaltenden Hilfen ist bei der Arbeit an der Hand von ausschlaggebender Bedeutung. Vorherrschend sind immer die treibenden. Bei Pferden, die große Genickschwierigkeiten haben

Handarbeit

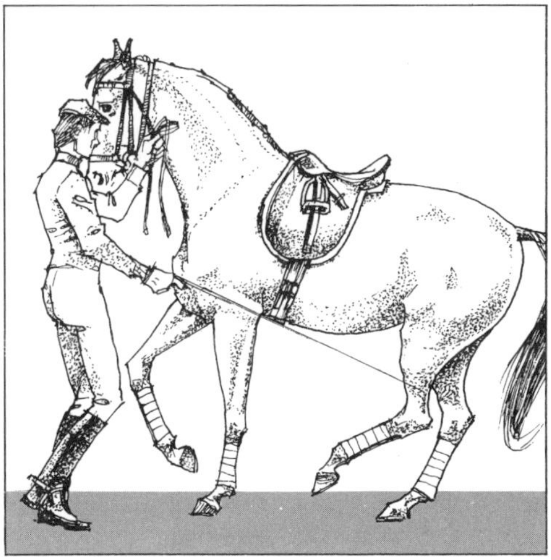

oder dem Reiter die Hand nehmen (S. 206), sind richtig verschnallte Ausbindezügel (S. 73) zu verwenden.
Dann gelten zusätzlich die bei der Longenarbeit gegebenen Hinweise bezüglich der Länge (S. 215).

Unarten sind selten, wenn den Pferden die erhöhten Anforderungen an Aufrichtung, Genick- und Hankenbiegung sachlich, ruhig und ohne Zwang abverlangt werden. Verstöße hiergegen haben Vorwärtsspringen, Zurückkriechen, gegen die Gerte Gehen und Steigen zur Folge.
Das Vorwärtsspringen ist ein Zeichen zu starker vortreibender Hilfen. Nur geduldige Beruhigung des Pferdes, vorsichtige halbe Paraden und leichtes Rückwärtsrichten beheben diesen Fehler.
Beim Zurückkriechen ist die Zügelhand zu hart und stark eingesetzt und damit der Pferdehals zu sehr eingeengt. Diesem Pferd ist mehr Freiheit zu lassen. Weigert es sich dennoch vorwärtszugehen, läßt man es in einer Volte um sich herumgehen. Dabei muß die Gerte den inneren Hinterfuß gut vortreiben; gleichzeitig mit der Zügelfaust etwas nach vorn ziehen. Aus der Volte wird kurz schulterhereinartig und dann geradeaus weitergegangen.
Gegen die Gerte gehende Pferde werden genauso korrigiert, ggf. die Volte bis zur Vorhandwendung verkleinern. Ein sehr probates, fast vergessenes Korrekturmittel ist die Vorhandwendung in der Bewegung, auch Volte im Schwenken genannt (S. 140, 145, 157).
Das Steigen ist ebenfalls eine Folge zu harter Hilfen nach dem Motto: »Und bist du nicht willig, so brauch' ich Gewalt!« Das Pferd fühlt sich eingezwängt, wird nervös und reagiert instinktiv (S. 250) mit dem Fluchtreflex (S. 33). Diese Unart *muß sofort* abgestellt werden, andernfalls wird sie zur Gewohnheit und jede weitere Arbeit sehr erschwert, wenn nicht sinnlos. Weitere Ursachen und ein erfolgversprechender Ausweg S. 199 und 207. Eine erste, jedoch nicht für jedermann geeignete Abhilfe ist, daß der Reiter mit der Zügelhand das Backenstück ergreift und sich mit hochziehen läßt. Möglicherweise merkt das Pferd, daß es nicht loskommt und gibt die Steigeversuche auf. Besser ist die von einem Gehilfen hinter dem Rücken des Ausbilders gehaltene Longe am Kappzaum (S. 215). Der Gehilfe geht unmittelbar neben dem Ausbilder.
Mit zunehmender Geschmeidigkeit, wenn die Pferde bei der Arbeit an der Hand willig und leicht in die Versammlung gehen, können sie vorsichtig auch unter dem Reiter in versammelnden halben Tritten (S. 170) gearbeitet werden. Ständiger Begleiter in der Bahn ist ein fachkundig ausgebildeter Reiter, der mit der Bahnpeitsche helfend eingreift. So entwickelt sich aus dieser Arbeit schnell und relativ leicht das Hankenbiegen (S. 170). Geschickte, feinfühlende Reiter und ein gut veranlagtes Pferd können sogar die Anfänge der Piaffe erreichen.

Dieses Traumziel sollten sich aber wirklich nur sachkundige und erfahrene Reiter stekken. Eine ungeschickt, unsachlich und aufgrund mangelnder Kenntnisse falsch ausgeführte Arbeit an der Hand kann dem Pferd hohen Schaden zufügen.

Die Arbeit an der Longe

Es gibt drei Arten der Arbeit an der Longe (Leine):

1. Das Pferd an der Longe bewegen;
2. den Reiter an der Longe ausbilden und
3. das Pferd an der Longe ausbilden.

Das Pferd an der Longe bewegen ist ein Ersatz für das Ab- oder auch Warmreiten vor der eigentlichen Arbeit.
Den Reiter an der Longe ausbilden ist eine sehr empfehlenswerte Methode zum Erlernen des richtigen Sitzes und der Führung des Pferdes. Auch Fortgeschrittene sollten sich ab und zu einer Longierstunde anschließen, um sich selbst zu erkennen.
Das Pferd an der Longe ausbilden soll nachfolgend als wichtiger Teil der Longenarbeit in den wesentlichen Forderungen erklärt sein.

1. Anwendung – Aufgabe und Ziel

Die Anwendungsmöglichkeiten sind vielfältig. Jede Ausbildung des jungen Pferdes beginnt mit der Longenarbeit. Auch ältere, noch nicht gerittene Pferde sollten, wenn auch in viel kürzerer Zeit, an der Longe eingewöhnt werden. Ein Pferd bis zur ersten Wettkampfreife auszubilden, dauert immerhin 21 Monate bei täglich einer Stunde intensiver Arbeit. Vor allem für junge Pferde soll man sich die Zeit gönnen. Eiliges Vorgehen rächt sich später mit Sicherheit. Die Ausbildung ist im systematischen Aufbau vorsichtig und genau vor jeder Stunde festzulegen. Sie muß dem Fortschritt des Pferdes angepaßt sein, *nicht dem Zeittempo!* Nur so kann ein junges Pferd, mit gut vorbereiteter körperlicher Verfassung und gesunden Nerven, in die weitere Ausbildung unter dem Reiter gehen. Diese Ausbildung beginnt etwa mit dem 7. Monat. In erster Linie wirkt die Leinenarbeit beizäumend. Deshalb ist sie für die Dressur von besonderem Nutzen bei:

- der Gewöhnung des Pferdes an Sattel, Zaumzeug und Reitergewicht;
- Schwierigkeiten aufgrund ungünstiger Ganaschenbildung;
- Korrekturen von Gang und Haltung des Pferdes in den Grundgangarten;
- schwer zur Losgelassenheit gelangenden Pferden und
- genesenden Pferden, die nur leichte Arbeit verrichten dürfen.

Hauptaufgabe des Longierens ist die Festigung des Vertrauens zwischen Pferd und Reiter. Die Arbeiten an der Longe und unter dem Reiter müssen etwa mit Beginn des 5. Ausbildungsmonats, nach ruhigem Anreiten, Hand in Hand gehen. Der Ausbilder des Pferdes übernimmt auch die Leinenarbeit, um die Eigenschaften des Pferdes für die Arbeit unter dem Sattel kennenzulernen. Die sachgerechte Ausbildung an der Longe bietet folgende Vorteile:

- Kräftigung der gesamten Muskulatur des Pferdes;
- die zur Gesunderhaltung erforderliche tägliche Bewegung;
- das Pferd begreift treibende/verhaltende Hilfen besser und schneller;
- allmähliches Lösen körperlicher und psychischer Verkrampfungen;
- Wiederherstellung des natürlichen Gleichgewichtes und
- williges Herandehnen des Pferdes an das Gebiß, bis zur Losgelassenheit.

Das Longieren erfordert einige Geduld, bevor das Pferd versteht, was ich will. So z. B. jungen Pferden die »bedingten Reflexe« (S. 34), kreisende Leine/antippende Peitsche/

ruhige Stimme, zu »unbedingten Reflexen« anzuerziehen. Gleichzeitig wird der erste Gehorsam dadurch gefordert, daß man ein etwas schnelleres Tempo verlangt.
Das Ziel ist erreicht, wenn es dem Ausbilder gelingt, daß das Pferd willig die tiefe Anlehnung sucht, losgelassen und frei vorwärts geht, sich am Gebiß abstößt und wieder an das Gebiß herantritt.
Damit hat sich das Pferd dem *freiwilligen* Gehorsam untergeordnet!

2. Die Longierausrüstung

Zum Longieren wird das Pferd grundsätzlich gesattelt, unter Trense *ohne* Reithalfter *mit* Kappzaum (Notbehelf siehe dort). Zur vollständigen Ausrüstung gehören: Longe, Longiergut, Kappzaum, Ausbindezügel, Longierpeitsche, Bandagen und die Pflege der Ausrüstung.

Die Longe (Leine) ist 10,0–15,0 m lang. Letztere ist günstiger, um das Pferd anfangs auf größerem Zirkel gehen zu lassen (S. 217, Der Longierzirkel). Vor dem Einschnallen ist die Leine richtig aufzunehmen. Dazu wird die Endschlinge mit der linken Hand ergriffen und aus dem gebeugten Ellenbogen heraus vor dem Leib gehalten. Die rechte Hand streicht nun, so weit der gestreckte Arm reicht, je eine Leinenspanne aus und legt sie *unverdreht* in die linke volle Hand, bis zur vorletzten Spanne. Dann wird das am Ende befindliche Verbindungsstück mit der Trense bzw. dem Kappzaum, wie dort beschrieben, verbunden.

Der 15–20 cm breite Longiergurt liegt entweder über dem Sattel, der Decke oder einem *Woilach.* Das ist eine Wolldecke von 2,0 mal 2,0 m, die doppelt gelegt, noch zweimal *quer* gefaltet wird, so daß sie sechsfach liegt.
Das Zusammenlegen des Woilachs zur Satteldecke ist nur mit einem Helfer möglich: *Dreimal falten, der Woilach liegt sechsfach.*
Helfer und Reiter ergreifen je zwei Ecken, legen sie *genau* aufeinander, so daß die *geschlossene* Seite nach unten fällt. Dabei hält der Helfer den Woilach mit der rechten, der Reiter mit der linken Hand fest. Dann greifen die jeweils freien Hände nach der unteren *geschlossenen Ecke,* heben diese hoch und die *offene Seite* des Woilachs fällt nach unten. Jetzt muß erst der Reiter ein Drittel des Woilachs mit der rechten Hand einschlagen. Dazu greift die linke Hand etwa dorthin, wo das mittlere Drittel endet. Das letzte Drittel legt dann der *Helfer* mit der linken Hand auf das erste Drittel. Wenn beide den Woilach richtig halten, zeigen die geschlossenen Seiten nach oben und eine zum Helfer. Die offenen Seiten sind unten und die des letzten Drittels zeigt zum Reiter. So zusammengelegt, ergreift der Reiter den Woilach aus der Hand des Helfers, tritt von *rechts* an sein Pferd, um den Woilach aufzulegen. Die vorderen Ecken müssen in gleicher Höhe und der Woilach so weit vorn liegen, daß der aufgelegte Sattel mit seiner Vorderkante eine Handbreit hinter der vorderen Woilachkante liegt. Der Woilach ragt also nach vorn heraus.
Der Woilach als Ablage auf dem Sattel, links hinter dem Stand des Pferdes oder in der Sattelkammer, kann auf zweierlei Art gefaltet werden:
Dreimal falten, der Woilach liegt achtfach.
Beginn wie beim Zusammenlegen zur Satteldecke. Dann wird die nach unten hängende geschlossene Seite nochmals nach oben in die rechte bzw. linke Hand gefaltet. Diese schmale Deckenbahn wird dann nur noch einmal zur Hälfte zusammengelegt. Dazu erfaßt der Helfer den Woilach mit der *linken,* der Reiter mit der *rechten Hand.* Die freien Hände ergreifen die nach unten hängenden Ecken, drehen den Woilach mit der *offenen Seite* nach oben und legen die Hälften zusammen. Jetzt wird der Woilach auf den Sattel gelegt, mit den geschlossenen Seiten zur Stallgasse und nach rechts. Die Seiten fallen gleichhoch seitlich herab.
Viermal falten, der Woilach liegt zwölffach.
Alle Handgriffe wie zuvor, bis die schmale Deckenbahn nach oben kommt. Dann lassen Helfer und Reiter die zusammenliegende *offene und geschlossene Seite* nach unten fallen. Abschließend wird wieder zu Dritteln gefal-

tet, wie zur Satteldecke. So liegt der Woilach nur auf dem Sitzblatt des Sattels, mit den geschlossenen Seiten zur Stallgasse und nach rechts.
Einheitliche Wahl in größeren Ställen ist eine gute Visitenkarte und sieht ordentlich aus.
Bei einer einfachen Decke muß der Longiergurt beiderseits vom Widerrist gut gepolstert sein. An den Seiten des Gurtes befinden sich 4–5 Ringe. Der untere Ring in Höhe des Buggelenkes für die Ausbindezügel, der oberste für die Trensenzügel.
Liegt der Longiergurt über dem Sattel, wird er nicht straffer angezogen als der Sattelgurt und muß, so wie der Reiter sitzt, im tiefsten Punkt des Sattels liegen. Die ansteigende Sattelkammer (Vorderzwiesel) bietet dem Longiergurt weiteren Halt, wie auch noch die Lage des Longiergurtes unter dem Bauch halb hinter dem Sattelgurt.

Der Kappzaum liegt, um Scheuerstellen zu vermeiden, mit dem gepolsterten Nasenriemen *ohne* Spielraum fest auf dem Nasenbein des Pferdes. Die drei Ringe auf dem Nasenriemen müssen mit kräftigem Leder aufgenäht sein. Metallene Halterung kann *der Hinterhand* schaden. Der Kappzaum bewirkt, daß das Pferd beim Suchen des Gebisses nicht gestört wird. Die Leine gehört in den mittleren Ring. Drängt ein Pferd nach außen, wird sie im Innenring befestigt, um das Zaumzeug nicht zu verziehen; den Schnalldorn stets nach oben. Kopfstück und Stirnriemen des Kappzaumes liegen über denen der Trense; Nasen- und Backenriemen unter den Backenstücken der Trense. Die Ansatzstelle des Backenriemens am Kappzaum liegt in Höhe des äußeren Augenwinkels an der Jochleiste. Sitzt der Backenriemen locker, verschiebt er sich und verletzt das Auge.
Als Notbehelf kann ein Trensen- oder Kandaren-Reithalfter dienen. Die Backenriemen und Ringe sind vorschriftsmäßig anzubringen. Mindestens dieses Behelfsmittel sollte beim Longieren vorhanden sein. Ein gesatteltes Pferd mit Trense, Reithalfter und baumelnden Zügeln zu longieren(?), ist nur ein Leinenziehen, das mehr schadet als nutzt. In diesem Falle ist wenigstens die Longe durch den Trensenring *und* unter das Reithalfter oberhalb des Nasenriemen-Winkels (S. 60) hindurchzuziehen. So wirkt die Leine schon mehr auf den Nasenrücken und zieht das Gebiß nicht schief.

Die Ausbindezügel (S. 73) ersetzen die Zügelfäuste des Reiters. Die Zügel, 1,20–1,50 m lang, erfordern eine bestimmte Kopf- und Halshaltung des Pferdes. Im vorderen Drittel der Ausbinder ist zur besseren Elastizität oft ein Gummiring eingenäht. Die Schnallöcher des hinteren Endes werden durch einen der Seitenringe am Longiergut gezogen und mit der vorn aufgenähten, *stets* nach *außen* zeigenden Schnalle verbunden.
Ohne Longiergut werden die Ausbindezügel unter die erste Strupfe des Sattelgurtes gezogen. Diese Strupfe wird von der Lederöse der Satteldecke gehalten. So liegt der Sattelgurt bei einem Gegendruck des Pferdes erheblich fester.
Schlaufzügel statt der Ausbindezügel sind beim Longieren nur zur Korrektur verrittener Pferde angebracht. Bei den Holleuferschen Schlaufzügeln ist unbedingt auf die unterschiedliche Zügelführung durch die Trensenringe zu achten. *Mit Longiergurt* verlaufen die Zügel von unten-außen nach oben-innen zum Ring des Longiergurtes. Wird *ohne Longiergurt* gearbeitet, werden die Zügel von unten-innen nach oben-außen zur Sattelkammer geführt. Dort sind sie zu befestigen oder der Reiter nimmt sie auf (S. 74).
Die Ausbindezügel sind so lang zu schnallen, daß das junge Pferd bei völlig gestrecktem Hals das Gebiß noch finden kann. Hier beginnen die ersten Fehler, wenn nämlich die Ausbindezügel zu lang oder zu kurz sind. Beides erfüllt nicht den gewollten Zweck. Erst bei fortschreitender Arbeit und Erfahrung des Pferdes werden die Ausbindezügel entsprechend verkürzt. Dabei dürfen Haltung und Schwung des Pferdes nicht verlorengehen. Man muß das Pferd schon genau beobachten. Nach wenigen Übungsstunden kann dann der äußere Ausbindezügel, der Zirkelgröße entsprechend, etwa 1–3 Loch länger sein. Das sollte jedoch eine Ausnahme bleiben. Allgemein sind die Ausbindezügel gleich lang, weil

das Pferd sonst sehr leicht seinen Kopf zu viel in den Kreisbogen hereinstellt. Da auch noch die Wirkung der Longe hinzukommt, wird das Pferd sehr schnell mit der Hinterhand ausfallen (S. 110, 138). Dem Pferd wird so, oftmals unbewußt, eine falsche Haltung anerzogen.
Bei gegen den Zügel gehenden Pferden (S. 107, 205) sind die Ausbindezügel, maximal am unteren Rand des Sattelblattes, tiefer zu setzen. Geht ein Pferd zu tief hinter den Zügel, werden sie höher geschnallt. Maximal am Oberrand der Gurtstrupfen; ggf. sogar bis in Höhe der Sattelkammer, wenn dort Ringe vorhanden sind.
Bei jungen Pferden diese Zügel niemals zu tief schnallen, um Widersetzlichkeiten und Angstzuständen vorzubeugen. Das Bestreben des Ausbilders muß sein, das Pferd zum Herantreten an das Gebiß herauszufordern. Dadurch kann es seinen Rücken leicht und richtig nach oben wölben. Auf keinen Fall darf das Pferd durch zu kurze Ausbindezügel mit zu hoher Aufrichtung gehen, weil es dann seinen *Rücken* durchfallen läßt, ihn *wegdrückt (festhält)*.
Das Maß der Einstellung richtet sich danach, ob junge bzw. ungerittene Pferde, ältere weiterzubildende oder verrittene Pferde auszubilden bzw. zu korrigieren sind. Absolut falsch ist es, Pferde ohne jede Anlehnung an die Ausbindezügel herumlaufen zu lassen.

Die Longierpeitsche ist zum Einsatz treibender Hilfen notwendig und wird stets in der äußeren Hand geführt. Das ist immer die entgegengesetzte Seite der Hand, auf der das Pferd auf der Zirkellinie geht. Die gleichzeitige Handhabung der Leine in der inneren und Peitsche in der äußeren Hand verlangt einige Übung und Erfahrung.
Solange diese Geschicklichkeit fehlt, sollte man sich nicht scheuen, neben sich einen Gehilfen als Peitschenführer zu haben. Peitschenstock und -schlag (die Schnur) sollen je 4–5 m lang, nicht zu schwer und ausgewogen sein, um das Pferd mit dem Ende des Schlages erreichen zu können. Gut sind stabile, elastische Angelruten, die vom Sattler mit einer Lederschlaufe für die Peitschenschnur versehen werden.
Die Peitsche wird so aufgenommen, daß unten nur der Knopf des Stieles außerhalb der Hand zu sehen ist. Der Stiel wird gerade in Verlängerung des Armes so gehalten, daß die Spitze auf die Kruppe zeigt. Die Schnur schleppt nach. Hat sich das Pferd an die Peitsche gewöhnt, kann der Peitschenarm bis in die Höhe des Sprunggelenkes gesenkt werden.
Die Gewöhnung an die Peitsche geschieht in der 1. und 2. Stunde durch ruhiges Bewegen und Zeigen der Peitsche auf Distanz. Am 3. Tag wird beim Halten, mit der Peitsche senkrecht unterm Arm, ein Leckerbissen gereicht. Ab 4. Tag berührt die Peitsche zur gleichen Gelegenheit das Pferd, indem man vorsichtig über Mähnenkamm, Sattel und Kruppe streicht. Das wiederholt sich von Zeit zu Zeit. So wird die *erblich bedingte* Verhaltensweise (unbedingter Reiz – Peitsche/Stock – zum unbedingten Reflex – Flucht, S. 34) vom bedingten Reiz – Peitsche zeigen und berühren – zum bedingten Reflex – keine Gefahr – überlagert; das Pferd vertraut seinem Reiter.

Bandagen sind jungen Pferden immer anzulegen, solange sie noch nicht im Gleichgewicht bleiben können, um »Klopfen« und »Streichen« (S. 160) zu vermeiden. Aber auch bei älteren Pferden besteht diese Gefahr (S. 30), hier ist auch das Anlegen der Bandagen beschrieben. Über die Pflege siehe folgenden Abschnitt.

Die Pflege der Longierausrüstung ist allein schon aus Sicherheitsgründen selbstverständlich; leider nicht immer.
Die Longe aus Leder ist durch *leichtes* regelmäßiges Fetten geschmeidig zu halten. Longen aus Faserstoffen müssen mit der Wurzelbürste *ohne* Wasser kräftig gesäubert werden; Lederteile wie erwähnt behandeln. Für beide gilt, daß die Metallteile stets beweglich und rostfrei zu halten sind.
Exakte Pflege ist notwendig, weil die Leine oftmals erheblichen Belastungen standhalten muß. Mit unverdreht glatt übereinanderliegenden Schlaufen soll die Longe auf einer etwa 10 cm ∅ runden Halterung hängen. Das Ende *nicht* um die Leine schlingen, um das Verziehen zu vermeiden.

Der Longiergurt erfordert relativ wenig Pflege. Die Lederteile sind wie vorhin einzufetten. Wird der Gurt nicht über den Sattel gelegt, ist mit einer *feuchten* Wurzelbürste der Schweiß abzuscheuern, aber *nicht in praller Sonne* trocknen lassen.
Der Kappzaum verlangt besondere Pflege. Wie alle Zaumzeuge wird er dazu in seine Einzelteile zerlegt. Die schlecht zugänglichen Stellen dürfen, obwohl es unbequem ist, beim Einfetten nie vergessen werden. Wenn der Backenriemen wegen Überlänge geknotet werden mußte, ist dieser Knoten nach der Arbeit wieder zu lösen. Während der Arbeit *muß* dieser Knoten in der Mitte des Kehlganges liegen, um nicht auf die Unterkieferäste zu drücken.
Die Ausbindezügel werden wie alle Lederteile gepflegt. Eine gute Sattelseife hat sich, wegen der ausgeglichenen Fett-, Glanz- und Elastikstoffe, bestens bewährt. Auch bei Ausbindezügeln sind eventuelle Verknotungen *sofort* nach der Arbeit zu lösen. Etwa vorhandene *Gummiringe oder Gummiteile* an den Zügeln *nicht* einfetten.
Um hartgewordenes Gummi elastisch zu bekommen, legt man es in eine Lösung von 1 Teil Ammoniak *oder* Salmiakgeist und 2 Teilen Wasser. Das gleiche gilt für hartgewordene Gummiringe.
Ausbindezügel sind nach beendetem Gebrauch ebenfalls über eine etwa 10 cm ∅ runde Halterung zu legen. Mit dem Karabinerhaken auf einem Haken glatt herunterhängend ist noch besser und platzsparender.
Die Longierpeitsche hat an der Stockspitze einen Verbindungsriemen für den Schlag. An diesem Riemchen wird die Peitsche so aufgehängt, daß sie den Boden nicht berührt. An die Wand oder sonstwie gelehnte Peitschen werden krumm und damit für die Peitschenführung bei der Arbeit ungenau. Der Schlag wird nicht um den Stock gewickelt, sondern hängt locker herab. Ein zu langer Schlag wird mit der Spitze locker durch das Verbindungs-Riemchen gezogen. Der Peitschenstock bedarf keiner besonderen Pflege. Hingegen sind die Lederteile nach jedem Gebrauch von Staub und Schmutz zu befreien und ganz leicht einzufetten.
Die Bandagen müssen hin und wieder gewaschen werden. Nach jedem Gebrauch und dem Waschen dürfen sie erst aufgerollt werden, wenn sie einwandfrei trocken sind. Beim Einrollen auf jeden noch so kleinen Fremdkörper achten, dann erst fest und faltenfrei einrollen. Die Bänder glätten vor dem Einrollen.

3. Der Longierzirkel

Zum Longieren wählt man möglichst einen großen Kreis. Das ist wieder ein Stück Pferdepsychologie. Als Weidegänger in freier Natur und erbbedingt war das Pferd bisher gewöhnt, nur geradeaus zu gehen. Mit dem großen Kreis beim Longieren *kommen wir* dem Pferd *entgegen.* Wir erleichtern dem Pferd, die geforderte Arbeit auszuführen. Es wird weniger zu Widersetzlichkeiten verleitet, als wenn es auf kleinerem Kreise gehen und sich mehr biegen müßte.
Die Anlage eines Longierzirkels lohnt sich immer dort, wo junge Pferde und Reiter ausgebildet werden. Der Durchmesser ist minimal 20,00 m mit einem 1,00 m breiten Hufschlag. Die Begrenzung ist ein einfaches, stabiles Stangengatter mit zwei Stangen in Höhe von 1,00 m und 1,60 m. Ideal ist ein 70 cm hoher Wall, auf dem eine dichte Hecke angepflanzt wird. Der Zirkel ist dann geschlossen und jede Störung von außen gut gedämpft. Der Eingang, etwa 1,50 m breit, wird durch eine Schranke geschlossen. Andere Lösungen, künstliche Hecke o. ä., sind immer denkbar.
Der Boden muß vor allem eben sein, nicht zu tief und gut rutschfest. Rasen ist wegen der Rutschgefahr nicht zu empfehlen. Außerdem wird er schnell zertreten und der Untergrund verhärtet. Zur Pflege des Bodens gehört vor allem regelmäßiges Einebnen des Hufschlages nach jedem Gebrauch, mindestens am Tagesabschluß. Dabei ist auch der von den Hufen gegen die Außengrenze geworfene Boden hereinzuziehen. Von Zeit zu Zeit wird der Hufschlag mit der Egge o. ä. aufgelockert und ggf. der Bodenbelag ergänzt.

4. Der Longenführer

Eine gute Longenarbeit verlangt vom Longenführer, daß er Leine und Peitsche gleichzeitig sicher führen und gebrauchen kann. Die Einwirkung der Longe ist mit der Zügelführung des Reiters vergleichbar. Deshalb muß auch beim Longieren stets die Verbindung zwischen Hand und Pferdenase bzw. -maul und eine gefühlvolle Einwirkung vorhanden sein. Das Pferd soll *an der Longe stehen*, d. h. leichte, federnde Anlehnung nehmen. Die Leine darf weder durchhängen noch straff gespannt sein. Das Pferd darf sich also weder *auf die Longe legen* und dadurch nur mit Mühe auf dem Kreisbogen gehalten werden noch darf es den Kreis verkleinern, so daß die Leine nicht angestellt ist. Die Peitsche wird in der dem Pferd zugewandten äußeren Hand gehalten. Der Leinenführer sollte

- während der Arbeit stets bis zu einem Schritt *schräg vor* dem Pferd bleiben,
- beim Halten oder später, bei der Bearbeitung des Pferdes auf der Stelle (an der Hand), *direkt vor* dem Pferd mit dem Gesicht zum Pferd stehen,
- beim Führen auf gerader Linie entweder vor-seitlich oder hinter-neben dem Pferd gehen und

Der Longenführer

- auf dem Zirkel mit dem inneren Fuß genau im Mittelpunkt, mit der äußeren Schulter schräg, fast parallel, zur Longe stehen. Die innere Schulter ist also vom Pferd *ab*gewendet.

Longenführer und Gehilfe dürfen sich dem Pferd niemals von hinten oder plötzlich nähern. Zum Handwechsel geht der Gehilfe immer *vor* dem Pferde um den Leinenführer herum. Auf keinen Fall unter der Leine hindurchkriechen.

Gehalten wird die Longe, ob mit oder ohne Gehilfen, stets in der inneren Hand. Alle *vier* Finger umfassen die Leine, Daumen fest auf der Longe über dem 2. Gelenk des Zeigefingers. Ist ein Gehilfe zur Hand, nimmt der Longenführer den eingeschlungenen Longenteil in die äußere Hand und kann, wenn notwendig, diese zum Widerstand in sein Kreuz stemmen. Die eingeschlungene Leine wegen der Gefahr des Hineintretens nicht zu tief halten und niemals bis zur Endschlinge abwikkeln, um sie sich vom Pferd nicht aus der Hand reißen zu lassen.

Zum Verlängern der Longe läßt die Führhand sie durch die Finger gleiten, während die andere Hand jeweils eine Schlinge abwickelt. Beim Verkürzen zieht die äußere Hand die Leine von hinten durch die Führhand und wickelt die Schlingen *glatt und gleichmäßig lang* auf.

Der Führarm liegt, mit leicht gekrümmtem Ellenbogen- und Handgelenk, am Leib des Longenführers mit Richtung zur Pferdenase. Die Spitze des dachförmig gekrümmten Daumens zeigt zum Pferdekopf. Ellenbogen – Hand – Longe verlaufen in gerader Linie zum Haltepunkt am Kappzaum. Diese Grundhaltung der Führhand wird nach jeder Leinenhilfe eingenommen.

5. Die Hilfen beim Longieren

Für die Hilfengebung ist besonders wichtig, daß das Pferd gleichmäßig »an der Longe steht«. Mit dieser guten Anlehnung kann der Leinenführer die Zirkelgröße bestimmen.

Neben den Longenhilfen gibt es noch die Peitschenhilfen und die Hilfen mit der Stimme.

Die Longenhilfen führen das Pferd und lehren es, einige Dinge zu begreifen, die in gleicher Weise später vom Reiter ausgeführt werden, z. B. das Annehmen der Leine zum Antreten (Vorwärtsgehen) oder zum Biegen des inneren Hinterfußes im Augenblick seines Auffußens.
Das Gegenhalten – (nicht Ziehen!) verhindert ein Rückwärtsgehen und hält nach außen drängende Pferde auf der Zirkellinie. Dazu neigt der Longenführer seinen Oberkörper etwas zurück und stemmt einen Fuß oder beide Füße in den Boden.
Das Hereinnehmen ist ein wiederholtes, mehr oder weniger starkes Annehmen der Leine gegen die innere Schulter des Leinenführers, wenn ein Pferd sich stark auf die Longe legt. Der Oberkörper kann diese Hilfe durch Gegenstemmen unterstützen.
Zum Hinausweisen des in den Zirkel drängenden Pferdes wird die Longe durch aufwärts-vorwärts führende Bewegungen der Führhand in schlängelnde (*nicht* schüttelnde) Bewegungen versetzt, und zwar so lange, bis sie wirkt. Peitsche und Stimme können unterstützend eingreifen. Bei besonders »schwerhörigen« Pferden wird diese Hilfe verstärkt, durch starken drehenden Schwung der Leine gegen das Pferd und gegen die Bewegungsrichtung.
Das Aufrichten von Kopf und Hals des Pferdes erfordert zuerst eine gut anstehende Longe. Dann bewirkt ein rasches, leicht hebendes und nach vorn wirkendes Annehmen der Longe die Aufrichtung. Diese Hilfe darf niemals kurz und ruckartig gegeben werden.
Halbe Paraden und Paraden sind durch schüttelnde (*nicht* schlängelnde) Bewegungen der Leine aus dem Handgelenk zu geben (Unterschied zum Reiten beachten – S. 108) oder durch Annehmen und Nachgeben der Longe, *ohne* die Verbindung zum Pferd aufzugeben. Halbe Paraden haben den Zweck, das Pferd zu beruhigen, es aus einem übereilten, unregelmäßigen Gang in einen langsameren, taktmäßigeren zu bringen oder Gangart und Tempo zu verkürzen bzw. zu verbessern (S. 108). Paraden werden wiederholt, bis ihr Zweck erreicht ist. Dabei können sie, durch eine schnelle Bewegung nach oben, bis zu einem kurzen Ruck verstärkt werden. Vorsicht, besser ist, das Annehmen und Nachgeben geduldig zu wiederholen, weil ein Ruck vom Pferd auch als Strafe empfunden wird (S. 203).
Kreisartiges Schwingen der Longe *gegen die* Bewegungsrichtung hemmt bei wegeilenden Pferden den Vorwärtsdrang. Beruhigende Zurufe (S. 220) unterstützen diese Hilfe nachhaltig. Das kreisartige Schwingen geschieht also, wenn das Pferd auf der linken Hand geht, mit der *linken* Führhand von oben im Kreis *nach rechts* unten (gegen die Richtung). Geht das Pferd auf der *rechten* Hand, schwingt die rechte Führhand *nach links* unten.
Kreisartiges Schwingen der Longe *in die* Bewegungsrichtung wendet man bei Pferden an, die sich im Hals aufrollen (S. 205). Diese Hilfe wird von vortreibenden Peitschenhilfen unterstützt.

Die Peitschenhilfen sind stets an gleicher Stelle zu geben und nur in ihrem Wirkungsgrad unterschiedlich. An gleicher Stelle heißt, an der Rippenwölbung dicht hinter dem Gurt (*nicht* in den Flanken), dicht über dem Sprunggelenk und an der Schulter. Die Peitschenhilfen wirken *treibend* mit dem Schlag *von unten*-hinten *nach oben*-vorn und *verwahrend* (ermahnend) *von oben nach unten,* z. B. als hinausweisende Hilfe mit dem Peitschenstock parallel zur Longe. Bei der Leinenarbeit unterstützen die Peitschenhilfen die Longenhilfen und *niemals umgekehrt!*
Wenn der Peitschenführer schon bei den ersten Anzeichen eines Ungehorsams vorsichtig, aber bestimmt reagiert, wird die Wirkung am nachhaltigsten sein. Das Pferd begreift sehr schnell, welcher Weg der bessere ist.
Die vortreibende Peitschenhilfe darf niemals gegen die Kruppe oder Hinterbeine geführt werden, weil damit das Ausschlagen des Pferdes herausgefordert wird. Die Schlagspitze muß das Pferd dicht hinter dem Sattelgurt treffen, wo später auch der Reiterschenkel einwirkt. Die Spitze darf nicht zwicken, mit Ausnahme bei Strafen, sondern wirkt nur durch die eigene Schwere des Schlages an der

genannten Stelle oder am Sprunggelenk. Oft genügt schon ein Fallenlassen des Schlages auf den Boden hinter dem Pferd.
Auf keinen Fall dürfen Kopf, Hals, Brust und obere Kruppe des Pferdes getroffen werden! Diese Unüberlegtheit, meistens aus Verärgerung vollzogen, kann die Augen verletzen, das Pferd wird furchtsam und menschenscheu.
Zum Antreiben wird der Peitschen*stock* aus der Normalhaltung in kreisförmige Bewegungen geführt von oben nach unten und von hinten nach vorn. Durch diese Drehung der Peitschen*schnur* wirkt die Spitze des Schlages richtig von unten nach oben. Nicht grobe Peitschenschläge, sondern kleine aufeinanderfolgende Hilfen erzielen die Wirkung. Alle Peitschenhilfen müssen der Empfindlichkeit des Pferdes und dem beabsichtigten Zweck angepaßt sein, denn sie können sehr schnell als Strafe (S. 222) wirken. Der Peitschenführer muß so geschickt sein, daß er genau die Stelle trifft, wo als Hilfe oder Strafe die Schlagspitze anzusetzen ist.
Beim Hinausweisen genügt meistens das Zeigen der Spitze des Peitschenstockes in Richtung Pferdeschulter; ggf. diese Hilfe durch ruhiges Auf- und Abwärtsführen unterstützen. Drängt ein Pferd *stark* nach innen, muß die Schlagspitze die Pferdeschulter strafend, also ein wenig kräftiger, treffen.

Die Stimme des Longenführers ist bei der Leinenarbeit ein wesentliches Hilfsmittel. Der Peitschenführer als Gehilfe muß, wenn es auch manchem schwerfällt, schweigen. Einmal ist wichtig, daß bei den einzelnen Forderungen immer der gleiche Ausdruck verwendet wird, z. B. Marsch, Trab, Ruhe usw.; zum anderen kommt es darauf an, *wie* etwas gesagt oder ein Kommando gegeben wird – der Ton(fall) macht die Musik. Das Pferd versteht sehr gut, ob laut, gedämpft, schreiend, gedehnt, kurz mit gleichmäßiger oder verschiedener Betonung gesprochen wird. Ein ausgezeichnetes Mittel für Pferd und Reiter. Er stellt sehr schnell fest, daß das Pferd seine Stimme besser begreift als alles andere.
Heftige und ängstliche Pferde werden durch beruhigendes Zureden und sachgerechten Umgang in kurzer Zeit ruhig, vertraut und folgen aufs Wort. Täglicher Beweis sind die oft geplagten »Schulpferde«. Sie führen die Kommandos auch ohne Hilfen aus.
Die Pferde besitzen ein fein abgestimmtes, ausgezeichnetes Gehör, das auf ruhige, tiefe Töne anders reagiert als auf schrille. Wissenschaftlich einwandfrei nachgewiesen ist, daß Anschreien und Brüllen das Nervensystem des Pferdes nachhaltig belasten.
Keineswegs ein Widerspruch ist die Tatsache, daß ein *junges* Pferd oft dadurch zur Vernunft gebracht wird, daß man es kräftig und bestimmt zur Ordnung ruft. Damit aber genug! Schon bei der nächsten Ungezogenheit genügt ein lautes gedehnt-betontes »Naa, paß auf!«, und sofort geht es willig seinen Weg. Auch hier spielen die Gesetze der Tierpsychologie bezüglich der unbedingten und bedingten Reflexe (S. 34) eine wichtige Rolle.

6. Gewöhnung an die Longe

Die erste Bekanntschaft des jungen Pferdes mit der Longe und dem Bewegen auf der Kreislinie ist ausschlaggebend für das weitere Verhalten des Pferdes bei der Leinenarbeit.
Nachdem die Longe am Kappzaum befestigt ist, werden die Ausbindezügel angebracht (S. 215). Die Erfahrung lehrt, das Longieren auf der linken Hand zu beginnen, weil das Pferd auf dieser Hand das Longieren viel schneller begreift. Zum ersten Anführen geht der Leinenführer mit verkürzter Longe innen und hält seine andere Hand zum Klopfen des Pferdes frei. Der Gehilfe geht außen und erfaßt das Backenstück von Trense und Reithalfter bzw. Kappzaum. So soll jedes Pferd am ersten Tag einige Male herumgeführt werden.
Zu diesen Übungsstunden für die Eingewöhnung des jungen Pferdes kann es auch neben einem älteren ruhigen *Führpferd* gehen. In diesem Falle muß das junge Pferd als Handpferd (S. 258) rechts vom Führpferd gehen. Es befindet sich demnach auf der linken Hand außen auf der Zirkellinie, an einem kurzen Führzügel. Einer Schrittreprise von etwa fünf

Junges Pferd mit Führpferd

Minuten folgt ein kurzer Trab. Danach noch 6–8 Runden Schritt auf dem Zirkel und anschließend auf den Hufschlag der ganzen Bahn. Bei diesen 2–4 Runden versuchen, je einmal zu halten und wieder anzutreten. Bei dem nun folgenden Handwechsel soll das junge Pferd an der Longe hinter dem Führpferd gehen, aber *nur auf dem Zirkel.* Nach höchstens 4–6 Runden halten, die Pferde werden gelobt und belohnt, die erste Stunde ist beendet. Steht nur ein Gehilfe zur Verfügung, geht er nach einigen Führrunden langsam an der Leine entlang in die Zirkelmitte. Dort kann er die Peitsche übernehmen oder tritt hinter den Longenführer. Junge Pferde, die nach einer gewissen Losgelassenheit fortstürmen, sind mit Geduld zu beruhigen. Man läßt das Pferd sich austoben, bis es von selbst stehenbleibt. Reagiert es dann auf wieder vortreibende Peitschenhilfen nicht sofort, wird es erneut angeführt. Erst wenn es sich völlig beruhigt hat, ist die Reprise beendet. Auch jetzt loben und belohnen.

Sollte ein Pferd nach dem Anführen dem Gehilfen folgen, wenn er zurücktritt, oder bleibt es stehen, wird es abermals angeführt mit dem *Kommando* »Marsch!« *des Leinenführers,* keinesfalls mit der Peitsche vortreiben. Trabt das Pferd aber an, versucht man, es allmählich wieder in den Schritt zu bekommen. Beim Handwechsel ergeben sich oft dadurch Schwierigkeiten, daß das Pferd sich auf der rechten Hand nicht so schnell zurechtfindet und weil auch die Peitsche in der linken Hand meist ungeschickter geführt wird als rechts. Hier hilft nur Geduld – in dieser Zeit niemals strafen. Schon vom ersten Tag an das Pferd nie überfordern. Es muß sich, um bei guter Laune zu bleiben, allmählich an die ungewohnte Arbeit gewöhnen. Den Zirkel möglichst groß und nicht zu lange auf einer Hand bleiben. Die Arbeitsdauer ist individuell, die ersten Stunden maximal je 45 Minuten. Vor allem ein durch Furcht ausgelöstes Verhalten nicht als Übermut oder gar Ungehorsam werten. In diesem Falle ist es falsch, das Pferd traben oder galoppieren zu lassen, bis es sich ausgetobt hat. Die Folge ist beim nächsten Mal, daß zu der Furcht noch die Angst vor gesteigerter Anforderung hinzukommt. Anfangs 3–5 Minuten Trab, nach einer Schrittpause wieder Trab, zwischendurch halten und mit dem Pferd sprechen. So bleibt der natürliche Gang erhalten und eine Ermüdung ausgeschlossen. Das Pferd wird schnell begreifen, was man von ihm verlangt und den Hufschlag einhalten. Jetzt kann der Longenführer das Pferd selbst anführen. Er geht hierzu mit verkürzter Leine kurze Zeit neben dem Pferd rückwärts, während er es im ruhigen Schritt anführt. Die Peitsche wird parallel zum Pferd mit gesenkter Spitze gehalten und gibt evtl. leichte treibende Hilfen gegen den Pferdeleib oder dicht über dem Sprunggelenk. Allmählich geht der Longenführer, die Longe in leichter Anlehnung verlängernd, in die Zirkelmitte. Hierbei bewegt er sich auf immer kleiner werdendem Kreise so drehend, daß die Leinenhand stets etwas vor und in Höhe der Pferdenase steht. Nachdem die Zirkelmitte erreicht ist, läßt er das Pferd mit vorsichtigen Peitschenhilfen antraben.

Der Einsatz der Stimme des Leinenführers erfordert, wie schon erwähnt, eine bestimmte Gleichmäßigkeit in Ton und Ausdruck der vom Pferd zu erlernenden Begriffe. *Dazu gehören nur* (Kommandos S. 178):

Haa-lt!	=	Halten, ruhig stehen;
Marsch!	=	Antreten, angehen, anreiten;

Schee-ritt!	=	Durchparieren (Mittelschritt folgt später);
Tee-rab!	=	Antraben;
Gaa-lopp!	=	Angaloppieren;
Ruu-he!	=	Wenn das Tempo zu eilig wird, bei Furcht und
Vorwärts!	=	Wenn das normale Tempo nachläßt.

Diese sieben Zurufe bzw. Kommandos als »bedingte Reflexe« herauszuarbeiten – über die für das Pferd zunächst »gleichgültigen, dann aber unbedingten Reize« Stimme+Longenhilfe+Peitschenhilfe – ist die Aufgabe des Leinenführers während der ersten Übungsstunden. Stets das Pferd laut und deutlich ansprechen. Niemals laufend die Gangart wiederholen, in der sich das Pferd gerade bewegt, das stumpft ab. Das gedehnte Sprechen der Selbstlaute a, e, u dient wiederum dem Pferd, vor allem bei der Einzelarbeit.
Zum Aufhalten, später Parieren, bleibt der Peitschenführer, ohne die Haltung der Peitsche zu ändern, an seinem Platz, auch wenn ein Pferd eilt oder stürmt. Diese Situation ist der Beweis, daß in der bisherigen Peitschenführung ein Fehler gemacht wurde, der spätestens jetzt zu korrigieren ist. Das Pferd hat sich an die Peitsche zu gewöhnen, weil es sonst immer fortstürmen würde, wenn die Peitsche (später die Gerte) als treibende Hilfe eingesetzt wird.

7. Longen- und Peitschenstrafen

Grundsatz: Strafen zur falschen Zeit und zu harte Strafen verderben das Pferd, wie auch unrichtige und unzulängliche Strafen Widersetzlichkeiten herausfordern. Ein kräftiger, zeitgerechter Hieb unter den Bauch des Pferdes hingegen bringt Respekt und führt zum Gehorsam (S. 203). Beim Longieren jedoch ist Vorsicht und besondere Besonnenheit geboten. Wer die »Gewöhnung an die Longe« richtig betrieben und sich Zeit gelassen hat, wer außerdem aus Erfahrung mit älteren Pferden in der Lage ist, eventuelle Ungezogenheiten schon im voraus zu erkennen, kommt mit Sicherheit ohne Strafen aus. Unterschiedliche Peitschenführung beachten.
Peitschenstrafen sind verstärkte Peitschenhilfen. Sie werden, wie im Abschnitt Peitschenhilfen beschrieben, in gleicher Weise gegeben.
Longenstrafen – sogenannte *Sakkaden* – sind kurz aufeinanderfolgende, mit Nachdruck ausgeführte Rucke in Richtung der Schulter des Leinenführers. *Vorher* ist die stets anstehende Longe etwas zu lockern. Diese Strafe ist nur zu geben, wenn das Pferd auf die Leine drückend wegeilt *und* wiederholtes sanftes Annehmen der Leine nicht durchgekommen ist. *Mit warnendem Nachdruck besonders dann einschreiten,* wenn das Pferd vorher schon sicheren Gehorsam auf das Annehmen zeigte. Jungen Pferden dürfen unter *keinen* Umständen Sakkaden gegeben werden. Hier sind mehr die Zurufe als »bedingte Reflexe«, über die »unbedingten Reize« Stimme+Longe+Peitsche, zu festigen.
Strafen bei der Leinenarbeit, gleich welcher Art, sind immer mit dem der Forderung entsprechenden *scharfen* Zuruf (Kommando) verbunden. Allmählich wird dadurch dieser Zuruf als Strafe genügen. Das Pferd lernt schnell den Unterschied zwischen dem scharfen oder ruhig gedehnten Zuruf kennen, Unarten werden im Keime erstickt und weitere Bestrafungen überflüssig.
Plötzliches Hinausfallenlassen mit sofort folgendem Hereinreißen des Pferdes und Peitschenstrafen über die Kruppe schaden dem Pferd und stellen eine Verletzungsgefahr dar – ein höchst unreiterliches Benehmen.

8. Beginn der eigentlichen Arbeit

Die eigentliche Longenarbeit kann beginnen, sobald das Pferd den Hufschlag einhält, sich losläßt, die Hilfen genügend beachtet und sich nicht mehr vor der Peitsche fürchtet. Denken wir immer an den Hauptzweck der Leinenarbeit – Herstellung des Vertrauens zwischen Pferd und Reiter.

Die Schubkraft, d. h. die Entwicklung des natürlichen Ganges mit laufend stärker werdendem Abstoßen der Hinterhand, ist die erste Aufgabe des Longierens. Das kann ohne Anlehnung an das Gebiß und ohne eine gewisse Haltung des Pferdes nicht erreicht werden.

Die Ausbindezügel sind deshalb jetzt zu verkürzen. Die Länge ist je nach dem Zweck unterschiedlich. Junge Pferde und solche, die zur Korrektur gehen, niemals sofort kurz ausbinden. Sie müssen erst lernen, mit gestrecktem Hals die Anlehnung an das Gebiß zu suchen. Ältere Pferde dagegen, mit zu hoher Kopfhaltung, nach unten gedrücktem Rücken und ohne Annahme des Gebisses in der Tiefe, sind kürzer (stärker) auszubinden. Andernfalls wird der beabsichtigte Zweck, das Fallenlassen des Halses, nicht erreicht. Trotz stärkerer Ausbindung muß dem Pferd aber das Nachgeben möglich sein, sonst schadet diese Arbeit mehr als sie nutzt (S. 215). Höhe und Tiefe der Ausbindezügel richten sich danach, ob ich mehr beizäumen oder auch gleichzeitig aufrichten will. Eine geringe Innenstellung, worauf zu achten ist, erkennt man am leicht anstehenden äußeren und leichtlocker hängenden inneren Ausbindezügel.

Das Tempo wird anfangs dem Pferd ziemlich selbst überlassen, wenn es nicht wegeilt, was zu Beinschäden führen kann. Auch ein Galopp wird zunächst nicht unterbrochen. Man versucht, das Pferd ruhig in den Trab zu nehmen. Wenn es allerdings bei vorsichtig vortreibenden Hilfen wiederholt angaloppiert, anstatt fleißig zu traben, wird es vorwärts getrieben, bis es selbst in den Trab fällt.

Zum Tempowechsel darf erst übergegangen werden, wenn das Pferd die geforderte Stellung widerstandslos annimmt und ruhig an der Longe steht. Häufiges Antraben und wieder Parieren fördert die Beweglichkeit und regt das Pferd an.

Die Stellung des Pferdes ist anfangs ebenfalls unwichtig. In der Hauptsache soll das junge Pferd erst einmal sein Gleichgewicht auf dem Zirkel finden, gehorsam werden und sich durch diese Arbeit kräftigen. Durch allmähliches Verkürzen wird das Pferd sehr bald an den Ausbindezügeln stehen. Dann wird, durch wiederholtes Annehmen und Nachgeben der Leine, die leichte Innenstellung dem Pferde abverlangt. Dabei muß die Peitsche treibend wirken. Ein zu früher Beginn dieser Arbeit ist fehlerhaft, weil sich das Pferd der unbequemen Stellung durch das Ausfallen der Hinterhand entzieht. Auf die gleiche Weise reagiert das Pferd beim zu frühen Vortreiben. Dieses Ausweichen des Pferdes vor der Längsbiegung ist mit der Longe schwer zu korrigieren, also Geduld.

Ein zweiter Fehler beim Stellungnehmen durch übermäßiges Nachtreiben ist die zu schnelle Trittfolge. Das Pferd verliert den Rhythmus und wird beim Verstärken des Tempos nicht längere, sondern schnellere Tritte machen. Zur Beseitigung dieses Übels ist ein kurzzeitiger Verzicht auf federnd-elastische Trabtritte das beste Mittel, um die Trabbewegungen wieder zu regulieren.

Im Trab muß sich das Pferd zunächst taktmäßig und losgelassen bewegen. Die treibenden und verhaltenden Hilfen sind gut aufeinander abzustimmen, ohne daß das Pferd stutzt oder stürmt, was meistens bei groben Hilfen geschieht.

Wird gehalten, ist das Pferd zu loben, anfangs bei *jedem* Halt. Auch später braucht man damit nicht unbedingt zu sparen. Dabei wird die Peitsche mit der Spitze nach hinten unterm Arm getragen.

Zum Handwechsel wird der äußere Ausbindezügel kurz hinter dem Trensenring erfaßt und mit Hilfe der Peitsche durch Herumtreten der Vorhand gewendet. Ohne zurückzutreten muß das Pferd ruhig bleiben. Nach der Kontrolle der Ausbindezügel begibt sich der Leinenführer zur Zirkelmitte. Sobald das Pferd nach dem Handwechsel wieder taktmäßig vorwärts geht, sich mittels halber Paraden am Gebiß abstößt und nicht auf die Longe legt, kann über einen zunächst freieren Trab bald zum abgekürzten Tempo übergegangen werden. Dabei dürfen Takt und Schwung nicht nachlassen. Dieser Zeitpunkt richtet sich individuell nach der Veranlagung und Verfassung des Pferdes – etwa ab 7. Monat.

Das Aufrichten und Versammeln muß auch allmählich, dem Gebäude des Pferdes entsprechend, mit der vermehrten Biegung der

Hinterbeine Hand in Hand gehen. Niemals aber, bevor sich das Pferd logelassen hat; Maßstäbe sind Schwung und Takt. Bewirkt wird das Versammeln durch verstärkte halbe Paraden, die möglichst bis zur Hinterhand hindurchgehen, unter gleichzeitig vermehrtem Treiben mit der Peitsche. Das Pferd muß »sich setzen« (S. 170).

Der Galopp im Arbeitstempo wird erst begonnen, wenn das Pferd den Mittel- und abgekürzten Trab losgelassen, schwungvoll und die Tempiwechsel richtig ausführt. Ein Galopp-Angebot junger Pferde soll angenommen werden, weil der Galopp schnell zur Losgelassenheit führt und das Pferd mit langem Hals an die Hilfen bringt. Durch den Galopp verbessern sich auch schneller und leichter ein fehlerhafter Schritt und Trab, als wenn das Pferd nur in der betreffenden Gangart gearbeitet wird.

Zur ersten Entwicklung des Galopps dürfen die Ausbindezügel nicht so kurz sein wie bereits beim Trabe. Das Pferd muß, zum genügenden Untertreten der Hinterbeine, seinen Hals strecken können. Erst wenn das Pferd sich im Galopp zu tragen gelernt hat, ist es sehr vorsichtig um 1 Loch je zwei Stunden, kürzer auszubinden.

Entwickelt wird der Galopp aus dem abgekürzten Trab wie folgt: Der in guter Haltung auszuführende Trab des Pferdes wird durch einen oder mehrere hebende Anzüge der Longe gestört. Gleichzeitig wird eine Peitschenhilfe kurz hinter dem Gurt in dem Augenblick gegeben, in dem der innere Hinterfuß abhebt. Springt das Pferd richtig an, bleibt die Hand mit anstehender Leine ruhig. Die Peitsche kann im Takt des Galoppsprunges gehoben und gesenkt werden. Falsch anspringende und wegeilende Pferde sind durch halbe Paraden mit *gleichzeitig* vortreibender Peitschenhilfe *und* mit Unterstützung der Stimme zu beruhigen. Niemals mit groben Hilfen in den Galopp hineinjagen.

Der Mittelgalopp beginnt, wenn das Pferd im Arbeitsgalopp ruhig vorwärts geht und die Hinterhand gut untersetzt. Zum Mittelgalopp sind die Ausbindezügel ein Loch länger, die Peitsche treibt in Verbindung mit halben Paraden vermehrt vorwärts. Erst wenn das Pferd sicher an der Longe steht und schwungvoll galoppiert, kann man sie wieder verkürzen. Dadurch wird die Hinterhand vermehrt gebogen. Ein anschließender Trab muß allmählich wesentlich besser herauskommen.

Um Überanstrengungen zu vermeiden, sind Pausen einzulegen, in denen das Rückwärtstreten (S. 146), Abkauen und Biegen an der Hand (S. 208 ff.) geübt werden.

Der abgekürzte Galopp folgt, wenn die vorherigen Tempi in guter Haltung gezeigt werden. Bei dieser Lektion müssen halbe Paraden mit lebhaften, leichten Peitschenhilfen gut gegeneinander abgestimmt sein. Ungeschickte Hilfen und zu starke Abkürzung lassen das Pferd leicht auseinanderfallen (S. 116), wie auch bei höheren Tempi. Eine gute Übung zum Verbessern der Haltung und vermehrten Biegen der Hinterhand ist diese Lektion auf kleinerem Zirkel bis minimal 8 m Durchmesser. Hierzu wird, unter wiederholten »durchgehenden« Paraden, die Longe allmählich verkürzt, *ohne* Aufgabe der Verbindung.

Das Versammeln in halben Tritten (S. 170) und *an der Hand* (S. 210) kann unter den gleichen Hilfen und Grundsätzen auch an der Longe geübt werden. Allerdings noch nicht mit jungen Pferden.

Unter dem Reiter, etwa ab 9. Monat, sollte das bis dahin ausgebildete Pferd erst gehen, wenn man ihm diese Umstellung auf selbständige Arbeit verständlich gemacht hat. Deshalb ist es immer gut und richtig, das Pferd noch einige Tage unter dem Reiter an der Longe gehen zu lassen.

Für die Arbeit und Ausbildung *bis zum Anreiten* lasse man sich viel Zeit, sie zahlt sich für Pferd und Reiter immer aus!

Teil 3 Das Springen Das Geländereiten Die Reitjagd

Das Springen

Geschicktes und sicheres Überwinden von Hindernissen führt zum guten Reiten im Gelände. Um allen gestellten Anforderungen zu genügen, müssen Pferd und Reiter gründlich vorbereitet und dauernd geschult werden.

1. Anforderungen an Pferd und Reiter

Im Springsport sollen Pferd und Reiter eine gleich starke Einheit sein. Jedoch wird ein gutes Springpferd auch in seinen Leistungen durch einen mangelhaft ausgebildeten Reiter behindert. Umgekehrt wird ein guter Springreiter keine Leistung zeigen können, wenn er nicht das seiner Klasse entsprechende Pferd zur Verfügung hat.

Zu den Anforderungen an das Pferd ist vielen Reitern nicht bekannt, daß ein springwilliges Pferd aufmerksam versucht, seine Galoppsprünge dem Hindernis anzupassen, um möglichst wenig Kraft aufwenden zu müssen. Diese instinktive Selbständigkeit zum Finden des richtigen Absprungpunktes kann durch Springen über Cavaletti sehr gefördert und gefestigt werden (S. 228 – Springvorübungen und Ablauf der richtigen Sprungbewegung).
Das Pferd muß gut beweglich, geschickt, geschmeidig, unbedingt gehorsam und springfreudig sein. Vor allem wird eine gute Sprungkraft verlangt, die wiederum auf die Beweglichkeit großen Einfluß hat. Das Galoppiervermögen des Pferdes ist, bezüglich der Parcourslänge bei Springprüfungen, ausschlaggebend. Manche Springpferde kommen trotz geschickter, geschmeidiger und springfreudiger Manier nicht zum Erfolg, weil sie über dem Sprung »die Beine hängenlassen«. Für die Abgewöhnung dieses Fehlers gibt es ein einfaches Training, nämlich das Springen über kleine und mittlere feste Hindernisse. Das Pferd wird sich sehr schnell das Hängenlassen der Beine beim Springen abgewöhnen, ohne gequält oder geschunden zu sein.
Die bisher genannten Eigenschaften des Pferdes reichen für die neuartigen Hindernisformen und die z. T. schwierigen Abstände bei Kombinationen nicht aus. Zusätzlich muß das Pferd eine wirksame Springtechnik (S. 229) erlernen. Es muß bereit sein, den Reiterhilfen in jeder Weise schnell und sicher nachzukommen. Diese Technik kann nur auf der Grundlage der klassischen Dressurausbildung aufgebaut werden. Die damit erreichte Rittigkeit unterstützt den von mehreren Möglichkeiten günstigsten Bewegungsablauf beim Springen. Gute Rittigkeit und eine gefestigte Springtechnik – erreicht durch die spezielle Dressurtechnik – geben dem Pferd eine wesentlich bessere Gewandtheit. Diese ist Voraussetzung für ein evtl. risikovolleres Springreiten beim Zeitspringen oder Stechen.

Ein Springpferd ist so zu trainieren, daß es

- ohne zu stürmen oder zu stutzen jedes Hindernis springfreudig annimmt;
- sein ruhiges, gleichmäßiges Tempo nicht eigenmächtig ändert;
- weder zu früh noch zu spät abspringt;
- das Hindernis mit möglichst geringer Kraftaufwendung überwindet und
- nach dem Sprung im gleichen Tempo und auf gerader Linie weitergaloppiert. Oft alle Tempi *am* hingegebenen Zügel reiten (S. 107).

Versagt ein Pferd beim Springen den Gehorsam, muß der Reiter erst die beiderseits gleichmäßige Anlehnung gewinnen. Nur dadurch wird das Vorwärtsgehen zum nächsten Hindernis gewährleistet.

1 Der Absprung, 2–3 Schwebephase, 4 Das Landen

Das Pferd muß in steter Anlehnung, aber guter Hals- und Kopffreiheit den Absprung möglichst selbst bestimmen.

Vom Reiter muß verlangt werden, daß er

- einen von der Hand völlig unabhängigen Sitz bei leichter Zügelanlehnung hat;
- sich weich und geschmeidig im Sitz der Schwebephase anpaßt;
- gut in alle Bewegungen des Pferdes einzugehen versteht und
- unbedingt alle Störungen des Pferdes im Maul und Rücken vermeidet.

Vor dem Sprung versichert sich der Reiter durch gut vortreibende Hilfen der Anlehnung und führt das Pferd geradegestellt senkrecht auf das Hindernis zu. Zieht das Pferd das Hindernis an, muß ihm bei dauernder Anlehnung *die* Zügelfreiheit gegeben werden, die es dem Reiter abverlangt (Abb. 1).

Während des Sprunges bleibt der Reiter mit dem Oberkörper etwa *senkrecht zum Erdboden.* Diese Haltung kontrolliert der Reiter durch die Beobachtung, daß beim Absprung sich der Pferdehals seiner Brust, beim Landen die Kruppe seinem Rücken nähert. Nur während der Schwebephase muß also der Oberkörper des Reiters *fast senkrecht zum Pferderücken* verlaufen (Abb. 2).

Beim Abheben zum Sprung und während des Sprunges darf der Reiter nicht hinter der Bewegung zurückbleiben. Mit festem Knieschluß und vorgeschobenem Gesäß muß er geschmeidig in die Auf- und Vorwärtsbewegung des Pferdes eingehen. Im Sprung streckt das Pferd den Hals weit vor, um sich auszubalancieren. Das nennt man in der Reitersprache *Bascule* (frz. Bascule – Brückenwaage). Dieses Strecken muß der Reiter, soll der Sprung gelingen, durch Vorgehen der Arme aus dem Schultergelenk heraus unterstützen. In einzelnen Fällen ist sogar das Mitgehen des ganzen Armes geboten. Es ist fehlerhaft, das Pferd im Sprung ganz aus der Hand zu lassen. In den meisten Fällen vertraut es auf die bisherige Anlehnung und teilt sich den Sprung selbst ein. Ist die Anlehnung einmal aufgehoben, muß die Verbindung sofort mit gestrecktem Sitz und gespanntem Kreuz wieder aufgenommen werden. Besonders fehlerhaft ist das Rückwärtswirken und Steigen der Hände, weil das Pferd dann die Hinterhand nicht weit genug untersetzen kann (S. 110 und 232).

Auch beim Landen bleiben die Unterschenkel, wie während des ganzen Sprunges, mit tiefgehaltenem Absatz senkrecht am Pferdeleib (Abb. 3 und 4). Stolpert ein Pferd beim Landen oder rutschen die Vorderfüße weg, läßt der Reiter sofort die Zügel durchgleiten und verlegt sein Gewicht nach rückwärts. So hat das Pferd volle Freiheit und kann sich wieder aufrichten, weil der lange Zügel ein besseres Untergreifen der Hinterhand ermöglicht. Der Reiter wird dann auch nicht auf die Schulter des fallenden Pferdes gerissen. Umgekehrt ist es beim Weitsprung, wenn der Reiter glaubt, daß die Hinterhand nicht richtig landen könnte. Dann muß er sekundenschnell sein Gewicht durch Vorneigen des Oberkörpers mehr auf die bereits gelandete Vorhand verlegen. Nach dem Sprunge ist das Pferd geradeaus weiterzureiten, um der Neigung fast aller Pferde, nach dem Hindernis seitwärts abzuweichen, zu begegnen. Der Reiter darf sein Pferd nie festhalten, denn gerade diese Pferde brechen aus oder begehen andere Fehler, die ein weiteres Springen in Frage stellen. Einige nehmen aus Selbsterhaltungstrieb dem Reiter mit Gewalt die Hand und verschaffen sich so Luft. Kopfloses, stürmisches Springen ist meistens die Folge. Wird dem Pferd der Kopf in der Höhe festgehalten, kann es den Rücken nicht aufwölben und bleibt meistens mit der Hinterhand im oder auf dem Hindernis hängen. Auf Kandare dürfen nur geübte Reiter mit angefaßter oder durchgezogener Trense springen. Von allen anderen sind die Zügel zu teilen. Beim Korrigieren während eines Sprunges unter Kandare ist vorwiegend die Trense zur Wirkung zu bringen (S. 230).

2. Das Springen und Springen an der Hand

Springvorübungen sind zu beginnen, bevor an die Springübungen unter dem Reiter herangegangen wird. Das Pferd ist durch ausgiebiges Lösen von guten Reitern vorzubereiten. Dazu gehören auch die Bodenrickarbeit, das Springen über Cavaletti, ganz leichtes Springen im Gelände über möglichst natürliche Hindernisse und das Springen an der Hand (Freispringen). Im Gelände sollte auch hin und wieder ein Galopp im freieren Tempo eingelegt werden.
Der Zweck dieser Vorübungen besteht darin, durch vieles Überwinden von niedrigen Hindernissen dem Pferd Gehorsam, Rückentätigkeit, Zutrauen und Geschicklichkeit beizubringen. Der Reiter soll dabei das richtige

Bodenrickarbeit

Gefühl für das Hilfengeben bekommen, Geschmeidigkeit im Sitz und Sicherheit erlernen. Das Anreiten bei den Vorübungen geschieht im Schritt oder Trab. Galoppiert das Pferd vor dem Hindernis an, sitzt der Reiter ruhig in den Galopp ein. Nach dem Sprung wird aber die gleiche Gangart angenommen wie zuvor.

Zum Springen an der Hand in der Bahn – auch *Frei- oder Einspringen* genannt – sind nur Pferde zu führen, die schon gelöst sind. Die mögliche Aufstellung der abgesessenen Reiter und der Ablauf des Springens sind in der Abb. links auf der gegenüberliegenden Seite zu erkennen. Es ist darauf zu achten, daß der Reiter das Pferd *außen* führt. Die Zügel werden durch den Kehlriemen gezogen und geknotet auf den Pferdehals gelegt.
Die Pferde werden einzeln im Schritt an das Hindernis geführt. Es wird an dem Flügel der Abteilung begonnen, der am weitesten vom Hindernis entfernt ist. Alle Reiter rücken mit ihrem Pferd nacheinander bis zum Platz des Flügelpferdes nach. Jenseits des Sprunges in der Ecke steht ein Mann mit Futterschwinge, der die Pferde einfängt. Der Reitlehrer steht mit einer Peitsche seitlich vor dem Hindernis. Er soll aber von der Peitsche nur Gebrauch machen, wenn ein Pferd zögernd springt.
Ist der Vorgang den Pferden vertraut, können auch auf der gegenüberliegenden Seite Hindernisse aufgestellt werden, zweckmäßig mit Fängen. Zur Absperrung genügen 2–3 Leute. Das Pferd soll beim Freispringen lernen, sich selbst aufzunehmen, die Galoppsprünge vor

dem Hindernis zum Finden des Absprunges einzuteilen und mit losgelassenem Rücken zu springen. Das erkennt man ganz deutlich an der nach oben gewölbten Hals-Rücken-Linie des im Sprung befindlichen Pferdes (Abb. S. 230).

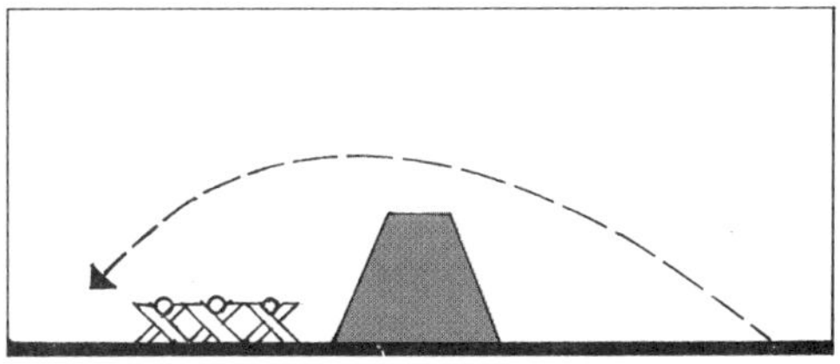

Bodenricks hinter dem Sprung als Korrekturhilfe, wenn Pferde »ohne« Rücken springen

Im Ablauf der richtigen Sprungbewegung des Pferdes treten oft Schwierigkeiten auf. Diese können durch Springen über Hindernisse abgestellt werden, deren Absprung- und Landestelle im Querschnitt erweitert wird. Hierzu sind enganeinandergereihte Bodenricks aufzustellen, so daß das Pferd nicht dazwischentreten kann und diese Fläche wie einen Graben überspringen muß. Das gilt besonders für Pferde, die ihre Hals-Rücken-Linie im Sprung nicht nach oben wölben (den Rücken festhalten) oder *zu früh abspringen.* Um diese Fehler zu beseitigen, werden in den ersten beiden Fällen *hinter* einem Hochsprung bis zu drei Bodenricks wie in der obigen Abb. aufgestellt. Das Pferd sieht diese erst in der Schwebe und wird dadurch zum Tauchen veranlaßt. Die obige Abb. auf der folgenden Seite zeigt die Hindernis-Aufstellung für die Korrektur von Pferden, die *zu spät abspringen* und sich dadurch nicht genügend strecken. Hier werden *vor* einem Hochweit- oder nur Weitsprung bis zu vier Bodenricks aneinandergestellt. Bei einem Doppelsprung bitte die Entfernung beachten.

Bei Pferden, welche *die letzten Galoppsprünge* vor dem Hindernis *schlecht einteilen,* wird wie folgt verfahren: Ein niedriges Hindernis (s. Abb. Seite 230 unten) wird etwa 4, 7 oder 11 m vor einem Hochsprung aufgestellt. Das sind sogenannte erleichternde Hindernisse. Es kann aber auch die vorige Aufstellung gewählt werden.

Bei einem *zu flach springenden* Pferd sind 3 bis 4 mittelhohe Hindernisse in einer Reihe mit einem Abstand von 3,00 bis 3,50 m oder 6,00 bis 6,50 m aufzustellen. Diese werden als erschwerende Hindernisse bezeichnet (ohne Abb.).

So gut das Freispringen für die Pferde ist, besteht aber auch die Gefahr, daß sie verlernen, sich fliegen zu lassen. Deshalb muß zwischendurch immer wieder einmal ein einzelnes Hindernis im kontrollierten Tempo unter dem Reiter gesprungen werden.

Springen an der Hand in der Bahn

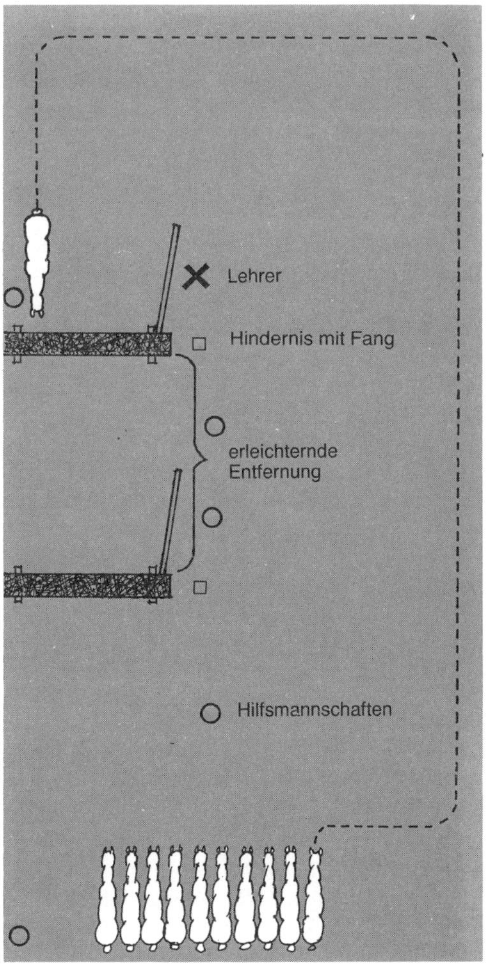

Doppelsprung mit einem Galoppsprung Zwischenraum

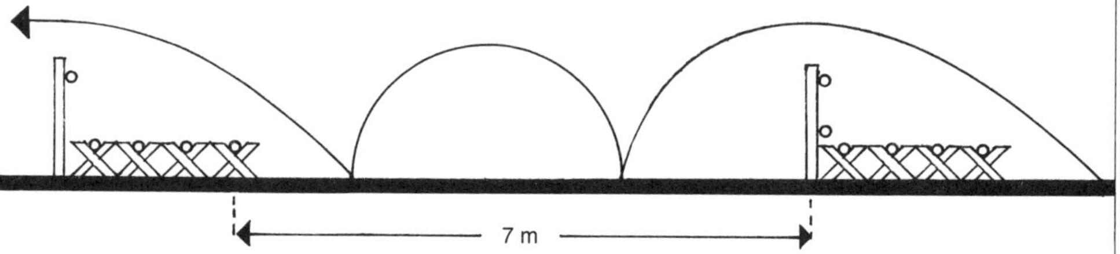

Doppelsprung ohne Zwischensprung. Die Abstände sind so gewählt, daß sich die Pferde, die zu spät abspringen, vermehrt strecken müssen.

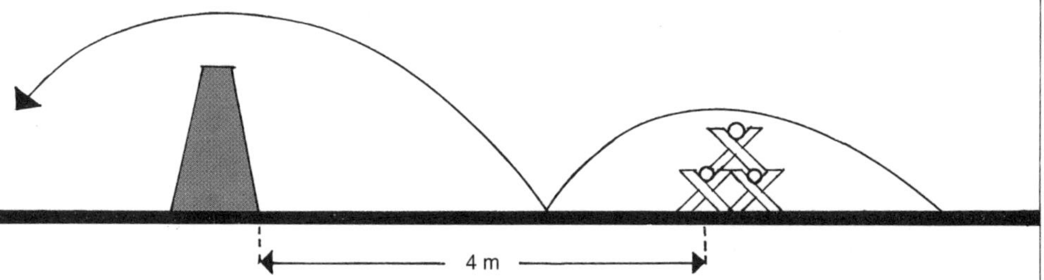

Der Sitz des Reiters im Sprung und beim Reiten im Gelände muß den Pferderücken entlasten, wie bei der Arbeit von Pferden mit schwacher Hinterhand und schwachem Rükken. Der Reiter neigt dazu den Oberkörper *etwas* nach vorn, um den Druck der Gesäßknochen zu vermindern. Das Gewicht wird dadurch über die Oberschenkel und Knie des Reiters mehr auf die Seiten des Pferdes übertragen. Soll der Pferderücken beim Springen und Reiten über unebenes Gelände noch mehr entlastet werden, kann der Reiter sich mit erhobenem Kopf und gut vorgeschobener Hüfte ein wenig aus dem Sattel heben. Die Unterschenkel müssen unbedingt senkrecht an ihrem Platz bleiben. Durch etwas verstärkte Steigbügelstütze mit tiefem Absatz und festerem Knieschluß behält der Reiter seinen festen Sitz. Keinesfalls den Oberkörper so weit vorbeugen, daß die Führung des Pferdes und der Sitz des Reiters unsicher werden.
Immer wieder muß beim Springsitz auf die Geschmeidigkeit der Hüften und Losgelassenheit von Schulter-, Ellenbogen- und Handgelenken hingewiesen werden. Nur dadurch ist der Reiter in der Lage, die Knie stets flach am Sattel zu halten und das Pferd nicht im Rücken und Maul zu stören.

Die Einwirkungen des Reiters beim Springen sind der Prüfstein seines Könnens der treibenden Hilfen im leichten Sitz (S. 98).
Jedes Hindernis muß grundsätzlich genau vor der Mitte angeritten werden. Nimmt das Pferd das Hindernis an, ist ihm soviel Zügelfreiheit zu geben, wie das Pferd sie fordert (Abb. 1). Dabei dürfen weder die treibenden Hilfen noch die Verbindung zum Pferdemaul aufgegeben werden. Bei unsicher springenden Pferden steigern sich die treibenden Hilfen bis kurz vor dem Absprung. Zum Absprung wird der Oberkörper ein wenig vorgeneigt und dementsprechend das Gesäß aus dem Sattel gehoben (Abb. 2). Übertriebenes Vorneigen verunsichert die Haltung des Reiters und verringert seine Einwirkungsmöglichkeiten. Während des ganzen Sprunges muß der Reiter mit der Bewegung des Pferdes mitgehen. Der Blick ist aufrecht geradeaus auf den Sprung und den weiteren Weg gerichtet. Knie und Unterschenkel bleiben mit tiefem Absatz fest am Sattel liegen (Abb. 2 bis 5).

Im Sprung und beim Landen streckt das Pferd seinen Hals weit nach vorn, um sich ausbalancieren zu können. Dieses Vorstrecken muß der Reiter mit leichter Anlehnung durch Nachgeben in den Schultern und Ellenbogen unterstützen.

Es ist falsch, einem Pferd den Absprung auch nur andeuten zu wollen oder kurz vor dem Sprung die Zügel wegzuwerfen. Im Vertrauen auf die bisherige Anlehnung wird das Pferd dadurch gestört und verunsichert. Beim Aufsetzen nach dem Sprung dienen die Knie des Reiters als Stoßfänger, die sein Gewicht federnd auffangen und die Vorderbeine des Pferdes entlasten sollen (Abb. 5). Das auf S. 227 beschriebene Verhalten gilt uneinge-

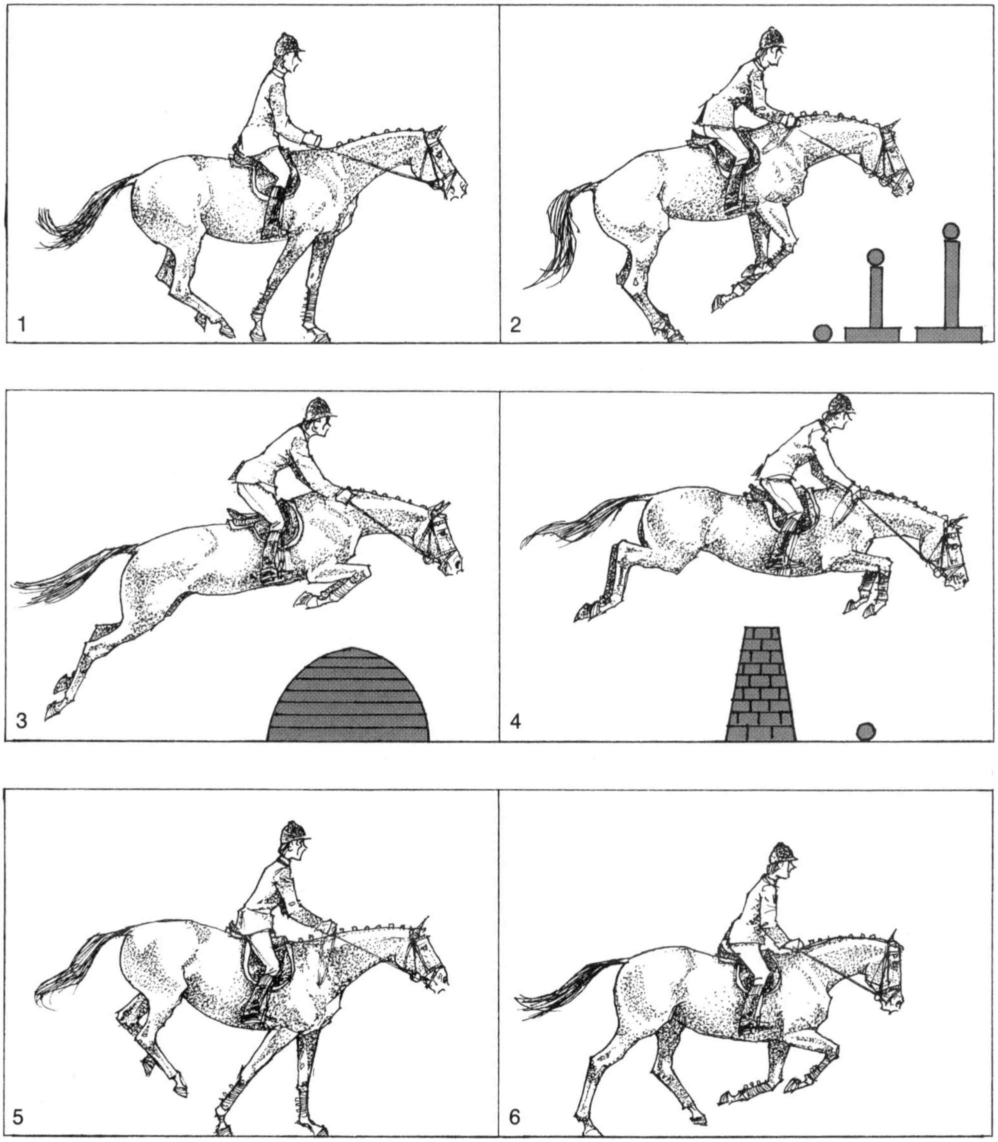

7

8

schränkt auch hier. Die Hände bleiben während des Sprunges seitlich des Pferdehalses unterhalb vom Mähnenkamm und geben in Richtung Pferdemaul nach. Bei der Zügelführung mit einer Hand gleitet der kleine Finger auf dem Mähnenkamm entlang nach vorn.

Nach dem Sprung versuchen fast alle Pferde, nach der Seite wegzustürmen. Das kann man auf sehr einfache Weise verhindern, wenn der Reiter

- *bei jedem* Hindernis das Treiben nicht vergißt;
- grundsätzlich den Sprung zur Mitte anreitet;
- stets nach vorn blickt, auch wenn es hinten klappert;
- sein Pferd nach jedem Sprung »aufnimmt« *(an die Hilfen stellt)* und
- ständig »am Sattel klebt« (Abb. 6 und S. 96).

Ein »Pferd aufnehmen« heißt, es laufend wieder leicht an die Hilfen zu stellen (S. 110).

Glaubt der Reiter, daß sein Pferd beim Springen fehlerhafte Bewegungen oder Gewohnheiten zeigt, sind diese *sofort* abzustellen. Art und Weise sind auf Seite 229 aufgezeigt und gelten auch beim Springen unter dem Reiter.

Zwei gravierende Sitzfehler beim Sprung sollen noch aufgezeigt werden: Der Reiter sitzt viel zu weit nach vorn geneigt (Abb. 7). Dadurch das zu hohe Gesäß, die nach rückwärts rutschenden Knie und hochgezogene Absätze. Die Zügel sind zu kurz und geben im Ellenbogen nicht nach. Das Pferd hat eine nach unten gebogene statt nach oben gewölbte Hals-Rücken-Linie. Es wird sich nach dem Sprung sehr schlecht halten können.

Der nächste Reiter (Abb. 8) sitzt auffallend hinter der Bewegung des Pferdes. Er hat völlig steife, unnachgiebige Schulter- und Ellenbogengelenke. Die Unterschenkel sind mit offenem Knie nach vorn weggestreckt. Das Pferd verliert seine Sicherheit, weil es den Hals nicht strecken kann. Es gerät bei diesen »Fahrleinen« nach dem Sprung total aus der Kontrolle des Reiters. Die Folge ist mit Sicherheit das Verweigern des folgenden Hindernisses, denn der Reiter verursacht durch seinen sehr schlechten Sitz eine schmerzhafte Stauchung des Pferderückens.

Weitere Abbildungen, die den guten Springstil nicht nur darstellen, sondern beweisen, daß er auch über mächtigere Hindernisse gehalten werden kann, sind im Farbbildteil wiedergegeben.

Goldmedaillengewinner im Springreiten: Joe Fargis, USA, auf *Touch of Class*.

Silbermedaillengewinner und Weltcupsieger 1985 im Springreiten: Conrad Homfeld, USA, auf *Abdullah*.

Irischer Wall in Hickstead/Großbritannien.

Michael Matz, USA, auf *Jet Run* bei den Weltmeisterschaften 1982 im Springreiten in Dublin/Irland.

Melanie Smith, USA, auf *Calypso* bei den Weltmeisterschaften 1982 in Dublin/Irland.

Die Europameisterin im Vielseitigkeitsreiten 1983: Rachel Bayliss, Großbritannien, auf *Mistric Minstrel* – hier beim Überwinden der Horsens-Brücke auf der Querfeldeinstrecke.

Jack Coffin, USA, auf *Bally Cor* im leichten Sitz auf der Querfeldeinstrecke der Weltmeisterschaften 1978 im Vielseitigkeitsreiten.

Bruce Davidson, USA, auf *Might Tango* beim Überwinden eines Wasserhindernisses bei den Weltmeisterschaften 1978 im Vielseitigkeitsreiten.

Querfeldeinstrecke - Wallaufsprung: Jane Starkey auf *Topper Too*.

Querfeldeinstrecke - Wassereinsprung: Lucinda Green, Großbritannien, Weltmeisterin im Vielseitigkeitsreiten 1982.

Der mehrfache Deutsche Meister im Vielseitigkeitsreiten, Horst Karsten auf *Sioux*, beim Konditionstraining.

Virginia Holgate, Großbritannien, auf *Priceless:* Eine der besten Vielseitigkeits-Reiterinnen der Welt.

Richard Meade, Großbritannien, bei einem Tiefsprung in Luhmühlen. Seit vielen Jahren einer der erfolgreichsten Reiter im Vielseitigkeitssport.

Wasserstrecken sind bei einer Reitjagd für die Pferde besonders angenehm. Die Kühlung der vom langen Galoppieren stark beanspruchten Sehnen und Gelenke tut gut.

Impressionen einer Herbstjagd.

3. Ungehorsam beim Springen

Bei guter Ausbildung von Pferd und Reiter, sachgemäßer Anleitung und allmählicher Steigerung der Anforderungen werden Ungehorsamkeiten vermieden. Zumindest bleiben sie die Ausnahme. Ist das der Fall, hat der Reitlehrer zu prüfen, ob der Ungehorsam des Pferdes am Reiter liegt oder im Einzelfall ein gutes, sicher springendes Führpferd eingesetzt wird. Immer muß der Reitlehrer danach streben, ohne die geringsten Strafen zum Ziel zu gelangen.

Bei ausgesprochen widersetzlichen Pferden sind Strafen konsequent und spürbar anzuwenden (S. 201). Hat der Reiter nach längerem Zögern des Pferdes seinen Willen durchgesetzt, soll er sich mit diesem Erfolg am gleichen Tage begnügen. Es wäre falsch, durch Wiederholung oder gar Steigerung der Lektionen den gezeigten guten Willen des Pferdes auf eine zu harte Probe zu stellen. Niemals darf ein Pferd einrücken, bevor der aufgetretene Ungehorsam, ggf. auch an einem kleineren Hindernis, beseitigt ist. Im Verlauf dieser Korrektur muß das Pferd auch unter dem schwächeren Reiter, dem es zuerst nicht gehorchte, das Hindernis überwinden.

Ein Reitstock, der seitlich verwahrend an *der* Schulterseite gehalten wird, nach der das Pferd ausbricht, gehört nur in die Hand eines fortgeschrittenen Reiters. Zum Einsatz wird der Reitstock in die volle Hand genommen. Der »Schlag«, *d. h. die Spitze des Reitstockes* bzw. Schnur der Peitsche (S. 203), muß das Pferd dicht hinter dem Unterschenkel des Reiters treffen. Es sollten nur unbiegsame, etwa 80 cm lange Reitstöcke sein.

Ausbrechen und Schiefgehen sind Folgen mangelhafter Erziehung und Ausbildung des Pferdes. Die meisten Pferde brechen nach links aus, weil ihnen die Linkswendung aufgrund des steiferen rechten Hinterfußes leichter fällt. Diesem Ungehorsam kann sofort vorbeugend entgegengewirkt werden. Das Linksausbrechen unterstellt, wird das Pferd schulterhereinartig nach rechts gebogen gegen das Hindernis geführt. Ist das Pferd schon ausgebrochen, wird mit Kopfstellung nach dieser Seite sofort pariert und auf einem Hufschlag oder zwei Hufschlägen rückwärtsgerichtet. Hat es den nötigen Abstand zum erneuten Anreiten gewonnen, wird wieder schulterhereinartig angeritten.

Beträgt nach dem Ausbrechen die Entfernung zum Hindernis nicht mehr als ca. 10 m, muß das erneute Anreiten grundsätzlich durch Zurücktreten und Schenkelweichen erfolgen. Einmal ist in diesem Falle die Strafe auf dem Fuße gefolgt und gleichzeitig der Sprung durch vermehrte Biegung der Hinterbeine gut vorbereitet. Eine oder zwei Kehrtwendungen zum abermaligen Anreiten des Hindernisses sind erzieherisch wertlos.

Fühlt der Reiter das Ausbrechen früh genug und hat ihm das Pferd noch nicht »die Hand genommen« (S. 206), muß er durch sofortiges Biegen nach dieser Seite ein Ausbrechen verhindern. Dazu wirkt der gleichseitige Schenkel kräftig vortreibend und der *entgegengesetzte Zügel* nach vorn.

Bei schief springenden Pferden ist entsprechend zu verfahren. Läuft das Pferd am Hindernis vorbei, wird sofort zum Halten pariert. Es folgt eine Vorhandwendung zur *entgegengesetzten* Seite in Richtung des ersten Anreitens, z. B. links vorbei, Parade zum Halt, Vorhandwendung rechts. Erst dann wird zum Springen vor die Mitte des Hindernisses angeritten. Vor dem Sprung kann, um das Pferd zum Hindernis aufzustellen und den Gehorsam zu festigen, die Vorhandwendung wiederholt werden. Der Zügel dieser Seite muß vorherrschen.

Dem Stehenbleiben aus weiterer Entfernung vor einem Hindernis muß durch rasch aufeinander folgende, kräftig vortreibende Hilfen begegnet werden. Durch leicht zurückgeneigten Oberkörper belastet der Reiter mit angespannten Zügeln und *etwas höher gestellten Händen* die Hinterhand des Pferdes, bis es vorwärts geht. Gelingt dies dem Reiter nicht, muß er versuchen, mit schulterhereinartiger Stellung das Hindernis zu überwinden.

Das Stehenbleiben dicht vor dem Hindernis ist meistens die Folge fehlender Energie des Reiters. Trotzdem muß schon beim ersten

Versuch konsequent durchgegriffen werden. Das Pferd ist senkrecht zum Hindernis so oft rückwärtszurichten und energisch wieder anzureiten, bis es den Sprung überwindet.
Hat das Pferd den Mut zum Springen verloren, ist das Hindernis niedriger zu stellen oder ein Führpferd zu Hilfe zu holen. In Einzelfällen wird das Pferd nur durch Freispringen wieder Vertrauen gewinnen.

Rückwärtsgehen trotz vortreibender Hilfen ist eine Gehorsamsverweigerung, die sofort dadurch bestraft wird, daß der Reiter sein Pferd zu noch schnellerem Zurücktreten zwingt. Um sich nicht allzuweit vom Hindernis zu entfernen, wird das Pferd im Rückwärtstreten auf eine vor dem Sprung liegende Kreislinie gebracht. Nach kurzer Zeit wird es wegen der hohen Belastung der Hinterbeine ermüdet stehenbleiben. In diesem Augenblick ist sofort und sehr energisch das Hindernis anzureiten.

Kehrtmachen vor dem Hindernis ist immer der Beweis ungenügender und ungleichmäßig treibender Hilfen des Reiters. Macht das Pferd z. B. nach links kehrt, wird pariert und die Vorhandwendung wie bei schief springenden Pferden ausgeführt. Bei dieser Korrektur kann sich das Pferd niemals weit vom Hindernis entfernen. Zeitmangel, glatter Boden o. dgl. können eine Wendung nach der gleichen Seite (links) rechtfertigen. In diesem Fall muß mit kräftigen Schenkel- und Sporenhilfen, vor allem der äußeren rechten Seite, vorgetrieben werden. So kommt der Reiter zwar schneller zum Ziel, aber vom reiterlich erzieherischen Standpunkt ist es kein Brechen des Ungehorsams. Der volle Gehorsam wird nur durch die Vorhandwendung in der entgegengesetzten Richtung erreicht. Sie muß aber stets aus dem Halten ausgeführt werden, weil das Pferd in der Bewegung größeren Widerstand entgegensetzen kann.

Dem Stürmen vor dem Hindernis muß der Reiter in geduldiger Arbeit immer wieder mit halben Paraden und durch gewolltes Abwenden begegnen. Zunächst ist die »Reizschwelle« des Pferdes festzustellen, das ist der Punkt, an dem das Pferd zu stürmen beginnt. Er liegt bei jedem Pferd unterschiedlich weit vor dem Hindernis. Diesen Punkt verlegt der Reiter durch mehrmaliges Abwenden hintereinander immer ein wenig näher an den Sprung. Dann wird plötzlich, wenn das Pferd ruhig seinen Kreis zieht, das Hindernis übersprungen.
Eine weitere Möglichkeit ist mehrmaliges Springen niedriger Hindernisse auf einem großen Zirkel oder in unregelmäßiger Folge. Die Tempi müssen allerdings unter Kontrolle des Reiters stehen.

Faule bzw. laurige Pferde können nur durch kräftig vortreibende Hilfen zum flüssigen Springen erzogen werden. Zweckmäßig ist auch die Arbeit im Rudel, um den Herdentrieb auszunutzen. Die Pferde werden im Rudel außerdem dazu erzogen, sich über Weitsprünge fliegen zu lassen. Der Nachteil, daß einige Pferde in ihrem Herdentrieb bestärkt werden, ist durch Einzelreiten vom Rudel weg zu bekämpfen (S. 254).

Das Geländereiten

1. Zweck des Geländereitens

Außer der Tätigkeit beim Reiten auf ebenem Boden bedarf der Reiter besonderer Unterweisungen im Gelände. Die Arbeit auf dem Dressurplatz *und* das Springen mit Geländereiten erzielt die beste Losgelassenheit von Pferd und Reiter. Im Gelände sind die Pferde nur in der Gebrauchshaltung (S. 84, Abb. 2–4) zu arbeiten. Hierzu wird mit größeren Abständen auf langen Linien und großen Zirkeln geritten. Die Tempi sind Schritt, Arbeits- und Gebrauchstrab (Leichttraben), Arbeits-, Gebrauchs- und verstärkter Galopp. Die Bügel werden 2 bis 3 Loch kürzer geschnallt.
Anforderungen in versammelnden Übungen werden kaum gestellt. Dafür sind Gewandtheit und Willigkeit des Pferdes bei den Geländeübungen allmählich zu steigern durch:

- Häufiges Angaloppieren rechts und links aus dem Trab;
- wiederholten Wechsel des Übergangs aus dem Gebrauchsgalopp zum starken Galopp und umgekehrt und
- ganze Paraden, Rückwärtsrichten und ruhiges Stehen.

Das Gelände bietet die beste Möglichkeit, den Gehorsam des Pferdes und die Einwirkungen des Reiters weiter auszubilden. Zum Ungehorsam führen oft tief eingeschnittene oder breite Wassergräben, Wasserläufe und steile Hänge. Jeder Reiter sollte keine Zeit und Mühe scheuen, diese natürlichen Geländehindernisse so oft wie möglich aufzusuchen.
Stets zu zweien reiten!
Im Geländeritt sind nur mäßige Anforderungen an das Springen zu stellen. So erhöht der Reiter die Sprungfreudigkeit seines Pferdes, kommt mit Überlegung und Geduld schneller zum Ziel und wird erstaunt sein, daß das Pferd in der Folgezeit flüssig und elegant die Hindernisse annimmt.
Der Reiter muß selbst nach Springmöglichkeiten suchen, um seine Urteilsfähigkeit für Geländehindernisse zu vertiefen. Diese Erkenntnisse kann er dann auch auf dem Springplatz nutzen (S. 283).

2. Das Temporeiten

Die erste Aufgabe ist die Belehrung der Reiter über das richtige Temporeiten. Hierbei ist wichtig, die einzelnen Strecken an örtlich verschiedenen Stellen zu reiten, weil der ausgezeichnete Ortssinn des Pferdes zur Gewöhnung herausfordert. Die Pferde regen sich schon auf, wenn sie nur in die Nähe dieser Strecken kommen. Die Ausbildung von Pferd und Reiter für das richtige Tempogefühl muß so früh wie möglich beginnen, weil beide es für das Geländereiten, Springen und in Wettkämpfen unbedingt brauchen. Die Übungsstrecken können sich an Wegemarkierungen oder Kilometersteinen orientieren. Anfangs wird paarweise geübt, später dann einzeln. Außer den o. g. Übungsstrecken sind noch Straßen mit Sommerwegen, weiche Wegeränder oder auch freigegebene Reit- und Waldwege gut geeignet.

Kontrollstrecken sind, trotz der Forderung nach Abwechslung der Übungsstrecken, unbedingt erforderlich. Es genügt dazu ein langer Weg, der für alle Tempi entsprechend aufgeteilt ist und die notwendigen Kontrollen ermöglicht. Diese Kontrollstrecke sollte ca. 500 m lang, 3–4 m breit und gerade sein. Sanfte Windungen innerhalb der Strecke stören keineswegs. Weicher Boden ist erforderlich. Sofern keine Baumwurzeln gefährlich wer-

den, sind Waldwege besonders gut geeignet. Aber bitte ohne Forstschaden und nur auf freigegebenen Wegen. Im Einvernehmen mit der Forstverwaltung kann so eine Strecke mit Tempotafeln im Abstand von 50 oder 100 m bestückt werden. Wegen der Sichtverhältnisse eignen sich besonders gelbe Tafeln mit schwarzer Schrift.
Auf derartigen Strecken kann der Tempowechsel aller Gangarten, das Verlängern der Galoppsprünge und Einhalten der geforderten Tempobereiche und Zeiten genau überprüft werden. Auch die Ausbildung des Tempogefühls ist hier ideal gegeben. Geübt wird einzeln oder paarweise mit Abständen von 10–20 m, um die Pferde an ruhiges Verhalten trotz Vordermann zu gewöhnen.

Die Streckentempi sind Grundlagen für Richtung und Fühlung sowie für flüssige, geordnete Bewegungen von Reitergruppen. Jeder Reiter sollte sich bemühen, das Annehmen des richtigen Tempos, Tempogefühl und vor allem auch das dauernd gleichmäßige Einhalten des geforderten Tempos zu erlernen. Diese Kriterien erlauben ein schonendes Reiten auf längeren Strecken für Pferd und Reiter. Mit Ausnahme von Strecken- und Zeitänderungen für bestimmte Trainingsstunden, z. B. Konditionstraining, Ausdauer usw., wird nach Normalzeiten geritten (Begriffsbestimmung S. 75), wie sie in der unten aufgeführten Übersicht dargestellt sind.
Während der Ausbildung werden die betreffenden Übungsstrecken zuerst in Marschordnung nach der Uhr geritten, um dem Reiter das Tempogefühl innerhalb der Normalzeit zu vermitteln (S. 253). Differenzierte Werte in den Gangarten, vor allem im Galopp, können nach einiger Zeit geübt und durchgeritten werden. Das ist besonders für Springreiter interessant, wenn bestimmte Tempi, z. B. 300, 350, 400, gefordert werden. Aus der Parcourslänge und diesen Angaben errechnet sich die für die Prüfung erlaubte Zeit nach der Formel:

$$\frac{\text{Parcourslänge in m} \times 60}{\text{Tempo}}$$

$$= \text{Erlaubte Zeit (EZ) in Sekunden.}$$

3. *Reiten über unebenen Boden*

Das Ziel dieses Reitens ist geschmeidiges Eingehen in die Bewegung des Pferdes, um den Rücken zu entlasten und die Rückentätigkeit nicht zu stören oder zu behindern. Das kann der Reiter nur, wenn er den richtigen leichten Sitz beherrscht (S. 98), bei dem es vor allem auf geschmeidige Hüft- und Kniegelenke und die Gewichtsverlagerung auf die Seiten des Pferdes ankommt. So wirken die Reiterschenkel treibend durch Druck von oben nach unten in Richtung der Steigbügel, die man sich bei unebenem Gelände freihängend vorstellen muß. Ein fester Knieschluß, ohne jedes Rutschen, ist erforderlich. Das Reiterkreuz ist elastisch angespannt, die Schultern locker und tief. Der Blick ist frei nach vorn gerichtet.

Streckentempi in der Übersicht

Im Schritt		100 m/Min. = 125 Schritt
Im Gebrauchstrab		220 m/Min. = 275 Schritt
Im Mitteltrab		240 m/Min. = 300 Schritt
Im Gebrauchsgalopp	– ebenes Gelände	400 m/Min. = 500 Schritt
	– welliges Gelände oder ermüdete Pferde	320 m/Min. = 400 Schritt
Im Mittelgalopp		480 m/Min. = 600 Schritt
Im starken Galopp	– je nach Situation und Gelände etwa	560 m/Min. = 700 Schritt

4. Springen im Gelände

Die Bedeutung der Springausbildung im Gelände liegt in dem Vorteil, daß die Hindernisse sehr leicht einladend zu gestalten sind. Geländesprünge weisen gegenüber denen in der Reithalle folgende Vorzüge auf:
Sie können fest gebaut werden. Feste Hindernisse sind für das Pferd erzieherischer als lose aufgelegte, die Gefahr des Ausbrechens ist durch die Anpassung an das Gelände wesentlich verringert, das junge Pferd und der junge Reiter lernen leichter springen und es sind meistens seitliche natürliche Begrenzungen vorhanden. Andernfalls kann man diese schnell anbringen.
Am besten lassen sich solche Hindernisse auf Waldschneisen, in Hohlwegen oder zwischen buschigem Gelände errichten. Derartige Sprünge können eng sein, dann haben sie den Vorteil, daß die Pferde nicht flattern oder ins Schwimmen geraten. Auch das schiefe Springen wird nachlassen.

Hochsprung zur Schulung im Gelände

Der Absprung wird sehr erleichtert, wenn die Hindernisse der natürlichen Umwachsung angepaßt sind. Umgekehrt ist ein kahles Koppelrick eines der schwierigsten Hindernisse und für Lernende ungeeignet. Daß die Ab- und Aufsprungstellen guten Untergrund haben müssen, ist wohl selbstverständlich.

Auf- und Absprünge und *Sprünge am Hang* sind sehr fördernd für die Geschmeidigkeit von Pferd und Reiter. Beim Aufsprung auf

Aufsprung des fortgeschrittenen Pferdes

einer Terrasse muß das Pferd mit energisch vortreibenden Hilfen zum rechtzeitigen und hohen Absprung aufgefordert werden. Durch völlige Zügelfreiheit und vermehrtes Vorneigen des Oberkörpers muß der Reiter seinem Pferd das Fußen der Hinterbeine erleichtern. Es muß immer wieder betont werden: Wer sein Pferd festhält, verhindert dadurch das Untertreten der Hinterhand!
Beim Tiefsprung muß der Oberkörper des Reiters *gut nach vorn* mitgehen. Durch vortreibende Hilfen am langen Zügel (S. 107) ist es dem Pferd möglich, zuerst mit der Vorhand und nicht zu nahe am Hindernis (also der Landestelle) zu fußen. Es ist verheerend falsch, wenn der Reiter beim Tiefsprung den Oberkörper zurücklegt. Das Pferd landet dann immer gleichzeitig auf allen vier Beinen.

Hangsprung

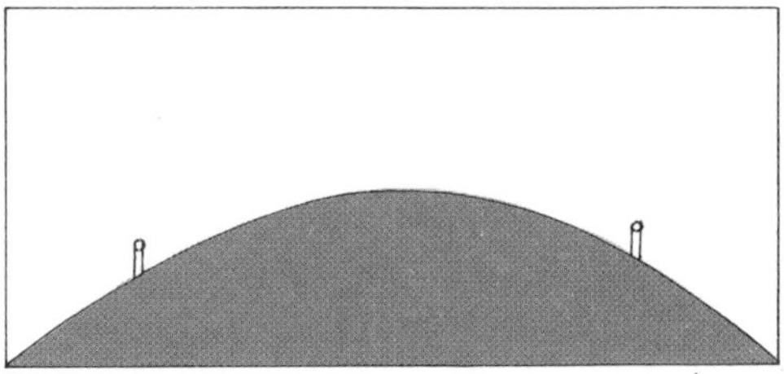

Schmerzhafte Verprellungen des Rückens von Pferd und Reiter sind die Folgen.
Dem Pferd können außerdem schwere Verstauchungen an den Vordergliedmaßen zugefügt werden.
Das ungute Gefühl der Tiefenperspektive durch Vorneigen des Oberkörpers beim Bergabspringen kann der Reiter nur durch absolut festen Knieschluß überwinden.

Gräbensprünge im Gelände sind für die Schulung besser als künstlich angelegte Gräben, die immer irgendeinen Mangel haben.
Zur Eingewöhnung sollte das Grabenspringen systematisch und vorsichtig entwickelt werden. Meistens sind es die durch das Erscheinungsbild des Hindernisses bedingten psychischen Eindrücke, die das Pferd zuerst überwinden muß. Deshalb sollten die ersten Sprünge über einen ca. 1,50 m breiten *trockenen* Graben mit mäßig steilen Wänden versucht werden. Der trockene Graben fordert das Pferd zum Springen heraus. Der Reiter soll dem Pferd gestatten, das unbekannte Ding erst einmal zu »beriechen«. Ferner ist zu bedenken, daß das Pferd in der Lage ist, aus dem Stand über 2,00 m weit zu springen. Zweckmäßig ist ein Halsriemen, den der Reiter ergreift, wenn sein Pferd sich plötzlich zum Springen entschlossen hat. Dieses Warten sollte man besonnen bis 15 Minuten durchhalten. Wenn nötig, auch etwas länger. Das Pferd wird unter diesen Umständen mit Sicherheit springen. Durch leichtes Antippen der Gerte hinter den treibenden Unterschenkeln, *nicht* durch »Bolzen oder Prügeln«, kommt der denkende und überlegende Reiter zum erstrebten Erfolg, wie die z. Zt. geltenden Weltrekorde zu Pferde zeigen:

- *Weitsprung:* 8,40 m, 26. 04. 75, André Ferreira, Johannisburg/Südafrika, auf »Something«. Zeuge war Paul Weier, Schweiz.
- *Hochsprung:* 2,47 m, 05. 02. 49, Capt. Alberto Larraguibel Morales/Chile, in Vina del Mar, Santiago/Chile auf »Huasó«.

Graben mit Koppelrick

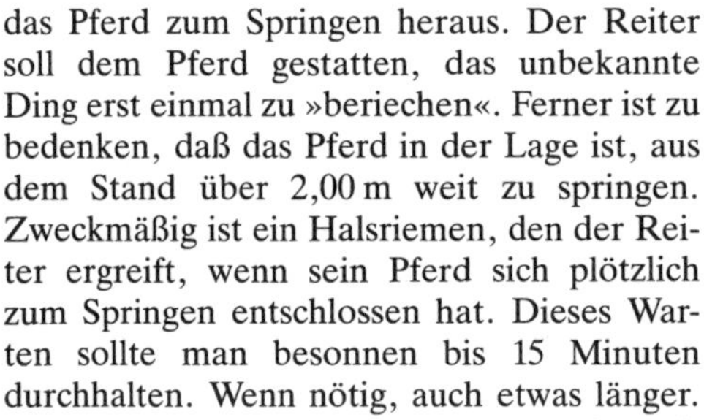

Breite Gräben lassen sich leichter überspringen, wenn *vor* dem Graben eine kleine »Bürste« oder ein kleines Rick steht. Ein in Höhe des Koppelricks gehaltener Baumstamm tut es auch.

Eingeschnittene breite Gräben werden besser durch Klettern als durch Springen überwunden. Ist die Grabensohle mit Wasser bedeckt, muß erst festgestellt werden, ob der Boden sumpfig oder fest ist. Danach entscheidet sich der Reiter für das Durchreiten, oder er fordert durch vortreibendes Versammeln sein Pferd auf, von Böschung zu Böschung zu springen. Bei diesem kurzen Sprung muß der Reiter gut mitgehen und dem Pferd volle Zügelfreiheit geben. Beim Erklettern des gegenüberliegenden Grabenrandes ist das Pferd durch vermehrtes Vorneigen des Oberkörpers zu unterstützen.

Doppelsprünge sind besonders überlegt anzureiten. Gegen den ersten Sprung darf nur soviel vorgetrieben werden, daß dem Pferd noch genügend Raum für das zweite Hindernis bleibt.
Von Anbeginn das Pferd daran gewöhnen, sich selbst die Sprünge richtig einzuteilen (S. 226 ff.). Immer an die optimale Halsfreiheit des Pferdes denken, wie überhaupt im Gelände alle Fakten des Springens in erhöhtem Maße zu beachten sind. Oft steht der Reiter beim Ausritt in Wald und Flur vor kaum voraussehbaren Situationen, in denen er sich schnell und richtig entscheiden muß. Das gilt besonders für noch unerfahrene Pferde beim Überwinden von tiefen, schmalen, sich dicht folgenden und häufig noch überwachsenen Grenzgräben, Ackerrillen oder ähnlichen Vertiefungen.

5. Klettern

Sehr förderlich sind Kletterübungen für die Losgelassenheit und das Aufwölben des Pferderückens über zunächst niedrige Wälle und Senken. Auch Reitanfänger, deren Einwirkungen noch mangelhaft sind, können durch mäßige Kletterübungen sehr gut zur Losgelassenheit gebracht werden. Solche Ritte sind auch gute Vorübungen zum Springen, weil die Bewegungslinien von Pferd und Reiter denjenigen beim Sprung ähnlich sind. Beim Klettern muß der Oberkörper des Reiters stets senkrecht zur Waagerechten bleiben. Das Gesäß ist (mit wenigen Ausnahmen) am Sattel. Das Pferd geht am langen Zügel. Die Reiterschenkel bleiben mit tiefem Absatz und festem Knieschluß am Sattelblatt.
Kletterstellen sind grundsätzlich senkrecht zu überwinden. Nur lange Hänge mit wenig Neigung werden schräg angeritten, um die Pferde zu schonen.

Bergaufreiten ist mehr oder weniger nur im Entlastungssitz auszuführen. Der Oberkörper des Reiters ist vorgeneigt (eine der oben angesprochenen Ausnahmen), er nimmt festen Knieschluß und entlastet damit Rücken und Hinterhand des Pferdes. Die Zügelfäuste dürfen niemals rückwärts wirken. Noch ungeübte Reiter fassen sofort in die Mähne, denn das Pferd muß volle Halsfreiheit haben. Das Tempo, das sich nach dem Temperament und Kräftezustand des Pferdes richtet, ist dem Pferd zu überlassen. Auch die Bodenbeschaffenheit, Länge und Steigung des Hanges sind zu berücksichtigen. Das Pferd ist mit Beginn des Trainings daran zu gewöhnen, flache, kurze Hänge bis zu 25 Grad in ruhigem Schritt oder Trab zu ersteigen. Bis zu ca. 22°-Steigungen können in allen drei Grundgangarten erklettert werden. Junge Pferde sind im ersten Halbjahr der Geländeausbildung nur auf Steigungen bis zu 30° vorsichtig zu trainieren. Hänge zwischen 30° und 45° sind im Schritt oder Galopp, zur *Steigerung der Muskelkraft* des Pferdes, am Beginn des Kletternlernens oft zu nutzen.
Steilere, kurze Kletterstellen zwischen 45° und 50° kann das Pferd nur im Galopp erklimmen. Besonders auf sandigem Boden sind diese Anstiege, bei 15–20 m Länge, für *die Muskelentwicklung* gut geeignet. Besonders gut geeignet für *das Ausdauer-Training* sind Abhänge von 500–800 m Länge mit einem Steigungswinkel bis höchstens 30°.

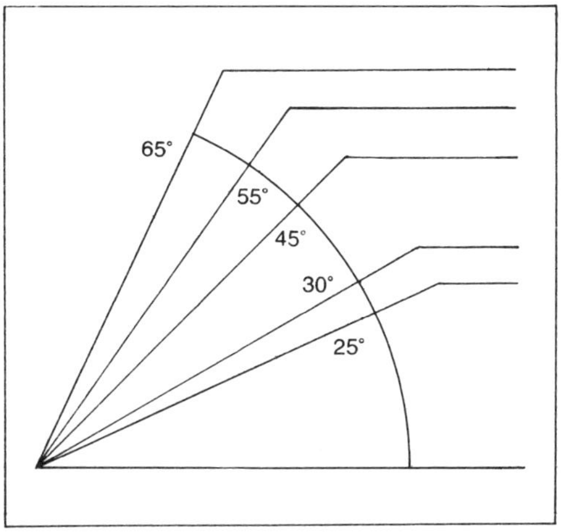

Winkelgrade

Bei allen Kletterpartien stellt der Reiter sich mit festem Knieschluß in die Bügel, hebt sein Gesäß aus dem Sattel und neigt den Oberkörper zum Pferdehals leicht nach vorn. Eine Hand faßt in die Mähne oder den Halsriemen, weil der Reiter ohne diesen Halt weder sein Gleichgewicht mit dem des Pferdes übereinstimmen noch das eigene Gleichgewicht halten kann. Auch hier bleibt das Tempo dem Pferd überlassen.

Bergabreiten verläuft *stets senkrecht* zum Gefälle der Böschung; ausgenommen lange Hänge mit geringem Neigungswinkel. Schrägstellung des Pferdes an steileren Gefällen ab etwa 30° stört das Gleichgewicht von Pferd und Reiter. Außerdem besteht Gefahr des seitlichen Abrutschens oder Überschlagens. Bergab sind die Pferde zu absolut ruhigem Verhalten zu erziehen. Das gilt besonders für Lernende, die nur auf Pferden sitzen sollten, die das Gelände kennen und auch ruhig bleiben. Zum Bergabreiten neigt sich der Reiter so weit nach *vorn,* daß er mindestens senkrecht zum Pferderücken sitzt. Mit dem Gesäß *im*

Sattel wird der Pferderücken entlastet und der Schwerpunkt nach vorn verlagert. So kann die Hinterhand gut untertreten und stabil bleiben, wie jeder Körper beim Herabgleiten auf schiefer Ebene. Die Knie sind bei tiefen Absätzen fest geschlossen, die Unterschenkel dirigieren das Pferd geradeaus. Mit den Händen auf dem Mähnenkamm wird am langen Zügel oder am hingegebenen Zügel geritten (S. 107). Dann kann sich das Pferd mit gestrecktem Hals gut ausbalancieren.

Bergabrutschen muß das Pferd bei einem Neigungswinkel ab etwa 55° (bis 65°), weil das Bergab*reiten* unmöglich ist. Die Hinterhand des Pferdes *muß belastet* sein. Deshalb muß der Reiter seinen Oberkörper *weit zurückdrücken,* keinesfalls aber nach hinten auf die Kruppe legen! Die Unterschenkel bleiben senkrecht mit tiefen Absätzen – *nicht vorgestreckt.* Besonders zu beachten sind die Bodenverhältnisse. Auf festerem Boden ist das Bergabrutschen sehr gefährlich und keine Mutprobe mehr, sondern Leichtsinn!

Ansatz zum Bergabrutschen

Wälle werden kletternd oder springend überwunden, je nach ihrer Beschaffenheit, Höhe und Breite. Befindet sich vor dem Wall ein Graben, muß der Wall im freien Tempo angeritten werden. Das Aufsetzen auf den Wall befähigt das Pferd, den erforderlichen Absprung zum Überwinden des Hindernisses zu finden. In diesem Fall müssen energische, aber nicht zu stark treibende Hilfen gegeben werden. Weitere Bedingung ist das geschmeidige Eingehen in die Bewegung des Pferdes, mit langen Zügeln in leichter Anlehnung; nicht im Maul stören! Zum Überklettern des Walles Oberkörper nur *leicht* vorneigen.

Der Wall

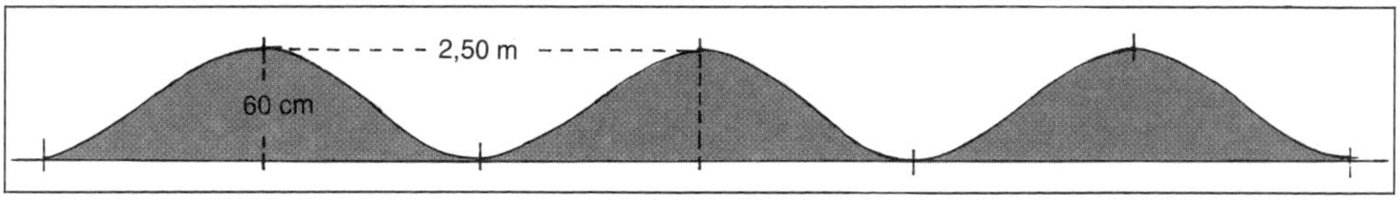

Die Wallreihe

Die Wallreihe ist sehr fördernd für die Entwicklung der Rückentätigkeit und Halshaltung des Pferdes beim Springen. Die Oberfläche der Wälle kann auch mit Lehm, Schotter, Ziegeln o. ä. befestigt werden. Diese Gymnastik ist besonders für junge Pferde und Reiter, die noch nicht zum Springen gehen, zu empfehlen. Um Springtechnik und Springgefühl zu lernen, ist die Wallreihe ein gutes Hilfsmittel. Sie soll während der Übungsstunde höchstens bis fünfmal *im dressurmäßigen* Reiten überwunden werden. Zur optimalen Nutzung des Hindernisses ist bis dreimaliges Überreiten ohne Pause zu fordern.

6. Reiten durch Wasserläufe

Hohe und steile Ufer bei Wasserläufen sind zu klettern. Beim Hinein*springen* verlieren die Pferde im Flußbett oft den Halt. Starke Strömung zieht die Pferdebeine weg, bevor sie den Flußboden berühren. Vorherige Prüfung der Wassertiefe ist geboten. Schnell fließende Gewässer sind in schräger Richtung *gegen den Strom* zu durchreiten. Dabei den Ausstiegspunkt immer im Blickfeld behalten, sonst gibt es böse Überraschungen. Mit vermehrtem Knie- und Schenkelschluß neigt der Reiter den *Oberkörper leicht zurück,* um gut gegen die Strömung treiben zu können. Das ist unbedingt zu beachten! Nimmt das Pferd den Kopf *in die Stromrichtung,* meistens in der Flußmitte, wird es unsicher, aufgeregt, gerät fast immer außer Kontrolle und dreht sich im Kreis. Ein gefährlicher Augenblick, der schon manchem zum Verhängnis wurde. Bei Furten ab Höhe der Bugspitze ist Wachsamkeit am Platze. Passiert es trotzdem, hilft nur noch eines – weg vom Pferd, es sich selbst überlassen und allein zurück zum Ufer. Das Pferd beruhigt sich und findet seinen Weg, mitunter allerdings auch dorthin, wo der Reiter sich gerade nicht befindet. Demzufolge die sicheren Schwimmer und Pferde vorweg.
Dem Pferd ist Zügelfreiheit mit leichter Anlehnung zu gewähren. Verliert das Pferd einmal den Grund, werden die Zügel hingegeben. Der Reiter neigt zur Entlastung seinen Oberkörper vor, erfaßt mit beiden Händen die Mähne *und unterläßt* jegliche Einwirkung. Muß das Pferd schwimmen, gleitet der Reiter *sofort nach links* aus dem Sattel. Erreicht das Pferd wieder festen Boden unter den Hufen – das spürt der Reiter –, schwingt er sich in den Reitsitz zurück.

7. Reiten über tiefen, sumpfigen Boden

Bei kleineren, nur mäßig tiefen oder sumpfigen Geländeflächen soll der Reiter sich mit festem Knieschluß vorneigen und dem Pferde vermehrte Zügelfreiheit geben. Erschwert nur das Reitergewicht dem Pferde das Vorwärtsgehen auf solchem Gelände, wird sofort abgesessen und geführt. In unbekanntem Gelände nur die neueste Gebietskarte benutzen, feuchte Niederungen meiden und bei überraschendem Eintreten in sumpfiges Gelände sofort halten, *absitzen* und umkehren.
Das Pferd spürt die Gefahr, wird nervös und versucht instinktiv, weiter in den Sumpf zu gehen. Auch starkes Herumziehen des Pferdehalses ist zwecklos, denn: »*Instinkte* sind ererbte Systeme von Verhaltensweisen bei Mensch und Tier, die dem Körperbau und natürlichen Lebensraum angepaßt sind. Der Ablauf dieser Systeme erfordert *keine Einsicht* in die arterhaltende Zweckmäßigkeit der Handlungen.«

8. Reiten über Glätte und Eis

Trotz eingeschraubter Stollen geben glatte Bodenflächen ein unsicheres Gefühl. Man muß vor allem ruhig sitzen. Jede Art rascher Wendungen, plötzlicher Hilfen oder ruckartiger Einwirkungen erhöhen die Rutschgefahr. Im Trabe immer aussitzen und gute Anlehnung behalten. Wenn möglich, die Pferde führen.

9. Schwimmen am Pferd

Der Geländereiter sollte auch am Pferde schwimmen können. Es ist ein gutes Übersetzmittel; vorausgesetzt, man kann selbst gut schwimmen. Am Pferd wird in Badehose geschwommen oder es werden mindestens Reitrock und Stiefel abgelegt. Zur *Schwimmübung* gehen die Pferde *ohne Reithalfter*. Ansonsten ist das Reithalfter so lang zu schnallen, daß das Pferd die Unterlippe nicht hinter den Kinnriemen legen kann. Die Trensenzügel liegen, kurz geknotet, auf dem Pferdehals. Beim Hineinreiten ins Wasser werden die geknoteten Zügel mit *beiden* Händen erfaßt. Sobald das Pferd den Boden verliert, *sofort* die Zügel loslassen und *sofort* nach *links* vom Pferd gleiten. Dabei erfaßt die rechte Hand die Mähne und der Reiter läßt sich mitziehen. Bei zu kurzer Mähne hilft ein Bügelriemen. Bei sicher schwimmenden Pferden kann der Reiter sich auch am Schweif festhalten und mitziehen lassen. Dazu ergreift die *linke* Hand die Mähne, die rechte nach rückwärts den Pferdeschweif. Zurück zur Mähne genügt ein Schwimmstoß über die Kruppe und ein Klimmzug der rechten Hand. Nun greift die linke zur Mähne und zieht den Reiter nach vorn, der *sofort wieder* mit der rechten Hand die Mähne erfaßt. Dazu gehört schon einige Übung, denn das Pferd schwimmt relativ schnell. Bei diesem Wechsel oder wenn der Reiter mit dem linken Arm und den Beinen mitschwimmt, darf der Pferderücken nicht belastet werden. Nähert sich das Pferd dem Ausstieg oder findet es wegen etwa vorhandener Sandbänke Grund, muß der Reiter nahe am Pferd bleiben und sofort den Reitzsitz einnehmen.
Die Richtung beim Schwimmen ändert das Pferd mehr nach rechts. Um das zu vermeiden, genügen einige Spritzer mit der rechten Hand. Dazu zieht sich der Reiter mit der rechten Hand näher an den Pferdehals, ergreift mit der linken die Mähne, um mit der rechten Hand über den Widerrist hinweg in Richtung rechte Kopfseite des Pferdes einige Spritzer geben zu können. Nach der Richtungsänderung sofort wieder umfassen. Auch

Schwimmen mit dem Pferd

leichtes seitliches Annehmen des linken Zügels kann das Pferd führen. Zu starke Zügelanzüge sind gefährlich, weil sie die Balance des Pferdes umkippen. Es dreht sich wie beim Wälzen. Im Wasser aber schlägt es mit den Beinen wild um sich. Letzter Ausweg wieder – weg vom Pferd und allein ans Ufer schwimmen! Böse Verletzungen und tödliche Unfälle hat es schon dabei gegeben.

Geht ein Pferd nicht ins Wasser oder steigt es davor, ist keine Gewalt anzuwenden. Solche Pferde müssen in Ruhe an das Hineingehen gewöhnt werden. Beim Steigen sofort mit einer Hand die Mähne, mit der anderen die geknoteten Zügel *und* Mähne erfassen. Dadurch vermeidet der Reiter, daß er auf blankem Pferd den Sitz verliert oder das Pferd durch Zügelziehen sich überschlägt.

10. Reiten durch Waldgebiete

Das Reiten im Walde ist auf die freigegebenen Reit- und Waldwege zu beschränken. In den meisten Forsten ist nach den geltenden Gesetzen über das »Reiten im Walde« das *Durchreiten des offenen* Waldes untersagt. Schonungen und Jungbestände sind, wie auch Naturschutzgebiete, grundsätzlich tabu. Zum Schutze der Pferde ist es angebracht, einige giftige Pflanzen, Bäume und Sträucher genau zu kennen, z. B. Akazie, Goldregen, Herbstzeitlose, diverse Hahnenfuß- und Fingerhutgewächse, Einbeere und andere.
Während der üblichen Jagdzeiten, nach denen der Reiter sich zu erkundigen hat, ist das Reiten im Walde ebenfalls untersagt und gefährlich. Über das Rauchen braucht wohl nichts gesagt zu werden – die verheerenden Waldbrände 1975 in der Lüneburger Heide sprechen für sich.
Wird hintereinander geritten, keinesfalls tiefhängende Zweige festhalten, weil sie die nachfolgenden Pferde oder Reiter verletzen können. Auf Waldwegen ist besonders auf knapp über den Boden verlaufende Baumwurzeln zu achten. Sie können sehr schnell Fesselverletzungen verursachen. Bei Begegnungen mit anderen Waldbesuchern, gleich welcher Art, wird immer zum Schritt pariert. Und – bei allem schönen Waldgeflimmer, freundliches Grüßen schadet nimmer!

11. Reiten bei Dunkelheit

Es wird immer behauptet, Pferde können bei Nacht besser sehen als am Tage. Neuere Erkenntnisse sprechen nur von dieser Möglichkeit und den noch nicht abgeschlossenen Versuchen.
Tatsache ist, daß Pferde sich gut und keineswegs unsicher in der Dunkelheit bewegen, wenn man sie mehr sich selbst überläßt. Je mehr der Reiter sein Pferd durch Hin- und Herreiten oder sonstwie stört, um so unsicherer wird es. Die Erfahrung lehrt, das Pferd *am langen Zügel* (S. 107) zu reiten, um ihm bei leichten Stolperschritten einen Halt am Gebiß anzubieten. Bei dieser anlehnenden Halsfreiheit nimmt das Pferd seinen Kopf aus ererbter Orientierungsgewohnheit tiefer.
Möglichst auf der Mitte des Weges reiten, um Gefahren durch Erdaufschüttungen, Baumzweige, Grenzsteine o. ä. zu vermeiden. Bei Nachtritten wird eventuelle Müdigkeit bekämpft, wenn der Reiter den Blick zuweilen nach den hellen Streifen zwischen die Baumkronen richtet.

12. Spazier-, Wochenend- und Dauerritte

Der Umgang mit dem Pferd bietet verschiedene Möglichkeiten und ist in unserer Zeit eine reittouristische Freizeitgestaltung. Der Beweis ist die laufend steigende Zahl der Freizeitreiter. Das Freizeitreiten bietet den Menschen den Kontakt zur Kreatur. Gleichzeitig ist es eine körperliche Betätigung und Erholung in der Natur. Die reiterlichen Kenntnisse, Freude mit dem Pferd und das Kennenlernen der Verhaltensweisen des Tieres werden vertieft. Es ist zu unterscheiden zwischen dem Spazier-, Wochenend- und Dauerritt – auch Streckenritt genannt. Dienen die beiden ersten noch der Freude und dem Vergnügen, wird beim Dauer- oder Streckenritt auch ein gewisses Maß an Leistung verlangt.
Alle Ritte werden nur mit einwandfrei gesunden Pferden, Reitern und nach eingehender Prüfung allen Zubehörs, *auch* des mitzuführenden Gepäcks, unternommen.

Der Spazierritt ist für den Reiter ein erholsamer Abschluß von anstrengender Tagesarbeit. In vielen Fällen wird sogar therapeutisches Reiten gepflegt und zur Erhaltung der Gesundheit, Leistungsfähigkeit und nicht zuletzt zur psychischen Erholung empfohlen. Pferde für das Freizeitreiten sollen ruhig, geländesicher, schmiede- und möglichst auch verladefromm sein, einen angenehmen Gang und guten Charakter haben. Viele Wünsche werden gestellt und sind bei einiger Umsicht auch erfüllbar. Leider wird aber auch noch so manche Mähre dem unerfahrenen Käufer als Reitpferd angeboten.

Wochenendritte müssen schon etwas besser durchdacht und geplant sein, wenn auch nur 20–30 km geritten werden. Die eingangs und zu den Spazierritten gesagten allgemeinen Voraussetzungen sind gleichermaßen gültig. Ein Wochenendritt sollte auf Erholung und nicht auf Marschleistung geplant sein. Man wird also eine oder zwei Pausen einbeziehen und zum Wohle für Pferd und Reiter auch einhalten.

Dauerritte erstrecken sich über mehrere Tage, ohne abends in den gewohnten Stall zurückzukehren. Schon deshalb sind Streckenritte sehr gründlich vorzubereiten. Es muß an vieles gedacht werden, z. B. an

- den Gesundheitszustand von Pferd und Reiter;
- die reiterliche Ausbildung jedes Teilnehmers;
- das Körner-, Kraft- und Rauhfutter für die Pferde, ist evtl. Weidegang möglich?;
- Gepäckwagen als Deponie der Kleinutensilien für Pferd, Reiter und Begleitmannschaft, wie u. a.
- Anbindevorrichtungen, Futtereimer oder -beutel, Ersatz für Sattelzeug, Putzzeug, Hufeisen mit Nägeln, Veterinär- und Arzneimittel für leichtere Verletzungen, Notbeleuchtung (Sturmlampen oder dergleichen) und noch einiges mehr.

Pferde und Reiter müssen auf den Dauerritt vorbereitet werden, wenn *täglich über 40 km* zurückzulegen sind. Die Marschvorübungen beginnen vier Wochen vor dem Ritt. Es sind täglich 2–3 Stunden ruhiger Marscharbeit im Gelände zu leisten, überwiegend auf harten Straßen. Die Marschgeschwindigkeit steigert sich allmählich auf 8–10 km/Std. Der Übungsritt an jedem Wochenende beträgt in der 1. Woche 30 km und wird wöchentlich um 10 km verlängert. Der letzte Übungsritt sollte bei 70 km liegen, das Tagestempo von 8 km/Std. wird festgelegt und eingehalten.

Zu den auf S. 244 angegebenen Streckentempi einige Richtzahlen aus Erfahrungswerten für *Marschgeschwindigkeiten (Geländetempi):*

5 km/Std. = 12 Min. Trab – Rest Schritt
(4 Min. Trab + 16 Min. Schritt × 3 = 60 Min.)

8 km/Std. = 15 Min. Trab – Rest Schritt
(5 Min. Trab + 15 Min. Schritt × 3 = 60 Min.)

10 km/Std. = 30–35 Min. Trab – Rest Schritt
(11 Min. Trab + 9 Min. Schritt × 3 = 60 Min.)

12 km/Std. = *entweder* fast durchweg Trab
(17 Min. Trab + 3 Min. Schritt × 3 = 60 Min.)
oder
15 Min. Galopp – Rest vorwiegend Trab
(5 Min. Galopp + 12 Min. Trab + 3 Min. Schritt × 3 = 60 Min.)

Nach diesen Werten kann ein angemessenes und vernünftiges Tempo für jede Strecke errechnet werden.
Die Gesamtstrecke ist sorgfältig in Etappen einzuteilen, deren Anforderungen sich grundsätzlich nach dem schwächsten Pferd/Reiter-Paar richten. Wenigstens eine Woche vor dem Streckenritt müssen alle Pferde gut beschlagen sein.
Die große Verantwortung eines solchen Rittes verlangt, daß ein erfahrener Reiter den Plan ausarbeitet und die Führung der Gruppe übernimmt. Aber ein noch so guter Plan kann durch falsches Reiten das Gegenteil bewirken. Unüberlegt gerittene 20 km können mehr schaden als ein gut durchdachter Streckenritt.
Nach dem Verlassen des Stalles wird zunächst Schritt geritten. Da lange Schrittreprisen ermüdend wirken, sollten die Pferde in der zweiten Tageshälfte beim Schrittreiten geführt werden. Bei stärkeren und längeren Steigungen wird *stets* geführt, auch bergab. Die Trabstrecken, anfangs kurz, können bis zu 12 km gesteigert werden. Beim Wechsel vom Schritt zum Leichttraben möglichst den Fuß wechseln, um die einseitige Belastung des Pferdes zu vermeiden. Der Reiter muß herausfinden, ob sein Pferd evtl. auf dem linken Hinterfuß lieber trabt als rechts. Bitte aber nicht aus Bequemlichkeit annehmen: Mein Pferd schafft das schon! Während des Trabes wird der Fuß niemals gewechselt. Die Gebrauchshaltung (S. 84, Abb. 2–4) ist die günstigste Reitweise. Auch ein Galopp auf weichen Wegen im Tempo 400 (S. 244) ist keine besondere Anstrengung und erfrischt Pferd

und Reiter. Während der vorgesehenen Rastzeiten sind schwitzende Pferde vor Zugluft zu schützen. *Getränkt wird* in diesen Pausen *erst kurz vor dem Weiterreiten.*
Die Marschformation ist aufgelockert, aber diszipliniert und von der Geländeform abhängig. Daß die Straßenverkehrsordnung einzuhalten ist, versteht sich von selbst. Vor allem bei Dunkelheit die Lichtmarkierungen am Anfang und Ende der Kolonne nicht vergessen. Es gibt auch Leuchtbandagen oder -gamaschen, Rücklichter, Lampen mit Grün- und Rotlicht und anderes.
Ist das Tagesziel erreicht, werden zuerst die Pferde abgewartet. Die Stallungen sind gründlich auf herausragende Nägel, scharfe Kanten oder sonstige Gefahrenquellen zu untersuchen. In größeren Ställen mit Anbinde-Vorrichtungen sind die Pferde durch Flankierbäume zu trennen. Den Verhältnissen angepaßt sind Stallwachen einzuteilen; nötigenfalls auch am Tage als zeitgebundene Kontrollwachen.
Sind Rastzeiten eingeplant, bevor das Tagesziel erreicht ist, soll die Hauptrast 1 Stunde nicht übersteigen, weil die Pferde auch unter normalen Bedingungen leicht steif werden. Etwa *15–20 Minuten vor der Hauptrast* sind die Pferde zu *tränken,* um dann sofort mit dem Füttern beginnen zu können. Allgemein richtet sich die Häufigkeit des Tränkens während des Rittes nach der Schweißabsonderung der Pferde. Das Wasser darf nicht zu kalt sein. Die Futtermenge wird der Freßlust des Pferdes angepaßt. Es ist empfehlenswert, das Futter nicht auf einmal, sondern 2–3 kleinere Rationen zu verfüttern.
Ein vorzügliches Mittel zur Erhöhung der Leistungsfähigkeit bei mehrtägigen Streckenritten ist in Wasser aufgelöster Zucker. Das Pferd schwitzt weniger und bedarf deshalb geringerer Wasseraufnahme. Sind die Pferde schon vor dem Dauerritt an *Zuckerwasser* gewöhnt worden, kann man während der Tagesetappen bis zu 2,5 kg Zucker täglich verabreichen (S. 42).
Die normale Körpertemperatur des Pferdes von 37,5–38,5° C steigert sich bei Tagesmärschen geringfügig. Bei 40° C ist jedoch Vorsicht geboten. Tritt dann ein Rückgang nach etwa 1 Stunde nicht ein, sind krankhafte Organstörungen möglich, die bei Fortsetzung des Rittes Gefahr bedeuten können. Bei 41° C besteht Lebensgefahr! Deshalb ist bei 40,5° C der Ritt abzubrechen. Wiederholtes Messen der Körpertemperatur ist angebracht. Gemessen werden *muß,* wenn das Pferd Freßunlust, Mattigkeit oder andere krankhafte Erscheinungen zeigt (S. 44).
Der Reiter kann seine eigene Tagesverpflegung vorbereiten und während des Rittes verzehren. Um den Durst zu stillen, ist Tee, Kaffee, Selters- oder Zuckerwasser besser als Alkohol.
Die beste Grundlage für Dauerritte ist eine gute Reitausbildung!

13. Marschformen und Zeichen im Gelände

Um uns auf allen Straßen, Wegen und gegenüber anderen Verkehrsteilnehmern ordnungsgemäß verhalten zu können, gibt es für die Reiter die Marschordnung, das Rudel und die Reihe. In jeder Formation wird volle Aufmerksamkeit des einzelnen Reiters gefordert. Besonders bei geringen Abständen muß sehr aufgepaßt werden, um Verletzungen durch Aufreiten zu vermeiden. Die Folge dieser Unachtsamkeit sind üble Ballen- und Kronentritte (S. 49).

Kommandos:
Hinter (Name) Marschordnung (Reihe) bilden – Gangart!
Halbrechts, halblinks Rudel bilden – Gangart!

In Marschordnung wird grundsätzlich in Städten, Dörfern und kleineren Ansiedlungen geritten, und zwar im Schritt! Zu Übungszwekken im freien Gelände auch Trab und Galopp. Die Reiter folgen zu zweit hintereinander. Der Platz des Gruppenführers ist stets vorn rechts, sein linker Nachbar reitet »auf Fühlung« (S. 75). Beide Reiter bestimmen damit den äußersten rechten Randstreifen für die gesamte Gruppe. Alle Paare haben sich

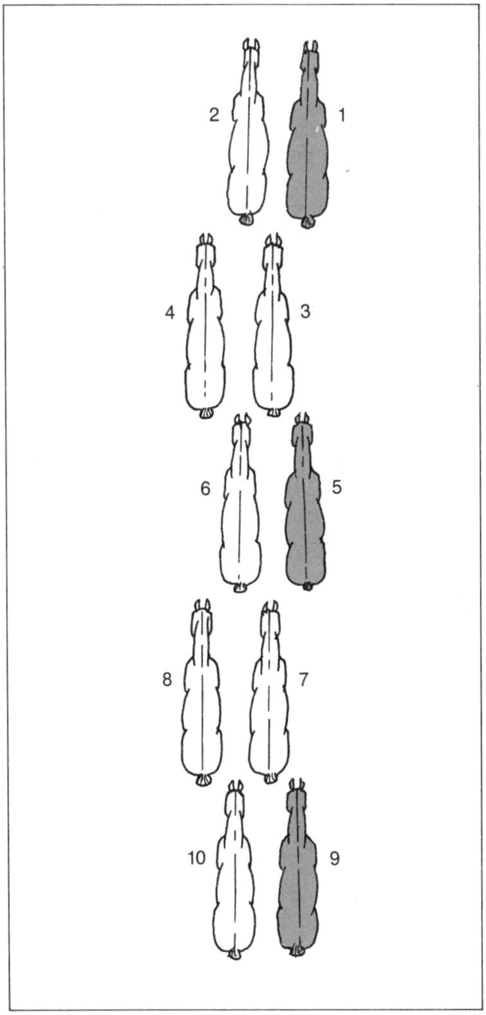

Marschordnung

danach zu richten. Der Reiter links neben dem *Gruppenführer (GrFhr)* bzw. *Truppführer (TrFhr)* ist *stets* der *Handpferdehalter* (S. 258). Die nächsten Paare folgen *auf Lükke,* d. h. der rechte Reiter des 2. Paares reitet in Richtung zwischen das Vorderpaar und der linke Reiter des 2. Paares in Richtung links vom Vorderpferd. Dieses Paar reitet demnach *links auf Lücke* und begrenzt den äußersten linken Randstreifen der Gruppe. Das 3. Paar reitet auf Vordermann zum 1. Paar und *rechts auf Lücke* zum 2. Paar usw. bis zum Schluß. Die Gruppe der Marschordnung ist in einzelne *Trupps zu je vier Reitern* gegliedert, mit dem vorn rechts reitenden TrFhr. Ohne besondere Anweisung wird »Kopf auf Schweif« geritten. Dabei befindet sich die Nasenlinie meines Pferdes in unmittelbarer Höhe des hinteren Schweifrandes des »getragenen« Schweifes meines Vorderpferdes, wenn kein anderer Abstand angewiesen wurde. Im Trab, Galopp und während der Übungsphase ist eine Pferdelänge Abstand angebracht. Bei allen Zeichen oder Zurufen (Kdos.) ist *jeder TrFhr* verpflichtet, diese Zeichen bzw. Zurufe sofort aufzunehmen und auszuführen. So bleibt die Verbindung erhalten, auch wenn die Gruppe mit größeren Abständen reitet.
Jeder Trupp hat in jeder Gruppe und jeder Reiter im Trupp seinen festen Platz, der ohne Weisung des Gr- oder TrFhr nicht verändert wird. Diese Regeln gestatten beim Geländereiten schnelles Entfalten der Gruppe zur Reihe oder zum Rudel, das Ausschwärmen und Sammeln geht reibungslos.

Das Rudel schafft im Gelände einen Ordnungsrahmen, innerhalb dessen jeder Reiter seinen Platz hat, den er beibehält. Nur der GrFhr bewegt sich frei, ohne die Mitreitenden zu stören. Sportliche Fairneß und Selbstdisziplin verbieten es, innerhalb des Rudels hin und her zu reiten. Eine ideale Form zur Selbsterziehung. Im Rudel wird der natürliche Herdentrieb genutzt. Das kann, besonders bei jungen Pferden und Reitern, dem Überwinden kleiner Gräben oder Kletterstellen geringen Ausmaßes zugute kommen. Der Nachteil des Rudels ist, daß es bei einzelnen Pferden den Herdentrieb unterstützt. Dem wird durch Einzelaufgaben aus dem Rudel heraus vorgebeugt. Eine Kombination, deren Anfangsschwierigkeit bald überwunden ist und jedem Beteiligten große Vorteile bringt.
Einzelaufgaben erhält anfangs ein Reiterpaar, dann jeder einzelne. Zunächst entfernt sich das Rudel von dem (den) Einzelreitenden. Mit zunehmender Gewandtheit ist es dann umgekehrt. Vom Rudel weg wird *immer* in höherer Gangart geritten, zum Rudel hin in niedrigerer oder höherer Gangart, z. B.:

- *Das Rudel trabt an,* zwei Reiter bleiben im Schritt. Nachdem das Rudel zum Halt pariert, reiten die Zurückgebliebenen im Schritt weiter zum Rudel;
- *das Rudel hält,* ein Reiterpaar aus der Mitte und einer der letzten Reiter entfernen sich, *unter Beibehaltung ihrer gestaffelten* Reihenfolge, bis zur angewiesenen Stelle im Trabe. Dort umkehren und wieder gestaffelt im Schritt zurück;
- *das Rudel galoppiert,* zwei Reiter rechts und ein Reiter links, bestimmten Geländepunkt im Galopp anreiten. Im Schritt oder Trab zum Rudel zurück. Inzwischen reitet das Rudel Schritt, was die Wegreitenden vorher nicht wissen.

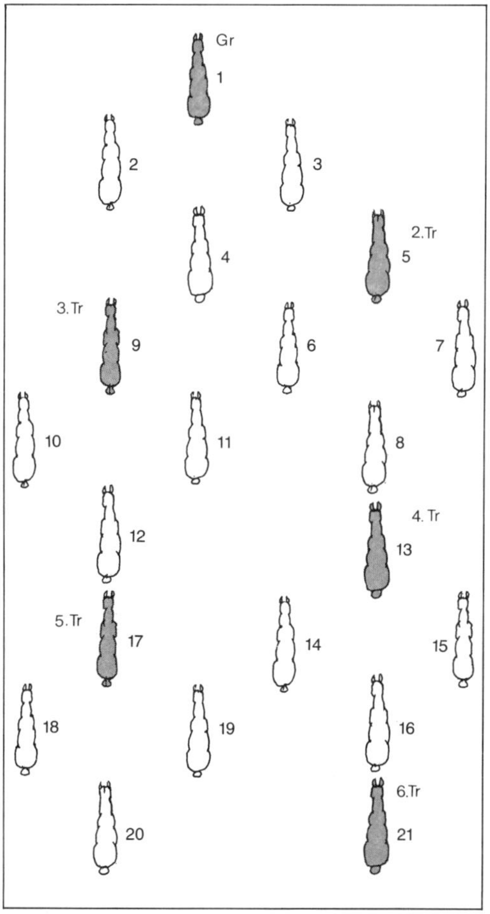

Diese Aufgaben können bei zunehmender Routine, in Ausführung und Gangart beliebig verändert werden. Bei keiner anderen Gelegenheit kann das Pferd individueller zu Gehorsam und Ruhe erzogen werden als bei diesen Aufgaben im Gelände. Bei einzelnen Pferden kann die Zeit der Gewöhnung etwas länger dauern, aber sie zahlt sich aus!

Wenn Pferde stürmen, d. h. heftig nach vorn ziehen, heißt es in der Reitersprache: »das Pferd pullt«. Diese unruhigen Pferde sind bis zur vollen Beruhigung zum Schritt zu parieren und erneut, u. U. mehrmals, anzutraben oder anzugaloppieren.

Beim Ausschwärmen zum Rudel hat jeder Trupp seinen Stellenwert. Der erste Trupp (GrFhr) reitet geradeaus, dann reiten 2. Trupp rechts, 3. Trupp links heraus usw. bis zum letzten Trupp. Jeder TrFhr muß seinen Platz, wie in der Abb. zu ersehen, genau kennen. Währenddessen staffelt sich *jeder Trupp* folgendermaßen: Der Nebenmann des Gr- bzw. TrFhr und der rechte Reiter hinter ihnen nehmen den angewiesenen Zwischenraum *und* Kopf-auf-Schweif-Abstand zum Gr- bzw. TrFhr ein. Der linke hintere Reiter jedes Trupps geht auf Vordermann zu seinem TrFhr, hat aber wiederum Kopf-auf-Schweif-Abstand zu den beiden äußeren Reitern seines Trupps, die doppelten Zwischenraum haben. Der 4. und 5. TrFhr muß wissen, daß er sich *hinter* dem letzten Reiter des seitwärts vor ihm befindlichen Trupps mit Kopf-auf-Schweif-Abstand zu formieren hat (Abb. Reiter 13 hinter 8 und 17 hinter 12). *Staffelung schräg vorwärts.* Der einfache Zwischenraum beträgt im allgemeinen 5–8 m auf Rufweite. Größere Distanzen sind mit Zeichen (S. 257) zu reiten.

Die Entwicklung zum Rudel aus der Marschordnung mit 5 m Zwischenraum

Die Reihe ist eine Marschformation auf engen Wegen, Straßen, in Schluchten, Bachläufen, durch Furten in kleineren Flüssen u. ä., um diese Strecken sicherer passieren zu können. Der GrFhr reitet an der Spitze, sein Stellvertreter am Schluß. Jeder Reiter muß gleichmäßiges Tempo halten. Der Abstand beträgt konstant drei Schritte, andere Maße sind anzuweisen. Zum Übergang in die *nächsthöhere* Gangart muß *von hinten nach vorn* angeritten

Die Reihe

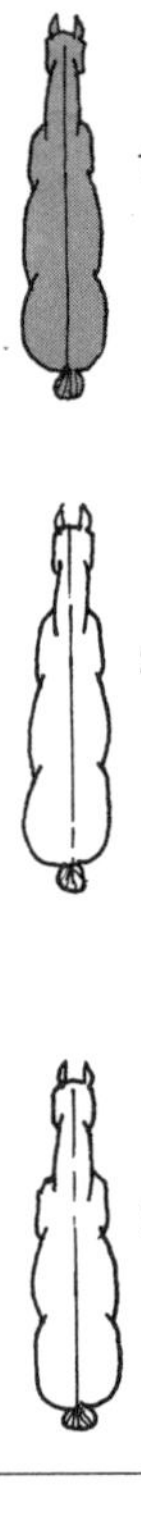

werden. Das niedrigere Tempo nicht zu plötzlich parieren, um Ballentritte zu vermeiden. Auf öffentlichen Straßen und Wegen *beachtet jeder* die *Straßenverkehrsordnung* so, als sei er allein unterwegs. Die Gruppe in sich bleibt geschlossen, z. B. im Vorfahrtsrecht. Hat der Vorderreiter die Vorfahrt erhalten, bewegt sich die Reihe ohne Unterbrechung in die neue Richtung. Das gilt gleichermaßen für die Marschordnung. Besonders hat jeder scharf rechts zu reiten. Beim Linkseinbiegen ist im großen Bogen unbedingt Vordermann zu halten. In der Reihe kann auch ein wechselseitiges Versetzen von Reiter zu Reiter günstig sein.

Die Anweisung zum »Reihe bilden!« wird *von den TrFhr* übernommen, worauf jeder Trupp im Tempo etwas verhält, um dann nach gegebenem Abstand in der Reihenfolge 1, 2, 3 usw. (Abb. S. 254) anzureiten. In der gleichen Reihenfolge wird auf Zuruf oder Zeichen wieder aufgerückt. Dabei bilden sich erst die einzelnen Trupps, um dann im *nächsthöheren Tempo* vorzureiten. *Der nächste Trupp* rückt geschlossen auf, *wenn der vorreitende* seinen Platz erreicht hat.

Zeichen beim Reiten im Gelände geben der GrFhr *und* die TrFhr zur wortlosen Verständigung untereinander. Jeder Reiter sollte die Zeichen kennen. Sie werden mit dem rechten Arm gegeben. Dazu sind die Zügel in die linke Hand zu nehmen (S. 185). Der rechte Arm wird mit geöffneter Handfläche, also keine Faust, senkrecht nach oben gestreckt. Die offene Handfläche zeigt nach vorn, so daß sie und der Handrücken aus weiterer Entfernung deutlich erkennbar sind.

Bedeutung der Zeichen

Achtung! Hochgestreckter rechter Arm.
Dieses *Zeichen ist Ausgangspunkt* und wird *grundsätzlich kurze Zeit vor allen anderen Zeichen* gegeben. Das kann aus dem Halten oder der Bewegung heraus geschehen, mit unterschiedlicher Bedeutung.

Aufsitzen! *Zeichen vor dem Abmarsch* (Abb. wie »Marsch!«).
Der gestreckte rechte Arm wird waagerecht bis in Schulterhöhe, mehrmals hintereinander, *ruhig* angewinkelt und hochgestoßen.

Rechts ran! *Das Zeichen zum Reiten scharf rechts* (ohne Abb.).
Der Oberarm wird, mit gestreckter Hand, an den Oberkörper gewinkelt und mehrmals scharf nach rechts gestoßen. Darauf wendet jeder einzeln (aus der Reihe) oder paarweise (aus der Marschordnung) rechtsum. Gegenüber wird in die vorherige Richtung und Formation eingeschwenkt, wenn der GrFhr diese einnimmt oder durch Zuruf anweist.

Rechts abbiegen! *Ankündigung zum Richtungswechsel* (ohne Abb.).
Der GrFhr und die TrFhr senken den gestreckten rechten Arm waagerecht wie eine Verkehrskelle nach rechts mit offener Handfläche nach vorn. Der letzte TrFhr bzw. Einzelreiter schwenkt den Arm leicht auf und ab. Arme *einzeln nach der Biegung* zurücknehmen.

Links ran! *Zeichen zum geschlossenen Wechsel der Straßenseite.*
Der GrFhr, die TrFhr und der Schlußreiter winkeln den gestreckten *rechten* Arm im Ellenbogen nach links über den Kopf mit offener Handfläche. Dann wird dieser Arm, etwas vor dem Kopf nach links führend, mehrmals nach links gestoßen. Weitere Ausführung wie »Rechts ran!«

Links abbiegen! *Zeichen zur Richtungsänderung* (Abb. wie »Links ran!«).
Der GrFhr, die TrFhr und der Schlußreiter geben das Zeichen wie »Links ran!«, jedoch ohne den Arm zu bewegen. Die Arme werden wiederum einzeln nach der Biegung zurückgenommen.
Bei der Richtungsänderung nach links ist vor allem darauf zu achten, daß der weite Bogen bis zum letzten Reiter gut ausgeritten wird.

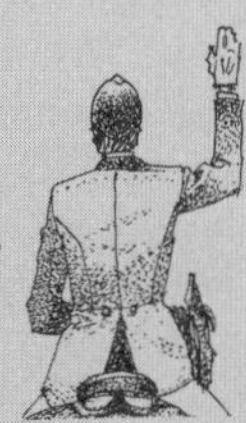

Marsch! *Das Zeichen zum Anreiten in allen Tempi.*
Es wird in der gleichen Weise ausgeführt wie zum »Aufsitzen!«, und zwar aus dem Halten oder der Bewegung, zum Anreiten oder zum Übergang in die *nächsthöhere Gangart.* Wird das gleiche Zeichen jedoch *mehrmals schnell hintereinander* gegeben, werden alle Mitreitenden zu erhöhter Wachsamkeit aufgefordert, denn jeder muß, ohne das sonst gewohnte Zwischentempo, *sofort* in der *zweit*höhreren Gangart anreiten, d. h. aus dem Halten zum Trab, Schritt zum Galopp und aus dem Trab zum gestreckten Galopp.

Niedrigere Gangart! *Aus dem Achtungszeichen den gestreckten Arm* 2–3 mal nicht zu schnell waagerecht–seitwärts nach unten senken, bis sich die flache Hand unterhalb des rechten Oberschenkels befindet.

Galopp Trab Schritt	Mit diesem Zeichen wird *nur* zum Übergang in die *nächstniedrigere* Gangart aufgefordert, weitere Zeichen können folgen. Mithin nur aus dem Galopp zum Trab – zum Schritt – zum Halten *oder* Absitzen.
Galopp Schritt	Mit einem gut eingespielten Trupp von 6 Reitern kann man auch zur *zweit*niedrigeren Gangart parieren, z. B. aus dem Galopp zum Schritt. In diesem Fall wird die Abwärtsbewegung *schnell hintereinander* ausgeführt.
Trab Halt	Wird vom Trab zum Halten pariert, ziehen die beiden ersten Reiter nach dem Halten um eine Pferdelänge vor, um evtl. auflockern zu können.
Ausschwärmen!	*Der rechte Arm wird zum Achtungszeichen erhoben* und dann mit ausgestreckter Hand im Kreise über den Kopf hinweg *links herum* bewegt und zeigt nach 2–3 Kreisen abwechselnd nach halbrechts und halblinks in die Richtung. Die Reiter schwärmen ohne besonderes Kommando mindestens auf normale Rufweite, maximal auf Sichtweite auseinander. Die vorherige Hauptrichtung ist einzuhalten.
Sammeln!	*Das gleiche Zeichen wie beim Ausschwärmen,* nur wird der Kreis des ausgestreckten Armes über den Kopf hinweg *rechts herum* geführt. Der Gruppenführer stellt sich mit seinem Pferd in die beabsichtigte Marschrichtung. Alle Reiter sammeln sich hinter ihm in der nächsthöheren Gangart, als vorn geritten wird. Gibt der Truppführer nochmals
In Marschordnung!	das Achtungszeichen mit ausgestrecktem Zeige- *und* Mittelfinger, heißt das »Sammeln in der Marschordnung«. Ist *nur* der Zeigefinger ausgestreckt, wird »Sammeln in Reihe« gefordert. Die jeweils rest-
In Reihe!	lichen Finger bilden eine Faust.

Diese Zeichen können auch durch Zuruf ausgeführt werden. In beiden Fällen verständigen sich die TrFhr untereinander durch das Achtungszeichen, um lautes Herumschreien zu vermeiden.

14. Reiten mit Handpferden

Das Reiten mit Handpferden sollte nicht allzusehr vernachlässigt werden. Es hat einen guten erzieherischen Wert für Pferd und Reiter, weil sich die Pferde aneinander gewöhnen und der Reiter seine Geschicklichkeit verbessern kann. Die Meinung, daß der *Handpferdehalter* einen geringgeschätzten Stellenwert in der Reitgemeinschaft hat, ist ein großer Irrtum. Gerade er muß Gewandtheit, Geschick und oft schnelle Entschlossenheit beweisen, auf eigene Verantwortung! Nur Reiter mit den ruhigsten Pferden sollten zum Handpferdeführen bestimmt werden, weil diese Tätigkeit vorrangig Aufmerksamkeit gegenüber den Handpferden fordert. Zur Übergabe an den Pferdehalter werden die Zügel der Handpferde vom Hals über den Kopf genommen. Der Pferdehalter ergreift diese Zügel mit der rechten und linken Hand, je nachdem, ob mit einem, zwei oder drei Handpferden geritten werden soll. Unruhige Pferde werden *nur* mit der Stimme beruhigt. Reißen an den Zügeln, Schreien oder gar mit der Gerte drohen ist unreiterlich und auch zwecklos. Die Tiere werden nur noch unruhiger. Besonnener Umgang und zügiges Reiten ist die Devise des Handpferdeführers.

- *Mit einem Handpferd* wird nur, unter Ausnahme der Übungsstunden, in Ortschaften und auf belebten Straßen oder Wegen geritten. Das Handpferd wird auf der rechten Seite geführt. Der Reiter kann mit der linken Hand also ungestört auf sein Pferd einwirken (Reiten mit einer Hand, siehe Beschreibung der Zügelführung auf S. 185).

- *Mit zwei Handpferden* wird es schon schwieriger, denn es muß eins rechts und eins links geführt werden. Die Zügel des linken Handpferdes werden vom Pferdehalter in die *linke* volle Hand genommen, und zwar von *unten* auf und über die Zügel des eigenen Pferdes. Niemals von oben durch die volle Hand.
- *Mit drei Handpferden* reiten ist eine Aufgabe für Könner. In diesem Fall gehen rechts zwei Pferde und links eines. Der Handpferdehalter hat also im wahrsten Sinne des Wortes »alle Hände voll« zu tun. In dieser Situation *durch* den Wald zu reiten ist heute aufgrund der Bestimmungen über »Das Reiten im Walde« nicht mehr gestattet. Es war schon eine kleine Meisterleistung und nicht so einfach, wie das mancher glaubt.
- Zur Zügelaufnahme dieser Handpferde begeben sich die beiden hinteren Reiter jedes Trupps nach dem Absitzen mit ihren Pferden rechts bzw. links neben das Pferd des Pferdehalters. Gr- und TrFhr drücken ihr Pferd ein wenig zur Seite. Die Zügel des Gr- oder TrFhr-Pferdes sind dem Pferdehalter *unter* den Hals des bereits neben ihm stehenden Pferdes zuzureichen. Die Zügel *aller* Handpferde sind stets so kurz aufzunehmen, daß sie das Vortreten nur bis in gleiche Kopfhöhe der vier Pferde des Trupps zulassen.

15. Das Bestimmen der Himmelsrichtung

Auch mit einfachen Hilfsmitteln ist es möglich, sich im Gelände zu orientieren. Die Möglichkeiten beziehen sich auf den Stand der Sonne, des Mondes, des Polarsternes, der Taschenuhr, der Kirchen und Kapellen, die Lage der Wetterseite und auf den Marschkompaß. Hierzu sind aber einige Dinge zu berücksichtigen, um eine möglichst genaue Orientierung festlegen zu können, z. B. die Tageszeit, Wetter- und Sichtverhältnisse, Standort der Gegenstände u. ä., die nachfolgend beschrieben werden.

Der Stand der Sonne ist auch bei bewölktem Himmel noch relativ sicher nach der Uhrzeit zu bestimmen. Die Uhrzeiten und Himmelsrichtungen können, wie die untenstehende Tabelle zeigt, leicht errechnet werden, wenn man sich den *Beginn des Sonnenstandes 03.00 Uhr morgens NO* gut einprägt.
Der Stand des Vollmondes läßt in der Tabelle erkennen, daß er zur gleichen Uhrzeit der Sonne ihr genau gegenübersteht. Deshalb ist es möglich, bei klarem oder leicht bewölktem Himmel nach dem Stand des Vollmondes auch den der Sonne zu bestimmen. Anders verhält es sich bei der Bestimmung der Himmelsrichtung nach dem Stand des zu- oder abnehmenden Mondes.

Das 1. Viertel des *zunehmenden Mondes* steht dort, wo *vor* 6 Stunden die Sonne gestanden hat, z. B. um 24.00 Uhr im Westen.
Das 4. (letzte) Viertel des *abnehmenden Mondes* steht dort, wo *nach* 6 Stunden die Sonne stehen wird, z. B. um 24.00 Uhr im Osten.

Kirchen und Kapellen sind allgemein in der Richtung von Osten nach Westen gebaut. Die *Kirchtürme* stehen in Richtung Westen, die Altäre in entgegengesetzter Richtung zur Ostseite.
Die Wetterseite ist nach meteorologisch-wissenschaftlicher Erkenntnis die NW-Seite. Sie zeigt verwitterte und bemooste Flächen an Bäumen, Steinen, Häusern und Felsen. Besonders ausgeprägt ist die Wetterseite, wenn die genannten Dinge freistehen. Am oder im Walde ist bei Bäumen und Steinen zur Bestimmung der Wetterseite also Vorsicht geboten.

☼ Sonne	NO	O	SO	S	SW	W	NW	N
Uhrzeit	03.00	06.00	09.00	12.00	15.00	18.00	21.00	24.00
● Vollmond	SW	W	NW	N	NO	O	SO	S

Der Polarstern steht stets im Norden am Sternenhimmel. Er liegt genau 1 Grad neben dem geographischen Nordpol. Der Standort des Polarsterns ist durch fünfmaliges Verlängern der Hinterachse des großen Wagens schnell und sicher zu erkennen. Wie die Abbildung zeigt, ist der Polarstern gleichzeitig der vordere Stern der Deichsel des kleinen Wagens, die Deichselspitze.
Großer und kleiner Wagen sind auch unter dem Namen großer und kleiner Bär bekannt.

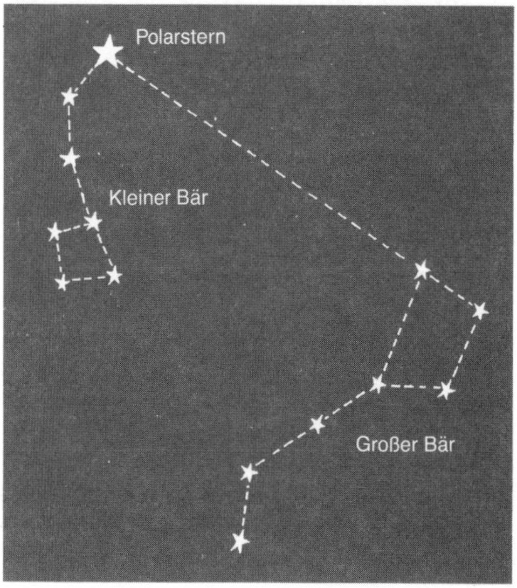

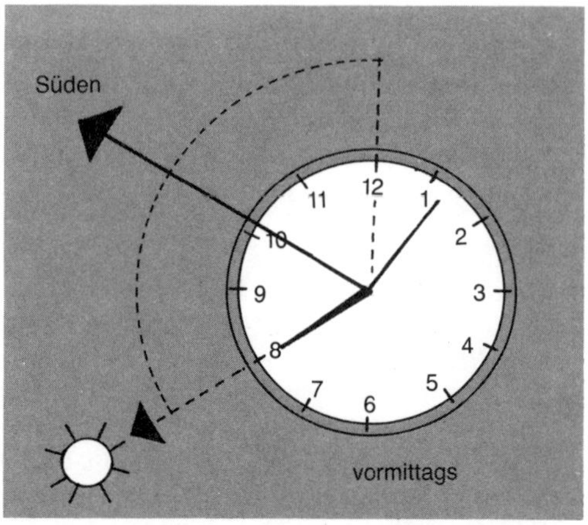

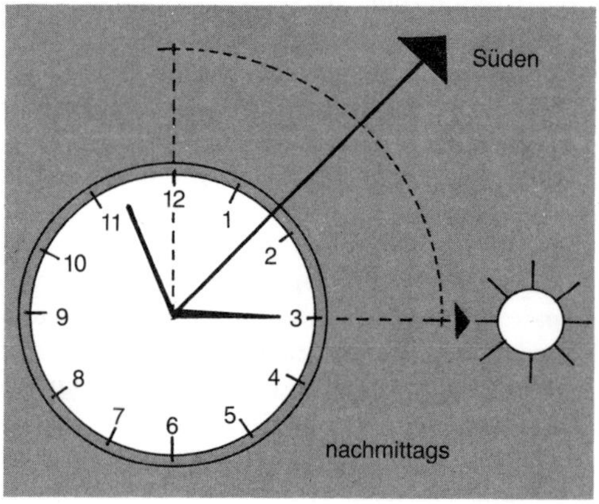

Die Taschenuhr ist ein Hilfsmittel, um die Südrichtung im Gelände bestimmen zu können. Die Uhr muß allerdings ein helles Zifferblatt haben, es muß die Sonne scheinen. Sind diese Voraussetzungen erfüllt, wird die Taschenuhr waagerecht gehalten. Dann dreht man sich so zur Sonne, daß der kleine Zeiger dorthin gerichtet ist und sich mit seinem eigenen Schatten deckt. Jetzt stellen wir uns einen Winkel vor, dessen Schenkel vom Mittelpunkt der Uhr zum kleinen Zeiger und zur *Zwölf des Ziffernblattes* führen. Die Mitte dieses Winkels zeigt nach Süden, und zwar *vor*mittags *vor* der 12 und *nach*mittags *nach* der 12 gelesen.
Der Marschkompaß ist das beste Hilfsmittel für eine genaue Orientierung im Gelände. Beim Gebrauch ist der Kompaß lediglich weit von Stahl- und Eisengegenständen fernzuhalten, z. B. Starkstromleitungen, da sonst die Kompaßnadel abgelenkt wird.
Die Anlegekante ist als Millimeterleiste unterhalb der Kompaßscheibe zu erkennen. Zur vielseitigen praktischen Verwendung des Kompasses ist besonders auf das unterschiedliche Einpendeln der Kompaßnadel (Nord-) zu achten. Beim Magnetkompaß, wie hier, wird die Nadel vom Erdmagnetismus zum magnetischen Meridian eingestellt.
Wir unterscheiden:
- Das »Einrichten« der Karte nach Norden;
- das Feststellen der Kompaß- oder Marschzahl bei *nicht zu sehendem* Marschziel oder *zu erkennendem* Ziel, vom Standpunkt und
- das Reiten nach der Kompaß-(Marsch-) zahl.

Eschenbach-Prismatik-Kompaß mit Neigungsmesser. Über ein Prisma hat man die Möglichkeit, die Richtungszahl äußerst präzise abzulesen, ohne dabei den anvisierten Zielpunkt aus dem Auge zu verlieren.

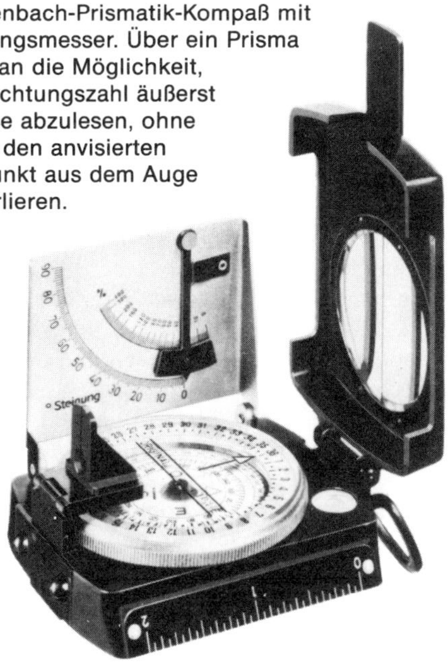

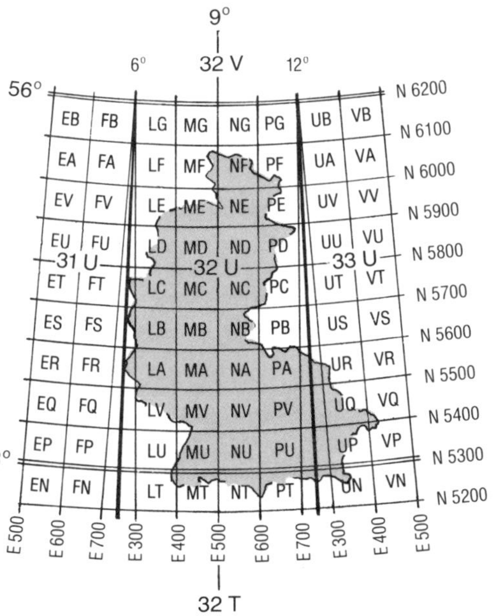

Gitternetz (UTM-System)

Zum Einrichten der Karte ist der Richtungszeiger(-pfeil) durch Drehen der Teilscheibe des Kompasses *auf das »N«* (Norden = Nullpunkt) zu stellen. Dann wird der Kompaß mit der Anlegekante so an den Nord-Süd-Rand auf die Karte gelegt, daß der Richtungspfeil zum oberen Kartenrand (-nordrand) zeigt. Bei Karten mit Gitternetz (s. Abb.) wird die Anlegekarte des Kompasses an eine der Nord-Süd-Linien gelegt. Nun drehen wir die *Karte mit dem Kompaß* vorsichtig, bis sich die Nordnadel *mit der Mißweisung* deckt oder dorthin zeigt (s. Abb.). Unter Mißweisung versteht man die Abweichung der Magnetnadel vom geographischen Nordpol nach Westen oder Osten. Jeder Kartenkurs ist ein geographischer oder rechtweisender Kurs. Jeder mit dem Kompaß anvisierte Geländekurs ist ein magnetischer oder mißweisender Kurs.

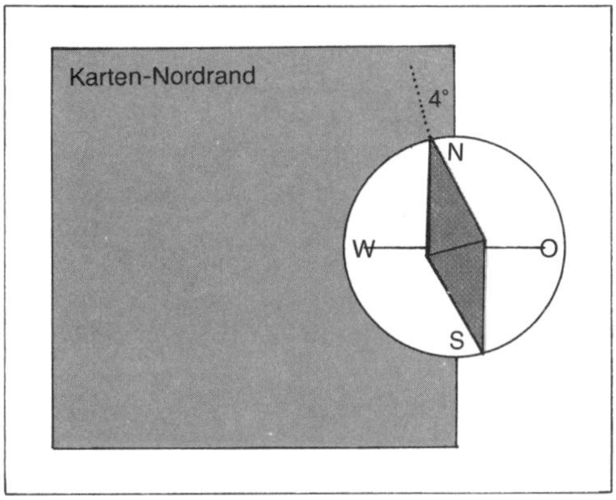

Eingerichtete Karte

Die Differenz zwischen beiden ist die *Ortsmißweisung (Deklination)*, die in Mitteleuropa ca. 4° West beträgt. In den USA und in Kanada schwankt sie jedoch zwischen 25° Ost und 25° West. Um vom Kartenkurs zum Kompaßkurs zu kommen, ist die Ortsmißweisung hinzuzuzählen. Von einem mit dem Kompaß anvisierten Geländekurs zum Kartenkurs ist die Ortsmißweisung (z. B. 4° West) abzuziehen. Bei ostwärtiger Mißweisung wird umgekehrt verfahren. Beispiel:

Kartenkurs + Westdeklination
= Auf dem Kompaß abzulesende Marschrichtung;
Kompaßkurs – 4° West
= Errechneter Kartenkurs.

Dieses Rechnen ersparen wir uns, weil *beim Einrichten* der Karte die Nordnadel *bereits auf die Mißweisung* eingestellt wurde. *Bei* dann *folgenden Arbeitsgängen wird die Nordnadel auf »N« eingerichtet und somit wieder der geographische Nordpol berücksichtigt.* Außerdem können wir die Mißweisung völlig ignorieren, wenn sie weniger als 10° beträgt und nicht unbedingt auf äußerste Präzision geachtet werden muß.

Stellt man sich jetzt mit den Schultern parallel zum Kartennordrand der genau eingerichteten (eingenordeten) Karte, liegt im Rücken Süden, rechts Osten und links Westen. Abschließend wird der eigene Standpunkt durch Vergleichen mit der Natur bestimmt und auf der Karte eingetragen.

Ein Vergleich der Karte mit der Natur beweist, daß die Geländepunkte in der gleichen Richtung liegen, wie sie auf der Karte angegeben sind.

Das Feststellen der Kompaßzahl (Marsch-) ist erforderlich, wenn das *Marschziel* vom eigenen Standpunkt *nicht zu sehen* ist. Dann wird mein Standpunkt (Abmarsch-) mit dem Zielpunkt durch einen

- Bleistiftstrich verbunden;
- die Karte eingerichtet;
- der Kompaß mit der Anlegekante genau an die Bleistiftlinie gelegt, *mit dem Richtungspfeil zum Zielpunkt* und
- die Kompaßscheibe gedreht, bis sich die *Nordnadel auf den Nullpunkt* eingependelt hat.

Der Richtungspfeil zeigt die Kompaßzahl an.

Das Feststellen der Kompaßzahl ist etwas zeitsparender, wenn das *Marschziel* vom eigenen Standpunkt *zu erkennen* ist. Hier ist der Zielpunkt über Kimme und Korn unter hochgeklapptem Spiegel anzuvisieren und die Kompaßscheibe wieder so zu drehen, daß die *Nordnadel und »N«* übereinstimmen. Das ist im Spiegel zu beobachten. *Am Richtungspfeil ist die Kompaßzahl abzulesen.*

Zum Reiten nach der Kompaßzahl wird die Drehscheibe so eingestellt, daß *der Richtungspfeil mit der Marschzahl* übereinstimmt. Jetzt *drehe ich mich mit dem Kompaß,* bis die *Nordnadel auf »N«* zeigt. Dann wird ein markanter Geländepunkt anvisiert. *Dieser Punkt bestimmt die weitere Marschrichtung.*

In dieser Weise wird von Punkt zu Punkt bis zum Ziel geritten. Zum Gebrauch in der Dunkelheit sind N, O, S, W, westliche Mißweisung, Spitze der Nordnadel, Kimme, Korn, Richtungspfeil als Leuchtflächen gestaltet.

Die Reitjagd – »Grüne Jagd«

Die Vergangenheit der Reitjagden in Deutschland führt in die Zeit der ehemaligen Kavallerie-Regimenter zurück, bei denen diese Jagden hoch im Kurs standen. So berichtet z. B. die Regimentsgeschichte der blau-roten, gelben und schwarzen Badischen Dragoner aus Karlsruhe, Bruchsal und Mühlhausen über diese Reitjagden.

Als Hauptereignis der Jagdsaison war »Die Heidelberger« weithin bekannt. Auf der Galoppstrecke von 36 km in 1 Std. 45 Min., davon 1 Std. 40 Min. Galopp, waren zwei Stops mit jeweiligem Pferde- und Hundewechsel angewiesen. Nach dem ersten Halt bei 12 km ging die Jagd 10 Min. später, neu eingeschleppt, auf die zweite Strecke. Nach 13 km zweiter Halt, frisches Pferd, neue Schleppe, nach 10 Min. abermals Aufbruch. Auf der letzten Strecke war »nur« der Nußlocher Graben, 3,50 m breit, aus einem Sturzacker heraus zu springen. Eine hohe Anforderung an Kondition von Pferd und Reiter.

Aber auch die »sehr feuchten« Bruchsaler Jagden hatten es in sich, z. B. der 4 m breite »Wieherer Graben«. Er war »nur« dreimal zu durchklettern und wurde, als »Stinkgraben« bekannt, manchem wegen seines »Geruches« zum Verderben. Es folgten noch die beiden Karlsdorfer mit je 3,0 m, der Weingartener 4,0 m, Ubstadter 3,50 m und ein trockener Graben mit überhöhtem jenseitigen Ufer von 4,50 m. Die »Prunkstücke« waren der Longchamps-Graben mit 5,50 m Gesamtbreite (4,50 m Wasserspiegel, 2,0 m tief), der »Whissendine« bei Karlsdorf 7,0 m mit wenig Wasser, der Neustädter 6,0 m (als trockener Graben 3,0 m tief) und die »Waagbad« mit 8,0 m. Die beiden letzten als Ein- und Aussprünge.

Wenn auch derart hohe Anforderungen an Pferd und Reiter nicht mehr gestellt werden, so bringt doch die Deutsche Warm- und Halbblutzucht von Jahr zu Jahr bessere Huntermodelle auf den Markt. Ein Mangel an potentiellen Jagdpferden besteht nicht. Man sollte aber neidlos zugeben, daß sich die Züchter Englands und Irlands mit ihren Zuchtzielen am meisten auf diese Leistungsforderungen eingestellt haben. Einer bestimmten Rasse läßt sich das Jagdpferd nicht zuordnen.

Reitjagden sollen ein reiterliches Vergnügen sein. Sie verlangen vom Pferd Ausdauer und Kraft. Der Reiter wird aufgrund der unbekannten Strecken und Hindernisse zu Entschlußkraft und Mut herausgefordert. Die Reitjagd gibt ihm Selbstvertrauen und einen immer fester werdenden geschlossenen Sitz (S. 94). Die Pferde werden im Jagdfeld »mitgerissen«, gehen mit natürlichem Schwung vorwärts und überwinden Hindernisse »im Fluge«, vor denen sie sonst vielleicht »streiken« würden. Eine überlegt gerittene Jagd hat schon manches gute Springpferd herausgestellt. Empfehlenswert ist, vor den Jagden das Galoppieren im Rudel (S. 254) am langen Zügel (S. 107), in kleinen Gruppen zu üben.

1. Jagdchargen und Jagdsignale

Die »Grüne Jagd«, wie sie heute heißt, ist kein Wildwestreiten. Ihr Ablauf fordert Selbstdisziplin mit frohem Sinn in einer seit jeher festgefügten Jagdordnung. Hierfür stehen dem Jagdherrn, als Helfer und »Ordnungshüter«, die *Jagdchargen und Jagdsignale* zur Verfügung. Die einzelnen Chargen sind an der unterschiedlichen Armbinde am *linken* Oberarm zu erkennen. *Ausgenommen* der Jagd*leiter,* er trägt seine Armbinde am *rechten* Oberarm.

Weitere Unterscheidungsmerkmale sind auf der folgenden Seite aufgeführt.

Die Jagdchargen
- *Jagdherr:* weiß-schwarz-weiß;
- *Stellvertreter des Jagdherrn:* schwarz-weiß-schwarz – das Schwarz beider Armbinden auch in den Vereinsfarben gestattet;
- *Jagdleiter* oder *Chef der Equipage* oder *Master:* weiß – am *rechten* Oberarm;
- *Feldführer:* grün – auch mit eingesticktem Vereinsabzeichen erlaubt. Diese Armbinde kann bewährten Feldführern und Feldpikören auf Lebenszeit verliehen werden. Bekannt und begehrt war früher die weiß-schwarze Armbinde der Kavallerie-Schule Hannover, die bewährten Feldführern und Feldpikören *nach einigen Jahren* als Anerkennung verliehen wurde.
- *Feldpiköre* (Piqueurs): grün – wie vorher;
- *Schließende Piköre:* rot – sie reiten am Schluß ihres Feldes;
- *Piköre der Meute:* grün *und* Hetzpeitsche mit Schlag;
- *Nichteingeteilte Piköre der Meute: nur* Hetzpeitsche mit *aufgewickeltem* Schlag;
- *Zuschauer-Führer:* gelb *und* gelbe Flagge am Fahrzeug.

Die Jagdsignale ertönen zur Vorbereitung, zum Beginn und während der Jagd. Das läßt schon auf eine verschiedenartige Bedeutung schließen, die ein Jagdreiter kennen sollte. Zu gegebener Zeit erklingen folgende Signale:
»Wecken der Jagdreiter« – am Stelldichein zum Jagdbeginn;
»Aufsitzen« – nach geraumer Zeit anschließend. Während dieser Zeit nochmals Pferd und Sattelzeug kontrollieren, besonders die Steigbügelriemen! Dabei heißt es Augen auf, denn wenn der Jagdherr aufsitzt, wird auch *ohne* Signal und Rufen aufgesessen;
»Aufbruch zur Jagd« – wenn die Jagdgesellschaft vom Stelldichein zur *Anlegestelle* reitet, d. i. die Stelle, an der »das Jagen« beginnt und die Hunde angelegt werden (S. 270). Wiederum Augen auf, denn es darf erst angeritten werden, wenn der Jagdleiter, Chef der Equipage oder Master die Reitkappe zieht. Das geschieht, nachdem die Meute sicher auf der Fährte ist;
»Gute Jagd« – als Wunsch zum fröhlichen Ritt durch die Natur;
»Jagd Halt« – zu einem Check, Stop (S. 272) oder Bügeltrunk. Am Ende eines Stops wird nach den Signalen oder Zurufen
»Aufsitzen« und *»Jagd voran«* – weitergeritten;
»Halali« – am Ende der Jagd auf dem Halali-Platz. Kurz vorher ist der rechte Handschuh abzustreifen, weil es zum Ausheben des Wildes notwendig war (s. u.). Die Pferde werden, nachdem das Absitzen vom Jagdleiter oder Master angeordnet wurde, geführt und ggf. eingedeckt;
»Zu den Brüchen« – fordert die Jagdreiter auf, sich ihren Bruch bei der Jagdherrin oder dem Jagdherrn abzuholen. Mit gezogener Reitkappe wird auf den Wunsch »Waidmannsheil« mit freundlichem »Waidmannsdank« der Bruch entgegengenommen. Reiter und Gäste gruppieren sich zwanglos, in gebührender Entfernung, im Halbkreis um den Platz der Meute. Vorsicht, die Hunde sind in Erwartung des Curée äußerst reizempfindlich;
»Hunderuf« – als Ankündigung, daß die Hunde ihr Curée bekommen. Alle wenden sich der Meute zu, die Reiter ziehen ihre Kappe zum Dank an die Hunde. Es ist eine grobe Ungehörigkeit und unreiterlich, dieses Zeremoniell gedankenlos zu ignorieren;
»Fuchs tot« – »Hirsch tot«, »Sau tot« – als Vorsignal zum
»Ende der Jagd« – worauf dann, wenn die Hunde mit lebhaftem Gerangel ihr Curée verzehrt haben, ein
»Großes Halali« – folgt und die Grüne Jagd offiziell beendet.

2. Arten der Reitjagd

Das Jagen mit Hunden auf Fuchs, Hirsch und Wildschwein war die frühere *Parforcejagd.* Zwar oft im Gespräch, kennen jedoch nur wenige den Zusammenhang. Deshalb eine kurze Erläuterung:
Parforce ist ein französischer Ausdruck und heißt »mit Gewalt«. Eine Hetzjagd zu Pferde hinter Hunden. Die durch den Pikör (Parforce-Jäger) auf der Fährte angelegten Hunde

verfolgen das Wild bis zur Ermattung und »stellen es«, d. h. hindern es an der weiteren Flucht. Von dem zuerst ankommenden Jagdreiter wird das »Wild ausgehoben«, d. h. vom Reiter in Besitz genommen. Von ihm, dem Master oder dem vornehmsten Jagdgast wird das »Wild abgefangen«, d. h. mit dem Hirschfänger getötet. Der Hirschfänger ist eine aus dem 17. Jahrhundert stammende Seitenwaffe des Jägers, mit der er dem angeschossenen Wild den Fang (Todesstoß) gibt. Das sofort »zerwirkte Wildpret«, die Innereien, werden zusammen mit 2–4 Rinderpansen der Meute überlassen. Das ist das traditionelle *Jägerrecht der Hunde, das Curée.*

Parforcejagden sind in Deutschland seit 1938 verboten. Seitdem kennen wir die »Grüne Jagd« als Jagdreiten in der Natur, nach den Regeln einer Schleppjagd, Fuchs-in-Sicht-Jagd, Fuchsjagd mit dem Fuchsschwanzgreifen (-abreißen) und der Schnitzeljagd.

Die Schleppjagd hat ihren Namen nach der mit *Fuchslosung* (Exkremente des Haarwildes und Hundes) getränkten, früher verwendeten Lederkugel. Diese »schleppte« ein Reiter (der Fuchs) vor dem Jagdfeld, um der nachfolgenden Hundemeute eine Spur zu legen, der die Jagdfelder der Reiter folgten. Nicht selten verhedderte sich die Schleppe an Hindernissen. Heute trägt der Schlepper (Fuchs) an seinem Sattel sogenannte Schleppkästen als Tropfgefäße. Die Meute folgt dieser Fährte unter ihrem *Huntsman (Hundeführer)* mit seinen Piküren (auch *Whipper(in)* genannt). Auf etwa 50 m Abstand reitet der Master mit seinen Piküren. Sie markieren die seitlichen Grenzen. Die Länge der Schleppjagd beträgt in der Regel 8–20 km. Für Pferde, Hunde und Reiter dürfte die ideale Distanz bei 12–14 km liegen, mit wenigstens zwei Stops, wenn ausschließlich galoppiert wird. Das Streckentempo sollte sich bei 350–400 m/Min. einpendeln (S. 244). Die Maße bestimmend bleiben sowohl die Geländeverhältnisse als auch der Ausbildungsstand von Pferd und Reiter. Die Kunst des Schleppers kann durch *Legen von »Schleifen«*, Überwinden kleinerer Kletterstellen o. ä., Tempo und Verlauf der Jagd entscheidend beeinflussen.

Bei der Fuchs-in-Sicht-Jagd ist das »Fuchs-Ausheben« in der Endphase der Jagd die einzige »waidgerechte« Nachgestaltung einer Fuchsjagd. Ein Reiter mit dem Fuchsschwanz über der *linken* Schulter (Fuchs) reitet in Sichtweite dem Feld voraus. Einzelheiten, z. B. Checks, Tempo u. a., werden vor Jagdbeginn mit dem Master abgesprochen.

Am Halali-Platz flieht der vom Jagen erschöpfte Fuchs noch einmal kurz, springt dann ins Gehölz oder verkriecht sich im Gebüsch, d. h. er wirft dort *möglichst unauffällig* die beschwerte Lunte ab. Als Kennzeichen, daß er die Lunte nicht mehr hat, nimmt der Fuchs für 2–3 Minunten die Kappe ab und reitet Schritt. Dann gibt der Master die Jagd frei, worauf alle Reiter versuchen, die Fuchslunte zu finden und »auszuheben«.

Bei guten Geländeverhältnissen kann der Fuchs, bevor er die Lunte abwirft, noch einige hundert Meter im gestreckten Galopp fliehen. An die Lunte darf grundsätzlich nicht näher als 10 m herangeritten werden. Die letzten Meter sind zu Fuß zurückzulegen. Das Überreiten dieser Grenze, die durch »Hunde« bewacht wird, kostet 20,– DM Strafgeld.

Diese »Hunde« können z. B. ältere Reiter sein, die unter sachkundiger Führung auf Feld- und Waldwegen direkt zum Halali-Platz reiten. Sie müssen zuverlässig und vor allem objektiv sein.

Nachdem der Fuchs »ausgehoben« und das Signal »Fuchs tot« erklungen ist, versammeln sich die Reiter um den Master. Auf dem Weg dorthin streifen sie den rechten Handschuh ab und behalten ihn in dieser Hand. Der Master bedankt sich bei der Jagdgesellschaft und fordert sie zum dreimaligen »Halali« auf. Die Reiter stimmen ein und erheben dabei den abgestreiften Handschuh mit der rechten Hand. Anschließend wird noch zweimal das »Fuchs tot!« geblasen. Erst dann wird abgesessen, der Sattelgurt gelockert, das Pferd geführt und ggf. eingedeckt. Die Reiter empfangen anschließend die Brüche.

Die Fuchsjagd mit Fuchsschwanzgreifen (-abreißen) ist eine andere Form dieser Jagden. Bis zum Halali-Platz ist der Ablauf der gleiche. Wenn der Master diesen Platz erreicht, reitet er noch einen großen Bogen, dem alle

Reiter zu folgen haben. Erst jetzt wird vom Master die Jagd freigegeben. Es beginnt das Jagen des »Fuchses« mit der Lunte, bis ein Reiter den Fuchsschwanz abgerissen hat. Das darf grundsätzlich *nur von links* geschehen! Die an der linken Schulter des »Fuchses« befestigte Lunte darf *nur von links* mit der *rechten Hand* abgerissen werden. Das Fuchsschwanzgreifen verlangt einen großen Auslauf. Wenn auch diese Jagd hierzulande am häufigsten geritten wird, bietet gerade sie beim Greifen sehr oft unschöne und völlig unreiterliche Bilder. Außerdem werden die Pferde nach kilometerlangen Galoppaden über Stock und Stein, womöglich noch über tiefen Boden, in hohem Maße überfordert. Interessanter und ästhetischer ist bestimmt das Abwerfen und Suchen der Lunte nach der Fuchs-in-Sicht-Jagd.
Schwere und schwerste Unfälle sind beim Fuchsschwanzgreifen beängstigend gestiegen. Im Interesse der Gesundheit von Pferd und Reiter, nicht zuletzt auch gegenüber den zuschauenden Gästen, sollten Reitervereine und -gemeinschaften auf diese gefährliche Form der Reitjagd verzichten.

Die Schnitzeljagd kommt in ihrer Ausführung der Schleppjagd nahe. Statt der Losung werden Papierschnitzel (Konfetti), Säge- oder Hobelspäne auf die Spur gestreut. Auch das Anbinden von kleinen, bunten Bändern an Sträucher oder Äste ist möglich. Der »Fuchs« reitet etwa 30 Minuten vor dem Aufbruch der Jagdgesellschaft los. Beim Gebrauch kleiner Bänder muß er etwas früher beginnen. Bis zum Halali-Platz kann nun der Fuchs alle möglichen, selbstverständlich reiterlich vertretbaren Tricks anwenden, mit denen das Jagdwild ebenfalls versucht, seinen Häschern zu entwischen. So kann er z. B. »Widerhaken« legen, d. h. auf der alten Spur zurückgehen und dann etwa 10 m seitlich abspringen zur neuen Spur in Zielrichtung. Er kann ferner flache Tümpel oder Teiche durchqueren (aber vor der Jagd Tiefe feststellen!) oder ähnliches mehr. Dem Einfallsreichtum sind keine Grenzen gesetzt, sofern er den jagdgerechten Gepflogenheiten entspricht. In nächster Nähe des Halali-Platzes läßt der Fuchs das Feld auf Sichtweite herankommen, flieht noch einmal kurz und wirft die beschwerte Lunte ab. Mit dem Beginn der Suche nach der Fuchslunte gelten alle bei der Fuchs-in-Sicht-Jagd erwähnten Gebote für »Fuchs«, »Hunde« und Reiter gleichermaßen.

3. Vorbereiten der Jagd

Die bisher geschilderten Abläufe der einzelnen Jagden zeigen deutlich, daß es einiger gut durchdachter Überlegungen bedarf, um das Jagdreiten interessant zu gestalten. Teilnehmer sind quantitativ immer genug vorhanden. Folgendes ist zu organisieren:

Termine für die Jagd hinter der Meute sind vorrangig, zwecks Bestellung der Meute, bis Mitte Dezember des Vorjahres festzulegen. Hierzu muß der Meuteleitung das Stelldichein, der Jagdbeginn und evtl. das Quartier genannt werden. Ferner ist zu bedenken, daß

- die Jagdbläser zu benachrichtigen sind. Adressen können, falls örtlich keine geeigneten Bläser zur Verfügung stehen, den Vorblättern jedes »Kalenders« entnommen werden. Besonders ist darauf zu achten, daß Signale für die Parforcejagd geblasen werden, *nicht* für die Schießjagd;
- das Curée für die Hunde rechtzeitig am Halali-Platz ist;
- der Ausladeplatz für die Meute und Begleitreiter unbedingt frei liegt und bleiben muß;
- das Mitführen von Hunden *allen* untersagt wird;
- Tränkwasser an die Checks gefahren wird oder vorhanden ist;
- ein streckenkundiger Reiter mit einem sicheren Pferd als Begleiter des Schleppers bestimmt wird;
- die Brüche, wenn irgend möglich, das Laub der Bäume oder Büsche des Halali-Platzes tragen;
- Jagden mit höheren Hindernissen als solche mit höheren Anforderungen anzukündigen sind;

- das Stelldichein auf 7.00 oder 15.30 Uhr festgelegt wird;
- Abstimmung der Jagdtermine mit den Nachbarvereinen erfolgt, wegen der Häufung der Jagden im Oktober/November;
- auch fortgeschrittene Junioren jagdmäßig trainiert werden;
- der Termin der Hauptjagd – Hubertusjagd – bis zum 3. November eines Jahres, dem Namenstag des Schutzpatrons St. Hubertus, gesichert ist;
- Ort und Uhrzeit für das Stelldichein bekannt sind und
- Absprachen mit Wald- und Grundbesitzern stattfinden.

Die Jagdstrecke richtet sich grundsätzlich nach dem Ausbildungsstand von Pferd und Reiter. Junge Pferde und Reiter sollten nur an den Jagden teilnehmen, von denen sie wissen, daß sie entsprechend ausgebaut und leicht sind. Ich möchte besonders das Wort *ausgebaut* betonen. Hier liegt nämlich der wesentliche Unterschied einer guten Jagd zu einer schlechten. Ein Springparcours wird *auf*gebaut, eine Jagdstrecke jedoch *aus*gebaut. Die Hindernisse werden der Natur entlehnt und weithin sichtbar für das Jagdspringen ausgefeilt. Sie bleiben, wie die Natur sie geschaffen hat, hier und da ein wenig aufbereitet, um nach der Jagd mit geringen Handgriffen wieder Natur zu sein. Man nutzt die wirklichen Gegebenheiten. Schon seit jeher heißt es deshalb: Das ist ein gutes, leichtes, schweres oder schlechtes Jagdgelände. Einfache Stangensprünge, Koppelricks o. ä. gehören nicht auf ein freies Jagdgelände.
Die Kennzeichnung der Jagdstrecke ist durch Strohwische vorzunehmen. Hindernisfahnen des Turnierplatzes sind unnatürlich. In der freien Natur gibt es ohnehin keine Kennzeichnungen und der erfahrene Jagdreiter weiß, wo er springen kann oder springen muß. Kiesgruben oder Steinbrüche, Sumpf- oder ähnliche Gefahrenstellen sind durch Warnschilder deutlich sichtbar zu kennzeichnen.
Die Länge der Strecke soll zwischen 9 und 16 km mit 10–30 Hindernissen liegen und 1–3 Halts einschließen. Am Ende jeder *Zwischenstrecke* sollte Wasser sein! Die Gangarten und Tempi der Einzelstrecken werden vom Master festgelegt und müssen den Feldführern bekannt sein.

Auswahl der Jagdstrecke heißt, die Jagd *imaginabel* zu gestalten, d. h. »in Wirklichkeit vorstellbar«. Nicht *imaginär,* das bedeutet unwirklich. Vorsicht mit Fremdausdrücken!
Die Linienführung soll glaubhaft, jagdnah sein und im Vergleich zum gejagten Wild stehen. Der Hase z. B. schlägt schon mal einen Haken, der Hirsch flüchtet in offenem Gelände anders als im Wald, und der Fuchs verhält sich entsprechend der Geländestruktur immer unterschiedlich. Der passionierte Jagdreiter sollte sich schon einige Kenntnisse des Jägers über die Verhaltensweisen des Wildes aneignen, speziell des Fuchses, Hirsches und Wildschweines. Es ist z. B. falsch (*imaginär*), Schaf-Pferche zu springen. Der Fuchs nutzt sie zwar liebend gern als Zuflucht, aber der Reiter sollte wissen, daß auch ein springfreudiges Jagdpferd vor dem *Schafgeruch* höllischen Respekt hat. Und »Fuchsens« wissen, daß ihr *Scent* (sprich: sent – eigener Geruch) im Schafpferch verlorengeht. Genauso verhält es sich bei frischem Blutgeruch, der dem Pferd instinktiv (S. 250) Gefahr andeutet.
Waldschneisen und freigegebene Waldstrekken werden zu oft mit Hindernissen übersät. Das ist unlogisch, denn ein Weg ist schlechthin ein Durchgang *ohne* Behinderung.
Wasserpartien, ob Teich, Tümpel, Bach oder Fluß, sind stets gefährlich. Sie sind gründlich, vor allem auf Bodenverhältnisse unterhalb des Wasserspiegels und Steilabfälle mit Untiefen zu untersuchen. Ein- und Ausstiege müssen auf Festigkeit sicher sein.
Besondere Situationen niemals bewußt einbeziehen oder herbeiführen, z. B. Serpentinen, Spitzkehren oder dergleichen unjagdliche Dinge, die zwar tatsächlich vorkommen können, aber dann nur die vordersten oder seitlichen Reiter treffen. Bewußte Fallen einzubauen, entspricht nicht der natürlichen Jagd.
Das vorgesehene Gelände, besonders die Jagdstrecke in 15 m Breite, selbst zu Pferde besichtigen. Dabei immer die Fragen stellen: Wie würde das Wild flüchten? Wie würde ich selbst reiten?

Ausbau der Strecke und Abmessungen sollten nur von einem erfahrenen Jagdreiter ausgeführt werden. Als Grundsatz gilt:

- *Alle Ausbauten* so einfach wie möglich und gering halten und auf möglichst große Breite achten, so daß jeder Reiter springen kann bzw. muß;
- absolut feste Hindernisse, die auch bei kräftigem Anschlagen nicht gleich fallen oder zerbrechen;
- Hindernisse trotzdem fair bauen. Die Unterkante muß deutlich erkennbar sein;
- nicht ausbauen, wenn dadurch Gefahrenquellen entstehen. Alle Hindernisse müssen feste Absprungstellen haben, wie im Fluge anzureiten und zu springen sein, sonst sind sie unbrauchbar;
- bei Gräben auf nicht zu steile, jedoch feste Ränder und Sohlen achten. Verwachsene Gräben werden ausgemäht;
- wenn möglich, sollen die Hindernisse an den Seiten natürliche, unüberwindbare Geländeformen haben;
- harmonische Anpassung bei allen Hindernissen anstreben;
- Verformungen wie bunte Malerei sind unnatürlich und stören das gegebene Panorama.

In offenem Gelände müssen die Hindernisse unter allen Umständen natürlich bleiben, ohne den Zusammenhang zu stören, z. B.:

- Zäune zur Feldbegrenzung;
- Gräben werden nur überbaut – Telegraphenstangen;
- eine Jauchetonne mit Trecker – Anhänger als Fänge;
- eine 10 m breite Bank am Feldrain;
- Strohballen mit Stangen verstärkt, zwei Ackerwagen oder Wagenplanken als Fänge;
- Überqueren eines Gehöftes;
- Weideeinsprung und -aussprung, zwei Stangen als Fänge;
- Kleinbahnschranken oder sonstige Doppelsprünge, aber nur wenn sie natürlich und notwendig sind;
- Heckensprünge durch eine kräftige Stange vor übermäßigem Streichen (Wischen) schützen.

Auf Waldschneisen etwa je 200 m über die ganze Breite hinweg:

- eine einfache Waldarbeiterbank;
- Meterholz-Stapel oder Oxer in Grubenholzform;
- Langholzwagen oder Langholz gestapelt;
- Wegesperre als Doppelsprung;
- umgestürzter Baum oder ein Reisighaufen mit gut markierter Absprung- und Landestelle u. v. a. m.

Jeder Veranstalter sollte versuchen, einige Hindernisse so aufzubauen, daß sie stehenbleiben können und nicht zu umreiten sind. Selbstverständlich nur nach vorheriger Absprache mit den Grundeigentümern.
Die Abmessungen haben die Höchstgrenzen 0,90–1,00 m hoch, 1,00 zu 1,40 m hochweit und 3,00 m Wassergrabenbreite. Wer über 1,10 m hoch, 1,10 zu 1,50 m hochweit und 3,00 m Wassergrabenbreite geht, hat eine Gelände- und Vielseitigkeitsprüfung (GeV) Kl. L aufgebaut, aber keine Jagd ausgebaut. Es wird nur Naturholz verwendet. So können z. B. 10–20 m lange Telegraphenstangen mit kräftigem Unterbau fliegend im Pulk gesprungen werden. Das Durchqueren einer Koppel kann durch eine einfache oder beiderseitige Trippelbarre zum oberen Koppeldraht möglich werden. Überbaute und offene Gräben von 1–2 m Breite, Auf- und Absprünge gleicher Dimensionen und kleinere Kletterstellen sind die Krönung einer gut ausgebauten Jagd. Bei der Wahl der Hinderniszahl zwischen 10 und 30 sind – je nach Streckenlänge – weniger meist mehr! Eine Reitjagd ist kein Wettstreit und auch kein Pferderennen; *das* Vergnügen besorgen die Jagdrennen.
Etwa 12 der Landschaft entsprechende, nicht umreitbare Hindernisse sind wertvoller als Hüpfjagden über zusammengestoppelte Klötze. Herumliegender Unrat ist sofort zu entfernen, besonders auf Drahtreste achten. Am Material ist nicht zu sparen, auch wenn die Hindernisse 10 m und länger sein müssen. Jede obere Stange soll wenigstens 20 cm Ø haben. Alle Hindernisse möglichst so ausbauen, daß sie von beiden Seiten gesprungen werden können. Diese Methode ist kostensparend

fürs nächste Jahr, unter der Voraussetzung, daß so ein Sprung niemandem schadet.
Wenn das Gelände die geforderten Breiten nicht zuläßt, sollten die geringeren Ausmaße wenigstens gestatten, daß zwei Reiter zu gleicher Zeit springen können. Ein niedriger Zaun mit oben laufendem Stacheldraht kann z. B. bedenkenlos gesprungen werden, wenn eine aufliegende Oberstange die Gesamthöhe von 90 cm nicht überschreitet und sehr stabil ist.
Der Grundsatz lautet: Absolut solide Bauweise und beiderseits springbar. Dazu gehören aber auch ein strenger Master und neutrale Feldführer. Unter diesem Aspekt sind Sonderhindernisse für alle nachfolgenden Felder nicht erforderlich.

4. Ablauf der Reitjagd

Das Jahresfest der Reiter ist seit Jahrhunderten die Hubertusjagd. Ob mit oder ohne Meute, der Unterschied liegt nur im äußeren Bild. Den traditionellen Ablauf dieser Jagd sollte jeder Teilnehmer wahren und auf seine Weise zum festlichen Rahmen beitragen. Es ist ein Fest der Freunde des Pferdes als bekennender Dank an die Natur und an die Kreatur.
Allen vielfältigen Überlegungen zum geregelten und waidgerechten Ablauf der Jagd sollen folgende Primärpunkte zum »Jagdgesetz« als Richtschnur dienen:
Der Jagdherr, sofern er mitreitet, bestimmt seinen Stellvertreter, die Feldführer, Piköre und die Zuschauerführung nach ihrem Können, weil sie die Jagdordnung und das »Jagdgesetz« besonders gut kennen und beherrschen müssen.
Die stilgerechte Reitjagd verlangt von *jedem* Teilnehmer die Einhaltung der überlieferten Regeln des »Jagdgesetzes«.
Ausreichende Helfer zur Entgegennahme des Jagdgeldes von den Zuschauern und für die Zuschauer-Führung müssen bereitstehen. Hierzu sind nur energische *und* taktvolle Personen geeignet.
In das Jagdbuch haben sich alle aktiven Teilnehmer bei Zahlung des Jagdgeldes einzutragen. Schon beim Stelldichein diese Möglichkeit anbieten und nicht erst nach dem Signal »Wecken der Jagdreiter«.
Alle Felder müssen zwei schließende Piköre (rote Armbinden) haben. Die Armbinden sind anzulegen und nicht in der Tasche zu tragen. Die Piköre müssen genau wissen, wie Tierarzt, Arzt, Krankenwagen und evtl. Rettungshubschrauber zu erreichen sind.
Die alten Herren, Junioren und unerfahrene Reiter sollen ebenfalls ihre Freude haben. Sie bilden ein besonderes Feld, das *Straßengeschwader*, mit einem Feldführer und zwei schließenden Pikören. Dieses Feld soll vor allem beobachten und viel vom Jagdablauf sehen. Ob dies dem Feldführer gelungen ist, wird das folgende Jahr beweisen. Entweder reitet diesem Feldführer keiner mehr nach, weil es langweilig war, oder das Feld wird jedes Jahr stärker, weil es so interessant war! Das Straßengeschwader darf, um noch besser sehen zu können, *niemals vor der Meute* die gelegte Schleppe überqueren!
Gegenseitige Rücksichtnahme ist oberstes Gebot *aller* Reiter. Das bedeutet, jeder Jagdreiter bleibt auf seinem selbstgewählten Platz und »auf Lücke« (S. 254). Dieser Platz darf innerhalb der Einzelstrecke im gleichen Feld gewechselt werden. Dazu beim nächsten Halt früh genug einordnen. Fairerweise unterrichtet man auch seine bisherigen und die neuen Nebenreiter.
Bei Meute-Jagden ist besondere Rücksicht auf die Hunde zu nehmen. Die Tiere sind schnell reizbar.
Die Reitkappe fest aufsetzen. Das Gummiband wird unters Kinn gezogen, dafür ist es angebracht.
Ein striktes Verbot ist das Kreuzen im Jagdfeld, wegen seiner Gefährlichkeit und der gewährten freiwilligen Platzwahl.
Stehenbleibende Pferde vor dem Hindernis entweder ruhig stehen lassen oder, falls die Nachfolgenden noch nicht heran sind, schnell zur Seite reiten und am Schluß des Feldes anschließen. Deshalb sichere Pferde stets vorn im Feld reiten, unsichere an den Feldflügeln oder am Schluß des Feldes.
»Pullende« Pferde (S. 255) bleiben ebenfalls an den Feldflügeln und müssen zur Beruhi-

gung mit gut nachgebenden Zügeln geritten werden – nicht festziehen!
Schläger und zweckmäßigerweise auch junge Pferde tragen immer ein rotes Band im Schweif*oberteil,* nicht am Sprunggelenk!
Zum korrekten Jagdanzug gehören eine bruchsichere Kappe, der einfarbige bzw. rote Reitrock (für erfahrene Jagdreiter), helle Reithose mit schwarzen Stiefeln und braunen Stulpen, weiße Handschuhe und das Plastron. *Kurzer* Reitstock ist erlaubt.
Jede Art von Hilfszügeln und bunte Bandagen sind in Jagdfeldern unerwünscht. Zum Schutz der Pferdebeine sind Ledergamaschen anzulegen. Ein Jagdpferd mit Pelham-Kandare *und* Schlaufzügeln ist das, was Alois Podhajski in seinem Buch »Kleine Reitlehre« mit den Worten ausdrückt: »Der Reiter wird um so gröber mit seinem Pferd umgehen, je größer sein persönlicher Ehrgeiz und je geringer sein Können ist.«

Aufgaben und Positionen der Jagdgesellschaft

Alle aktiven Teilnehmer sind etwa 1 Stunde vor Jagdbeginn am *Stelldichein,* um allgemeine Verpflichtungen ohne Hektik zu erledigen. Dazu gehört u. a. vernünftiges Parken, Kontrolle von Pferd und Sattelzeug und Bezahlen des Jagdgeldes. Ist die Gelegenheit gegeben, kann man sein Pferd abreiten, ohne es »aufzudrehen«. Die Höflichkeit verlangt, Jagdherrin und Jagdherrn mit gezogener Kappe zu grüßen. Dann stellt man sich zu den Reitern, mit denen man im Jagdfeld reiten möchte.
Der Jagdherr gibt Master, Feldführer und Piköre bekannt. Nachdem sich die Feldführer mit ihren Pikören aufgestellt haben, begeben sich die Reiter zu den Feldern. Mit gezogener Kappe werden Feldführer und Piköre gegrüßt und die Pferde im Halbkreis um sie herum aufgestellt. Nachdem sich Hundeführer, Meute, Piköre und der Schlepper formiert haben, werden auch sie gegrüßt.
Bei der Meute-Jagd übernimmt bis zur *Anlegestelle der Hunde* – das ist der Ort, an dem die Hunde auf die Fährte geführt werden und an dem die Jagd nach dem Signal »Gute Jagd« beginnt
– *die Equipage* die Spitze mit dem Schlepper, Huntsman mit der Meute und einem ortskundigen Reiter. Nach 20–50 m Abstand, möglichst zur Seite gestaffelt, folgt
– *der Master* (Chef der Equipage oder Jagdleiter) mit 3–4 Pikören. Aufgeschlossen bis höchstens 4 Pferdelängen Abstand, reitet
– *das Jagdherrn-Feld* mit dem links neben dem Jagdherrn reitenden Stellvertreter und mindestens einem Feldpikör. Es folgen die Gäste und unmittelbar anschließend, ohne besonderen Abstand
– *das gesamte Feld* in der Reihenfolge der Jagdfelder. Die relativ kurzen Abstände, außer der Equipage, sind notwendig, weil den Zuschauern das herrliche Bild des gesamten Jagdfeldes gezeigt werden soll und die Jagdfelder sich bis zur Anlegestelle wegen des oft enger werdenden Geländes nicht im offenen Rudel bewegen können.
Die Arbeit der Hunde ist auf dieser relativ kurzen Strecke schlecht zu beobachten. An der Anlegestelle zieht der Jagdleiter, Chef der Equipage oder Master seine Reitkappe und gibt die Jagd frei. Auf geht's – aber immer erst nach dem entsprechenden Signal, bis hierher also vier Signale. Welche?
Das Tempo der Meute kann vom Jagdherrn, Jagdleiter oder Master oft nicht gehalten werden. Dann bleibt, ohne besondere Anweisung, der Stellvertreter vorn an der Equipage. Wenn auch er zurückbleibt, sind die Feldpiköre für die Verbindung verantwortlich und reiten unaufgefordert und grüßend am Jagdherrn vorbei nach vorn. Jeder andere Reiter darf die genannten Jagdführer, den Feldführer und die Piköre nicht überreiten, es sei denn, letztere sind innerhalb ihres Feldes.
Die Feldpiköre reiten ohne festen Platz im Feld und sorgen für Ordnung. Sie sind verpflichtet, den Gästen zu helfen, aber auch berechtigt, sie notfalls in ein anderes Feld zu verweisen. Dieses Recht gilt nur für Piköre des Jagdherrn-Feldes. Es ist nicht immer angenehm, Reiter mit störenden Pferden in ein anderes Feld zu schicken. Die Betroffenen sollten hier Einsicht vor persönliches Geltungsbedürfnis stellen. Die Piköre der übrigen Felder reiten am Schluß ihres Feldes, sorgen für Ordnung und besonders für eine schnelle Unfallbetreuung.

Das Jagdherrn-Feld geht grundsätzlich über *die* Strecke, auf der kein Hindernis zu umreiten ist. Dabei wechselt der Jagdherr oft seinen Platz, um sich über das Wohlbefinden seiner Gäste zu informieren. Diese Geste teilt er sich abwechselnd mit seinem Stellvertreter. Die strengen Anforderungen der Jagdordnung sind ein Anlaß dafür, daß in der Equipage und im Jagdherrn-Feld nur erfahrene Jagdreiter mit sicheren Pferden reiten dürfen.

Eine evtl. gelegte leichte Strecke soll u. a. den Reitern auch die gute Beobachtung der Meute-Arbeit ermöglichen. Die jüngeren und noch unerfahrenen Jagdreiter, sofern sie nicht im »Straßengeschwader« mitreiten, werden dann ein einsichtsvolleres Verständnis für diese strengen Jagdregeln bekommen.

Sehr heftige und schnelle Jagdpferde könnten aufgrund der breiten Führungsspitze kaum bis nach vorn vorprellen. Passiert es trotzdem einmal, wird das Pferd im großen Bogen über einen Feldflügel heraus- und von hinten wieder an das Feld herangeritten, weil im galoppierenden oder trabenden Jagdfeld nicht Schritt geritten werden darf.

Zu teilen ist die Jagdgesellschaft, wenn sie mehr als zwanzig Pferde zählt, z. B. bei 55 Reitern in drei Felder. Das Reiten hinter der Meute kann beim Halt gewechselt werden.

Bei Jagden hinter der Meute wird nach der im Bundesgebiet geltenden Jagdordnung der Meute-Verbände ein strenger Maßstab angelegt. Es genügt nicht nur die Mitgliedschaft in einem Reitverein, der einem Meute-Verband angeschlossen ist. Die persönliche Mitgliedschaft in einem dieser Verbände ist nachzuweisen und der entsprechende Ärmelstreifen oder Kragen des Verbandes zu tragen. Der Grund ist der hohe Kostenaufwand für die Meute. Diese Bestimmungen sind am Stelldichein *scharf* zu kontrollieren.

Jagden ohne Meute verlangen diese harten Bestimmungen nicht. Der »Fuchs« bzw. die »Hunde« werden durch Reiter ersetzt. Vom Stelldichein bis zum Aufbruch der Jagd übernimmt

– *das Jagdherrn-Feld* unter Führung des Jagdherrn, Jagdleiters oder Masters mit den Gästen und Feldpikören die Spitze. Im Abstand von etwa 50 m folgen

– *die restlichen Felder* mit ihren Feldführern und Feldpikören. Die Einteilung der Felder wird bereits am Stelldichein in der bekannten Größenordnung vorgenommen. Auch hier sollte das erste Feld auf die Strecke des Jagdherrn-Feldes festgelegt sein. Es darf also die Hindernisse *nicht* umreiten. Am Anlegeplatz gibt der Jagdherr, falls er mitreitet, sonst der Jagdleiter oder Master die Jagd frei, wenn die »Hunde« bzw. der »Fuchs« auf der Fährte sind. Der gesamte Ablauf auch dieser Jagd unterliegt dem Zeremoniell der Meute-Jagd. Nur die Rechte und Pflichten gegenüber der Meute sind abzustreichen.

Ist eine leichtere Strecke vorhanden, wird sie von den Reitern mit jungen Pferden und den unerfahrenen Jagdreitern gesprungen. Läuft diese Strecke parallel zur Hauptjagd, ist die Arbeit des »Schleppers«, »Fuchses« und der »Hunde« gut zu beobachten. Falls die leichtere Strecke nicht parallel verläuft, ist der Feldführer verpflichtet, mit seinem Feld auf dem kürzesten Wege zum nächsten Check zu reiten. Dieser Weg darf keinesfalls auf der Hauptstrecke um die Hindernisse herum führen. Das wäre nicht nur ein schlechtes Vorbild für junge Reiter, sondern auch ein geradezu fahrlässiger Ausbildungsfehler für junge Pferde!

Die Gleichberechtigung der Felder hinsichtlich eines Wechsels des Jagdherrn-Feldes bei einem Halt deckt sich ebenfalls mit der der Meute-Jagd.

An dieser Stelle möchte ich auf meine Frage S. 270 zurückkommen: Welche vier Signale mußten zwischen dem Stelldichein und der Anlegestelle, bis zur Freigabe der Jagd einschließlich, für die Jagdteilnehmer erklingen? Es sind die Signale:

»Wecken der Jagdreiter«: am Stelldichein;
»Aufsitzen«: ebenfalls am Stelldichein;
»Aufbruch zur Jagd«: Abmarsch vom Stelldichein zur Anlegestelle und
»Gute Jagd«: Freigabe der Jagd durch den Jagdleiter, Chef der Equipage oder Master.

Wer hat es gewußt? Bitte einprägen – S. 264 Signale.

Die vorrangigen Pflichten und Rechte des Masters, »Fuchses« und der »Hunde« in zusammenfassender Übersicht:

Der Master
- sucht die Jagdstrecke aus und leitet den Ausbau der Hindernisse (erfahrener Jagdreiter);
- legt den Plan für die Gesamtstrecke fest;
- weist »Fuchs« und »Hunde« vor Beginn der Jagd ein;
- gibt die Jagd frei und bestimmt das Tempo;
- kann die »Hunde« beim Halt auswechseln;
- überwacht Jagdregeln und »Jagdgesetz« (S. 269);
- läßt die Felder am Ende der Jagd aufschließen;
- gibt durch Erheben seiner Kappe das »Ausheben des Fuchses« frei, nimmt selbst aber nicht daran teil;
- fordert nach dem »Fuchs-Ausheben« (S. 265) durch Erheben seiner rechten Hand, mit dem Handschuh in der Hand, zum »Halali« auf und
- hat Weisungsbefugnis gegenüber allen Jagdteilnehmern.

Der »Fuchs«
- kann unter vorheriger Absprache mit dem Master Widerhaken, Schleifen o. ä. legen und erhält Weisungen vom Master für die Stops.

Die »Hunde«
- suchen die Spur und reiten etwa 200 m vor dem Jagdfeld, entsprechend dem Gelände;
- veranlassen einen *Check* (to keep in check – im Zaum halten, aufhalten), *wenn sie die Spur verlieren;*
- reiten nach beiden Seiten einen Halbkreis, um die Fährte wieder aufzunehmen;
- verständigen sich mit dem Ruf »Ho!Ho!«, wenn die Fährte gefunden ist und verfolgen sie weiter;
- müssen sich hin und wieder umsehen, um das vom Master bestimmte Tempo einzuhalten.

Eigenmächtige Handlungsfreiheit steht dem »Fuchs« und den »Hunden« nur zu, wenn sie zwischenzeitlich eingetretene Gefahrenquellen erkennen. In diesem Falle hat einer der »Hunde« sofort den Master zu unterrichten.

Das Stelldichein ist Treffpunkt für die Jagdreiter und Zuschauer. Über pünktliches Erscheinen und die gegenseitige Begrüßung wurde bereits gesprochen. Auch die sofort zu erledigenden Verpflichtungen sind bekannt.
Äußerste Vorsicht vor den Hunden ist geboten, die Tiere sind scharf abgerichtet. Ein Abstand von 10–15 m ist ratsam, vor allem mit dem Pferd. Den privaten Hundebesitzern sei nochmals eindringlich gesagt, daß das Mitbringen ihrer Hunde nach der Jagdordnung verboten ist, weil die Meute einen fremden Hund sofort anfällt.
Zum korrekten Jagdanzug ist noch zu sagen, daß die teilnehmenden Amazonen im üblichen Turnieranzug erscheinen. Unsere Damen genießen gleiche Rechte und Pflichten.
Die Pferde stehen geschützt unter Aufsicht mit gelockertem Gurt. Unruhige Pferde werden geführt, die als Schläger rot beschleiften besonders im Auge behalten. Aufgesessen wird erst nach dem Signal und wenn der Master bereits aufgesessen ist.

An der Anlegestelle folgt die Stunde der Wahrheit. Der Master begrüßt noch einmal die Jagdgesellschaft, heißt Gäste und Zuschauer willkommen und erinnert letztmalig an die Jagdregeln. Bei dem dann folgenden Signal »Gute Jagd« ist stets der Jagdleiter oder Master zu beobachten. Erst wenn er seine Reitkappe zieht, darf angeritten werden. Das geschieht, wenn »Schlepper«, »Hunde« oder »Fuchs« sich in Bewegung gesetzt haben. Ihnen folgt der Master und anschließend die Jagdgesellschaft in der bereits geschilderten Reihenfolge der Felder. Die schon lange aufmerksam gewordenen Pferde galoppieren stürmisch vorwärts. Die Reiter sollten das bei gegenseitig an- und ausgeglichenem Tempo ruhig gewähren. Nach dem ersten Halt werden die Pferde, mit wenigen Ausnahmen, wesentlich ruhiger. Muß auf der Straße geritten werden, ist die Marschordnung (S. 254) einzuhalten. Nur im Gelände wird im Rudel oder in Reihe geritten. Die Ehrengäste und Gäste haben inzwischen ihre Wagen bestiegen und werden unter sachkundiger Leitung zur ersten Beobachtungsstelle geführt. Am Wagen der Zuschauer-Führung befindet sich eine gelbe

Flagge, die Helfer tragen gelbe Armbinden. Die Beobachtungsstellen sind bei der Auswahl der Jagdstrecke festgelegt. Nach etwa 2–3 km ist das erste Zwischenziel erreicht, wahrscheinlich ohne viel von der Meute gesehen zu haben.

Das Verhalten bei Checks (Aufenthalten) ist hinsichtlich der Meute, gegenseitigen Rücksichtnahme und des weiteren Ablaufes der Jagd aufmerksam zu beobachten. In jeder Jagdstrecke sollten wenigstens zwei Checks eingeplant sein.
Gleich nach dem Eintreffen des Masters erklingt das Signal »Jagd Halt!«. Es ist das Sattelzeug zu prüfen und ggf. nachzugurten. Will ein Reiter absitzen, um Beschlag und Pferdebeine zu kontrollieren, braucht er dazu die Genehmigung des Masters. Das ist kein traditionelles Untertanenrelikt, sondern das Zeichen dafür, daß es in aller Kürze weitergeht. Andernfalls wird der Master sofort nach dem Halten zum Absitzen auffordern. In diesem Falle werden die Sattelgurte ein wenig gelokkert und die Pferde genau auf mögliche Schürfverletzungen, verlorene Eisen, eingetretene Fremdkörper und anderes kontrolliert.
Bei einem Halt im Walde, auf busch- und strauchbestandenem Gelände, ist besonders auf Giftsträucher (Seidelbast, Einbeere, roter Fingerhut, Goldregen u. a.) zu achten; auf Wiesen und Weiden die Herbstzeitlose und Hahnenfußgewächse.
War von der Meute bisher wenig zu sehen, kann man sie beim Halt, liegend oder mit wedelnden Ruten nach Wasser hechelnd, gut beobachten. Jetzt ist besonders auf Abstand zu achten, denn die Hunde sind so richtig in Fahrt und bei zu dichter Nähe schnell gereizt. Der Master und seine Piköre sorgen für die notwendige Abschirmung. Zum großen Halt wird der *Satteltrunk (Bügeltrunk)* von möglichst jagdlich gekleideten Damen gereicht.
Bei dieser Gelegenheit kann in kleinem Kreise auch der Spaß zu seinem Recht kommen, weil die Reitersleut' viele Gelegenheiten kennen, um »zur Runde« zu bitten. Hier ist eine nach uraltem, fast vergessenem Brauch. Und jetzt aufgepaßt – beim Bügeltrunk sitzt man waidgerecht noch zu Pferde. Erklingt nun der Zuruf »Prosit Reiter!«, gehört das Glas unbedingt in die *rechte* Hand, denn links ist die Zügelhand. Anders im Kasino oder wenn die Reiter abgesessen sind, dann gehört das Glas stets nur in die *linke* Hand.
Zum Bügeltrunk noch ein besinnliches Wort von Clemens Laar aus seinem Buch »Unser Herz den Pferden«:

»Mitten im Reiten aus Sonnenweiten
erreicht dich der Ruf.
Und der, der dich schuf, greift linde
nach dir.
Doch was du gelebt, es bleibt zurück
vom Jubel im Sprung, vom Glühen und
Schwung,
ein letztes Funkeln im Bügeltrunk.
Und das lachende Wissen, daß Gott
uns liebt,
solang es auf Erden die Pferde gibt.«

Weiter wird in aufgelockerter, fröhlicher Runde gefachsimpelt und gescherzt. Hier ein Lob, dort ein gutgemeinter Ratschlag, dazwischen ein zünftiger Reiterspruch im Rahmen des Erlaubten.

Den Ausklang der Jagd künden die Jagdhörner mit dem Signal »Aufsitzen« an. Sofort werden die Hunde angelegt (S. 270). Das Tempo der Meute ist etwas langsamer geworden. Die Reiter finden jetzt auch Zeit für sich selbst und ihren Nachbarn. Man kann die Pferde beobachten, seinen eigenen Reitstil, und auch die Hunde sind bei ihrer Arbeit zu sehen. Einzelne Reiter galoppieren auch mal im Feld nach vorn, bleiben jedoch in respektvollem Abstand hinter dem Master. Dieser Augenblick gibt manchem das Gefühl fröhlicher Gelassenheit inmitten der Natur. Die Meute jagt in breiter Front zum letzten Mal den imaginären Fuchs. Nach geraumer Zeit ist zu erkennen, daß es zum Halali und Curée geht. Als silhouettenhaftes Standbild ist der Schlepper (Fuchs) schon in der Ferne zu erkennen. Der Equipage folgt hintereinander das gesamte Jagdfeld am Halali-Platz. Kurz vor der Ankunft zieht jeder Reiter den rechten Handschuh aus, behält ihn aber in der

Hand. Nachdem der Master die Felder hat aufschließen lassen, ertönt das Signal »Fuchs tot«, »Hirsch tot« oder »Sau tot«. Der Master erhebt seine Rechte mit dem Handschuh in der Hand und fordert die Reiter auf, in ein dreifaches »Halali« in gleicher Geste einzustimmen. Dann wird abgesessen und mit den Pferden ein Halbkreis gebildet. Es ertönt der »Hunderuf«, der Hundeführer holt das Curée, das von den aufmerksamen Hunden mit unruhig wedelnden Ruten schon erwartet wird. Der Master fordert die Reiter auf, ihre Kappen zu ziehen, und gibt mit einem gemeinsamen »Halali«-Ruf den Hunden das Curée frei. Ein imposantes Bild bereichert das Jagderlebnis, wenn die Hunde ihre vermeintliche »Beute« mit ihren Fängen kraftvoll zerreißen.
Anschließend fordert das Signal »Zu den Brüchen« dazu auf, aus der Hand einer Dame den grünen Bruch zu empfangen. Der mit einem »Waidmannsheil« überreichte Bruch wird mit freundlichem »Waidmannsdank« bei gezogener Kappe entgegengenommen.
Nach kurzer Zeit wird das »Ende der Jagd« geblasen. Alles sieht noch einmal in die Runde, um unter dem Signal »Großes Halali« einen herrlichen Jagdritt zu beenden.

Die Versorgung der Pferde ist oberstes Gebot nach dem Schlußakkord. Im Schritt wird zu den Transportfahrzeugen bzw. heimwärts geritten. Auf dem Heimweg von der Jagd auch nur kleinste Hindernisse zu springen, das Pferd im Schritt schulmäßig zu korrigieren oder gar zu galoppieren, ist höchst unreiterlich.
Es wird am langen Zügel (S. 107) geritten. Hat man die Wahl zwischen Heimritt oder -fahrt, sollte man ersteres vorziehen. Ein längerer Ritt am langen Zügel beruhigt und entspannt die Muskulatur des Pferdes und Reiters. Auf dem heimatlichen Hof angelangt, wird zuerst unser Vierbeiner gründlich versorgt. Hufe, Gliedmaßen und Unterbauch besonders beachten, vorsichtig satt tränken (S. 42, 253) und noch Futter in die Krippe – es dürfen auch zwei Hände voll mehr sein! Mit einem wohlwollenden Halsklopfen verabschieden wir uns von unserem treuen Jagdgefährten, und er kann die wohlverdiente Ruhe genießen.

Jagdgeld, Strafgelder und besondere Mitteilungen sind verpflichtende Angelegenheiten des Jagdherrn. Er ist berechtigt,

Jagdgeld bis DM 20,– von allen Teilnehmern zu erheben, die sich durch ihr Erscheinen der Jagdordnung unterstellt haben.

Strafgeld ist in unterschiedlicher Höhe zu zahlen für:

Überreiten des Jagdleiters, Chef der Equipage oder des Masters:	DM 50,–
Überreiten des Jagdherrn, Stellvertreters, Feldführers und der Feldpiköre (letztere nur, wenn sie *nicht im* Felde tätig sind):	DM 20,–
Anreiten oder Schlagen eines Hundes (wenn erforderlich, voller Ersatz DM 5000,–, zahlbar ohne besondere Aufforderung):	DM 500,–
Überreiten der 10-m-Grenze bei der Fuchs-in-Sicht-Jagd:	DM 20,–
Nichtspringen eines Hindernisses im 1. Feld:	DM 20,–
Kreuzen im Jagdfeld:	DM 10,–
Unerlaubtes Entfernen vom Jagdfeld:	DM 10,–
Unerlaubter Wechsel des Jagdfeldes:	DM 10,–
Unerlaubtes Absitzen:	DM 10,–
Mitbringen eines eigenen Hundes:	DM 10,–

Besondere Mitteilungen hat der Veranstalter den Zuschauern zur Kenntnis zu geben über:

- den Ausschluß offensichtlich widersetzlicher Pferde und streitsüchtiger Schläger;
- die Beobachtungspunkte an der Jagdstrecke;
- die Bestimmung der Jagdordnung, daß der Zuschauer sich durch die Teilnahme den Anordnungen des Veranstalters unterstellt. Überwachungsorgan ist die Zuschauer-Führung;
- das Verbot, eigene Hunde mitzubringen;
- die Sperrzone von 15 m zu den sehr scharfen Hunden;

Heimweg von der Jagd

- die Zahlung des Jagdgeldes *ohne* besondere Aufforderung;
- das Verbot, die Jagdstrecke wegen der gelegten Schleppe zu befahren oder zu begehen;
- das Gebot, jede Art von Abfall nicht ins Gelände zu werfen;
- die Gefahr überritten zu werden, wenn man nicht mindestens 20 m von jedem Hindernis entfernt bleibt und über
- das Abschlagen der Hunde, d. h. durch Peitschenknall die jagende Meute auf die Schleppe zurückführen. Dieses Recht steht *nur* den Pikören der Meute zu, die eine *grüne* Armbinde *und* die nicht aufgewickelte Hetzpeitsche tragen.

Turnierteilnahme

1. Der Leistungsaufbau

Um an turniermäßigen Wettbewerben (WB) oder Leistungsprüfungen (LP) teilnehmen zu können, müssen alle Reiter die von der Deutschen Reiterlichen Vereinigung (FN) geforderten Leistungsnachweise nach bestimmten *Sonderprüfungen* erfüllen. Entsprechend dem Ausbildungs- und Leistungsstand gliedern sich die WB/LP in folgende Kategorien und Klassen:

Kat. C: Kl. E = Eingangsstufe
Kl. A = Anfangsstufe
Kat. B: Kl. A = Anfangsstufe
Kl. L = Leicht
Kl. M = Mittelschwer
Kat. A: Kl. M = Mittelschwer
Kl. S = Schwer

Die Kl. A Kat. C *und* Kl. A Kat. B *sowie* die Kl. M Kat. B *und* Kl. M Kat. A sind laut § 23, 5. LPO (S. 90), Turnier-Ausschreibungen, unterschiedliche Klassen.
Im Schriftverkehr wird erst die Klasse, dann die Kategorie geschrieben und durch einen Strich getrennt, z. B. Springen Kl. A/C. Bei den Klassen E, L und S wird keine Kategorie angegeben, weil diese Klassen nur je einmal in der Kategorie C, B und A vorkommen.
In den Sonderprüfungen wird jede Teilprüfung (Dressur, Springen und Theorie) nach dem »Richtverfahren nach freiem Ermessen« mit einer Wertnote zwischen 0 und 10 bewertet. Es bedeutet:

0 = nicht ausgeführt	6 = befriedigend
1 = sehr schlecht	7 = ziemlich gut
2 = schlecht	8 = gut
3 = ziemlich schlecht	9 = sehr gut
4 = mangelhaft	10 = ausgezeichnet
5 = genügend	

Über die unabdingbare »Kleinarbeit«, z. B. Anforderungen, Ungehorsam und Korrektur, wurde bereits ausführlich geschrieben. Besondere Urkundenhefte für die Sonderprüfungen nennen nochmals alle Altersstufen, Klassen und Merkmale zu den Disziplinen. Ich möchte hier nur erwähnen, sich keinen leichtfertigen Hoffnungen hinzugeben und nach »milden Richtern« zu schielen. Etwas Leistung muß schon gezeigt werden. Die Vorstufe allen Könnens ist für Reitanfänger jeder Altersstufe die Prüfung für den Reiterpaß.
Der Reiterpaß, am 1. 1. 1976 eingeführt, ist *keine* Voraussetzung für die dann folgenden Prüfungen, sondern soll allen Reitern offiziell bestätigen, daß sie mit dem Pferd im Straßenverkehr umgehen können und sich zu Pferde in Wald und Flur zu bewegen wissen. Das setzt zwangsläufig bestimmte Kenntnisse nicht nur zum Thema Pferd und Reiten, sondern auch über Wald und Flur voraus. Der Reiter muß sehen und wissen, wo Schonungen stehen, Felder bestellt sind oder brachliegen, Privat- oder Wanderwege verlaufen und evtl. Treibjagden stattfinden. Giftige Sträucher oder Pflanzen müssen bekannt sein. Bei Begegnungen mit anderen Erholungssuchenden ist Schritt zu reiten.
Diese Prüfung wird grundsätzlich im Gelände abgenommen. Springen über kleine, natürliche Hindernisse bis 80 cm hoch, das entspricht etwa der Kl. E und sind am Boden liegende Baumstämme o. ä., ist keine Pflicht. Verzichtet der Reiter auf Springübungen, ist im Reiterpaß der Vermerk »Ohne Springen« aufzunehmen. Der Reiterpaß soll vor allem unseren Freizeitreitern Gelegenheit bieten, sich mit Tier und Natur vertraut zu machen. Auch die nicht in einem Reitverein, -club oder dergleichen organisierten Freizeitreiter können in jeder Fachbuchhandlung das Handbuch »Freizeitreiten und Pferdehaltung« sowie die

»Reiterpaß-Fibel« erhalten oder bestellen. Mit dieser Lektüre kann der Freizeitreiter sich auf die theoretische und praktische Prüfung vorbereiten und bei einer der genannten Organisationen abnehmen lassen. Beim Reiten über natürliche Hindernisse sollen nicht mehr als zehn und eine zweifache Kombination verlangt werden.

2. Prüfungen zur Turnierteilnahme

Erste Voraussetzung ist die Prüfung für das Deutsche Jugend-Reiterabzeichen in Bronze (DJRA Kl. III), der später die Prüfung für das Deutsche Reiterabzeichen in Bronze (DRA Kl. III) folgt. Weitere Einzelheiten bitte in nachfolgenden Absätzen nachlesen. Erst nach der Verleihung des DRA III ist der Reiter berechtigt, bei der FN in Warendorf (S. 90) die Ausstellung eines Reiter*ausweises* zu beantragen.

Zur Vervollständigung der Kenntnisse sind auch die Prüfungen für das DRA II in Silber und I in Gold, die sich jeder bei entsprechend höheren und hohen Leistungen erreiten kann, am Schluß des Abschnittes zu DRA III und II kurz erwähnt.

Die Durchführung aller Sonderprüfungen, auch für den Reiterpaß, obliegt den Reitvereinen, -schulen und Polizeieinheiten, aber nur mit Genehmigung der Landeskommission für Pferdeleistungsprüfungen (LK). Alle Prüfungen und Teilprüfungen sind stets durch zwei Richter, die hierfür besonders anerkannt sind und von der LK nachgewiesen werden, abzunehmen. Eine Person, bei der Befangenheit bestehen könnte, darf bei Sonderprüfungen das Richteramt *nicht* ausführen. Beurteilt wird grundsätzlich der Reiter, ohne Rücksicht auf Leistung und Eigenschaft des Pferdes, das allerdings den Anforderungen der Prüfung entsprechen muß. Bei nicht bestandenen Teilprüfungen, die alle an einem Tag abzulegen sind, wird beim DJRA III die *gesamte Prüfung* nach drei Monaten wiederholt. Beim DRA III können diese Teile erst nach drei bis höchstens zwölf Monaten wiederholt werden. Leistungsabzeichen der Kl. II in Silber können erst erworben werden, wenn der Reiter mindestens ein Jahr im Besitz des betreffenden Abzeichens Kl. III in Bronze ist. *Hier gilt als Ausnahme,* daß das DJRA in Silber das DRA in Bronze ersetzt. Besteigen wir nun die erste Sprosse der Erfolgsleiter zur Turnierteilnahme.

Das DJRA III Bronze und II Silber wird allen unbescholtenen Junioren verliehen, die im laufenden Kalenderjahr höchstens 18 Jahre alt werden. Die Sonderprüfung stellt folgende Aufgaben in Kl. III:

Dressurmäßiges Abteilungs- und Einzelreiten Kl. A/C, in den drei Grundgangarten im Arbeitstempo nach Weisung der Richter. Es wird unter Trense geritten. Bewertet und verlangt werden Leichttraben, Paraden im Schritt und Trab, Übergänge in den Grundgangarten, Volten, Kehrtwendungen und Reiten ohne Bügel. Die Richter können Pferdewechsel anordnen. Besonderer Wert wird auf einen guten Sitz und die Einwirkung des Reiters gelegt (S. 92 ff.). Der Bewerber muß die Wertnote 5,0 oder besser erreichen.

Beim Reiten über Hindernisse Kl. A/C muß vor allem das Pferd den Anforderungen genügen. In der Springbahn stehen mindestens acht Hindernisse von 60–90 cm Höhe. Zum Vergleich sei folgendes gesagt: Erlaubt sind in der Kl. A/C *in der Halle* 6–12 Hindernisse und 1 zweifache Kombination oder *im Freien* 8–14 Hindernisse und 2 zweifache Kombinationen. Es müssen wenigstens drei verschiedenartige Hindernisse sein, die zu wählen bei der angebotenen Vielzahl nicht schwer ist; s. nachfolgend Ziff. 3 – Parcoursaufbau. Ein Parcours-Vorschlag wäre die bei DRA III eingezeichnete Sprungfolge. Sie ist beliebig in der Hand- und Hindernisfolge wechselbar, z. B. abweichend von der auf S. 278 folgenden Grafik, linke Hand Hindernis 1–8 durchgehend. Dabei ist nach Hindernis 5 im großen Bogen nach rechts die Außenbahn zu nehmen über Hindernis 6, weiter Außenbahn über 7 und danach um Hindernis 3 herum zum Zielsprung 8. Auch hier werden besonders Sitz, Haltung (Balance) und Einwirkung des Reiters bewertet. Vor allem soll der Reiter das

Pferd beim Sprung nicht stören durch Festhalten und Nichteingehen in die Vorwärtsbewegung. Wiederum muß die Wertnote 5,0 oder besser erreicht sein.

Für die theoretische Prüfung werden angemessene Grundkenntnisse zu Fragen der Reitlehre, Zäumung, Sattelung, Pferdepflege und -haltung sowie zum Bandagieren verlangt. Ferner sind wichtig die Anfangskenntnisse des Leistungs-Prüfungswesens, Verhaltens in Wald und Flur, Tierschutzes und des Straßenverkehrsgesetzes. Erhält der Bewerber abermals die Wertnote 5,0 oder besser, hat er diese Sonderprüfung bestanden.

Das DJRA II Silber wird nur solchen Bewerbern nach bestandener Sonderprüfung verliehen, die länger als ein Jahr im Besitz des Abzeichens Kl. III sind. Folgende Sonderprüfungen werden verlangt:

- *Dressurprüfung* Kl. L unter Trense, nach dem Aufgabenheft gem. § 405 der LPO. Pferdewechsel kann verlangt werden.
- *Springprüfung* Kl. L gem. LPO § 504. Danach sind erlaubt *in der Halle* 8–14 Hindernisse oder *im Freien* 10–16 Hindernisse und *je* zwei zweifache Kombinationen sowie eine drei- und/oder mehrfache Kombination. Die Maße sind: H 1,10–1,20 m, H/W 1,10–1,20/1,30–1,50 m. Mindestens ein Hoch- und ein Hochweit- oder Weitsprung muß das Höchstmaß von 1,20 m H und 1,50 m W haben. Bei Abnahme der Prüfung in der Halle dürfen mindestens sechs und im Freien mindestens acht Hindernisse *nicht mehrfach* gesprungen werden.
- *Die theoretische Prüfung* fordert den gleichen Themenkreis wie zum DJRA III, mit entsprechend der Klasse erhöhten Kenntnissen.

Auch diese Teilprüfungen müssen mit der Wertnote 5,0 oder besser bestanden werden.

Das DRA III Bronze und II Silber wird verliehen an Junge Reiter, die im laufenden Kalenderjahr mindestens 19, aber höchstens 21 Jahre alt werden; und an Senioren, die im laufenden Kalenderjahr mindestens 22 Jahre alt werden. Diese Sonderprüfung erfaßt die gleichen Teilprüfungen Dressur, Springen, Theorie und verlangt:

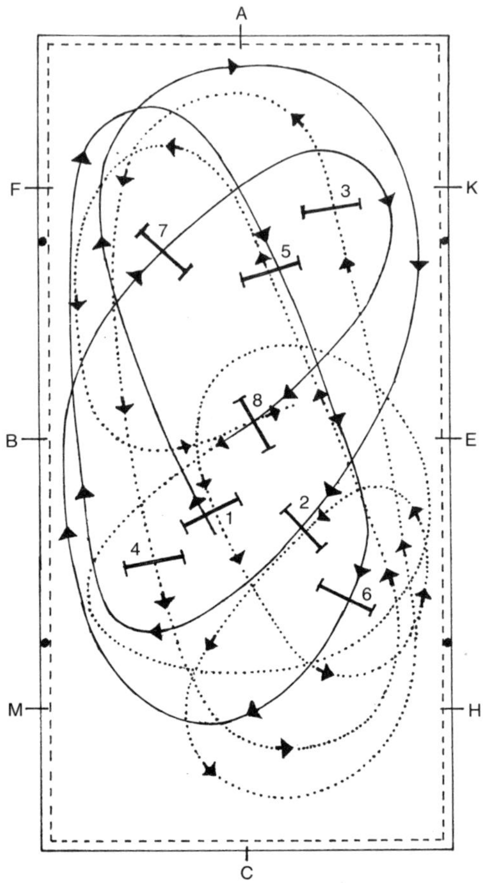

Parcours zur Sonderprüfung für das Deutsche Reiterabzeichen

- *Eine Dressurprüfung* Kl. A/B nach dem Aufgabenheft gem. § 405 der LPO, ohne Pferdewechsel.
- *Die Springprüfung* der gleichen Kl. mit den Maßen von 1,0–1,10 m Höhe und 1,20–1,40 m Weite. Erlaubt sind *in der Halle* 6–12 Hindernisse und eine zweifache Kombination oder *im Freien* 8–14 Hindernisse und zwei zweifache Kombinationen. Auch in dieser Teilprüfung dürfen in der Halle mindestens sechs und im Freien mindestens acht Hindernisse *nicht mehrfach* gesprungen werden.

- *Eine theoretische Prüfung* mit erheblich umfangreicheren und besseren Kenntnissen zu den bereits beim DJRA III genannten Themen. Besonderer Wert wird auf Kenntnisse gelegt aus der Reitlehre, dem Leistungsprüfungswesen, Tierschutzgesetz, der Straßenverkehrsordnung und dem Waldgesetz mit dem Verhalten in Wald und Flur.

Mit der Wertnote 5,0 oder besser in den Teilprüfungen ist die Sonderprüfung bestanden.

Eine Alternative zum bekannten »einmal hin, einmal her und noch einmal in die Quer« bietet der gegenüberliegend abgebildete Parcours. Die Linienführung gibt mit der *Sprungfolge rechte Hand* 1–2–5–6–7–8 und *linke Hand* 1–2–3–4–5–8 lehrreiche und lange Strecken mit mehrfachem Richtungswechsel. Die Richter finden gute Voraussetzungen zur Kontrolle und Bewertung für

- den Sitz und die Einwirkung des Reiters zwischen den Sprüngen;
- die Schenkellage, Zügelführung und das »Anreiten« der Hindernisse;
- die Schwebephase, Landung, das »Mitgehen« und Nachgeben;
- das »Aufnehmen« und Weitergaloppieren nach dem Sprung;
- das Wenden, den Handwechsel mit der »Stellung« des Pferdes usw.

Die Prüfungsteilnehmer können gut und umfassend beobachtet werden.

Das DRA III mit Silberkranz kann nach fünf bestandenen Wiederholungsprüfungen, je eine im Jahr, erworben werden. Dazu sind, mit Angabe der Urkunden-Nummer der ersten Prüfung, die fünf Urkunds-Hefte der FN vorzulegen.

Zum Abschluß, wie erwähnt, das DRA II Silber und I Gold.

Das DRA II Silber wird nach bestandener Prüfung nur solchen Bewerbern verliehen, die ein Jahr und länger *entweder* im Besitz des DRA III *oder* DJRA II sind *oder* durch turniersportliche Erfolge in Kl. L und/oder höher. Letztere sind von Heinz Pollay in seinem Buch »Das Reiterabzeichen« genau klassifiziert; die geänderten Personenkreise sind zu beachten! Verlangt wird:

- *Eine Dressurprüfung* Kl. L unter Kandare nach dem Aufgabenheft gem. § 405 der LPO, ohne Pferdewechsel.
- *Eine Springprüfung* Kl. L gem. § 504 der LPO; mindestens ein Drittel der Hindernisse muß das Höchstmaß haben und gleicht sich den Zahlen und Maßen wie beim DJRA II an. Auch die Angaben über das regelwidrige Mehrfachspringen gelten hier. In der Springprüfung sind maximal 12 Strafpunkte erlaubt, d. h. drei Hindernisfehler.
- *Die theoretische Prüfung* entfällt.

Diese Sonderprüfung besteht mit Erfolg, wer in Dressur und Springen Kl. L die Wertnote 6,5 oder besser erreicht.

Wird die Verleihung aufgrund von Erfolgen bei Pferdeleistungsschauen (PLS) oder Rennerfolgen beantragt, gelten in den Disziplinen unterschiedliche Wertnoten. Weitere Einzelheiten im Buch »Das Reiterabzeichen«, bitte auf die Änderungen achten.

Das DRA I Gold wird dem Personenkreis wie zum DRA III und II verliehen, *aber nur* für Erfolge bei PLS der *Kat. A* und bei Rennerfolgen. Angerechnet werden auch Placierungen an 1.–6. Stelle in verschiedenen Disziplinen, die ebenfalls dem genannten Buch entnommen werden können.

Reiterausweise und Leistungsklassen sind Bestätigungen durch die FN, die zur Teilnahme an Leistungsprüfungen der vorgegebenen Kategorien und Klassen berechtigen.

Der Reiterausweis ist, nach bestandener Sonderprüfung zum DRA III oder DJRA II, bei der FN in Warendorf zu beantragen. Die Ausstellung kann aus wichtigem Grund, z. B. fragwürdiger Leumund, verweigert werden. Für das Deutsche Fahrerabzeichen und den -ausweis gelten analoge Bestimmungen. Weiterhin besteht ein Unterschied zwischen Amateuren und Berufsreitern bzw. -fahrern. Die Anträge auf Erst- und Wiederausstellung sind auf einem Formblatt über den Stammverein und die zuständige LK an die FN einzureichen, gelten für das laufende Kalenderjahr und sind gebührenpflichtig. Wenn in drei aufeinanderfolgenden Jahren keine Wiederausstellung beantragt wird, ist die erneute Erstausstellung gebührenpflichtig erforderlich. Weitere Einzelheiten bitte in den §§ 19 und 20 der LPO nachlesen. Auf dem Reiter- oder Fahrerausweis wird die zulässige Leistungsklasse eingetragen.

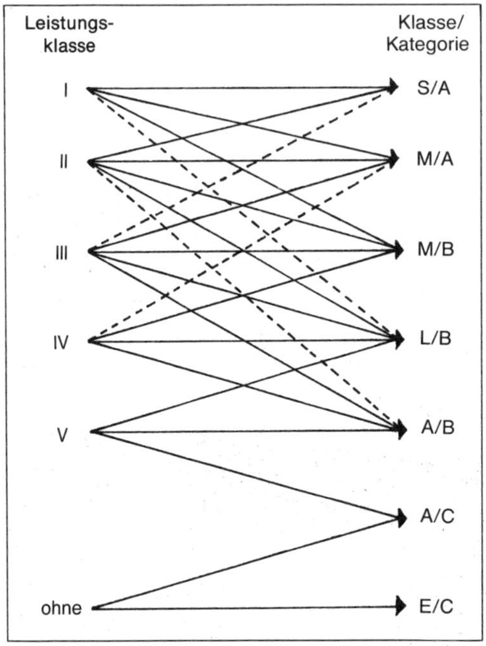

Leistungsklassen § 21 LPO 1982

Kl. A/C und A/B sowie die Kl. M/B und M/A sind unterschiedliche Klassen im Sinne von § 23,5 der LPO

Die Leistungsklassen sind nicht zuletzt zum Wohle unserer treuen Mitstreiter, der Pferde, geschaffen worden. Die Teilnahme an bestimmten Turnieren ist für die Reiter nach Leistungsklassen gestaffelt. Jeder Reiter wird bei entsprechendem Nachweis in eine Leistungsklasse (s. obige Abb.) von der FN eingestuft. Die Leistungsklasse wird im Reiterausweis eingetragen. Wie der Besitz eines Reiter- oder Fahrerabzeichens für die *Teilnahme* an LP der Kat. B und A notwendig ist, so ist die Teilnahme in LP *für Dressur und Springen* zusätzlich von der Zugehörigkeit zu einer Leistungsklasse abhängig.

Diese zu den Prüfungen geforderten Voraussetzungen sollten jeden Richter verpflichten, bei einer Prüfungsabnahme nicht unbedingt beide Augen zuzudrücken.
Die Kriterien über die Zugehörigkeit zu den einzelnen Leistungsklassen werden zum Jahresende von der FN für das jeweils folgende Jahr festgelegt. Sie sind in der LPO 1982 § 21 und auf den Seiten 203–213 genau beschrieben. Änderungen werden im »Kalender für Bekanntmachungen, Pferdeleistungsprüfungen und Turniersport«, kurz »Kalender« genannt, veröffentlicht. Daneben gibt es noch das »Jahrbuch für Pferdeleistungsprüfungen«, beide werden von der FN herausgegeben. Weitere Informationen gibt die LPO §§ 2, 4, 10, 13, 14, 21, 30, 35, 38, 42 und 928.
Die gestrichelten Leistungsklassen IV-M/A, III-S/A, II-A/B und I-L/B sind 1980 zusätzlich aufgenommen worden. Damit soll den Reitern Gelegenheit gegeben werden, ihre Nachwuchspferde entsprechend aufbauend auch bei den turniermäßigen LP einsetzen zu können.

3. Parcoursaufbau

Zwei Begriffe sollten stets bedacht werden, weil sie mit einem Wort sagen, was gefordert wird: die Begriffe *Aufbau* und *Ausbau.* Ein Spring-Parcours für Prüfungen in der Halle oder im Freien wird aufgebaut. Eine Spring- oder Hindernisbahn, z. B. für Jagden, Geländeritt o. ä., wird unter Ausnutzung des Geländes ausgebaut. Dabei werden die Hindernisse so belassen, wie sie sind; nur zwei Markierungen kennzeichnen den Hindernis-Abschnitt im Streckenverlauf. Zu einer wirklich ansprechenden Streckenführung ist ein wenig »Frisur«, z. B. niedriges Strauchwerk wegschneiden für bessere Absprung- oder Landestellen, eine Stange über den obersten Draht des natürlichen Koppeleinsprungs o. dgl., fast immer nötig und relativ einfach.
Schwieriger wird der Aufbau eines Parcours für ein Hallen- oder Freilandturnier. Bei beiden ist die zur Verfügung stehende Fläche ausschlaggebend. Allen Überlegungen möch-

te ich jedoch eines voranstellen. Ein Parcoursbauer sollte *nicht* »alles aus dem Kopf« wissen wollen, aber er *muß wissen* – das sollte sich jeder Verantwortliche angewöhnen –, wo er nachschlagen kann, um Zweifelsfragen fachlich zu klären. In der LPO stehen alle Maße, um die oft gefeilscht wird, Distanzen und wie Parcourslänge sowie Höchst- und Mindestzeit errechnet werden. An die lange Linienführung, den Handwechsel, das harmonische Zueinander der Hindernisse und den günstigsten Platz bestimmter Hindernisse wie Wassergräben und Hochweitsprünge ist unbedingt zu denken. Start- und Zielpunkt möglichst nicht an einer Stelle, sondern weit voneinander getrennt festlegen. Danach bleibt es dem Geschmack und Geschick des Parcoursbauers überlassen, die Hindernisse aus einer reichhaltigen Auswahl aufstellen zu lassen.

Die Arten der Hindernisse sind derart vielgestaltig, daß aus wenigen Grundformen durch die Lageveränderung der Stangen, Planken oder Tonnen und Austausch der Seitenteile ein äußerlich völlig anderes Hindernis entstehen kann. Der Fantasie sind hier keine Grenzen gesetzt, aber die reiterlich zulässigen Maße und Möglichkeiten müssen stimmen. Als Grundformen sind zu nennen:

- einfaches, doppeltes und dreifaches Koppelrick,
- Oxer vieler Gestalt (Birken-, Planken-, Stangen-, Tannen-),
- Mauern (Backstein-, Brücken-, Naturstein),
- einfache Gräben (mit/ohne Vorstange oder kleinem Wall),
- Wassergräben (frei oder überbaut),
- Auf- und Absprünge (Billard),
- Pulvermanns Grab (auch mit Ein- und Aussprung),
- Steil-, Weit- und Hochweitsprünge,
- Palisaden- und Torsprünge,
- Eisenbahnschranken,
- Gatter- und Wegesprünge.

Wenn nun noch die Seitenteile, besonders für Mauer- und Torsprünge, in verschiedenen Formen gebaut werden, ist die Auswahl schon beachtlich. Hier können sich Maltalente austoben. Die Mauersprünge lassen sich als Backstein-, Feldstein- oder auch Brückenmauer herrichten. Als Eckpfeiler sind Backstein-, Feldstein- oder Quadermuster möglich. Rundpfeiler mit kleinen Sattel- oder Türmchen-Dächern und aufgemalten kleinen Fenstern sind sehr dekorativ. Die Fänge werden als Gatter, Latten- oder Jägerzäune, Viertelkreisausschnitte mit Farbenmustern eigenen Geschmacks und eigener Idee gestaltet. Kleine Blumenkästen von 0,60 und 1,00 m mit Erdfüllung füllen manche kleine Lücke aus. Sie werden mit Naturgrün und künstlichen Blumen besteckt. Jeder im Verein oder in einer Reitgemeinschaft sollte mitdenken und sich regen; meistens jedoch sorgen wenige Mitglieder dafür, daß etwas geschieht, viele aber, daß nichts geschieht. Sehr viele beobachten, wie etwas geschieht, aber die Mehrzahl weiß gar nicht, was geschehen ist.

Eine besonders lehrreiche kombinierte Dressur-/Springaufgabe hat uns der italienische Major und Reitmeister Federico Caprilli (1868–1907) überliefert. Die Hindernisse sind auswechselbar. Bitte unbedingt die *Trainingsmaße* beachten.

Der Caprilli-Test

Kombinierte Dressur-/Springaufgabe, Dauer etwa 6 Minuten

(A-X)	Einreiten im Mittelschritt, im Mittelpunkt halten – grüßen.
(CBAEC)	Im Arbeitstempo antraben, leichttraben, rechte Hand (1× herum).
(C-A)	Durch die Länge der Bahn geritten, über Hindernis 1.
(K-H)	Mitteltrab.
(H-C-M)	Im Arbeitstempo – aussitzen.
(B)	Rechtsumkehrt – marsch.
(M)	Im Arbeitstempo Galopp – marsch.
(CEABC)	Im leichten Sitz (1× herum).
(C)	Galopp aussitzen.
(H-K)	Mittelgalopp.
(KAFMC)	Im Arbeitstempo – Trab, leichttraben (3/4 ×).

(CAFM) Durch die Länge der Bahn geritten, über Hindernis 2 (Trab). Danach Arbeitsgalopp (1/2 × herum).
(M-C-E) Im Arbeitstempo – Trab, aussitzen.
(E) Linksumkehrt – marsch.
(H-C-M) Im Arbeitstempo Galopp – marsch.
(M-F-K) Mittel-galopp (1/2 × herum).
(K-M) Durch die ganze Bahn wechseln, über Hindernis 3 (Einfacher Wechsel).
(C-X-C) Auf dem Zirkel – geritten (1× herum).
Im Arbeitstempo – Trab, ganze Bahn.
(E-X-B) Linksum – marsch.
(B-A-E) Rechtsum – marsch (1/2 ×).
(E-X-B) Rechtsum – marsch.
(BCEA) Linksum, im Arbeitstempo Galopp – marsch (3/4 ×).
(F-H) Durch die ganze Bahn wechseln, über Hindernis 4 (Einfacher Wechsel).
(C-X-C) Auf dem Zirkel – geritten (1×).
Mittelschritt, ganze Bahn.
(B) Kurzkehrt – marsch.
(C) Kurzkehrt – marsch.
(M-F-A) Im Arbeitstempo – Trab (1/2 ×).
(K-H) Mittel-trab.
(H) Im Arbeits-tempo (3/4 ×).
(CBAK) Haalt! 4 Tritte rückwärtsrichten, daraus im Arbeitstempo angaloppieren (1× herum).
(K-M) Durch die ganze Bahn wechseln, über Hindernis 3 (Einfacher Wechsel).
(C-A) Durch die Länge der Bahn – geritten.
(F-H) Durch die ganze Bahn wechseln über Hindernis 4 (Einfacher Wechsel).
(B-X) Rechtsum – marsch, im Mittelpunkt einfacher Galoppwechsel.
(E) Linksum – marsch (3/4 ×).
(M) Im Arbeitstempo – Trab, durch die Länge der Bahn geritten, über Hindernis 2. Danach Arbeitsgalopp
(F) Im Arbeitstempo – Trab.
(BEA) Halbe – Bahn.
(A) Linksum – marsch, über Hindernis 1. Danach auf die Mittellinie gehen. Bei
(G) Halten – grüßen. Im Mittelschritt anreiten, Zügel aus der Hand kauen lassen.
Am hingegebenen Zügel die Bahn verlassen.

Merken: Bei einem Trab-Kommando *ohne* Zusatz »leichttraben« immer *aussitzen.*

Hindernisse

Hindernis 1: Cavaletti H 20 cm oder Bodenstangen, Abstand etwa 1,40 m. Die Anzahl kann von 2–6 gesteigert werden.

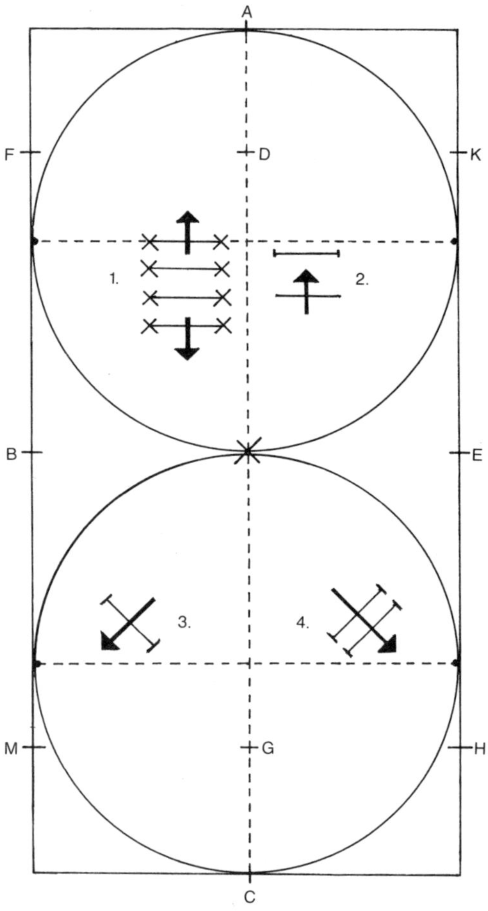

Hindernis 2: Ein *Trab*sprung H 85 cm mit Bodenstange oder Cavaletti, Abstand etwa 2,50 m.
Hindernis 3: Als Steilsprung mit der Höhe von 1,0 m.
Hindernis 4: Der Oxer mit 0,95 zu 1,00 m H und 1,20 m Tiefe.
Bei Jugendlichen und jungen Pferden sind Höhen und Tiefe der Hindernisse 2–4 um 10 cm niedriger.

Beurteilung in Dressur und Springen
Pferd *Dressur:* Losgelassenheit, Durchlässigkeit, Schwung und Ausführung.
Reiter *Dressur:* Sitz, Einwirkung und Haltung.
Pferd *Springen:* Gehorsam, Rittigkeit, Stil und Technik.
Reiter *Springen:* Einwirkung, Haltung, Sitz, Stil und Tempogefühl im *gesamten* Ablauf.

Bewertung
Nach dem bekannten Wertnoten-System 0–10.

Strafpunkte
Sie ergeben sich aus der Addition des Punkte-Abzugs bei Springfehlern:

	Punkt(e)
Je Abwurf	1
Ungehorsam, Verweigern	2
Sturz des Pferdes und/oder Reiters	3
Verreiten	½
Dreimaliges Verweigern *an demselben Hindernis*	Ausschluß
Mehr als zwei Abwürfe *und* Verschieben der Cavaletti	Ausschluß

4. Gelände- und Vielseitigkeitsprüfungen

Zu diesen Prüfungen zählen Distanzritte, Point-to-Point-Rennen, Gruppen-Geländeritte, Geländeritte und Vielseitigkeitsprüfungen. Sie sind, so früh wie möglich, in die Ausbildung einzubeziehen und gleichen sich im Aufbau der Dressur- und Springausbildung an. Diese sind auf den Seiten 226 ff. ausführlich besprochen. Teilnehmen können nur Pferde und Reiter, die aufgrund ihrer Ausbildung den z. T. erheblichen Anforderungen gewachsen sind (S. 243).

Distanzritte sind von der FN, also offiziell in der LPO, noch nicht festgelegt. Vereinzelt werden jedoch solche Ritte von größeren Vereinen und Verbänden ausgeschrieben. Aus früherer Zeit ist besonders der Distanzritt Österreich – Deutschland im Jahre 1892 zu erwähnen, bei dem Offiziere dieser Armeen die 600 km von Wien nach Berlin in 71 Stunden zurücklegten. Einer der anstrengendsten europäischen Ritte heutiger Zeit ist der Schnabelsberg-Cup im Schweizer Kanton Aargau, bei dem 100–160 km in der gemessenen schnellsten Zeit zurückzulegen sind. Wenn auch leichtere Distanzritte ausgeschrieben werden, dürfte klar sein, daß nur widerstandsfähige Pferde und erfahrene Reiter unter strengen Bestimmungen und Kontrollen daran teilnehmen können. Bei der Teilnahme-Untersuchung wird, wenn die Veterinäre ihre Verantwortung ernst nehmen, ohne Wenn und Aber gesiebt. Und das ist nur zu begrüßen. Schon mancher »alte Hase« mußte seine Teilnahme streichen, weil sein Pferd leicht lahmte. Der Grund war, wie sich später herausstellte, ein vernageltes Hufeisen. Das allein genügt schon, um sein Pferd einige Tage schonen zu müssen.

Point-to-Point-Rennen, Gruppen-Geländeritte, Geländeritte und Vielseitigkeitsprüfungen sind in allen Einzelheiten der Ausschreibung, Beurteilung, Anforderungen und Bewertung in der LPO §§ 610–613, 620–623, 630–645 und 650–653 genau beschrieben. Die letztgenannten Paragraphen erfassen auch die

Große Vielseitigkeitsprüfung; sie wird in ihrer schwersten Form auf nationaler und internationaler Ebene auch Military genannt. Mit ihren verschiedenen Phasen im Dressur-, Gelände- und Springreiten ist sie die Krönung des Geländereitens und fordert von Roß und Reiter das Letzte. Daraus erklären sich auch die Verfassungsprüfungen und Zwangspausen während des Ablaufs der Geländeprüfung mit ihren Wege-, Renn- und Querfeldeinstrekken. Besonders genau ist die Zeitwertung festgelegt. Der Zeitgewinn in einer Phase wird nicht mit dem Zeitverlust einer anderen Phase ausgeglichen. Hier sind das Zeitgefühl und Temporeiten (S. 243) für einen Gewinn an Punkten und das Vermeiden einer Zwangspause ausschlaggebend.
Bei den Military-Europa- und Weltmeisterschaften, hierzulande in Luhmühlen in der Lüneburger Heide kann sich jeder davon überzeugen, welches Maß an Arbeit, Geduld, Können und Mut den Pferden und Reitern abverlangt wird. Wer in diesen Prüfungen auch nur einigermaßen erfolgreich ist – es muß nicht immer der 1. oder 2. Platz sein – hat sich den gelegentlich genannten Ehrennamen »Buschreiter« redlich verdient. Unsere besondere Hochachtung gebührt in diesem Wettstreit den Amazonen.

Ich wünsche allzeit guten Ritt!

Der Verfasser

Stichwortverzeichnis